Data Science und Statistik mit R

Bernd Heesen

Data Science und Statistik mit R

Anwendungslösungen für die Praxis

Prof. Dr. (University of Phoenix) Bernd Heesen
Hochschule Ansbach
Ansbach, Bayern, Deutschland

ISBN 978-3-658-34824-3   ISBN 978-3-658-34825-0   (eBook)
https://doi.org/10.1007/978-3-658-34825-0

Die Deutsche Nationalbibliothek verzeichnet diese Publikation in der Deutschen Nationalbibliografie; detaillierte bibliografische Daten sind im Internet über http://dnb.d-nb.de abrufbar.

Planung/Lektorat: Claudia Rosenbaum
Springer Gabler ist ein Imprint der eingetragenen Gesellschaft Springer Fachmedien Wiesbaden GmbH und ist ein Teil von Springer Nature.
Die Anschrift der Gesellschaft ist: Abraham-Lincoln-Str. 46, 65189 Wiesbaden, Germany

Vorwort

Fakten haben Einfluss auf unsere Entscheidungen und unser Verhalten. Wer hat dies nicht in den letzten Monaten deutlich zu spüren bekommen, wenn widersprüchliche Fakten berichtet wurden oder das Gefühl entstand, dass Entscheidungen „willkürlich" getroffen wurden oder Inzidenzgrenzwerte als Basis für Entscheidungen wie die Schulschließungen oder die Schließung von Geschäften herangezogen wurden, ohne dass deren Relevanz und Signifikanz nachgewiesen war? Signifikanz lässt sich mithilfe von Statistik nachweisen! Wie kann man sich erklären, dass in Kauf genommen wurde, dass die für Eingriffe in die Grundrechte der Bevölkerung, z. B. Ausgangssperren, entscheidenden Inzidenzwerte nicht jeden Tag erfasst wurden und dadurch eine Ungenauigkeit bedingt war. Selbst das Arbeiten mit einer 7-Tage-Inzidenz, um die verschleppte Erfassung von Daten an Wochenenden zu kompensieren, funktionierte nicht verlässlich. Data Science basiert auf Daten und es braucht ein besseres Verständnis der Entscheider dafür, dass Defizite an der Datenquelle unvermeidlich auch zu Defiziten in allen nachgelagerten Prozessen führen! Wie konnte es sein, dass die Nachrichtensender zu Beginn der Pandemie die Fakten zur Pandemie in Deutschland von einer Quelle aus den USA berichteten, weil dort die Informationsbasis über Deutschland scheinbar besser war als im eigenen Land? Stellte sich Ihnen da nicht auch die Frage, ob wir ein Land sind, welches Data Science nicht beherrscht? Wie kann es sein, dass erst nach mehr als einem Jahr der Pandemie Forschung zu der Erkenntnis kam, dass die Ansteckungsgefahr in Hochhäusern und dicht besiedelten Bereichen höher ist als in anderen Wohnsituationen? Wurden Forschungsinitiativen in Krisenzeiten effizient koordiniert oder gab es vielleicht zu wenige Wissenschaftler, die sich mit Data Science und Statistik auskennen?

Aus meiner Sicht existiert in Deutschland ein großes Defizit im Verständnis darüber, welche Voraussetzungen für die Nutzung von Data Science und Statistik erforderlich sind und welcher Beitrag damit in ganz vielen Lebensbereichen geleistet werden kann, sei es nun z. B. beim Management einer Pandemie, eines Unternehmens oder um die Lebensqualität zu erhöhen.

Ich hoffe mit diesem Buch einen Beitrag zu leisten, aufzuzeigen, dass Data Science und Statistik kein Hexenwerk sind und mit fortschrittlichen und teilweise sogar kostenlosen Werkzeugen wie R inzwischen für jeden Interessierten schnell nutzbar ist.

Ein Thema, welches aktuell viel diskutiert wird ist auch die Künstliche Intelligenz. Sie basiert auf Statistik, insbesondere den Methoden der induktiven Statistik, von denen es eine Vielzahl gibt, und auf Data Science zur Programmierung dieser Algorithmen zum Machine Learning. Natürlich konnte ich nur ausgewählte Verfahren und Algorithmen der induktiven Statistik in diesem Buch behandeln. Neue, immer bessere Methoden entstehen gefühlt schneller als man sie lesen, verstehen und anwenden kann. Daher gilt es auch zu unterscheiden, was aus der Sicht jedes Einzelnen besonders nützlich und wertvoll ist.

Da ein Buch niemals so aktuell sein kann wie die Inhalte einer Webseite und ich Ihnen auch über das Buch hinaus ganz aktuelle Anwendungen und Lösungen im Bereich der Data Science, der Statistik, des Machine Learnings und der Künstlichen Intelligenz vorstellen möchte, lade ich Sie ein meine Webseite zum Buch (URL: http://www.prescient.pro) zu besuchen, wo ich Anwendungsbeispiele und Lösungen vorstelle. Dort wird es zu ausgewählten Anwendungsbeispielen auch möglich sein, Codesegmente herunterzuladen, die Sie dann direkt in R nutzen können. Darüber hinaus finden Sie interessante Videos zu Anwendungslösungen auf meinem YouTube-Kanal profheesen (URL: https://www.youtube.com/profheesen).

Die hier im Buch verwendeten Datasets stelle ich Ihnen über mein R-Paket „datascience" zur Verfügung, sodass Sie die Codebeispiele anhand dieser Daten selbst ausprobieren können. Wie Sie das Paket installieren, erkläre ich im Abschn. 3.2.3 näher.

Ich wünsche Ihnen eine spannende Lektüre und durch die Anwendung des hier Vorgestellten in Ihrem Wirkungsfeld einen möglichst hohen Nutzen.

Auf dass Sie die gleiche Begeisterung empfinden wie ich, wenn ich mit der Hilfe von Data Science, Statistik, Machine Learning und Künstlicher Intelligenz eine neue Lösung für ein bestehendes Problem gefunden habe, auch, oder gerade, wenn es nicht immer einfach war und sich der Einsatz am Ende gelohnt hat.

Ich würde mir wünschen, dass jeder von Ihnen dazu beiträgt, dass wir hier in Deutschland den „Anschluss" zu den führenden Nationen in diesem für unsere Zukunft so wesentlich bestimmenden Wissensbereich nicht weiter verlieren und dass Sie damit einen wertvollen Beitrag leisten können unseren Wohlstand und sozialen Frieden zu erhalten. Natürlich wünsche ich mir auch, dass Sie weltweit Lösungen zu Problemen erarbeiten, die Menschen helfen und deren Leben verbessern. Ich bedanke mich für diesen, Ihren, Beitrag bereits heute bei Ihnen, denn ich vertraue darauf, dass Sie daran mitwirken werden die Welt für uns und die zukünftigen Generationen positiv mitzugestalten!

Wolframs-Eschenbach   Bernd Heesen
im Oktober 2021

P.S.: Ich bedanke mich bei meiner Editorin Claudia Rosenbaum vom Springer-Verlag für die unkomplizierte Zusammenarbeit und Unterstützung bei diesem Buchprojekt!

Inhaltsverzeichnis

Einleitung

1

Die Digitalisierung verändert die Welt, die Märkte, die Konkurrenten und die Erwartungen der Kunden. Die Geschwindigkeit, in der sich Märkte verändern, hat sich so erhöht, sodass es immer wichtiger wird relevante Informationen bezüglich der eigenen Organisation und auch bezüglich der Konkurrenz zeitnah zu erhalten.

Gegenwärtige Wettbewerbsvorteile gilt es durch eine zeitnahe Analyse der Konkurrenz ebenso wie die zeitnahe Wahrnehmung von Änderungen der Kundenpräferenzen zu wahren oder basierend auf diesen Erkenntnissen die eigene Position im globalen Wettbewerb zu verbessern.

Data Science trägt wesentlich zu einer schnelleren Nutzbarmachung von Markt-, Kunden- und Nutzerdaten bei, inklusive der Analyse von Daten aus Sozialen Netzwerken. Data Science bedient sich dazu sowohl der Methoden der Statistik, des Machine Learnings als auch der Künstlichen Intelligenz.

Wie Künstliche Intelligenz basierend auf der Analyse von Daten zu Verbesserungen beitragen kann, zeigen die folgenden Beispiele (Bundesregierung, 2020): Kameras wählen automatisch die besten Einstellungen für ein Motiv, Sprachassistenten beantworten Fragen, Rasenmäher finden ihren Weg alleine, intelligente Prothesen nehmen Nervenimpulse auf und helfen Menschen im Alltag, intelligente Verkehrssteuerung hilft bei der Vermeidung von Staus.

Machine Learning als Grundlage der Künstlichen Intelligenz ermöglicht Computern eigenständig, basierend auf Daten, zu lernen. Dies wird wesentlich durch die Verfügbarkeit großer Datenmengen gefördert und auch durch die Tatsache, dass Computer inzwischen in der Lage sind immer größere Datenmengen immer schneller zu verarbeiten. Wissen über diese neuen Möglichkeiten des digital geprägten Lebens zu erlangen ist essentiell, um für die Zukunft gerüstet zu sein.

Entscheider in Organisationen wünschen sich verlässliche Datengrundlagen für die Entscheidungsfindung und gleichermaßen für die Ex-post-Bewertung der Auswirkungen vergangener Entscheidungen. Neben der Verfügbarkeit von Informationen spielt daher eine hohe Qualität der Daten für evidenzbasierte Entscheidungen eine große Rolle. Viele Unternehmen entwickeln sich daher zu sogenannten Data Driven Companies, in denen Data Science eine ganz neue, zentrale Bedeutung erlangt.

1.1   Data Science und Big Data

Wozu benötigt man eigentlich Data Science? Viele sprechen auch von Big Data, um deutlich zu machen, dass eine immer größere Menge an Daten existiert und darauf wartet, analysiert zu werden. Computer und Software werden immer leistungsfähiger und ermöglichen dadurch eine zunehmend einfachere Nutzung der Vorteile von Analytics auch von größeren Datenmengen.

Die weltweiten Datenmengen nehmen tatsächlich permanent zu (siehe Abb. 1.1). Gravierend steigt besonders der Anteil der Daten aus Sozialen Medien und insbesondere der Anteil von Text-, Bild- und Videodaten, welche im Gegensatz zu geschäftlichen Daten, z. B. Buchhaltungs-, Personal- Logistikdaten aus ERP-Systemen, in der Regel unstrukturiert vorliegen. Insofern gewinnt auch die Analyse unstrukturierter Daten zunehmende Bedeutung.

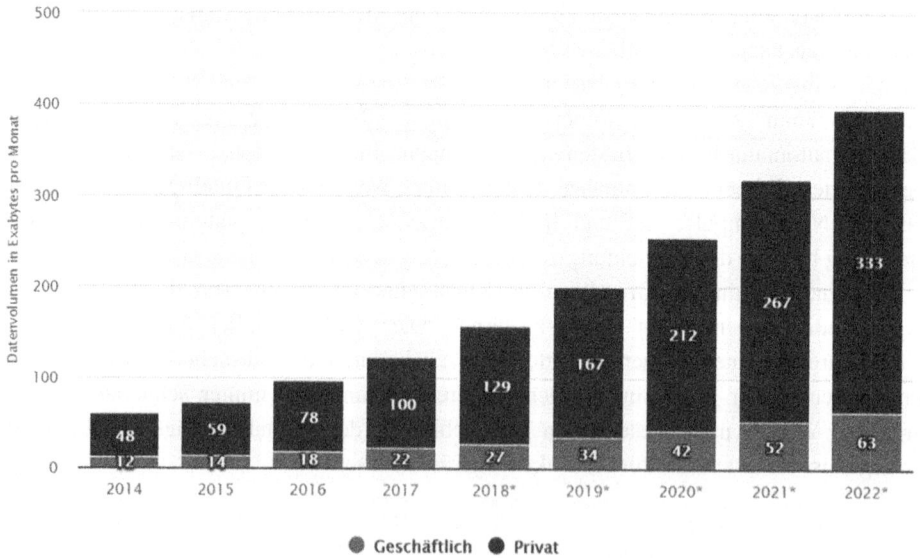

Abb. 1.1   Datenvolumen von 2014–2017 und Prognose bis 2022 (Statista, 2020)

Abb. 1.2 Die Fünf V's von
Big Data

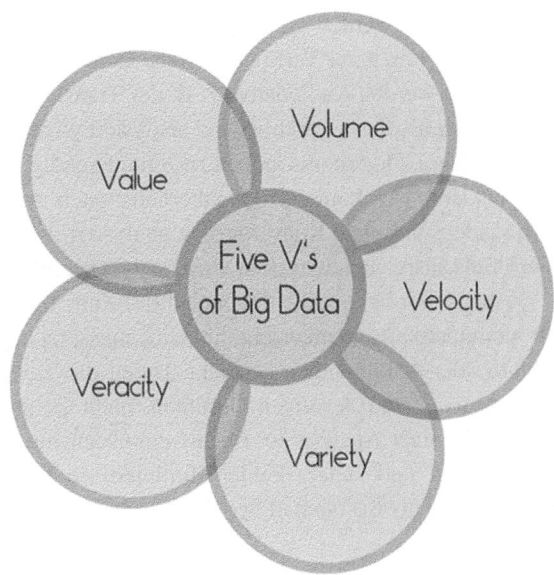

Aus der Perspektive einer Organisation spielt jedoch die Menge, das sogenannte
Volume, der analysierten Daten nicht die vorrangige Rolle, sondern der Mehrwert, der
durch die Analytik entsteht, der sogenannte Value von Big Data (siehe Abb. 1.2). Durch
die Analyse von Daten wird Business Intelligence ermöglicht, Entscheidungen können
faktenbasiert besser und schneller getroffen werden. Intelligenz ist grundsätzlich die
Fähigkeit des Menschen abstrakt und vernünftig zu denken und daraus zweckvolles
Handeln abzuleiten (Bibliographisches Institut, 2020). Business Intelligence ist insofern
diese Fähigkeit im Business anzuwenden.

Neben dem Volume und dem Value zeichnet sich das neue Zeitalter der Business
Analytics noch durch weitere Eigenschaften aus, die gemeinsam als die 5 V's von Big
Data bezeichnet werden: Volume, Velocity, Variety, Veracity und Value (siehe Abb. 1.2).

Die zunehmende Geschwindigkeit, in der neue Daten entstehen, wird als Velocity
bezeichnet. Durch die permanent in großen Mengen neu verfügbaren Daten ergibt sich,
dass die aus den Datenanalysen gewonnenen Erkenntnisse eine verkürzte Halbwertszeit
besitzen, denn permanent sind noch aktuellere Daten verfügbar und die „alten" Daten
und Analysen verlieren an Wert. Daraus ergibt sich die Notwendigkeit und der Druck die
Analysen permanent zu wiederholen, um aktuell zu bleiben. Auch die leistungsfähigeren
Rechner kommen so erneut an ihre Grenzen. Eine effiziente Analyse wird aus diesem
Grund bei wachsenden Datenmengen und häufigerer Ausführung der Analysen trotz der
erhöhten Leistungsfähigkeit der Rechner ihre Relevanz behalten.

Variety bezeichnet die Heterogenität der vorliegenden Datenformate. Unstrukturierte
Daten werden vor der Analyse in der Regel über einen sogenannten ETL-Prozess aus den
Quellsystemen extrahiert (E), anschließend in das Zielformat bzw. Datenmodell trans-
formiert (T) und abschließend in ein System geladen (L), in dem die Daten analysiert

und dargestellt werden können. Nach dem Laden stehen sie in einem für die Analyse geeigneten Format zur Verfügung (siehe Constructed Reporting Object in Abb. 2.2). Beispielsweise werden Audiodaten, z. B. das Transkript eines YouTube-Videos, in Text konvertiert, sodass dieser anschließend analysiert werden kann.

Wenn ein ETL-Prozess jedoch zu zeitaufwendig ist und die Aktualität der Auswertung entscheidend ist, dann werden alternativ auch schon einmal die Primärdaten direkt, unverändert und ohne Konvertierung analysiert, wenn die Datenqualität der Primärdaten hierfür als ausreichend erachtet wird (siehe Original Reporting Object in Abb. 2.2).

Veracity bezeichnet die Datenqualität. Zum Beispiel sind Texte in Sozialen Medien oft grammatikalisch inkorrekt, in Umgangssprache formuliert und mit Rechtschreibfehlern oder Abkürzungen gespickt. Damit die Textanalyse, z. B. die Sentimentanalyse von positiven und negativen Gefühlen, nicht zu ungenauen Ergebnissen führt, erfolgt im Vorfeld einer Analyse bei Bedarf ein Cleansing der Daten, in dessen Prozess Rechtschreibfehler und andere Fehler eliminiert werden. Dieser Schritt erfolgt mithilfe der Data Science als Bestandteil der Transformation der Daten.

1.2   Business Intelligence

Im letzten Abschnitt wurde bereits ausgeführt, welche Bedeutung Daten haben und dass Value deren Wert beschreibt. Daten isoliert für sich betrachet haben keinen Wert, es sei denn sie stiften Nutzen und dienen dazu bessere Entscheidungen zu treffen. So kann z. B. ein besseres Verständnis der Kundenpräferenzen dabei helfen Marketingmaßnahmen zielgerichteter und effektiver auf die Zielgruppe abzustimmen. In einem solchen Fall lohnt sich der Aufwand der Datenspeicherung und Datenanalyse, um die Business Intelligence zu erhöhen.

Ein Business Case kann dazu beitragen den erwarteten Nutzen einer Analyse den entsprechenden Kosten gegenüberzustellen. Vergleicht man eine Entscheidung ohne das Vorliegen der Information mit der Entscheidung bei Vorliegen der Information und der sich daraus ergebenden Konsequenzen, so sollte die bessere der beiden Optionen gewählt werden. Kennt man z. B. die Wahrscheinlichkeit, dass ein Kunde für ein Produkt (z. B. Ticket für ein Konzert) einen gewissen Preis zu zahlen bereit ist, kann man diesen variabel, personenspezifisch (z. B. in Abhängigkeit von Alter, Familienstand, Einkommen, vergangenen Kauftransaktionen…) und zeitabhängig (Uhrzeit, Wochentag, Jahreszeit, zeitlicher Abstand zum Event, zeitlicher Abstand zum letzten Suchvorgang mit gleichem Datum und Produkt) anpassen und damit den Profit maximieren.

Detaillierte Markt- und Kundenanalyse tragen zu neuen Erkenntnissen bei, die zu Wettbewerbsvorteilen führen können. Analysen sollen dabei helfen wichtige Fragen zu beantworten, z. B. wer sind die profitabelsten Kunden, welche Kundengruppen sind zur Konkurrenz abgewandert, gibt es neue Verhaltensmuster der Käufer, welchen Einfluss hat der Preis auf den Umsatz oder wie wirkt sich eine Sortimentsanpassung oder Veränderung der Vertriebskanäle auf den Umsatz aus.

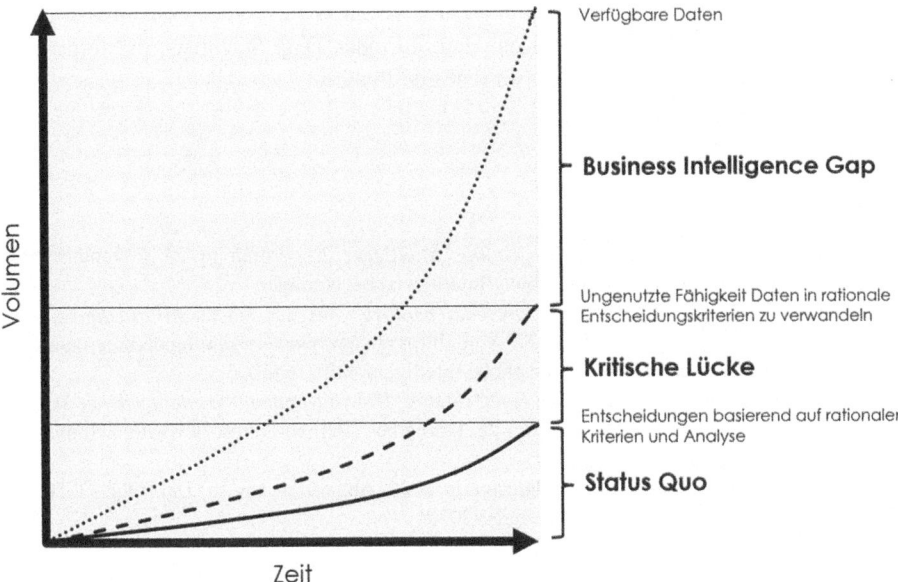

Abb. 1.3 Kritische Lücke und Business Intelligence Gap. (Eigene Abbildung in Anlehung an Strategy & Transformation Consulting, 2020)

Die Fähigkeit von Unternehmen, die vielen verfügbaren Daten zeitnah auszuwerten und Business Intelligence daraus abzuleiten, hält mit dem rasanten Datenwachstum nicht Schritt. Wie in Abb. 1.3 dargestellt, werden viele Entscheidungen nicht basierend auf rationalen Entscheidungskriterien und Analytik getroffen und bei weitem nicht alle verfügbaren Daten hierzu genutzt, wodurch eine sogenannte Kritische Lücke und ein Business Intelligence Gap entsteht (Strategy & Transformation Consulting, 2020).

1.3 Engpass Data-Science-Kompetenz

Um die in Abb. 1.3 dargestellte Kritische Lücke zu überwinden, suchen immer mehr Organisationen nach sogenannten Data Scientists. Überall kann man lesen, dass es nicht ausreichend viele und ausreichend qualifizierte Data Scientists gibt, die sich mit den Methoden der Statistik, der Künstlichen Intelligenz, des Machine Learning als auch deren Anwendung mithilfe von Algorithmen, Daten und Technologien auskennen (DuBois, 2020). Datenanalysten besitzen analytische Kompetenzen und eine Affinität zu Mathematik, Statistik und Computer-Programmierung, darüber hinaus aber ebenso Kommunikationskompetenz, um die gewonnenen Erkenntnisse verständlich und effektiv zu verbreiten. Data Science ist ein interdisziplinäres Fachgebiet, welches auf Methoden aus der Statistik, Analytik und dem maschinellen Lernen aufbaut. Entsprechend IBM und Burning Glass Technologies (Burning Glass Technologies, 2017, S. 10–15) sind die essentiellsten, besonders gesuchten Kompetenzen eines Data Scientists, die folgenden: Data Science, Big Data, Machine Learning, R und Python.

Literatur

Bibliographisches Institut. (2020). *Duden Online: Intelligenz.* Abgerufen am 25. Dezember 2020 von https://www.duden.de/rechtschreibung/Intelligenz#bedeutungen

Bundesregierung (Hrsg.). (2020). *Schwarzrotgold 03/2019: Wie uns künstliche Intelligenz hilft.* Abgerufen am 25. Dezember 2020 von https://www.bundesregierung.de/breg-de/suche/schwarzrotgold-03-2019-wie-uns-kuenstliche-intelligenz-hilft-1643006

Burning Glass Technologies. (2017). *The quant crunch: How the demand for data science skills is disrupting the job market.* Abgerufen am 26. Dezember 2020 von https://www.ibm.com/downloads/cas/3RL3VXGA

DuBois, J. (2020). *The Data Scientist Shortage in 2020.* Abgerufen am 26. Dezember 2020 von https://quanthub.com/data-scientist-shortage-2020/

Statista. (2020). *Internet Traffic.* Abgerufen am 25. Dezember 2020 von https://de.statista.com/statistik/daten/studie/266885/umfrage/prognose-zum-datenvolumen-des-privaten-und-geschaeftlichen-ip-traffics-weltweit/

Strategy & Transformation Consulting. (2020). *Fachkompetenzen: Business Analytics.* Abgerufen am 27. Dezember 2020 von https://www.strategy-transformation.com/kompetenzen-business-analytics/

Data Science

2

Empirische Wissenschaften wie Biologie, Chemie, Ingenieurswissenschaften, Sozial- und Wirtschaftswissenschaften basieren auf dem Beobachten, dem Messen und Erheben von Daten und der Durchführung von Experimenten, um den Untersuchungsgegenstand besser zu verstehen. Der Erkenntnisgewinn erfolgt über Beobachtung, Beschreibung, Erklärung und die Vorhersage von Phänomenen.

Fragen oder Probleme in der Realität motivieren dazu Forschung zu betreiben, Dinge zu hinterfragen, um Erklärungen, Vorhersagen oder Theorien daraus abzuleiten. Data Science ist die Wissenschaft, welche auf Basis von Daten zur Lösung von Problemen der Praxis oder der Beantwortung von Fragen beiträgt (siehe Abb. 2.1).

Wie bereits erwähnt, sind empirische Wissenschaften auf Beobachtung, Messung und Durchführung von Experimenten angewiesen, um das Untersuchungsobjekt besser verstehen zu können. Zum Sammeln von Daten verwendete Methoden können die Beobachtung oder Stichprobenuntersuchungen sein, bei denen Daten erfasst und ausgewertet werden und anschließend Hypothesen getestet werden, um neues Wissen zu generieren. In diesem Prozess ist es möglich herauszufinden, welche Aussagen und Hypothesen mit einer bestimmten Wahrscheinlichkeit falsch oder wahr sind.

Die von Karl Popper eingeführte Methode der Falsifikation geht davon aus, dass jede wissenschaftliche Aussage widerlegt werden kann (Lauth & Sareiter, 2005, S. 21). Eine Aussage oder Theorie gilt dann als widerlegt oder falsch, wenn neue Beobachtungen, Datenerhebungen oder Experimente gezeigt haben, dass sie nicht korrekt ist. Jegliches Wissen oder Aussagen, die noch nicht als falsch befunden wurden, gelten als temporär gültiges Wissen. Die ständige Überprüfung der Gültigkeit von Wissen durch Forschung trägt in diesem Prozess dazu bei, dieses sich ständig verändernde Wissen weiter zu entwickeln und zu stärken. Dies ist der Hauptbeitrag und -wert der Forschung und der Veröffentlichung der entsprechenden Ergebnisse. Data Science unterstützt diesen Prozess.

B. Heesen, *Data Science und Statistik mit R,* https://doi.org/10.1007/978-3-658-34825-0_2

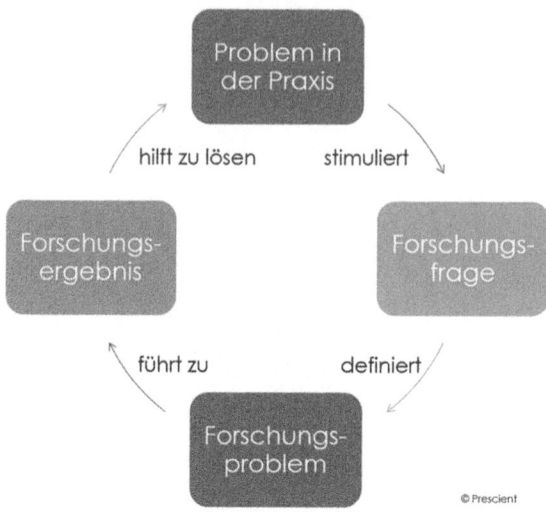

Abb. 2.1 Problemlösungsprozess

2.1   Standards für das Projektmanagement

Eine Datenanalyse erfolgt im Idealfall systematisch und nachvollziehbar, einem standardisierten Prozess folgend. Dieser Prozess besteht aus folgenden Schritten: Daten sammeln, Vorbereitung der Daten, Datenmodellierung, Analyse und Auswertung, Darstellung der Ergebnisse, Kommunikation der Ergebnisse an Betroffene und Interessierte und abschließend das Treffen von Entscheidungen basierend auf den gewonnenen Erkenntnissen.

Standards, die sich für das Management von Data-Science-Projekten etabliert haben, sind der Cross Industry Standard Process for Data Mining (Crisp-DM) und der Team Data Science Process (TDSP), der von Microsoft etabliert wurde (Data Science Project Management, 2021).

Der CRISP-DM-Prozess besteht aus den folgenden sechs Projektphasen:

1. Business Understanding – Geschäftsverständnis: Ziele definieren.
2. Data Understanding – Verständnis der Daten: Daten sammeln, beschreiben, erkunden, validieren.
3. Data Preparation – Datenvorbereitung: Daten selektieren, von Fehlern bereinigen (cleansing), transformieren, integrieren, formatieren.
4. Modeling – Datenmodellierung: Modellierungstechniken auswählen, Modelle erstellen und deren Geeignetheit prüfen.
5. Evaluation – Auswertung: Ergebnisse ermitteln.
6. Deployment – Betrieb und Präsentation: Überwachung des Betriebs, Wartung und Aktualisierung, Kommunikation der Erkenntnisse.

Der TDSP-Prozess besteht aus den folgenden fünf Projektphasen:

1. Business Understanding
2. Data Acquisition and Understanding
3. Modeling
4. Deployment
5. Customer Acceptance

Beide Prozesse helfen dabei Data-Science-Projekte strukturiert anzugehen. Data-Science-Analysen wenden dabei moderne Verfahren der Auswertung von großen Datenvorräten an, z. B. maschinelles Lernen auf Grundlage von Algorithmen der Künstlichen Intelligenz und statistischer Methoden oder etablierten Methoden der Business Intelligence wie Corporate Performance Management, Date Warehousing, Data Mining und Text Mining.

Im Rahmen eines Projektes gilt es auch ein Analytics Framework zu etablieren, welches sowohl strukturierte als auch unstrukturierte Daten und Datenströme (Data-Supply-Schicht) als Input nutzen kann, welche dann in einer Data-Management-Schicht für das Reporting bereitgestellt werden. In der Data-Management-Schicht werden die Stammdaten und Metadaten hinterlegt, die für eine Systemintegration und die Harmonisierung heterogener Datenstrukturen erforderlich sind. Gleichfalls werden dort Data Marts oder OLAP-Cubes (OLAP Online Analytical Processing) hinterlegt, die bereits über ETL-Prozesse für die Auswertung optimiert und aggregiert sind. Wenn jedoch auf Echtzeit-Daten zugegriffen werden soll, die noch keinen ETL-Prozess durchlaufen konnten, sogenannte Original Reporting Objects, so kann der Zugriff sowohl physisch, via Cloud, embedded Application Programming Interface (API) oder Datenbanken erfolgen. Eine Vielzahl an Frontend-Anwendungen kann die Daten dann für Past (Historische Daten), Realtime (Echtzeitdaten), Predictive (Vorhersagen/Planung) oder Prescriptive (Handlungsanweisungen gebend) Analysen nutzen (siehe Abb. 2.2).

2.2   Standards für die Visualisierung

Nachdem mit Data Science Ergebnisse ermittelt wurden, gilt es diese auch an die relevanten Zielgruppen zu kommunizieren. Visualisierung erleichtert das intuitive Verständnis von Zusammenhängen besser als jede andere Form der Darstellung und ist daher ein wesentlicher Teil einer effektiven Kommunikation. Informationsvisualisierung kombiniert die Stärken der interaktiven Datenanalyse mit der menschlichen Fähigkeit, Muster und Trends schnell erfassen zu können, wie z. B. in einem Dashboard bzw. Management Cockpit mit Navigationsfunktionen (siehe Abb. 2.3).

In vielen Disziplinen wie Musik (Noten…), Verkehr (Verkehrszeichen…), bei Bauzeichnungen, Landkarten etc. haben sich Standards bei der Visualisierung bewährt. Wie sieht das in der Welt des Business aus? Die Organisation International Business

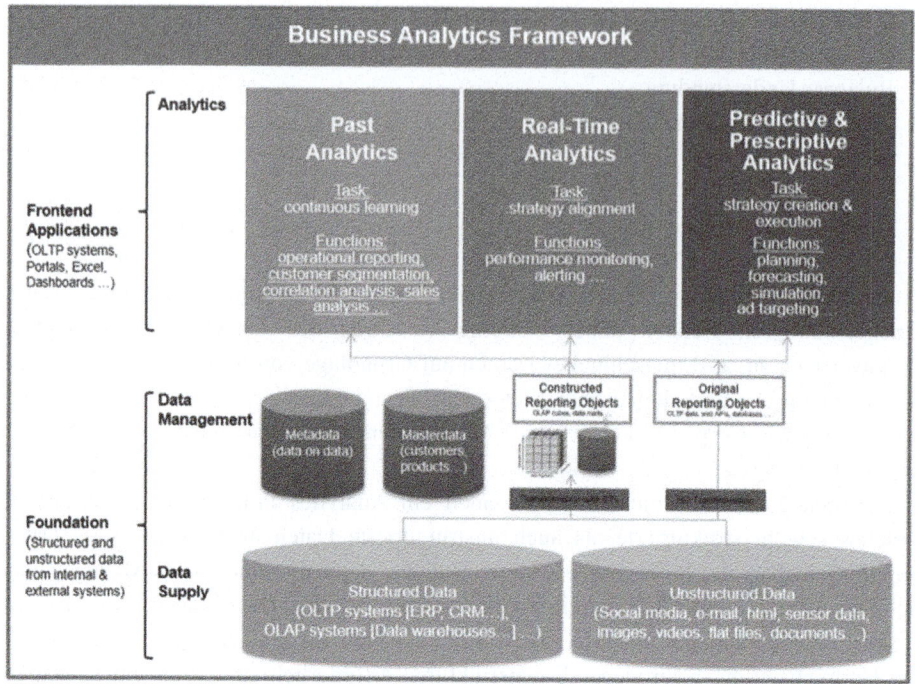

Abb. 2.2 Business Analytics Framework

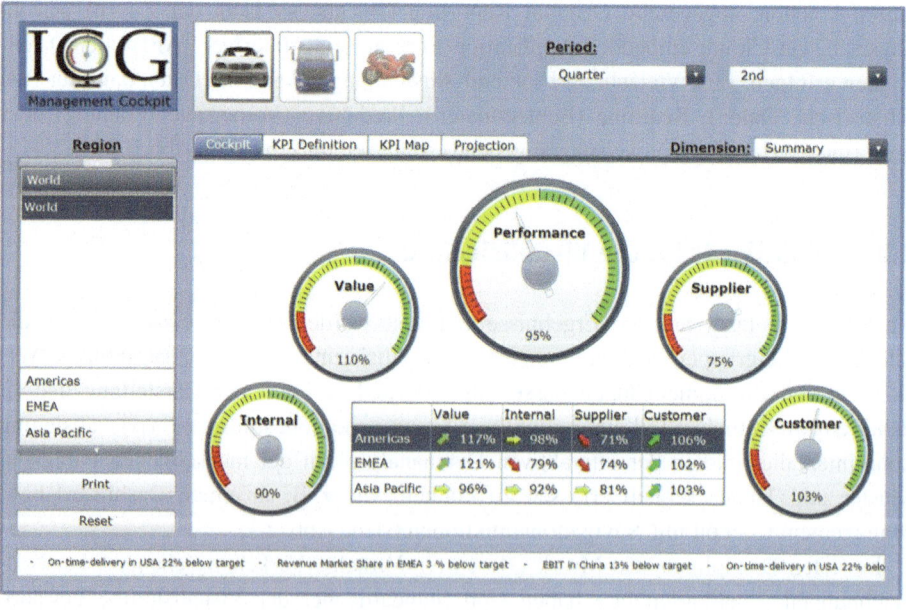

Abb. 2.3 Management Cockpit

Communication Standards (IBCS Association, 2017) hat wertvolle Standards beschrieben, denen Data Scientists folgen können. Darin wird beschrieben, wie Beschriftungen, Zeiten, Szenarien, Abweichungen, Hervorhebungen und Schriftgrößen adäquat abgebildet werden können. Auch die Gestaltung und Formatierung von Tabellen wird dort beschrieben. Bezogen auf Beschriftungen werden Empfehlungen gegeben, wie deren Position und Format gestaltet werden sollte und es gilt Abkürzungen und Einheiten einheitlich zu verwenden (Hichert & Faisst, 2019, S. 67). Es wird empfohlen Zeitachsen immer horizontal abzubilden (Hichert & Faisst, 2019, S. 74). Szenarien wie der Vergleich von Ist-Daten, Plan-Daten und Vorhersage-Daten sollten visuell differenziert werden. Die Empfehlung lautet Ist-Daten mit Farbe gefüllt darzustellen, Plan-Daten gerahmt ohne Füllfarbe und Vorhersage-Daten gerahmt und mit einer Schraffierung gefüllt abzubilden (Hichert & Faisst, 2019, S. 79). Beim Vergleich von Plan-, Vorjahres- oder sonstigen Abweichungen sollten positive Abweichungen immer grün und negative Abweichungen immer rot dargestellt werden (Hichert & Faisst, 2019, S. 89). Für absolute Abweichungen bieten sich Säulen oder Balken an und zur besseren Unterscheidung sollten relative bzw. prozentuale Abweichungen als Nadeln mit grünem bzw. rotem Kopf abgebildet werden. Hervorhebungen empfiehlt es durch farbige Differenzmarkierungen, Trendindikatoren oder ähnliches erkennbar zu machen (Hichert & Faisst, 2019, S. 93). Für die Tabellengestaltung gilt die Empfehlung, dass sowohl Zahlen- als auch Spaltenköpfe rechtsbündig formatiert sein sollten und Rechenergebnisse wie Summen fett angezeigt werden (Hichert & Faisst, 2019, S. 103). Für Attribute wie die betrieblichen Funktionen Produktion, Vertrieb, F&E etc. empfiehlt es sich ebenso wie bei der Differenzierung von Kategorien wie Produkte, Kunden, Regionen etc. Symbole oder Icon-Sätze zu verwenden, um die Information schnell differenzieren zu können (Hichert & Faisst, 2019, S. 131). Eine korrekte Skalierung und Angabe der Maßgröße wie €, $ etc. bei Abbildungen mit der angewandten Einheit wie k für Tausend, m für Million und b für Milliarde (billion) oder vergleichbar wird gefordert (Hichert & Faisst, 2019, S. 138).

2.3 Standards für den Datenaustausch

Neben Standards für das Projektmanagement von Data-Science-Projekten und Standards für die Visualisierung existiert ein weiterer bedeutender Bereich, in dem Standards sich für alle Beteiligten auszahlen, die Standards für den Datenaustausch. Wer Data Science betreibt, der verwendet oft Daten von Behörden, Organisationen etc., welche weltweit einheitliche Codierungen von Ländern, Industrien, Produkten, Währungen und vielem mehr verwenden. Nur bei einer gemeinsam genutzten, auf Datenaustausch basierenden, Datenbasis ist eine effektive Verwendung von Daten möglich.

Der weltweit etablierte ISO-Standards SDMX (Statistical Data and Metadata Exchange, ISO 17369:2013) (Stahl & Staab, 2017) wird intensiv genutzt, um für beliebige Phänomena des Wirtschaftslebens, also der Finanz- und Realwirtschaft, Datenstrukturen zu definieren und darauf aufbauend Datenaustauschprozesse und Datensammlungen sowie dazu passende Datenanalyseprodukte zu entwickeln. Die Initiative wurde u. a. von folgenden Organisationen im Jahr 2001 ins Leben gerufen: IWF, OECD, UN, Weltbank, Eurostat und EZB.

Zahlen versprechen Objektivität und geben Sicherheit, jedoch gilt es den Daten auch zu vertrauen und als Data Scientist dafür zu sorgen, dass die Daten korrekt und aussagekräftig sind. Es werden z. B. interne Codierungen für Produkte, Kostenstellen, Kunden, Lieferanten, Orte verwendet und eigene Formate für Zeit, Datum und Zahlen benutzt. Diese Codierungen und Formatierungen stimmen mit anderen Datasets oft nicht überein. Deshalb leisten viele Organisationen große Anstrengungen zur „Daten-Integration", indem sie die Daten verschiedener Datenquellen zu einer einheitlichen, hochwertigen Datenbasis integrieren. Diese Integration erst ermöglicht die systematische Analyse der Datenbasis.

Scannerkassen in Geschäften speichern Daten bezüglich des Einkaufs der Kunden mit Produkt, Menge, Preis, Zeit, Datum und Ort. Wenn man diese Daten integrieren kann mit den Daten des Kunden wie Name, Adresse, E-Mail, Telefonnummer, Alter, Geschlecht, Beruf, Einkommen und vielem mehr, dann könnte man den Informationswert steigern. Diese Information könnte helfen Kundensegmentierung zu betreiben, Vorhersagen zum Umsatz zu machen, Werbung zielgerichtet an Kunden zu schicken und vieles mehr. Der Wert würde sich weiter steigern, wenn man Informationen zum Konsumverhalten an anderen Orten, bei Tankstellen, Fluggesellschaften etc. hätte. Dies ist dann möglich, wenn Karten für Bonuspunktprogramme von den Kunden verwendet werden. Dies ist möglich, setzt jedoch voraus, dass gewisse Anforderungen von den verschiedenen Datenquellen erfüllt werden, sodass z. B. die Kundennummer, die Währung, die Produkte einheitlich codierbar sind (siehe Abb. 2.4).

Für die Interpretation des gemessenen Umsatzes eines Kunden benötigt es die einheitlichen Angaben zur Kundennummer, der Produkt-Codierung, des Preises mit einer Währungs-Codierung. Liegen die Daten in einem solchen Format als Transaktionsdaten für jeden Kauf vor, so lassen sich die Daten unabhängig von dem Ort der Erfassung und der Datenquelle (Supermarkt, Tankstelle, Apotheke…) integriert auswerten.

SDMX liefert damit ein Datenmodell, das dem verbreiteten Stern- oder Schneeflockenschema entspricht. Die eigentliche Information (Fakten) wie Anzahl und Preis stehen im Zentrum und sind von den Identifikatoren (Dimensionen) sternförmig umgeben. Bei diesem Datenmodell spricht man auch von einem mehrdimensionalen Datenwürfel oder OLAP-Cube. Wichtig ist, dass für die Dimensionen standardisierte Codelisten in den Stammdaten vorliegen wie zum Beispiel ISO-Länderschlüssel, Produktschlüssel, Postleitzahlen, GPS-Koordinaten (siehe Abb. 2.5).

Abb. 2.4 Anforderungen an Datenquellen

Abb. 2.5 Sternschema mit
Fakten und Dimensionen

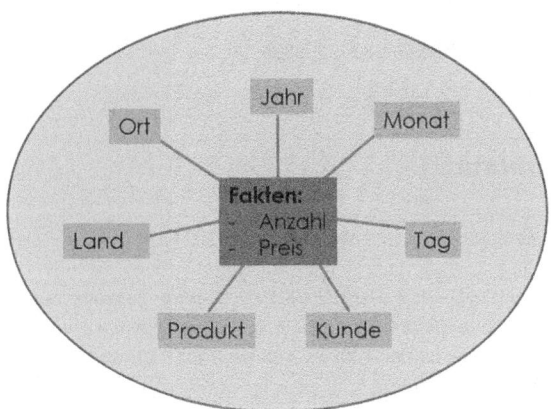

Dieser standardisierte Aufbau und die Nutzung von Codelisten (Dimensionen) ermöglicht dann Suchabfragen in diesem multidimensionalen Datenwürfel, den man sich als
mehrdimensionale Datentabelle vorstellen kann (siehe Abb. 2.6).

Die praktische Nutzung und Anwendung eines solchen Datenmodells wird in
Abschn. 3.7 demonstriert.

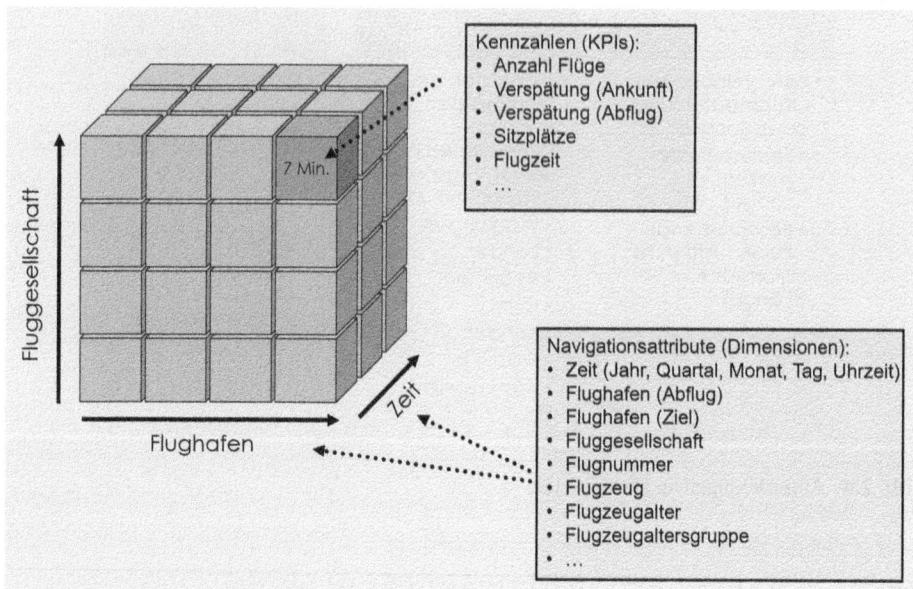

Abb. 2.6 DataCube Flugdaten

Literatur

Data Science Project Management. (2021). *What is CRISP DM?* Abgerufen am 01. June 2021 von
    https://www.datascience-pm.com/effective-data-science-process/
Hichert, R., & Faisst, J. (2019). *Gefüllt, gerahmt, schraffiert: Wie visuelle Einheitlichkeit die
    Kommunikation mit Berichten, Präsentationen und Dashboards verbessert.* München: Vahlen.
IBCS Association. (2017). *International Business Communication Standards.* Charleston, VA:
    CreateSpace.
Lauth, B., & Sareiter, J. (2005). *Wissenschaftliche Erkenntnis: Eine ideengeschichtliche Ein-
    führung in die Wissenschaftstheorie* (2. Ausg.). Paderborn: Mentis.
Stahl, R., & Staab, P. (2017). *Die Vermessung des Datenuniversums: Datenintegration mithilfe des
    Statistikstandards SDMX.* Berlin: Springer-Vieweg.

Data Science mit R

3

Aus großen Datenmengen wertvolle Informationen zu gewinnen erfordert leistungs-
fähige Data-Science-Werkzeuge. Ein Data-Science-Werkzeug, das in den vergangenen Jahren immer bedeutsamer geworden ist, ist die ursprünglich für statistische
Anwendungen entwickelte Programmiersprache R. Ihre Kernfunktionen liegen in der
statistischen Auswertung und der Visualisierung von Daten. R wurde 1992 von Ross
Ihaka und Robert Gentleman in Auckland entwickelt und als Open-Source-Software
kostenlos unter der GNU General Public License durch die R Foundation for Statistical
Computing verbreitet (R Core Team 2021).

R zählt inzwischen zu den 10 beliebtesten Programmiersprachen im TIOBE Index
(Tiobe 2021) dem IEEE Spectrum Ranking (Daws 2020), dem O'Reilly Popularity
Index (Brust 2020) und der Liste der beliebtesten Data-Science-Programmiersprachen
(Muenchen 2020). Darüber hinaus zählt es auch zu den 20 beliebtesten Programmiersprachen im Redmonk Ranking (O'Grady 2020). Auch unter den Analyse-Werkzeugen
für Big Data Analytics ist R eines der beliebtesten (Guru99 2020). Als Statistik-
anwendung, für Data Mining und Analytics hat R sich als eines der primären Werkzeuge
etabliert, gefolgt von SPSS, SAS, KNIME, STATISTICA, RapidMiner, Weka, Excel und
MATLAB (Muenchen 2020).

Neben den Funktionen als Interpreter-Programmiersprache und Statistikpaket unterstützt R auch Maschinelles Lernen (überwacht und unüberwacht), Methoden der Künstlichen Intelligenz ebenso wie Natural Language Processing (NLP) und Text Mining.

Die kostenlose Open-Access-Zeitschrift „The R Journal" berichtet regelmäßig über
aktuelle Publikationen zu R und neu verfügbare Pakete/Funktionen (The R Foundation
2020). Empfehlenswert ist die ebenfalls kostenlose Zeitschrift „Journal of Statistical
Software" (Foundation for Open Access Statistics 2020). Wertvolle Informationen zu R
finden Sie auch auf der Plattform Bloggers (R Bloggers 2020). Fragen und Antworten
zur R-Anwendung finden Sie auch auf Stack Overflow (Stack Overflow 2020).

© Der/die Autor(en), exklusiv lizenziert durch Springer Fachmedien Wiesbaden GmbH,   15
ein Teil von Springer Nature 2021
B. Heesen, *Data Science und Statistik mit R*, https://doi.org/10.1007/978-3-658-34825-0_3

In R dreht sich alles um Objekte, denn ganze Ausdrücke eines R-Skripts, Variablen, Funktionen, und auch Operatoren werden als Objekte betrachtet (Zuckarelli 2018). Trotzdem ist R keine klassische, vollständig objektorientierte Sprache, welche mit Konzepten wie Klassen, Vererbung etc. arbeitet.

3.1   Installation einer R-Umgebung

Wie eine R-Umgebung gestaltet wird, hängt wesentlich davon ab, welche Werkzeuge Verwendung finden sollen. Im Folgenden wird vorgestellt, wie die Installation erfolgt, wenn R, R-Tools und RStudio als Integrated Development Environment (IDE) zum Einsatz kommen sollen. Wie Sie darüber hinaus weitere Funktionen, die in Form von mehr als 10.000 R-Paketen zur Verfügung stehen, installieren können, das wird in Abschn. 3.2.2 vorgestellt.

3.1.1   R installieren

Laden Sie sich die aktuelle Version von R oder eine andere gewünschte Version von der Webseite des R-Projects (R Core Team 2021) herunter (siehe Abb. 3.1).

Klicken Sie zunächst auf den Link „download R". Ihnen wird dann eine Liste der Server des CRAN-Netzwerks angezeigt, von denen R geladen werden kann. Wählen Sie einen Server in ihrer Nähe aus, indem Sie z. B. auf den Link, „https://ftp.fau.de/cran" der FAU Universität klicken (siehe Abb. 3.2).

The R Project for Statistical Computing

Getting Started

[Home]

Download

CRAN

R Project

About R
Logo
Contributors
What's New?
Reporting Bugs
Conferences
Search
Get Involved: Mailing Lists
Developer Pages
R Blog

R is a free software environment for statistical computing and graphics. It compiles and runs on a wide variety of UNIX platforms, Windows and MacOS. To **download R**, please choose your preferred CRAN mirror.

If you have questions about R like how to download and install the software, or what the license terms are, please read our answers to frequently asked questions before you send an email.

News

- **R version 4.1.0 (Camp Pontanezen) prerelease versions** will appear starting Saturday 2021-04-17. Final release is scheduled for Tuesday 2021-05-18.
- **R version 4.0.5 (Shake and Throw)** has been released on 2021-03-31.
- Thanks to the organisers of useR! 2020 for a successful online conference. Recorded tutorials and talks from the conference are available on the R Consortium YouTube channel.
- **R version 3.6.3 (Holding the Windsock)** was released on 2020-02-29.
- You can support the R Foundation with a renewable subscription as a supporting member

Abb. 3.1 Das R Projekt

Germany
  https://ftp.fau.de/cran/   Friedrich-Alexander-Universität Erlangen-Nürnberg (FAU)
  https://mirror.dogado.de/cran/   dogado GmbH
  https://ftp.gwdg.de/pub/misc/cran/   GWDG Göttingen
  https://cran.uni-muenster.de/   University of Münster, Germany
  https://mirror.clientvps.com/CRAN/   ClientVPS
  https://packages.othr.de/cran/   OTH Regensburg
Greece
  https://ftp.cc.uoc.gr/mirrors/CRAN/   University of Crete
Hungary
  https://cran.rapporter.net/   Rapporter.net, Budapest
Iceland
  https://cran.hafro.is/   Marine Research Institute
India
  https://mirror.niser.ac.in/cran/   National Institute of Science Education and Research (NISER)
Indonesia
  https://repo.bppt.go.id/cran/   Agency for The Application and Assessment of Technology

Abb. 3.2 Wahl des CRAN Servers

Abb. 3.3 Download R for …

Die R-Software wird dann von dem ausgewählten Server heruntergeladen, wenn Sie auf den Link „Download R for …" (Wählen Sie ihr Betriebssystem) klicken (siehe Abb. 3.3).

Klicken Sie anschließend auf „install R for the first time" (siehe Abb. 3.4).

Es wird ihnen automatisch die aktuelle Version von R zum Download angeboten. Klicken Sie auf den entsprechenden Link, z. B. „Download R 4.0.5 for Windows" (siehe Abb. 3.5).

Klicken Sie auf „Ausführen", um die Installation fortzuführen. Wählen Sie anschließend die Sprache aus, in der die Installation erfolgen soll. Anschließend werden

```
                                                       R for Windows

                  Subdirectories:

                  base              Binaries for base distribution. This is what you want to install R for the first time.
                  contrib           Binaries of contributed CRAN packages (for R >= 2.13.x; managed by Uwe Ligges). There is also information on
CRAN                                third party software available for CRAN Windows services and corresponding environment and make variables.
Mirrors           old contrib       Binaries of contributed CRAN packages for outdated versions of R (for R < 2.13.x; managed by Uwe Ligges).
What's new?       Rtools            Tools to build R and R packages. This is what you want to build your own packages on Windows, or to build R itself.
Task Views
Search            Please do not submit binaries to CRAN. Package developers might want to contact Uwe Ligges directly in case of questions / suggestions related to Windows
                  binaries.
About R
R Homepage        You may also want to read the R FAQ and R for Windows FAQ.
The R Journal
                  Note: CRAN does some checks on these binaries for viruses, but cannot give guarantees. Use the normal precautions with downloaded executables.
Software
```

Abb. 3.4 Installieren von R

```
                                              R-4.0.5 for Windows (32/64 bit)

                  Download R 4.0.5 for Windows (85 megabytes, 32/64 bit)

                  Installation and other instructions
                  New features in this version
CRAN
Mirrors
What's new?       If you want to double-check that the package you have downloaded matches the package distributed by CRAN, you can
Task Views        compare the md5sum of the .exe to the fingerprint on the master server. You will need a version of md5sum for windows:
Search            both graphical and command line versions are available.

About R                                         Frequently asked questions
R Homepage
The R Journal     • Does R run under my version of Windows?
                  • How do I update packages in my previous version of R?
Software          • Should I run 32-bit or 64-bit R?
R Sources
R Binaries        Please see the R FAQ for general information about R and the R Windows FAQ for Windows-specific information.
Packages
Other                                           Other builds

Documentation     • Patches to this release are incorporated in the r-patched snapshot build.
Manuals           • A build of the development version (which will eventually become the next major release of R) is available in the r-
FAQs                devel snapshot build.
Contributed       • Previous releases
```

Abb. 3.5 Download starten

ihnen die Lizenzbedingungen angezeigt. Bestätigen Sie diese durch Klicken auf „Weiter",
um die Installation fortzusetzen (siehe Abb. 3.6).

Wählen Sie den Zielordner aus und bestätigen Sie dies mit „Weiter" (siehe Abb. 3.7).

Wählen Sie die Komponenten aus, die Sie installieren möchten. Es ist empfehlenswert die 64-Bit-Version zu installieren (siehe Abb. 3.8).

Sie können die Startoptionen unverändert lassen (siehe Abb. 3.9).

Wenn Sie möchten, kann ein Ordner im Startmenü angelegt werden (siehe Abb. 3.10).

Darüber hinaus können Sie sich auch ein Desktop-Symbol erstellen lassen. Die
Versionsnummer sollte im Registry gespeichert werden und die Dateien mit der Endung.
RData sollten mit R verknüpft werden, sodass diese später mit R geöffnet werden (siehe
Abb. 3.11).

Die erfolgreiche Installation wird ihnen bestätigt und Sie können dies mit „Fertigstellen" bestätigen (sieheAbb. 3.12).

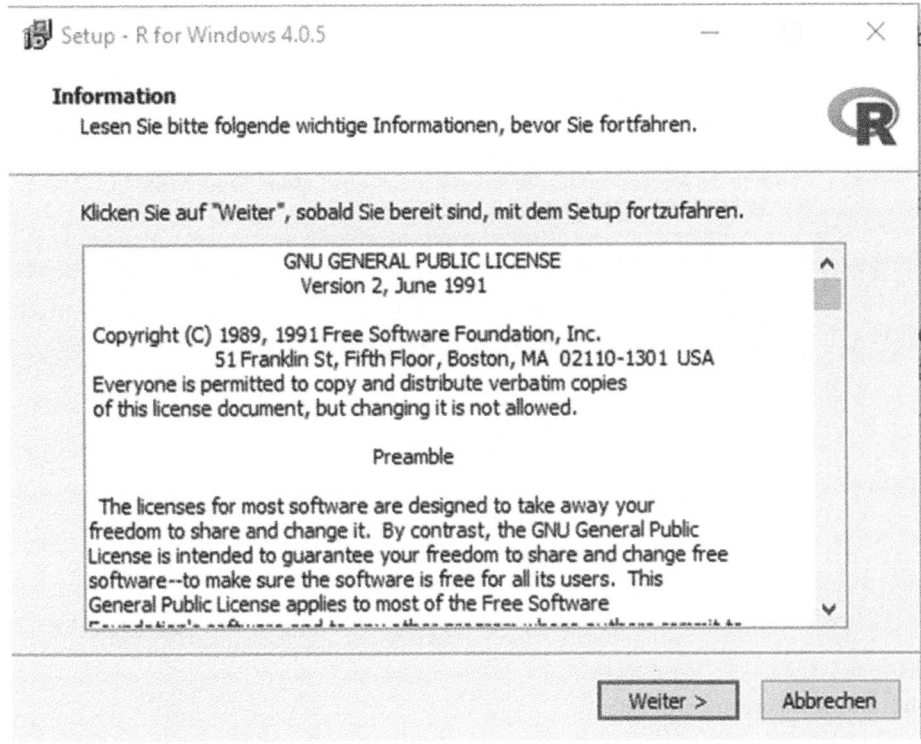

Abb. 3.6 Lizenzbedingungen akzeptieren

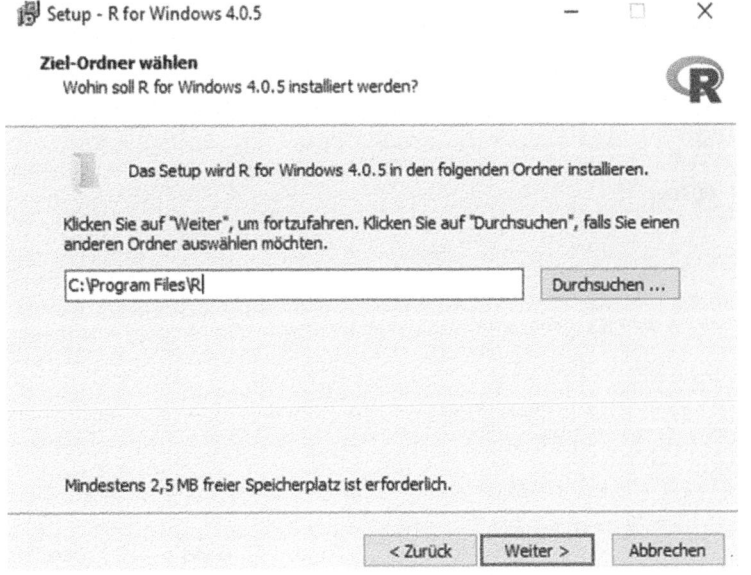

Abb. 3.7 Zielordner für Installation

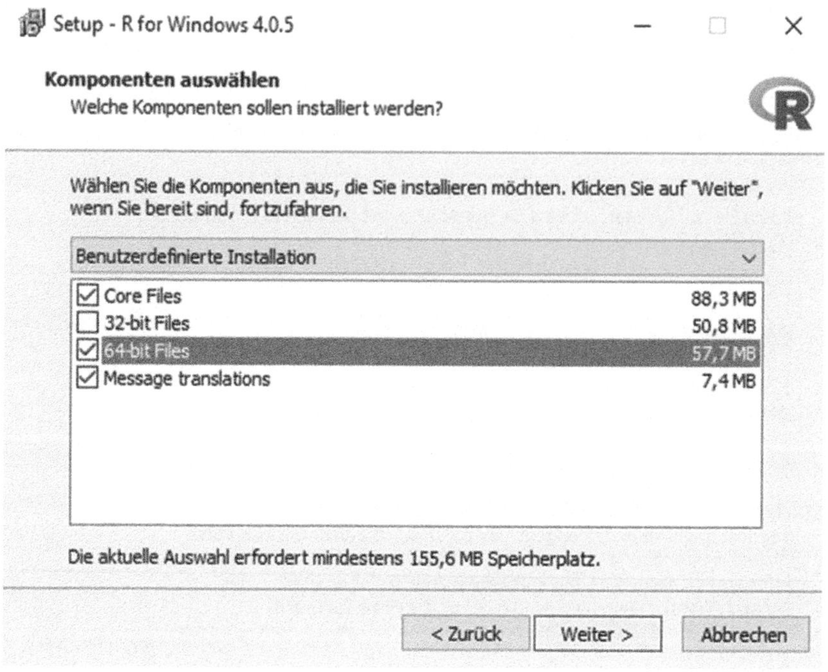

Setup - R for Windows 4.0.5   —   □   ✕

Komponenten auswählen
Welche Komponenten sollen installiert werden?

Wählen Sie die Komponenten aus, die Sie installieren möchten. Klicken Sie auf "Weiter",
wenn Sie bereit sind, fortzufahren.

Benutzerdefinierte Installation	⌄
☑ Core Files	88,3 MB
☐ 32-bit Files	50,8 MB
☑ 64-bit Files	57,7 MB
☑ Message translations	7,4 MB

Die aktuelle Auswahl erfordert mindestens 155,6 MB Speicherplatz.

< Zurück   Weiter >   Abbrechen

Abb. 3.8 Komponenten auswählen

Setup - R for Windows 4.0.5   —   □   ✕

Startoptionen
Möchten Sie die Startoptionen anpassen?

Bitte wählen Sie "ja" oder "nein" und klicken dann auf "weiter".

○ Ja
◉ Nein

< Zurück   Weiter >   Abbrechen

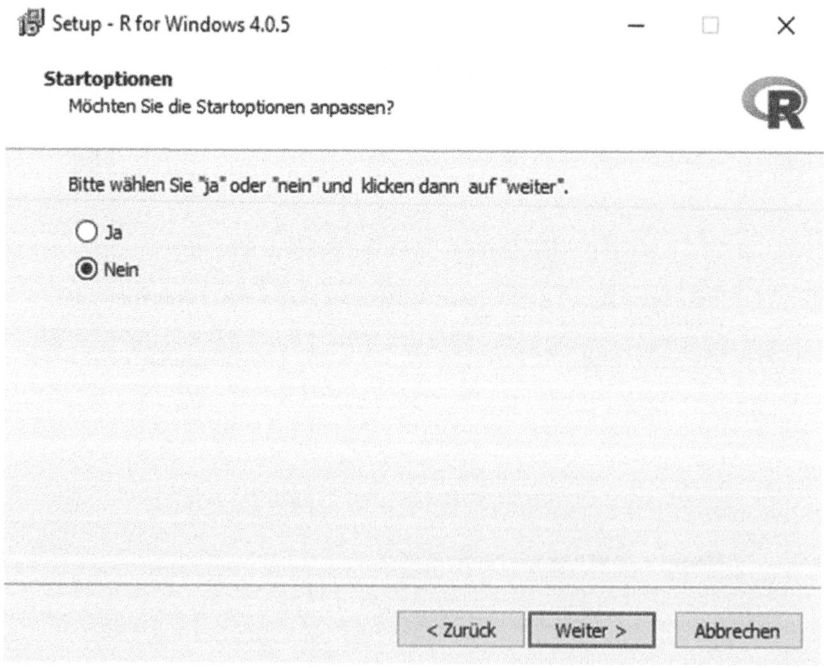

Abb. 3.9 Startoptionen

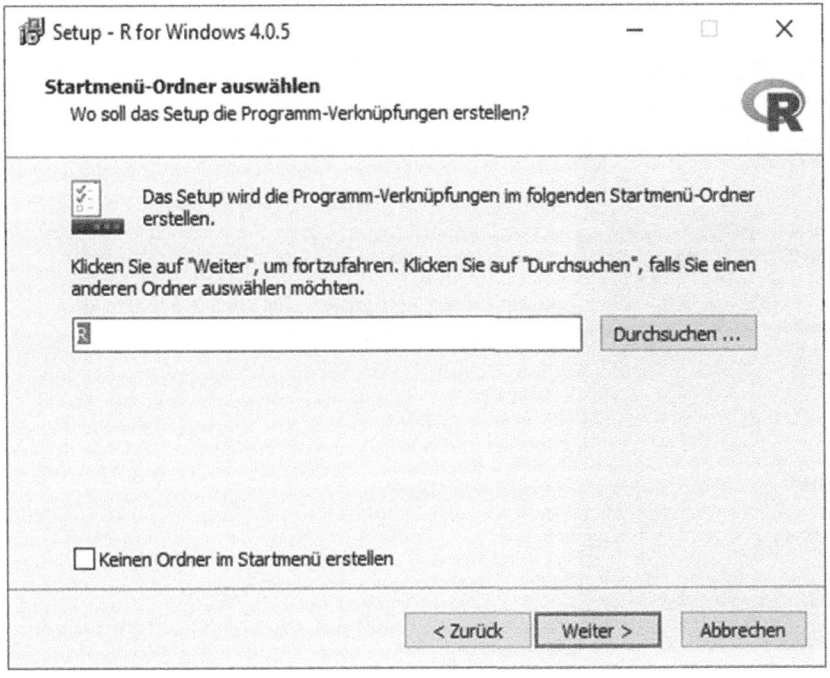

Abb. 3.10 Eintrag im Startmenü

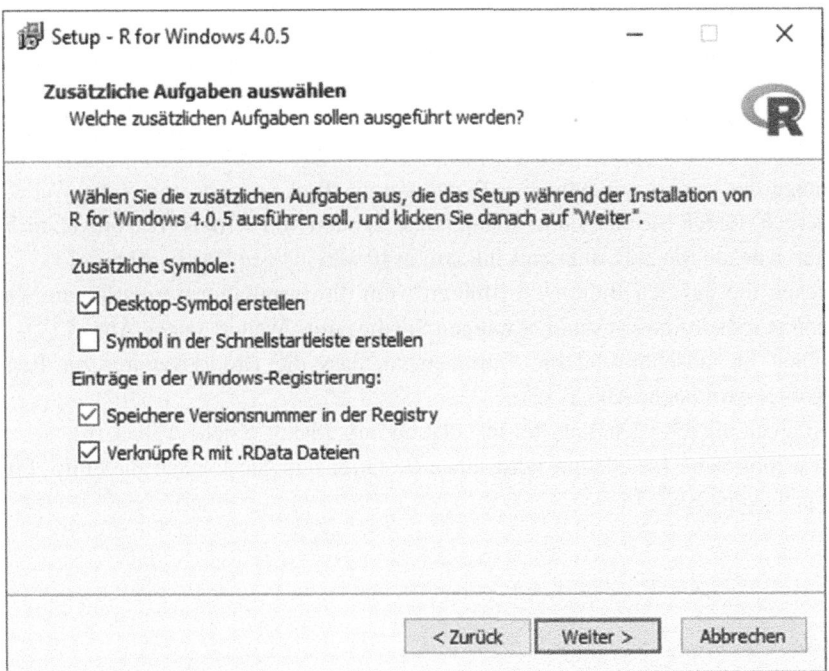

Abb. 3.11 Option für Desktop-Symbol

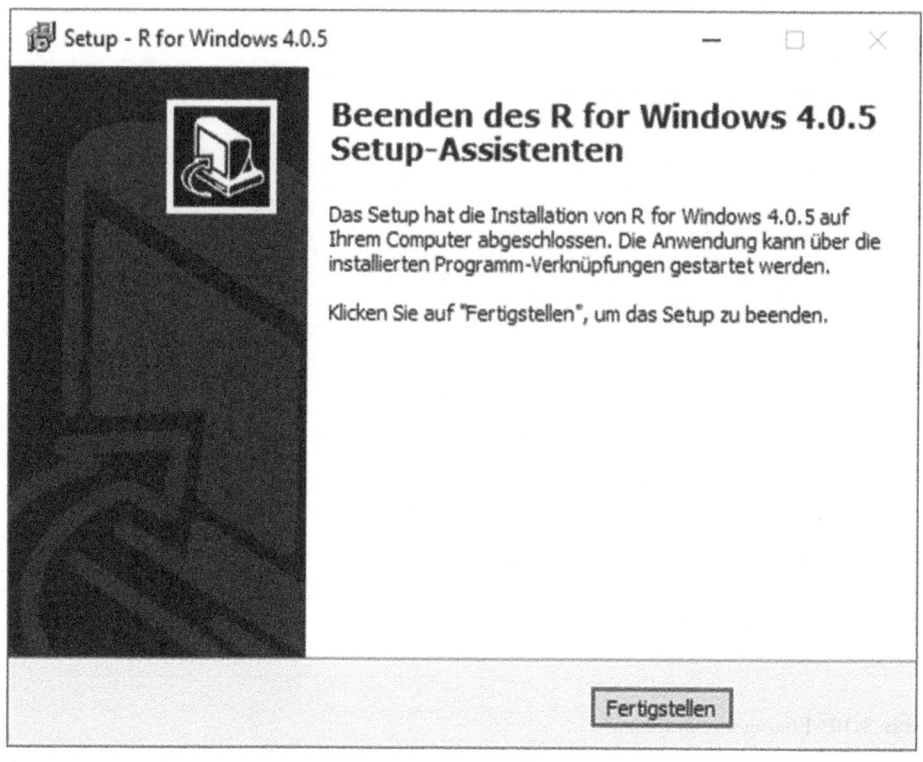

Abb. 3.12   R erfolgreich installiert

3.1.2   R-Tools installieren

Für einige der Funktionalitäten von R und dessen Packages sind spezielle Werkzeuge erforderlich. Laden Sie sich daher die aktuelle Version von RTools (R Core Team 2020) herunter. Klicken Sie z. B. auf den Link „rtools40-x86_64.exe" (siehe Abb. 3.13).

Klicken Sie auf den Button „Ausführen", um die Installation fortzuführen. Wählen Sie dann den Zielordner aus und bestätigen Sie dies mit „Weiter" (siehe Abb. 3.14).

Wählen Sie anschließend die Optionen so, dass die Rtools-Version zur Registry hinzugefügt wird (siehe Abb. 3.15).

Bestätigen Sie jetzt den Start der Installation mit „Install" (siehe Abb. 3.16).

Die erfolgreiche Installation wird ihnen bestätigt und Sie können dies mit „Finish" bestätigen (siehe Abb. 3.17).

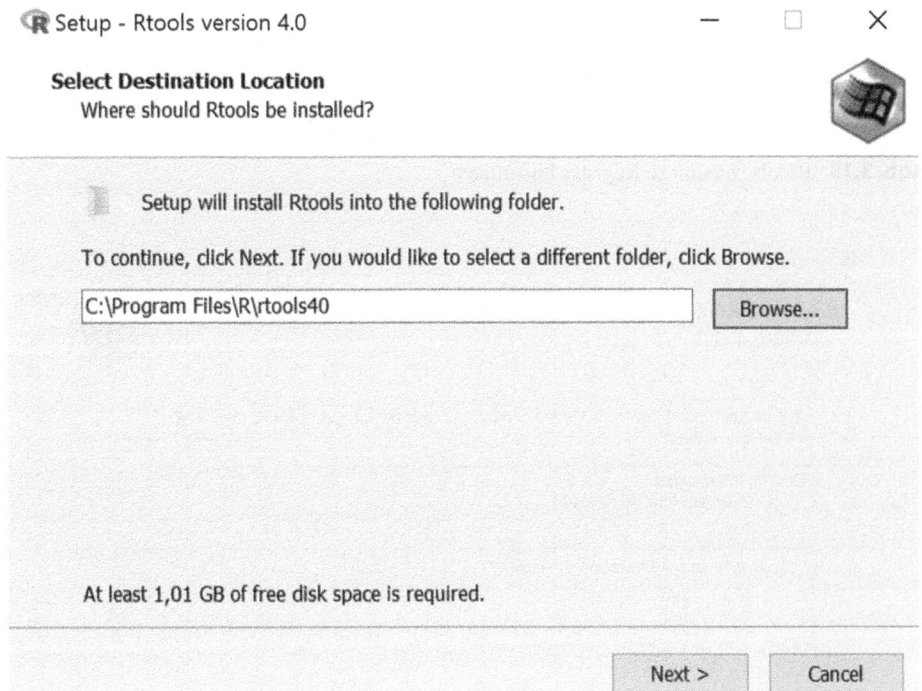

Using Rtools40 on Windows

Starting with R 4.0.0 (released April 2020), R for Windows uses a brand new toolchain bundle called **rtools40**.

This version of Rtools upgrades the mingw-w64 gcc toolchains to version 8.3.0, and introduces a new build system based on msys2, which makes easier to build and maintain R itself as well as the system libraries needed by R packages on Windows. For more information about the latter, follow the links at the bottom of this document.

This documentation is about rtools40, the current version used for R 4.0.0 and newer. For information about previous versions of Rtools that can be used with R 3.6.3 or older, please visit this page.

Installing Rtools40

Note that rtools40 is only needed build R packages with C/C++/Fortran code from source. By default, R for Windows installs the precompiled "binary packages" from CRAN, for which you do not need rtools!

To use rtools40, download the installer from CRAN:

- On Windows 64-bit: rtools40-x86_64.exe (recommended: includes both i386 and x64 compilers)
- On Windows 32-bit: rtools40-i686.exe (i386 compilers only)

Note for RStudio users: please check you are using the latest version of RStudio (at least 1.2.5042) to work with rtools40.

Abb. 3.13 R-Tools

Abb. 3.14 Zielordner für Installation

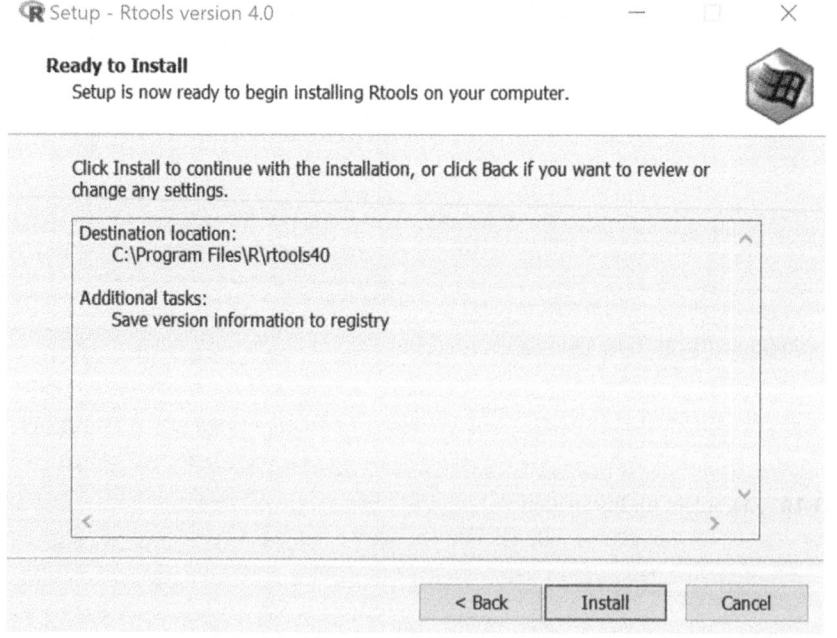

Abb. 3.15   Rtools-Version zu Registry hinzufügen

Abb. 3.16   Installation ausführen

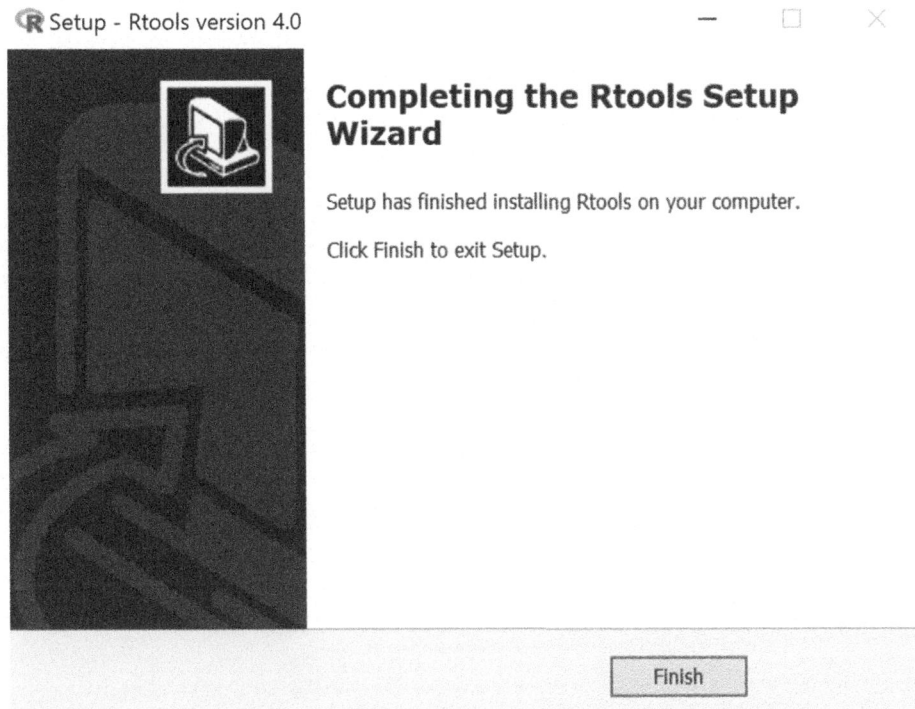

Abb. 3.17 Rtools erfolgreich installiert

3.1.3   RStudio installieren

Eine etablierte Benutzeroberfläche für Anwender von R und Python ist RStudio, welches Sie sich von der Webseite von RStudio (RStudio 2021a) herunterladen können. Klicken Sie auf Products und wählen dann „RStudio" aus (siehe Abb. 3.18).

Auf dem nächsten Bildschirm wählen Sie dann „RStudio Desktop" aus. Diese Anwendung ist für den Einzelplatzrechner geeignet (siehe Abb. 3.19).

Die Open Source Edition von RStudio Desktop ist kostenlos. Klicken Sie auf „Download RStudio Desktop", um den Download zu starten (siehe Abb. 3.20).

Wählen Sie auch auf dem nachfolgenden Screen die kostenlose Version von RStudio Desktop aus und Klicken Sie auf „Download". Anschließend wählen Sie die Version für ihr Betriebssystem aus und klicken auf den entsprechenden Link, z. B. „RStudio-1.4.1106.exe" (siehe Abb. 3.21).

Klicken Sie auf den Button „Weiter", um die Installation zu starten (siehe Abb. 3.22).

Wählen Sie das Zielverzeichnis für die Installation aus (siehe Abb. 3.23).

Wählen Sie anschließend den Ordner des Startmenüs aus, in dem RStudio hinzugefügt werden soll und klicken Sie dann auf „Installieren" (siehe Abb. 3.24).

Die erfolgreiche Installation wird Ihnen bestätigt und Sie können dies mit „Fertigstellen" bestätigen (siehe Abb. 3.25).

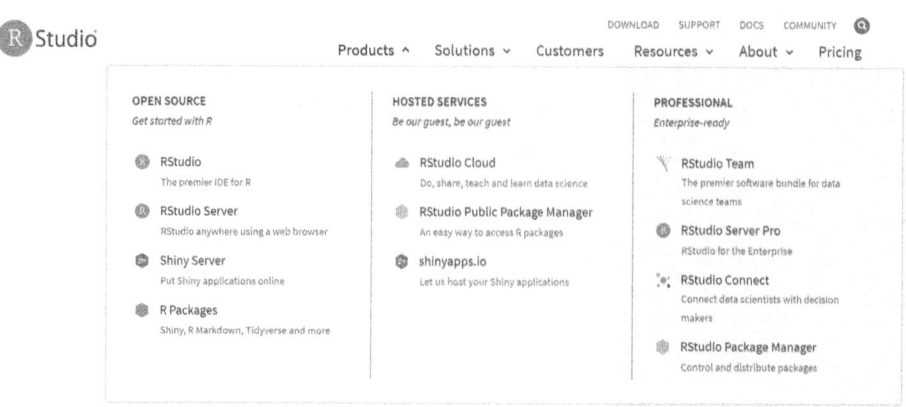

Abb. 3.18 RStudio

There are two versions of RStudio:

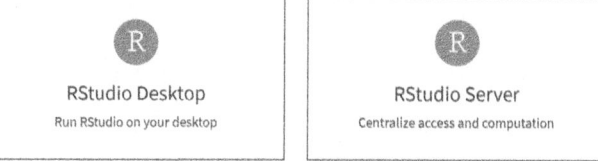

Take a tour of RStudio's IDE

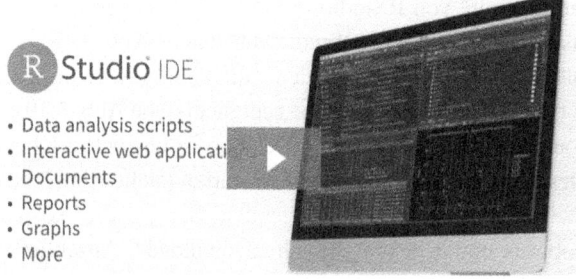

Abb. 3.19 RStudio Desktop

 Studio Desktop

	Open Source Edition	**RStudio Desktop Pro**
Overview	• Access RStudio locally • Syntax highlighting, code completion, and smart indentation • Execute R code directly from the source editor • Quickly jump to function definitions • Easily manage multiple working directories using projects • Integrated R help and documentation • Interactive debugger to diagnose and fix errors quickly • Extensive package development tools	All of the features of open source; plus: • A commercial license for organizations not able to use AGPL software • Access to priority support • RStudio Professional Drivers • Connect directly to your RStudio Server Pro instance remotely
Support	Community forums only	• Priority Email Support • 8 hour response during business hours (ET)
License	AGPL v3	RStudio License Agreement
Pricing	Free	$995/year
	DOWNLOAD RSTUDIO DESKTOP	DOWNLOAD FREE RSTUDIO DESKTOP PRO TRIAL
		Purchase | Contact Sales

Abb. 3.20 Download RStudio Desktop

RStudio Desktop 1.4.1106 - Release Notes

1. **Install R.** RStudio requires R 3.0.1+.

2. **Download RStudio Desktop.** Recommended for your system:

DOWNLOAD RSTUDIO FOR WINDOWS
1.4.1106 | 155.97MB

Requires Windows 10 (64-bit)

All Installers

Linux users may need to import RStudio's public code-signing key prior to installation, depending on the operating system's security policy.

RStudio requires a 64-bit operating system. If you are on a 32 bit system, you can use an older version of RStudio.

OS	Download	Size	SHA-256
Windows 10	⬇ RStudio-1.4.1106.exe	155.97 MB	d2ff8453
macOS 10.13+	⬇ RStudio-1.4.1106.dmg	153.35 MB	c64d2cda

Abb. 3.21 Auswahl von RStudio nach Betriebssystem

Abb. 3.22   RStudio Installation ausführen

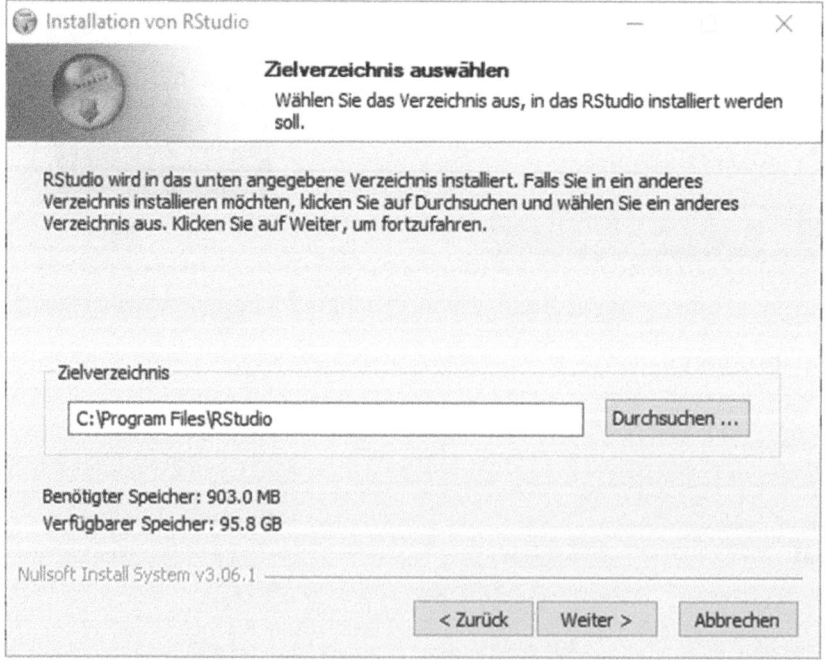

Abb. 3.23   Zielverzeichnis für RStudio

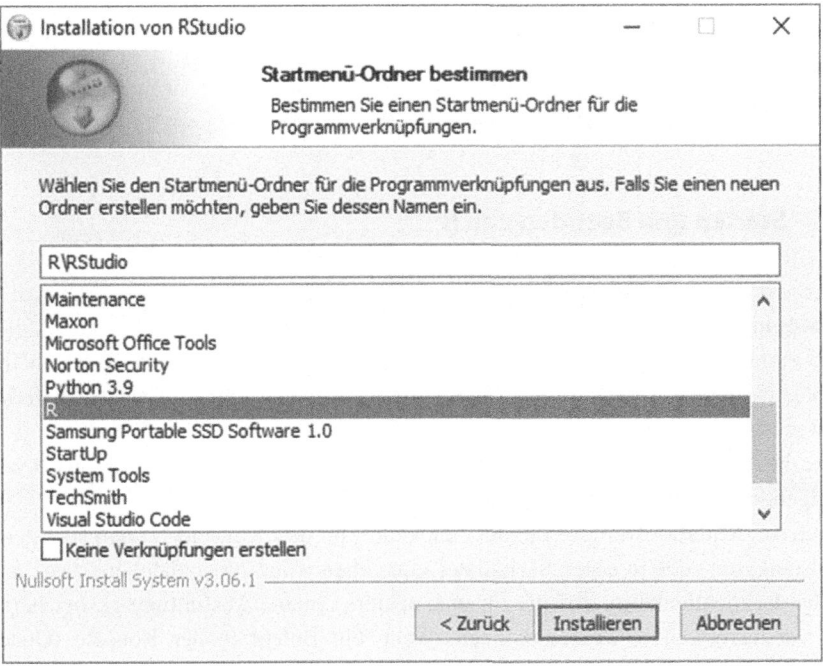

Abb. 3.24   Startmenü für RStudio

Abb. 3.25   RStudio erfolgreich installiert

3.2 R Grundlagen

Nachfolgend wird Ihnen vorgestellt, wie Sie R starten und beenden können und erweiterte Funktionalitäten mithilfe von Paketen nutzbar machen.

3.2.1 Starten und Beenden von R

Wenn Sie die Basisversion von R starten, dann erscheint die RGui (Gui = Graphical User Interface) mit der Konsole und ein einfaches Menü (siehe Abb. 3.26).

Die einfachste Möglichkeit mit R zu arbeiten ist die Eingabe von Befehlen in die Konsole. Nach der Ausführung eines Befehls wird dann dessen Ausgabe, sofern der Befehl etwas ausgibt, in der Konsole angezeigt.

Eine komfortablere Benutzeroberfläche als das Gui der R-Basisversion ist RStudio. Im Folgenden wird daher RStudio verwendet (siehe Abb. 3.27).

Auch in RStudio werden Befehle entweder in der Konsole, einem Fenster zur Befehlseingabe, oder in einer Skriptdatei einggeben. Eine Skriptdatei hat den Vorteil, dass die darin enthaltenen Befehle für eine spätere erneute Ausführung gespeichert und somit wiederverwendet werden können. Wenn ein Befehl in der Konsole (Quadrant unten links in Abb. 3.27) eingegeben wird, erfolgt dessen Ausführung nach Drücken der Enter-Taste. Kann der Befehl nach der Eingabe von Enter nicht abgeschlossen werden, z. B. weil eine Klammer oder ein Parameter fehlt, zeigt R statt der Ausgabe ein + an. Um den Befehl in der Zeile, in welcher der Cursor positioniert ist, aus einer Skriptdatei (Quadrant oben links in Abb. 3.27) auszuführen, wird Ctrl + Enter gedrückt. Nach der Ausführung eines Befehls wird dann dessen Ausgabe, sofern der Befehl etwas ausgibt, in der Konsole angezeigt. Um eine R-Anweisung abzubrechen, weil sie zu lange dauert, kann man die Esc-Taste drücken.

Um einen der zuletzt verwendeten Befehle erneut auszuführen, kann die Taste ↑ verwendet werden. Um eine Abfolge von Prozessschritten bei der Datenanalyse immer wieder auszuführen, empfiehlt sich jedoch das Arbeiten mit Skriptdateien.

Eine R-Session kann in RStudio über das Menü mit File/Quit Session oder mit der Funktion q() beendet werden. Wenn R beendet wird, folgt im Standard die Frage, ob der Workspace (alle Objekte/Variablen/Funktionen im Global Environment) gespeichert werden sollen. Bei jedem Start von R wird der Workspace geladen. Wenn es also gewünscht ist, dass die Arbeit dort fortgesetzt werden soll, wo sie aufgehört wurde, dann ist es sinnvoll den Workspace zu speichern. Möchte man nicht bei jedem Beenden von R gefragt werden, ob der Workspace gespeichert werden soll, kann man dies auch in RStudio im Menü Tools/Global Options/General dauerhaft einstellen (Optionen: Always, Never, Ask).

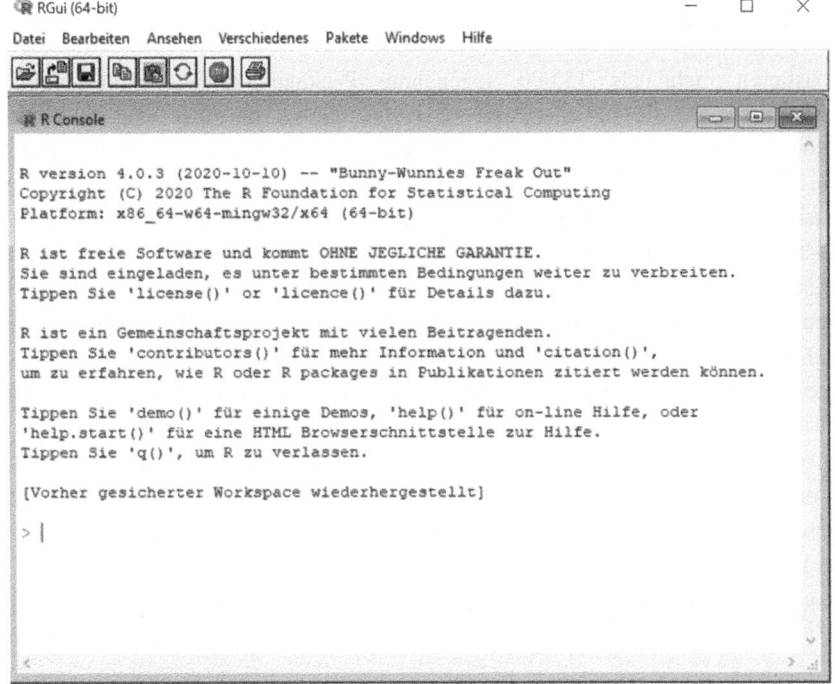

Abb. 3.26 Gui der R-Basisversion

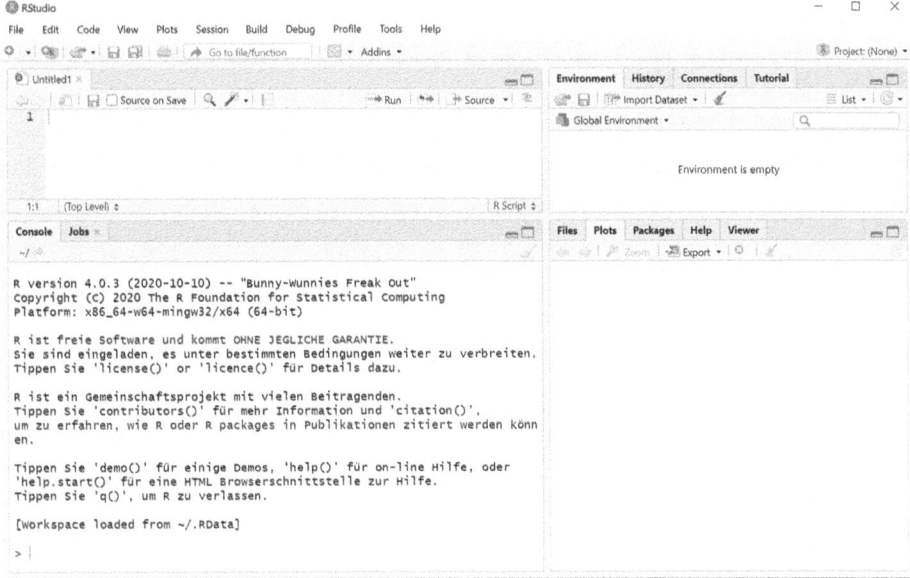

Abb. 3.27 Gui von RStudio

3.2.2 Arbeiten mit Packages

Es existieren mehr als 15.000 sogenannte Packages (Pakete) mit erweiterten Funktionen für R, die üblicherweise über das CRAN abrufbar sind und mit der Funktion install.packages("Paket") von dort abgerufen und in das Dateiverzeichnis R-Library auf dem lokalen Rechner kopiert werden können. Die Angabe des Paketnamens muss bei dieser Funktion ausnahmsweise in Anführungszeichen erfolgen. Die Installation ist auf einem Rechner nur ein einziges Mal erforderlich. Es empfiehlt sich den Parameter dependencies=TRUE zu verwenden, sodass automatisch auch alle anderen Packages installiert werden, von denen das zu installierende Package abhängt und auf deren Funktionen es zurückgreift.

Eine Liste der bereits installierten Packages kann mit der Funktion installed.packages() angezeigt werden.

Bevor jedoch die in einem Package enthaltenen Funktionen genutzt werden können, muss nach jedem erneuten Start von R die Funktion library(Paket) aufgerufen werden, um das Package in den Arbeitsspeicher zu laden. Die Angabe des Paketnamens erfolgt bei dieser Funktion ohne Anführungszeichen.

Ist ein Paket für die Ausführung eines Skriptes erforderlich, so ist die Funktion require() geeignet, um bei Bedarf die Installation und Aktivierung eines Paketes zu veranlassen.

Packages installieren und aktivieren, Hilfe zu Packages

```
#- Pakete-------------------------------------------------------------------
install.packages("ggplot2")   # Installation von Package (einmalig erforderlich)

## Installing package into 'C:/Users/bernd/Documents/R/win-library/4.0'
## (as 'lib' is unspecified)

## installing the source package 'ggplot2'

library(ggplot2)       # Aktivieren von Package (nach jedem Start von R erforderlich)
#?ggplot2              # Hilfe zu Package
#help(ggplot2)         # Hilfe zu Package
```

Wenn ein Package aktiviert ist, können die darin enthaltenen Funktionen aufgerufen werden. Mit ?Paket bzw. help(Paket) kann die Hilfe zu einem Package oder mit ?Funktion bzw. help(Funktion) die Hilfe zu einer Funktion aus dem Paket aufgerufen werden, z. B. ?ggplot2 für die Hilfe für das Paket ggplot2 oder ?geom_boxplot für die Hilfe zu der Funktion geom_boxplot aus dem Paket ggplot2.

Da sich die Funktionalität der R-Pakete immer weiterentwickelt, ist es ab und zu sinnvoll die installierten Pakete auf den neuesten Stand zu bringen. Dies ist mit der Funktion update.packages() möglich.

Sollte man gewisse Pakete nicht mehr benötigen, so kann man sie mit der Funktion remove.packages() jederzeit entfernen.

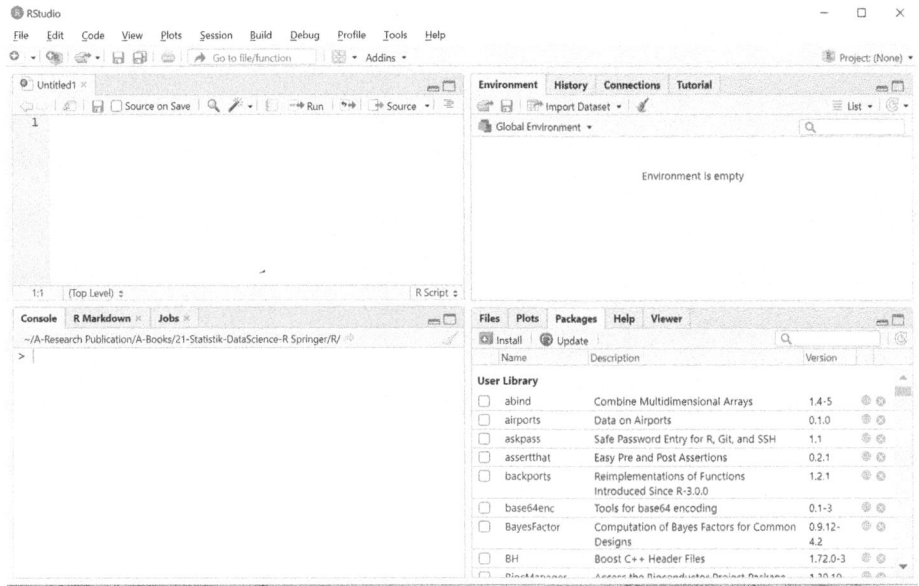

Abb. 3.28 Installation, Aktivierung… von Paketen

Die Installation, Aktualisierung, Aktivierung oder das Entfernen von Paketen ist natürlich ebenso über RStudio möglich (Quadrant unten rechts in Abb. 3.28).

3.2.3 Installation des Pakets datascience

Die hier im Buch verwendeten Datasets, sofern nicht in anderen Paketen enthalten, die in den Codesegmenten explizit angegeben sind, befinden sich in dem von mir erstellten R-Paket datascience. Sie können dieses Paket mit den folgenden Anweisungszeilen in R installieren:

- install.packages("devtools")
- library(devtools)
- devtools::install_github("bheesen/datascience")
- library(datascience)

Nach erfolgreicher Installation können Sie die enthaltenen Daten im Ausschnitt „Environment" nach Auswahl des Pakets datascience im Dropdown anzeigen lassen (siehe Abb. 3.29). Auch wenn Sie die Daten im Environment nicht anzeigen lassen, können Sie trotzdem mit ihnen arbeiten.

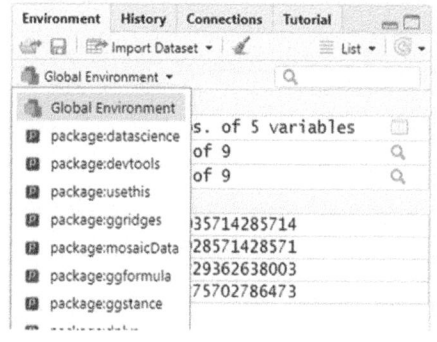
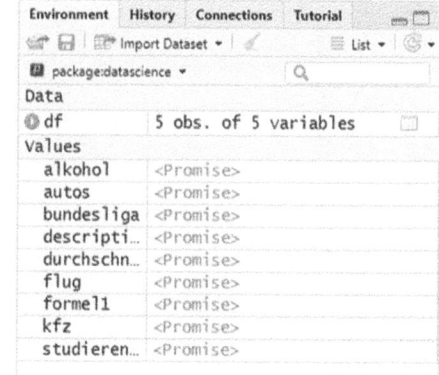

Abb. 3.29 Paket datascience

3.3   R-Syntax

R-Befehle bestehen aus Ausdrücken, also aus Wertzuweisungen (arithmetische oder logische Operatoren) oder Funktionsaufrufen. Funktionsaufrufe sind daran erkennbar, dass nach dem Namen der Funktion Klammern folgen, in denen einer Funktion ggfs. Parameter mitgegeben werden können, z. B. `mean(klausurnoten)`, um den Mittelwert für die Variable „klausurnoten" zu berechnen.

R ist case-sensitive, bei den Namen aller Funktionen und Objekte wird also die Groß- und Kleinschreibung unterschieden, sodass `mean(klausurnoten)` nur dann funktioniert, wenn es eine Funktion `mean()` und ein Objekt klausurnoten gibt, die beide keine Großbuchstaben beinhalten. Die Anweisung `Mean(Klausurnoten)` würde dann eine Fehlermeldung verursachen. Für die Namen von Funktionen und Variablen sind neben den alphanumerischen Zeichen auch der Punkt und der Unterstrich erlaubt.

Wertzuweisungen erfolgen in R mithilfe des Zuweisungsoperators <-. Um einer Variablen x den Wert 3 zuzuweisen wäre daher die Anweisung `x <- 3` korrekt. Als Zuweisungsoperator könnte alternativ auch das Gleichheitszeichen verwendet werden. Der Pfeiloperator hat allerdings den Vorteil, dass er die Richtung der Zuweisung anzeigt. Der Name der Variablen und der zugewiesene Wert könnten daher auch wie folgt vertauscht werden `3 -> x`. Um die Lesbarkeit der Anweisungen zu erhöhen, ist es jedoch empfehlenswert die Empfängervariable immer an den Anfang einer Zeile zu stellen, sodass diese dort einheitlich immer schnell erkennbar ist.

Der Inhalt einer Variablen lässt sich in der Konsole anzeigen, indem der Name der Variablen eingegeben und diese Anweisung dann ausgeführt wird. Auf die Elemente einer Vektorvariablen kann durch Indizierung in eckigen Klammern zugegriffen werden, wobei die Indizierung bei 1 startet, z. B. `klausurnoten[2]` gibt den zweiten Wert der Vektorvariablen mit dem Namen klausurnoten aus.

Codeblöcke von Schleifen oder Funktionen werden mit geschweiften Klammern umschlossen.

Um die Befehle in Skriptdateien zu erklären, können Kommentare durch # eingeleitet werden. Alle in dieser Zeile folgenden Zeichen werden dann als Kommentar betrachtet.

Wertzuweisungen, Kommentare, Codeblock, Funktionsaufrufe

```
#- Kommentare zu Wertzuweisungen-------------------------------------------
x <- 3                       # gutes Beispiel einer Wertzuweisung
x                            # Ausgabe von x

## [1] 3

1 -> y                       # schlechtes Beispiel einer Wertzuweisung
y                            # Ausgabe von y

## [1] 1

klausurnoten <- c(x,y)    # Variable klausurnoten ergibt sich aus x und y
klausurnoten

## [1] 3 1

#- Codeblock---------------------------------------------------------------
for (i in 1:2) {             # For-Schleife von 1 bis 2
  print(klausurnoten[i])   # Gibt die Inhalte von klausurnoten mit Index i aus
}

## [1] 3
## [1] 1

#- Funktionsaufrufe--------------------------------------------------------
mean(klausurnoten)           # Funktion mean() berechnet den Mittelwert

## [1] 2

Mean(klausurnoten)           # Funktion mit Großbuchstabe M existiert nicht

## Error in Mean(klausurnoten): konnte Funktion "Mean" nicht finden

mean(Klausurnoten)           # Variable mit Großbuchstabe K existiert nicht

## Error in mean(Klausurnoten): Objekt 'Klausurnoten' nicht gefunden
```

3.3.1   Datentypen

In vielen Programmiersprachen muss eine Variable durch die Zuweisung eines Namens und eines spezifischen Datentyps deklariert werden, bevor ihr ein Wert zugewiesen werden kann. In R müssen Variablen nicht im Vorfeld deklariert werden, sondern sie werden in dem Augenblick der Wertzuweisung dynamisch erschaffen und R bestimmt den Datentyp automatisch, sofern dieser nicht spezifiziert wird. Dies bedeutet weniger Codezeilen und erleichtert die Programmierung, ist jedoch auch eine mögliche Fehlerursache.

R ist schwach typisiert, da R den Datentyp automatisch bestimmen kann. Dabei wird der Mechanismus der Coercion angewendet, der versucht sicherzustellen, dass Daten dem für die jeweils durchgeführte Operation notwendigen Typ entsprechen. Wenn z. B. Text und Zahlen in einem Vektor zusammengeführt werden, dann erhält dieser Vektor automatisch den Typ character, damit beide Typen von Daten gespeichert werden können. R wählt also den kleinsten gemeinsamen Typen-Nenner.

Die wichtigsten elementaren Datentypen in R sind:

- numeric (Zahlen, die gewöhnlich als Gleitkommazahlen gespeichert werden und angezeigt werden mit zwei Werten, der Mantisse m und dem Exponenten e als $x = m * 10^e$). Historisch wurde in R auch mit dem Datentyp double gearbeitet, der identisch ist mit numeric. Bei Bedarf kann eine Zahl vom Datentyp double mit der Funktion `as.numeric()` in numeric konvertiert werden, wenn das Ergebnis der Funktion `is.numeric()` ein TRUE produzieren soll. Wenn Zahlenwerte mit einem nachfolgenden L angegeben werden, z. B. `33L`, dann werden sie als Datentyp integer (Ganzzahlen) gespeichert, was etwas weniger Speicherplatz verbraucht als Gleitkommazahlen. Das Dezimalkomma wird in R durch einen Punkt ein- und ausgegeben. R-Werte vom Typ numeric folgen dem Standard IEC 60559:2011 (auch bekannt als IEEE 754-2008) oder Binär64-Format, das mit einer Präzision von 53 Bits arbeitet und absolut exakte Werte von $2*10^{-308}$ bis $2*10^{308}$ abbilden kann.
- logical (logische Werte, TRUE und FALSE bzw. T und F)
- Date (Datum)
- character (Zeichenketten bzw. Strings) werden in einfache ' ' oder doppelte " " Anführungszeichen gesetzt.

Nachdem Wertzuweisungen an Variablen erfolgt sind, kann die Funktion `class()` genutzt werden, um den von R automatisch zugewiesenen Datentyp anzeigen zu lassen. Um mit einer Funktion sowohl den Datentyp als auch den Wert einer Variablen angezeigt zu bekommen, kann die Funktion `str()` genutzt werden. Die Bezeichnung der Datentypen erfolgt dann ggfs. in kürzerer Form: num anstatt numeric, logi anstatt logical, chr anstatt character. Die Funktion `unclass()` kann verwendet werden, um anzuzeigen wie eine Variable intern (uncodiert durch den Datentyp vom Typ raw/roh) betrachtet und gespeichert wird. Dies wird aber eher seltener benötigt.

Die logischen Funktionen `is.numeric()`, `is.logical()`, `is.character()` und `is.Date()` können verwendet werden, um zu prüfen, ob eine Variable von einem gewissen Datentyp ist. Das Ergebnis dieser Funktionen ist TRUE, wenn die Variable dem Datentyp entspricht, ansonsten FALSE.

Wenn der Datentyp konvertiert werden soll, so ist dies mit den Funktionen `as.numeric()`, `as.logical()`, `as.character()` und `as.Date()` möglich. Die Konvertierung in eine Datumsvariable ist für beliebige Datumsformate mit dem Parameter `format` möglich, z. B. `as.Date("04.01.2021", format= "%d.%m.%Y")`.

R hat eine spezielle Art Datums- und Zeitvariablen zu verarbeiten. Der Datentyp der Datumsvariablen ist Date und der von Zeitvariablen ist POSIXct und POSIXlt. Alle Zeitinformationen werden als die Zeit in Tagen, Stunden oder Sekunden gespeichert, die seit dem 01.01.1970 vergangen ist. Für Zeiten vor diesem Datum gibt eine negative Zahl die Tage bzw. Sekunden bis zum 01.01.1970 an. Die Funktion `Sys.Date()` kann verwendet werden, um das aktuelle Datum anzuzeigen. Mit der Anweisung `unclass(Sys.Date())` wird Ihnen die interne Darstellung des aktuellen Datums angezeigt und dies ist die Zahl der Tage, die seit dem 01.01.1970 vergangen sind. Mit der Funktion `Sys.time()` lässt sich auch die aktuelle Uhrzeit anzeigen. Die Anweisung `unclass(Sys.time())` zeigt dann die Zahl der Sekunden an, die seit dem 01.01.1970 vergangen sind.

Das Paket lubridate bietet viele weitere Funktionen für Datums- und Zeitvariablen wie `date()`, `year()`, `month()`, `day()`, `hour()`, `minute()`, `second()`, `week()`, `quarter()`, `am()` und `pm()`.

Werden Variablen vom Typ Character bearbeitet, so bietet das Paket stringr einige Funktionen an, z. B. die Funktion `str_detect()`, `str_locate()`, um nach Zeichenketten bzw. Wörtern zu suchen, oder `str_count()`, um die Häufigkeit einer Zeichenkette zu ermitteln.

Variablen können neben dem Wert auch Attribute besitzen. Mit der Funktion `attributes()` kann man diese anzeigen lassen und mit der Funktion `attr()` Attribute ändern oder hinzufügen, z. B. wird der Variablen a mit der Anweisung `attr(a, "Bedeutung")` <- `"Stückzahl verkauft"` das Attribut Bedeutung hinzugefügt.

Datentypen: Numerisch, Integer, Logisch, Datum, Zeichenkette

```r
#- Numerische Datentypen-------------------------------------------------
a <- 12                   # Numerische Variable
a                         # Inhalt der Variable

## [1] 12

class(a)                  # Datentyp der Variable

## [1] "numeric"

a <- as.integer(a)        # Konvertierung zu Integer -> weniger Speicherplatz
a

## [1] 12

class(a)

## [1] "integer"

b <- 13.5                 # Numerische Variable mit Nachkommastellen
b

## [1] 13.5

class(b)

## [1] "numeric"

c <- 48000000             # Numerische Variable große Zahl
c

## [1] 4.8e+07

class(c)

## [1] "numeric"

d <- 46000000L            # Integer Variable große Zahl
d

## [1] 46000000

class(d)

## [1] "integer"

#- Logische Datentypen---------------------------------------------------
e <- TRUE                 # Boolsche Variable
e

## [1] TRUE

class(e)

## [1] "logical"

#- Datum Datentypen------------------------------------------------------
f <- Sys.Date()           # Datumsvariable
f

## [1] "2021-01-18"

class(f)

## [1] "Date"

g <- "2022-01-01"         # Character Variable
g
```

```
## [1] "2022-01-01"

class(g)

## [1] "character"

h <- as.Date(g)            # Konvertierung in Datumsvariable
h

## [1] "2022-01-01"

class(h)

## [1] "Date"

i <- as.Date("04.01.2021", format= "%d.%m.%Y") # Konvertierung jeden Formates
i

## [1] "2021-01-04"

class(i)

## [1] "Date"

j<-Sys.time()              # Zeitvariable
class(j)

## [1] "POSIXct" "POSIXt"

require(lubridate)         # Paket erforderlich

## Loading required package: lubridate

##
## Attaching package: 'lubridate'

## The following objects are masked from 'package:base':
##
##     date, intersect, setdiff, union

date(j)                    # Datum

## [1] "2021-01-18"

year(j)                    # Jahr

## [1] 2021

month(j)                   # Monat

## [1] 1

day(j)                     # Tag

## [1] 18

hour(j)                    # Stunde

## [1] 18

minute(j)                  # Minute

## [1] 15

second(j)                  # Sekunde

## [1] 36.51344

week(j)                    # Woche
```

```
## [1] 3
```

```
quarter(j)                # Quartal
```

```
## [1] 1
```

```
am(j)                     # AM-Uhrzeit TRUE/FALSE
```

```
## [1] FALSE
```

```
pm(j)                     # PM-Uhrzeit TRUE/FALSE
```

```
## [1] TRUE
```

```
#- Character Datentypen-------------------------------------------------------
i <- 'Erste Zeichenkette'# Character Variable in einfachen Anführungszeichen
i
```

```
## [1] "Erste Zeichenkette"
```

```
class(i)
```

```
## [1] "character"
```

```
j <- "Statistik ist toll"# Character Variable in doppelten Anführungszeichen
j
```

```
## [1] "Statistik ist toll"
```

```
class(j)
```

```
## [1] "character"
```

```
require(stringr)          # Paket erforderlich
```

```
## Loading required package: stringr
```

```
str_detect(i,"toll")      # Prüfung, ob String enthalten ist
```

```
## [1] FALSE
```

```
str_detect(j,"toll")      # Prüfung, ob String enthalten ist
```

```
## [1] TRUE
```

```
str_locate(j,"toll")      # Start und Endeposition von String
```

```
##      start end
## [1,]    15  18
```

```
k <- "27.62"              # Character Variable
k
```

```
## [1] "27.62"
```

```
class(k)
```

```
## [1] "character"
```

```
str(k)                    # str() zeigt Datentyp und Inhalt gleichzeitig
```

```
## chr "27.62"
```

```
l <- is.character(k)      # Logische Frage ob Datentyp == character
l
```

```
## [1] TRUE

class(l)

## [1] "logical"

str(l)

## logi TRUE

m <- as.numeric(k)        # Konvertierung zu numerisch
m

## [1] 27.62

class(m)

## [1] "numeric"

str(m)

## num 27.6

#- Attribute von Datenobjekten beliebigen Typs------------------------------------
str(a)                                    # Anzeige Typ, Wert, Attribute

## int 12

attributes(a)                             # Attribute anzeigen

## NULL

attr(a, "Bedeutung") <- "Stückzahl verkauft"   # Attribut zuweisen
attributes(a)                             # Attribute anzeigen

## $Bedeutung
## [1] "Stückzahl verkauft"

str(a)                                    # Anzeige Typ, Wert, Attribute

## int 12
## - attr(*, "Bedeutung")= chr "Stückzahl verkauft"
```

3.3.2 Datenstrukturen

Wird nur ein einzelner Wert in einer Variablen gespeichert, so bezeichnet man diese als „einfache Variable". Werden mehrere Werte in einer Variablen gespeichert, so bezeichnet man diese als „Vektor". Es gibt zwei Typen von Vektoren, sogenannte „atomare Vektoren" (ein Datentyp) und Listen (mehrere Datentypen).

Vorhandene Variablen und Datenstrukturen können mit der Funktion View() angezeigt und mit der Funktion fix() bearbeitet werden.

3.3.2.1 Vektor

Ein neuer Vektor ohne Inhalt lässt sich mit der Funktion `new()` erzeugen, z. B. `text<-new("character")` oder `a<-new("numeric")`, um einen leeren Vektor vom Typ character oder numeric anzulegen. In einem Vektor können mehrere Werte eines Datentyps gespeichert werden, indem diese mit der Funktion `c()` zu einem Vektor zusammengefügt werden (c steht für das englische Wort "combine"). Folgende Funktion kann beispielsweise verwendet werden, um einen Vektor anzulegen: `a <- c(1.2, -13, 46, 1880.12, -2.5)`. Achtung: In R werden die Nachkommastellen wie im Englischen üblich mit einem Punkt getrennt und nicht wie im Deutschen mit einem Komma. In R werden aber Kommas verwendet, um die Argumente einer Funktion voneinander zu unterscheiden.

Der gesamte Vektor kann durch Eingabe des Namens ausgegeben werden. Auf einzelne Elemente eines Vektors kann durch Indizierung in eckigen Klammern zugegriffen werden, wobei die Indizierung bei 1 startet, z. B. `a[2]` gibt den zweiten Wert der Vektorvariablen mit dem Namen a aus, hier also -13. Wird in den Klammern kein Index angegeben, so werden alle Elemente ausgegeben. Es können auch mehrere Werte eines Vektors ausgegeben werden, z. B. die Elemente 2 bis 4 mit der Anweisung `a[2:4]`. Um alle außer gewissen Elementen anzuzeigen, kann ein dem Index vorangestelltes Minuszeichen verwendet werden, z. B. `a[-2]` zeigt alle Elemente außer dem 2. Element an. Eine Liste von Indizes kann mit der Funktion `c()` angegeben werden, z. B. `a[c(1,3:4)]` gibt das Element 1 und 3 bis 4 aus. Die Ausgabe einer Reihenfolge von Elementen kann auch beliebig inklusive Wiederholungen einzelner Elemente kombiniert werden, z. B. um die Elemente 1, 3, 3, 1, 1, 5 auszugeben `a[c(1,3,3,1,1,5)]`. Die Angabe eines ungültigen Indizes bewirkt die Ausgabe NA, z. B. `a[3:7]` bewirkt für den Index 6 und 7 ein NA.

Auch eine Berechnung der Indizes ist möglich. Die Funktion `length()` gibt die Anzahl der Elemente eines Vektors zurück. Möchte man z. B. auf das vorletzte Element zugreifen, so kann man mit der Anweisung `a[length(a)-1]` arbeiten.

Vektoren können auch für jedes Element einen Namen enthalten, z. B. `b <- c(anna = 1.3, rolf = 2.7, heike = 4.0)`. Den Inhalt des Vektors kann man wieder durch Eingabe des Namens oder mit der Funktion `str()` anzeigen lassen. Ein Zugriff auf das Element 2 kann erfolgen durch `b[2]` oder `b["rolf"]`.

Auch ein logisches Indexing ist möglich, indem Bedingungen bestimmen, welche Elemente ausgewählt werden sollen, z. B. `b[b>2]`, `b[b==1.3 | b>3]` oder `b[b<3.3 & b>2]`. Eine weitere Option ist die Angabe von TRUE (soll ausgegeben werden) oder FALSE (soll nicht ausgegeben werden) für jedes Element, z. B. `b[c(FALSE, TRUE, FALSE)]`, um nur das Element 2 auszugeben. Die Gestaltung logischer Operationen wird im Abschn. 3.3.3.2 detailliert behandelt.

Ein Vektor muss keineswegs numerisch sein, sondern kann von beliebigem Datentyp sein, z. B. `c <- c("Hund","Katze")` als Vektor vom Datentyp character.

Wenn Sie einen Befehl auf einen Vektor anwenden, dann führt R diesen Befehl für jedes einzelne Element des Vektors aus, z. B. bei der Umwandlung einer Temperatur von Celsius in Fahrenheit. Dies erfordert keine Schleifenprogrammierung wie in vielen anderen Programmiersprachen, was die Anzahl der erforderlichen R-Anweisungen gering hält. Ein Vektor `d<-c(20,40,60,80,100)` kann für jedes Element des Vektors mit der Anweisung `d<-(d-32)*5/9` eine Umrechnung von Grad Fahrenheit in Grad Celsius realisieren.

Vektor

```
#- Vektor numerisch-------------------------------------------------------
a <- c(1.2, -13, 46, 1880.12, -2.5)        # Vektor Typ numerisch
a                                          # Ausgabe

## [1]    1.20   -13.00   46.00 1880.12   -2.50

a[]                                        # Ausgabe

## [1]    1.20   -13.00   46.00 1880.12   -2.50

str(a)                                              # Ausgabe mit Typ und Länge
```

```
## num [1:5] 1.2 -13 46 1880.1 -2.5
a[2]                                   # Ausgabe 2. Element
## [1] -13
a[2:4]                                 # Ausgabe 2.-4. Element
## [1]  -13.00   46.00 1880.12
a[-2]                                  # Ausgabe ohne 2. Element
## [1]    1.20   46.00 1880.12   -2.50
a[-2:-4]                               # Ausgabe ohne 2.-4. Element
## [1]  1.2 -2.5
a[c(1,3:4)]                            # Ausgabe 1. & 3.-4. Element
## [1]    1.20   46.00 1880.12
a[c(1,3,3,1,1,5)]                      # Ausgabe beliebiger Elemente
## [1]  1.2 46.0 46.0  1.2  1.2 -2.5
a[3:7]                                 # Ausgabe ungültiger Indizes
## [1]   46.00 1880.12   -2.50      NA      NA
length(a)                              # Anzahl Elemente von Vektor
## [1] 5
a[length(a)-1]                         # Ausgabe vorletztes Element
## [1] 1880.12
#- Vektor numerisch mit Namen----------------------------------------
b <- c(anna = 2.7, rolf = 1.3, heike = 4.0)  # Vektor mit Namen
b                                      # Ausgabe
##  anna  rolf heike
##   2.7   1.3   4.0
str(b)                                 # Ausgabe mit Typ und Länge
## Named num [1:3] 2.7 1.3 4
##  - attr(*, "names")= chr [1:3] "anna" "rolf" "heike"
b[2]                                   # Ausgabe 2. Element
## rolf
## 1.3
b["rolf"]                              # Ausgabe 2. Element
## rolf
## 1.3
#- Vektor logische Indizierung---------------------------------------
b[b>2]                                 # Ausgabe wenn >2
##  anna heike
##   2.7   4.0
b[b==1.3 | b>3]                        # Ausgabe wenn 1.3 oder >3
```

```
## rolf heike
## 1.3   4.0

b[b<3.3 & b>2]                          # Ausgabe wenn <3.3 und >2

## anna
## 2.7

b[c(FALSE, TRUE, FALSE)]                # Ausgabe 2. Element

## rolf
## 1.3

#- Vektor character------------------------------------------------------
c <- c("Hund","Katze")                  # Vektor Typ character
c                                       # Ausgabe

## [1] "Hund"  "Katze"

str(c)                                  # Ausgabe mit Typ und Länge

## chr [1:2] "Hund" "Katze"

#- Vektor Operationen----------------------------------------------------
d<-c(20,40,60,80,100)                   # Vektor Temperaturen Fahrenheit
d                                       # Ausgabe

## [1]  20  40  60  80 100

d<-(d-32)*5/9                           # Temperaturen Celsius
d                                       # Ausgabe

## [1] -6.666667  4.444444 15.555556 26.666667 37.777778
```

3.3.2.2 Faktorvariable

Eine Faktorvariable ist ein atomarer Vektor vom Datentyp factor, in dem mehrere Werte
eines Datentyps gespeichert werden können. Es handelt sich dabei um kategoriale
Variablen mit einer vordefinierten Menge an Ausprägungen. Bei kategorialen Variablen
wird unterscheiden zwischen nominalen Variablen wie Farbe oder Land (ohne Reihenfolge) und ordinalen Variablen wie Schulnoten (mit Reihenfolge von sehr gut bis
ungenügend).

Für jede vorkommende Ausprägung wird ein sogenanntes Label als Kombination
des Wertes der Ausprägung und einem Zähler vergeben, sodass jede Ausprägung
nur einmalig gespeichert werden muss. Die Labels werden standardmäßig entweder von der kleinsten Zahl zur größten Zahl (numerisch) oder alphabetisch
(character) mit einer Integerzahl von 1 bis n durchnummeriert. Dies ist bei
einer nominalen Faktorvariable auch in Ordnung. Bei einer ordinalen Faktorvariable dagegen ist es wichtig, dass die einer Ausprägung zugeordnete Integerzahl entsprechend der Reihenfolge entweder aufsteigend oder absteigend
vergeben wird, damit die Integerwerte später z. B. für Korrelationsanalysen und
Machine Learning verwendet werden können. Eine derartige Vergabe der Integerzahlen wird durch die Verwendung der Parameter order und levels erreicht, z. B.

```
noten.ordinal <- factor(noten, order=TRUE, levels=c("sehr gut", "gut",
```

"befriedigend","ausreichend","ungenügend")). Mit dem Parameter
exclude=NULL werden auch Ausprägungen mit fehlenden Werten (NA) berücksichtigt.

Kommt ein Wert in der Faktorvariablen vor, so wird nicht der Wert selbst, sondern
die zugeordnete Integerzahl für das Element hinterlegt. Da Integerzahlen minimalen
Speicherplatz benötigen, reduziert sich so der Speicherbedarf für einen Vektor vom
Typ factor, wenn Werte wiederholt vorkommen. Eine Faktorvariable lässt sich mit
der Funktion factor() erstellen, z. B. für die Nominale Variable torschuetze
<- factor(c("Robert", "Timo", "Marco", "Timo", "Robert",
"Robert")). Alternativ kann auch die Funktion as.factor() aus einem bereits
existierenden Vektor eine Faktorvariable erstellen, z. B. aa <- as.factor(a).
In beiden Fällen hat R den Datentyp nicht automatisch erkennen müssen, sondern die
Funktion factor() bzw. as.factor() hat bestimmt, dass eine Faktorvariable erzeugt
werden soll. Der Parameter order=TRUE bestimmt, ob die Funktion class() factor
oder ordered factor zurückgibt. Für ordinale Variablen sollte der Parameter order=TRUE
verwendet werden.

Die gesamte Faktorvariable kann durch Eingabe des Namens oder mit der Funktion
str() ausgegeben werden und die Funktion levels() zeigt die Ausprägungen einer
Faktorvariablen an.

Wenn Sie eine Faktorvariable anlegen, in der Sie die Wochentage festhalten, an denen
Sie diesen Monat Sport getrieben haben, so können Sie dies mit der Anweisung tag
<- factor(c("Mittwoch", "Montag", "Mittwoch", "Dienstag",
"Mittwoch")) erledigen.

Mit der Funktion table() kann man sich die Häufigkeiten der vorkommenden Werte
in einem Vektor anzeigen zu lassen, in diesem Falle mit table(tag). Die Reihenfolge
bei der Auflistung der Häufigkeiten erfolgt in der Reihenfolge, in welcher die Levels in
der Faktorvariablen vorkommen (bei numerischen Inhalten aufsteigend, bei Zeichenketten alphabetisch sortiert).

Wenn Sie jetzt aber gerne eine spezifische Reihenfolge bevorzugen, z. B. die Abfolge
der Wochentage innerhalb einer Woche, dann können Sie die Reihenfolge auch ändern
bzw. spezifisch vorgeben. Für diesen Zweck gibt es die Funktionen fct_inorder()
(sortiert nach Reihenfolge des Vorkommens), fct_infreq() (sortiert nach Häufigkeit)
und fct_inseq() (sortiert numerisch). Die Funktion fct_inseq() setzt voraus, dass
die Inhalte numerisch sind, sonst wird eine Fehlermeldung veranlasst. Diese Funktionen
sind in dem Paket forcats enthalten.

Die Reihenfolge der Levels kann auch ganz individuell vorgegeben werden, wenn der
Parameter levels in der Funktion factor() verwendet wird, z. B. wochentage <-
factor(tag, levels = c("Montag","Dienstag","Mittwoch")). Jetzt
entspricht die Reihenfolge der Levels der Abfolge innerhalb einer Woche von Montag,
Dienstag zu Mittwoch. Eine Ausgabe der Häufigkeiten erfolgt dann entsprechend
der Wochentage. Sollen Levels nicht in den Daten vorkommen, so können Sie mit der
Funktion droplevels() entfernt werden, z. B. autos <- droplevels(autos).

Wenn eine Faktorvariable als Basis einer arithmetischen Operation verwendet werden soll, so gilt es die kategorialen Werte mit der Funktion
`as.numeric(Faktorvariable)` vorher in einen numerischen Wert zu überführen.

Faktor

```
#- Faktor character-------------------------------------------------------
torschuetze <- factor(c("Robert", "Timo", "Marco", "Timo", "Robert", "Robert"))
torschuetze                                  # Ausgabe

## [1] Robert Timo   Marco  Timo   Robert Robert
## Levels: Marco Robert Timo

str(torschuetze)                             # Ausgabe mit Typ und Länge

##  Factor w/ 3 levels "Marco","Robert",..: 2 3 1 3 2 2

torschuetze.numeric <- as.numeric(torschuetze)# Konvertierung in numerisch
str(torschuetze.numeric)                     # Werte unverändert

##  num [1:6] 2 3 1 3 2 2

# die Levels nach Alphabet: 1=Marco, 2=Robert, 3=Timo
#- Faktor numerisch-------------------------------------------------------
aa <- as.factor(a)                           # Faktor numerisch aus Vektor a
aa                                           # Ausgabe

## [1] 1.2    -13     46     1880.12 -2.5
## Levels: -13 -2.5 1.2 46 1880.12

str(aa)                                      # Ausgabe mit Typ und Länge

##  Factor w/ 5 levels "-13","-2.5","1.2",..: 3 1 4 5 2

levels(aa)                                   # Levels anzeigen

## [1] "-13"    "-2.5"    "1.2"    "46"     "1880.12"

levels(torschuetze)

## [1] "Marco"  "Robert" "Timo"
```

```
#- Faktor character-----------------------------------------------------------
tag <- c("Mittwoch", "Montag", "Mittwoch", "Dienstag", "Mittwoch") # Vektor
tag1 <- factor(tag)                          # Faktor character
levels(tag1)                                 # Levels

## [1] "Dienstag" "Mittwoch" "Montag"

table(tag1)                                  # Häufigkeit

## tag1
## Dienstag Mittwoch   Montag
##        1        3        1

#- Faktor nominal  ------------------------------------------------------------
noten<-c("sehr gut",NA,"ungenügend","ausreichend","gut","gut",NA) #Vektor
noten.nominal1 <- factor(noten)              # Nominale Variable
class(noten.nominal1)                        # Datentyp

## [1] "factor"

str(noten.nominal1)                          # Ausgabe mit Typ und Länge


##  Factor w/ 4 levels "ausreichend",..: 3 NA 4 1 2 2 NA

table(noten.nominal1)

## noten.nominal1
## ausreichend         gut    sehr gut  ungenügend
##           1           2           1           1

noten.nominal2 <- factor(noten,order=FALSE,  # Ordinale Variable
  levels=c("sehr gut","gut","befriedigend","ausreichend","ungenügend"))
class(noten.nominal2)                        # Datentyp

## [1] "factor"

str(noten.nominal2)                          # Ausgabe mit Typ und Länge


##  Factor w/ 5 levels "sehr gut","gut",..: 1 NA 5 4 2 2 NA

table(noten.nominal2)

## noten.nominal2
##     sehr gut          gut befriedigend  ausreichend   ungenügend
##            1            2            0            1            1

noten.ordinal <- factor(noten,order=TRUE,    # Ordinale Variable "ordered"
                                             # NAs ignoriert
  levels=c("sehr gut","gut","befriedigend","ausreichend","ungenügend"))
class(noten.ordinal)                         # Datentyp

## [1] "ordered" "factor"
```

```
str(noten.ordinal)                            # Ausgabe mit Typ und Länge
```

```
## Ord.factor w/ 5 levels "sehr gut"<"gut"<..: 1 NA 5 4 2 2 NA
```

```
table(noten.ordinal)
```

```
## noten.ordinal
##      sehr gut         gut befriedigend  ausreichend    ungenügend
##             1           2           0             1             1
```

```
noten.ordinal <- factor(noten,order=TRUE,    # Ordinale Variable "ordered"
  exclude = NULL,                            # NAs auch codiert
  levels=c("sehr gut","gut","befriedigend","ausreichend","ungenügend",NA))
class(noten.ordinal)                         # Datentyp
```

```
## [1] "ordered" "factor"
```

```
str(noten.ordinal)                            # Ausgabe mit Typ und Länge
```

```
## Ord.factor w/ 6 levels "sehr gut"<"gut"<..: 1 6 5 4 2 2 6
```

```
table(noten.ordinal)
```

```
## noten.ordinal
##      sehr gut         gut befriedigend  ausreichend    ungenügend        <NA>
##             1           2           0             1             1           2
```

```
#- Paket forcats mit Funktionen fct_inorder, fct_infreq und fct_inseq------------
#install.packages("forcats")                  # Installation Package (einmalig)
library(forcats)                              # Aktivieren (nach jedem Start)
tag2 <- fct_inorder(tag)                      # Faktor nach Reihenfolge
levels(tag2)                                  # Levels
```

```
## [1] "Mittwoch" "Montag"   "Dienstag"

table(tag2)                             # Häufigkeit

## tag2
## Mittwoch   Montag Dienstag
##        3        1        1

tag3 <- fct_infreq(tag)                 # Faktor nach Häufigkeit
levels(tag3)                            # Levels

## [1] "Mittwoch" "Dienstag" "Montag"

table(tag3)                             # Häufigkeit

## tag3
## Mittwoch Dienstag   Montag
##        3        1        1

tag4 <- fct_inseq(tag)                  # Faktor nach Höhe für numerisch

## Error: At least one existing level must be coercible to numeric.

levels(tag4)                            # Levels -> Fehler,da kein Objekt

## Error in levels(tag4): Objekt 'tag4' nicht gefunden

table(tag4)                             # Häufigkeit -> Fehler

## Error in table(tag4): Objekt 'tag4' nicht gefunden

#- Reihenfolge der Levels individuell vorgegeben---------------------------------
wochentage <- factor(tag, levels = c("Montag","Dienstag","Mittwoch"))
levels(wochentage)                      # Levels

## [1] "Montag"   "Dienstag" "Mittwoch"

table(wochentage)                       # Häufigkeit

## wochentage
##   Montag Dienstag Mittwoch
##        1        1        3

str(wochentage)                         # Ausgabe mit Typ und Länge

##  Factor w/ 3 levels "Montag","Dienstag",..: 3 1 3 2 3
```

3.3.2.3 Liste

Eine Verknüpfung von mehreren Vektoren ist in einer Liste möglich, die mit der Funktion `list()` erzeugt werden kann. Dabei muss es sich keinesfalls um eine Repräsentation einer Tabelle mit Zeilen und Spalten handeln, denn die verknüpften Vektoren können im Gegensatz zu Matrizen, Arrays, Dataframes und Tibbles eine unterschiedliche Länge besitzen.

Im folgenden Beispiel werden drei Vektoren unterschiedlichen Datentyps zu einer Liste zusammengefügt und auf die Elemente der Liste über Index (Syntax: `Objekt[Index]`) und Name (Syntax: `Objekt$Elementname` oder `Objekt[["Elementname"]]`) zugegriffen. Die Ausgabe bei Zugriff über Index ist eine Liste während die Ausgabe bei Zugriff über Name ein Vektor sein wird.

Liste

```
#- Liste----------------------------------------------------------------
x1 <- c("Hans", "Silke")                    # Vektor x1 (Freunde)
x2 <- c(42, 5, 7, 356)                       # Vektor X2 (Spende in Euro)
x3 <- c(TRUE, FALSE, FALSE, FALSE, TRUE)     # Vektor X3 (Ergebnis Münzwurf)
liste <- list(Freund=x1, Spende=x2, Kopf=x3) # Liste
liste                                        # Ausgabe

## $Freund
## [1] "Hans"  "Silke"
##
## $Spende
## [1]  42   5   7 356
##
## $Kopf
## [1]  TRUE FALSE FALSE FALSE  TRUE

str(liste)                                   # Ausgabe mit Typ und Länge

## List of 3
##  $ Freund: chr [1:2] "Hans" "Silke"
##  $ Spende: num [1:4] 42 5 7 356
##  $ Kopf  : logi [1:5] TRUE FALSE FALSE FALSE TRUE

a <- liste[2]                                # Ausgabe über Index erzeugt Liste
str(a)

## List of 1
##  $ Spende: num [1:4] 42 5 7 356

b <- liste$Spende                            # Ausgabe über Name erzeugt Vektor
str(b)

##  num [1:4] 42 5 7 356

c <- liste[["Spende"]]                       # Ausgabe über Name erzeugt Vektor
str(c)

##  num [1:4] 42 5 7 356
```

3.3.2.4 Matrix und Array

Matrizen, Arrays, Dataframes und Tibbles sind mehrdimensionale Vektoren. Matrizen, Dataframes und Tibbles sind wie Tabellen und haben zwei Dimensionen, Zeilen und Spalten, während Arrays beliebig viele Dimensionen haben können. Matrizen und Arrays sind atomare Vektoren und können nur Elemente eines Datentyps enthalten. Dataframes und Tibbles dagegen können beliebig viele Datentypen enthalten.

Eine Matrix kann erzeugt werden, indem einem eindimensionalen Vektor mit der Funktion dim() die Dimensionsattribute (Spalten, Zeilen) zugeordnet werden. Eine andere Option ist es mehrere eindimensionale Vektoren mit den Funktionen cbind() (column bind verbindet die Vektoren als Spalten nebeneinander) oder rbind() (row bind verbindet die Vektoren als Zeilen untereinander) zu einer Matrix zusammenzuführen. Es gibt aber auch die Funktion matrix(), um eine Matrix anzulegen.

Mit der Funktion dim() können für alle mehrdimensionalen Vektoren auch die Dimensionen (Zeilen, Spalten) angezeigt werden. Wird die Funktion dim() auf eindimensionale Vektoren angewendet, so wird als Ergebnis NULL zurückgegeben.

Matrix

```
#- Matrix--------------------------------------------------------------
zahlen <- 1:15                          # Vektor
zahlen                                  # Ausgabe

## [1]  1  2  3  4  5  6  7  8  9 10 11 12 13 14 15

dim(zahlen)                             # Dimensionen

## NULL

class(zahlen)                           # Datentyp

## [1] "integer"

dim(zahlen) <- c(3,5)                   # Matrix
zahlen                                  # Ausgabe

##      [,1] [,2] [,3] [,4] [,5]
## [1,]    1    4    7   10   13
## [2,]    2    5    8   11   14
## [3,]    3    6    9   12   15

dim(zahlen)                             # Dimensionen

## [1] 3 5

class(zahlen)                           # Datentyp

## [1] "matrix" "array"

str(zahlen)                             # Ausgabe mit Typ, Dimension und Länge

##  int [1:3, 1:5] 1 2 3 4 5 6 7 8 9 10 ...

matrix1 <- matrix(1:15, 3, 5)           # Matrix
matrix1                                 # Ausgabe
```

```
##      [,1] [,2] [,3] [,4] [,5]
## [1,]   1    4    7   10   13
## [2,]   2    5    8   11   14
## [3,]   3    6    9   12   15

dim(matrix1)                          # Dimensionen

## [1] 3 5

str(matrix1)                          # Ausgabe mit Typ, Dimension und Länge

## int [1:3, 1:5] 1 2 3 4 5 6 7 8 9 10 ...

zahlen1 <- 1:3                        # Vektor
zahlen2 <- 4:6                        # Vektor
zahlen3 <- 7:9                        # Vektor
zahlen4 <- 10:12                      # Vektor
zahlen5 <- 13:15                      # Vektor
matrix2 <- cbind(zahlen1, zahlen2, zahlen3, zahlen4, zahlen5) # Matrix
matrix2                               # Ausgabe

##      zahlen1 zahlen2 zahlen3 zahlen4 zahlen5
## [1,]       1       4       7      10      13
## [2,]       2       5       8      11      14
## [3,]       3       6       9      12      15

str(matrix2)                          # Ausgabe mit Typ, Dimension und Länge

## int [1:3, 1:5] 1 2 3 4 5 6 7 8 9 10 ...
## - attr(*, "dimnames")=List of 2
## ..$ : NULL
## ..$ : chr [1:5] "zahlen1" "zahlen2" "zahlen3" "zahlen4" ...

zahlen6 <- 1:5                        # Vektor
zahlen7 <- 6:10                       # Vektor
zahlen8 <- 11:15                      # Vektor
matrix3 <- rbind(zahlen6, zahlen7, zahlen8) # Matrix
matrix3                               # Ausgabe

##         [,1] [,2] [,3] [,4] [,5]
## zahlen6    1    2    3    4    5
## zahlen7    6    7    8    9   10
## zahlen8   11   12   13   14   15

str(matrix3)                          # Ausgabe mit Typ, Dimension und Länge

## int [1:3, 1:5] 1 6 11 2 7 12 3 8 13 4 ...
## - attr(*, "dimnames")=List of 2
## ..$ : chr [1:3] "zahlen6" "zahlen7" "zahlen8"
## ..$ : NULL
```

Ein Array kann mit der Funktion `array()` angelegt werden und unterscheidet sich nur von einer Matrix durch die beliebige Anzahl an Dimensionen. Arrays eignen sich zum Anlegen von sogenannten DataCubes, mit deren Hilfe Auswertungen sehr performant erfolgen können. In folgendem Beispiel soll ein Array mit den drei Dimensionen Quartal 1–4, Produktgruppe 1–9 und Vertriebsregion für Land 1–5 genutzt werden, um die Umsatzzahlen je Produktgruppe und Land für jedes der Quartale zu hinterlegen. Der Einfachheit halber wurden die Umsatzzahlen mit 1 bis 180 bestimmt.

Array

```
#- Array----------------------------------------------------------------------
array1 <- array(1:180, dim=c(4,9,5))        # Array: Quartal, Produktgruppe, Land
array1                                       # Ausgabe

## , , 1
##
##      [,1] [,2] [,3] [,4] [,5] [,6] [,7] [,8] [,9]
## [1,]    1    5    9   13   17   21   25   29   33
## [2,]    2    6   10   14   18   22   26   30   34
## [3,]    3    7   11   15   19   23   27   31   35
## [4,]    4    8   12   16   20   24   28   32   36
##
## , , 2
##
##      [,1] [,2] [,3] [,4] [,5] [,6] [,7] [,8] [,9]
## [1,]   37   41   45   49   53   57   61   65   69
## [2,]   38   42   46   50   54   58   62   66   70
## [3,]   39   43   47   51   55   59   63   67   71
## [4,]   40   44   48   52   56   60   64   68   72
##
## , , 3
##
##      [,1] [,2] [,3] [,4] [,5] [,6] [,7] [,8] [,9]
## [1,]   73   77   81   85   89   93   97  101  105
## [2,]   74   78   82   86   90   94   98  102  106
## [3,]   75   79   83   87   91   95   99  103  107
## [4,]   76   80   84   88   92   96  100  104  108
##
## , , 4
##
##      [,1] [,2] [,3] [,4] [,5] [,6] [,7] [,8] [,9]
## [1,]  109  113  117  121  125  129  133  137  141
## [2,]  110  114  118  122  126  130  134  138  142
## [3,]  111  115  119  123  127  131  135  139  143
## [4,]  112  116  120  124  128  132  136  140  144
##
## , , 5
##
##      [,1] [,2] [,3] [,4] [,5] [,6] [,7] [,8] [,9]
## [1,]  145  149  153  157  161  165  169  173  177
## [2,]  146  150  154  158  162  166  170  174  178
## [3,]  147  151  155  159  163  167  171  175  179
## [4,]  148  152  156  160  164  168  172  176  180

str(array1)                              # Ausgabe mit Typ, Dimension und Länge

##  int [1:4, 1:9, 1:5] 1 2 3 4 5 6 7 8 9 10 ...

dim(array1)                              # Dimensionen

## [1] 4 9 5

array1[1,,]                              # Dim 1=1
```

```
##       [,1] [,2] [,3] [,4] [,5]
## [1,]    1   37   73  109  145
## [2,]    5   41   77  113  149
## [3,]    9   45   81  117  153
## [4,]   13   49   85  121  157
## [5,]   17   53   89  125  161
## [6,]   21   57   93  129  165
## [7,]   25   61   97  133  169
## [8,]   29   65  101  137  173
## [9,]   33   69  105  141  177

array1[1,2,]                          # Dim 1=1, Dim 2=2

## [1]   5  41  77 113 149

array1[1,2,4]                         # Dim 1=1, Dim 2=2, Dim 3=4

## [1] 113

array1[,1,]                           # Dim 2=1

##       [,1] [,2] [,3] [,4] [,5]
## [1,]    1   37   73  109  145
## [2,]    2   38   74  110  146
## [3,]    3   39   75  111  147
## [4,]    4   40   76  112  148

array1[,,1]                           # Dim 3=1

##       [,1] [,2] [,3] [,4] [,5] [,6] [,7] [,8] [,9]
## [1,]    1    5    9   13   17   21   25   29   33
## [2,]    2    6   10   14   18   22   26   30   34
## [3,]    3    7   11   15   19   23   27   31   35
## [4,]    4    8   12   16   20   24   28   32   36
```

3.3.2.5 Dataframe und Tibble

Die vielleicht beliebtesten Datenstrukturen sind der Dataframe und das Tibble. Oft sollen in Tabellen mehrere Dimensionen und verschiedene Datentypen der Elemente abgelegt werden. Für diesen Zweck ist ein Dataframe oder ein Tibble geeignet. Ein Dataframe kann mit der Funktion `data.frame()` erstellt werden. Einzelne Spalten eines Dataframes können über Index oder mithilfe des $-Operators mit der Syntax `Dataframename$Spaltenname` oder `Dataframename[["Spaltenname"]]` angesprochen werden. In Verbindung mit dem Pipe-Operator (`%>%`) ist dem $ bzw. [[noch ein Punkt voranzustellen. Soll ein Element eines Dataframes über Indizes adressiert werden, ist eine Notation der Form `dataframe[zeile,spalte]` möglich. Indizes können auch weggelassen werden und so zum Beispiel mit `df[,3]` die dritte Spalte des Dataframes, also die Variable Alter, ausgegeben. Davon abhängig ob auf einen Dataframe über Index (Syntax: `Objekt[Index]`) oder Name (Syntax: `Objekt$Elementname` oder `Objekt[["Elementname"]]`) zugegriffen wird, entscheidet sich der Objekttyp, der zurückgegeben wird. Die Ausgabe bei Zugriff über Index ist ein Dataframe während die Ausgabe bei Zugriff über Name ein Vektor sein wird.

Neben Dataframes erlauben auch Tibbles, als moderne und aktualisierte Form eines Dataframes, das Ablegen verschiedener Datentypen in einer zweidimensionalen Tabellenform. Ein Tibble ist vom Datentyp tbl_df und die Installation des Pakets tibble oder tidyverse ist erforderlich, um diesen Datentyp zu verwenden. Im Gegensatz zu Dataframes konvertieren Tibbles die Datentypen von Variablen nicht in Vektoren, wenn nur noch eine Spalte verbleibt (das passiert bei Dataframes) und sie lassen sich etwas komfortabler ausgeben. Mit der Funktion `as_tibble()` können Dataframes, Listen, Matrizen oder Tabellen in ein Tibble konvertiert werden. Um ein Tibble anzulegen, ist auch die Funktion `tibble()` anwendbar. Wenn jedoch eine Funktion nur mit dem Datentyp Dataframe funktioniert, dann erlaubt die Funktion `as.data.frame()` einen Tibble in einen Dataframe zu konvertieren.

Folgende Funktionen sind sowohl für Dataframes als auch für Tibbles anwendbar. Die Dimensionen (Zeilen, Spalten) können mit der Funktion `dim()` ausgegeben werden. Um nur die Anzahl der Zeilen zu ermitteln, kann die Funktion `nrow()` verwendet werden. Gleichermaßen funktioniert die Funktion `ncol()`, um die Anzahl der Spalten zu ermitteln. Die Namen der Spalten (Variablen) eines Dataframes können mit der Funktion `names()` angezeigt werden. Mit den Funktionen `colnames()` und `rownames()` kann man den Spalten und Zeilen Namen zuweisen (die Zuweisung von Zeilennamen funktioniert für Tibbles nicht). Um einen schnellen Überblick über einen Dataframe oder ein Tibble zu erhalten, ist die Funktion `head()` geschickt, welche die ersten 6 Datensätze anzeigt, oder mit konkreter Angabe einer Zahl auch eine beliebige andere Anzahl, z. B. `head(df, 10)`, um die ersten zehn Datensätze anzuzeigen. Um die letzten n Datensätze anzuzeigen, kann die Funktion `tail(df, n)` verwendet werden. Hilfreich ist auch die Funktion `summary()`, um sich einen Überblick über die Daten zu verschaffen. Sie liefert für jede Variable, abhängig von deren Typ (num, char, factor...) einen anderen Output. Für numerische (num, int) Daten zeigt sie Minimum, unteres Quartil, Median, arithmetisches Mittel, oberes Quartil und Maximum an. Diese Information hilft zu verstehen, wie die Daten verteilt sind. Für Faktorvariablen (kategoriale Variablen) zeigt die Funktion die absolute Häufigkeit jedes Levels, also jeder Ausprägung, an.

Dataframe und Tibble

```
#- Dataframe--------------------------------------------------------------
x1 <- c("Tobi","Silke","Klaus","Tobi")   # Vektor x1 (Freunde)
x2 <- c(42, 356, 123, 200)               # Vektor X2 (Facebook Freunde)
x3 <- c(53, 22, 31, 26)                  # Vektor X3 (Alter)
df <- data.frame(Freund=x1, Facebook=x2, Alter=x3)  # Dataframe
df2 <- df                         # Kopie des Dataframes
df                                # Ausgabe

##   Freund Facebook Alter
## 1   Tobi       42    53
## 2  Silke      356    22
## 3  Klaus      123    31
## 4   Tobi      200    26

class(df)                         # Datentyp

## [1] "data.frame"

str(df)                           # Ausgabe mit Typ, Dimension und Länge

## 'data.frame':    4 obs. of  3 variables:
##  $ Freund  : chr  "Tobi" "Silke" "Klaus" "Tobi"
##  $ Facebook: num  42 356 123 200
##  $ Alter   : num  53 22 31 26

dim(df)                           # Dimension (Zeilen,Spalten)

## [1] 4 3

nrow(df)                          # Zeilenanzahl

## [1] 4

ncol(df)                          # Spaltenanzahl

## [1] 3

a <- df[2]                        # Ausgabe Spalte 2 über Index erzeugt Dataframe
str(a)


## 'data.frame':    4 obs. of  1 variable:
##  $ Facebook: num  42 356 123 200

b <- df$Facebook                  # Ausgabe Spalte 2 über Name erzeugt Vektor
str(b)

##  num [1:4] 42 356 123 200

c <- df[["Facebook"]]             # Ausgabe Spalte 2 über Name erzeugt Vektor
str(c)

##  num [1:4] 42 356 123 200

library(dplyr)                    # Paket aktivieren, um Pipe zu nutzen

##
## Attaching package: 'dplyr'

## The following objects are masked from 'package:stats':
##
##     filter, lag

## The following objects are masked from 'package:base':
##
##     intersect, setdiff, setequal, union

d <- df %>% .$Facebook            # Ausgabe Spalte 2 mit Name und Pipe -> Vektor
str(d)
```

```
##  num [1:4] 42 356 123 200

e <- df %>% .[["Facebook"]]        # Ausgabe Spalte 2 mit Name und Pipe -> Vektor
str(e)

##  num [1:4] 42 356 123 200

df[3,2]                            # Ausgabe Zeile 3 Spalte 2 mit Index

## [1] 123

df[3,]                             # Ausgabe Zeile 3 mit Index

##   Freund Facebook Alter
## 3  Klaus      123    31

df[df$Freund == "Silke",]          # Ausgabe Zeile 2 mit logischen index

##   Freund Facebook Alter
## 2  Silke      356    22

object.size(df)                    # Größe des Dataframe in Bytes

## 1256 bytes

names(df)                          # Namen der Spalten

## [1] "Freund"   "Facebook" "Alter"

colnames(df)[2] <- "fb"                   # Spalte 2 umbenennen
colnames(df)[names(df)=="Freund"] <- "Name"   # Spalte "Freund" umbenennen
rownames(df) <- c("F-1", "F-2", "F-3", "F-4") # Zeilen benennen
df                                 # Ausgabe

##        Name  fb Alter
## F-1   Tobi  42    53
## F-2  Silke 356    22
## F-3  Klaus 123    31
## F-4   Tobi 200    26

head(df)                           # Ausgabe der ersten Datensätze

##        Name  fb Alter
## F-1   Tobi  42    53
## F-2  Silke 356    22
## F-3  Klaus 123    31
## F-4   Tobi 200    26

head(df, 3)                        # Ausgabe der ersten 3 Datensätze

##        Name  fb Alter
## F-1   Tobi  42    53
## F-2  Silke 356    22
## F-3  Klaus 123    31

tail(df, 2)                        # Ausgabe der letzten 2 Datensätze
```

```
##          Name  fb Alter
## F-3 Klaus 123    31
## F-4  Tobi 200    26
```

```
summary(df)                          # Zusammenfassung
```

```
##     Name                fb               Alter
## Length:4          Min.   : 42.0   Min.   :22.0
## Class :character  1st Qu.:102.8   1st Qu.:25.0
## Mode  :character  Median :161.5   Median :28.5
##                   Mean   :180.2   Mean   :33.0
##                   3rd Qu.:239.0   3rd Qu.:36.5
##                   Max.   :356.0   Max.   :53.0
```

```
table(df$Name)                       # Häufigkeit der Namen von Freunden
```

```
##
## Klaus Silke  Tobi
##     1     1     2
```

```
df$Name <- as.factor(df$Name)        # Konvertierung Freund von chr->factor
summary(df)                          # Zusammenfassung (factor anders)
```

```
##     Name        fb              Alter
## Klaus:1   Min.   : 42.0   Min.   :22.0
## Silke:1   1st Qu.:102.8   1st Qu.:25.0
## Tobi :2   Median :161.5   Median :28.5
##           Mean   :180.2   Mean   :33.0
##           3rd Qu.:239.0   3rd Qu.:36.5
##           Max.   :356.0   Max.   :53.0
```

```
#- Tibble-------------------------------------------------------------------
#install.packages("tibble")      # Paket tibble installieren
library(tibble)                  # Paket aktivieren
tbl <- as_tibble(df2)            # Tibble
tbl                              # Ausgabe
```

```
## # A tibble: 4 x 3
##    Freund Facebook Alter
##    <chr>     <dbl> <dbl>
## 1 Tobi         42    53
## 2 Silke       356    22
## 3 Klaus       123    31
## 4 Tobi        200    26
```

```
class(tbl)                            # Datentyp

## [1] "tbl_df"       "tbl"         "data.frame"

tbl2 <- tibble(Freund=x1, Facebook=x2, Alter=x3)   # Tibble
tbl2                                  # Ausgabe

## # A tibble: 4 x 3
##    Freund Facebook Alter
##    <chr>      <dbl> <dbl>
## 1 Tobi          42    53
## 2 Silke        356    22
## 3 Klaus        123    31
## 4 Tobi         200    26

class(tbl2)                           # Datentyp

## [1] "tbl_df"       "tbl"         "data.frame"

str(tbl)                              # Ausgabe mit Typ, Dimension und Länge

## tibble [4 x 3] (S3: tbl_df/tbl/data.frame)
##  $ Freund  : chr [1:4] "Tobi" "Silke" "Klaus" "Tobi"
##  $ Facebook: num [1:4] 42 356 123 200
##  $ Alter   : num [1:4] 53 22 31 26

a <- tbl[2]                           # Ausgabe Spalte 2 über Index erzeugt Tibble
str(a)

## tibble [4 x 1] (S3: tbl_df/tbl/data.frame)
##  $ Facebook: num [1:4] 42 356 123 200

b <- tbl$Facebook                     # Ausgabe Spalte 2 über Name erzeugt Vektor
str(b)

##  num [1:4] 42 356 123 200

c <- tbl[["Facebook"]]                # Ausgabe Spalte 2 über Name erzeugt Vektor
str(c)

##  num [1:4] 42 356 123 200
```

```
d <- tbl %>% .$Facebook          # Ausgabe Spalte 2 mit Name und Pipe -> Vektor
str(d)

## num [1:4] 42 356 123 200

e <- tbl %>% .[["Facebook"]]     # Ausgabe Spalte 2 mit Name und Pipe -> Vektor
str(e)

## num [1:4] 42 356 123 200

tbl[2]                           # Ausgabe Spalte 2 mit Index

## # A tibble: 4 x 1
##   Facebook
##      <dbl>
## 1       42
## 2      356
## 3      123
## 4      200

tbl[3,2]                         # Ausgabe Zeile 3 Spalte 2 mit Index

## # A tibble: 1 x 1
##   Facebook
##      <dbl>
## 1      123

tbl[3,]                          # Ausgabe Zeile 3 mit Index

## # A tibble: 1 x 3
##   Freund Facebook Alter
##   <chr>      <dbl> <dbl>
## 1 Klaus        123    31

tbl[tbl$Freund == "Silke",]      # Ausgabe Zeile 2 mit logischen index

## # A tibble: 1 x 3
##   Freund Facebook Alter
##   <chr>      <dbl> <dbl>
## 1 Silke        356    22

object.size(tbl)                 # Größe des Tibble in Bytes

## 1392 bytes

names(tbl)                       # Namen der Spalten

## [1] "Freund"   "Facebook" "Alter"

colnames(tbl)[2] <- "fb"         # Spalte 2 umbenennen
colnames(tbl)[names(tbl)=="Freund"] <- "Name"   # Spalte "Freund" umbenennen
rownames(tbl) <- c("F-1", "F-2", "F-3", "F-4")  # Zeilen benennen NICHT in Tibble

## Warning: Setting row names on a tibble is deprecated.

tbl                              # Ausgabe

## # A tibble: 4 x 3
##   Name     fb Alter
## * <chr> <dbl> <dbl>
## 1 Tobi     42    53
## 2 Silke   356    22
## 3 Klaus   123    31
## 4 Tobi    200    26
```

```
head(tbl)                              # Ausgabe der ersten Datensätze

## # A tibble: 4 x 3
##    Name     fb Alter
##    <chr> <dbl> <dbl>
## 1 Tobi     42    53
## 2 Silke   356    22
## 3 Klaus   123    31
## 4 Tobi    200    26

head(tbl, 3)                           # Ausgabe der ersten 3 Datensätze

## # A tibble: 3 x 3
##    Name     fb Alter
##    <chr> <dbl> <dbl>
## 1 Tobi     42    53
## 2 Silke   356    22
## 3 Klaus   123    31

tail(tbl, 2)                           # Ausgabe der Letzten 2 Datensätze

## # A tibble: 2 x 3
##    Name     fb Alter
##    <chr> <dbl> <dbl>
## 1 Klaus   123    31
## 2 Tobi    200    26

summary(tbl)                           # Zusammenfassung

##     Name                 fb              Alter
##  Length:4          Min.   : 42.0   Min.   :22.0
##  Class :character  1st Qu.:102.8   1st Qu.:25.0
##  Mode  :character  Median :161.5   Median :28.5
##                    Mean   :180.2   Mean   :33.0
##                    3rd Qu.:239.0   3rd Qu.:36.5
##                    Max.   :356.0   Max.   :53.0

table(tbl$Name)                        # Häufigkeit der Namen von Freunden

##
## Klaus Silke  Tobi
##     1     1     2

tbl$Name <- as.factor(tbl$Name)        # Konvertierung Freund von chr->factor
summary(tbl)                           # Zusammenfassung (factor anders)

##     Name        fb              Alter
##  Klaus:1   Min.   : 42.0   Min.   :22.0
##  Silke:1   1st Qu.:102.8   1st Qu.:25.0
##  Tobi :2   Median :161.5   Median :28.5
##            Mean   :180.2   Mean   :33.0
##            3rd Qu.:239.0   3rd Qu.:36.5
##            Max.   :356.0   Max.   :53.0

#- Tibble in Dataframe konvertieren------------------------------------------
df3 <- as.data.frame(tbl)              # Konvertiert Tibble in Dataframe
class(df3)                             # Datentyp

## [1] "data.frame"
```

3.3.2.6 Dynamische Datenstrukturen

Manchmal ist es sinnvoll, wenn die Namen der Datenstrukturen erst während der Laufzeit des Programms bestimmt werden. Um einen Variablennamen neu zu erzeugen, kann die Funktion `assign()` verwendet werden und um den Inhalt einer Variablen abzufragen, dient die Funktion `get()`.

Dynamische Datenstrukturen

```
#- Dynamische Datenstrukturen-----------------------------------------------
for(i in 1:4) { # Variablen dynamisch erzeugen 'v.1', 'v.2', ... 'v.4'
  name <- paste("v", i, sep = ".")
  assign(name, 1:i)
}
for(i in 1:4) { # Variableninhalt dynamisch abrufen 'v.1', 'v.2', ... 'v.4'
  name <- paste("v", i, sep = ".")
  inhalt<-get(name)
  cat("Variableninhalt von",name,":",inhalt,"\n")
}

## Variableninhalt von v.1 : 1
## Variableninhalt von v.2 : 1 2
## Variableninhalt von v.3 : 1 2 3
## Variableninhalt von v.4 : 1 2 3 4
```

3.3.2.7 Übersichtstabelle

Die Abb. 3.30 fasst noch einmal alle Datentypen zusammen.

Daten-strukturen	Vektor	Faktor	Liste	Matrix	Array	Dataframe	Tibble
Datentyp	numeric double integer logical Date character	factor	list	matrix	array	data.frame	tbl_df
# Dimensionen	1	1	n	2	n	2	2
# Datentypen	1	1	n	1	1	n	n

Abb. 3.30 Datentypen und Datenstrukturen

3.3.3 Operationen

R unterstützt die essentiellsten Operationen, u. a. arithmetische, logische, selektive
Operationen als auch Text- und Datumsoperationen.

3.3.3.1 Arithmetische Operationen

R kann für arithmetische Operationen auch als Taschenrechner verwendet werden. Wenn
das Ergebnis gespeichert werden soll, dann kann es einer Variablen zugewiesen werden.
Eine solche Wertzuweisung erfolgt in R mithilfe der Operation `<-` (Kleiner-Zeichen und
Minus-Zeichen), also einem Pfeil, der auf eine Variable zeigt, z. B. `a<-6+8`. In RStudio
wird der Inhalt der Variablen anschließend im Global Environment angezeigt. Folgende
Operatoren können in R verwendet werden (siehe Abb. 3.31).

Operationen lassen sich auch auf einen Vektor anwenden. Wenn ein Vektor c mit
der Anweisung `c <- c(10,15,40,200,5000)` erstellt wurde und nachfolgend die
Operation `c+8` ausgeführt wird, so addiert R auf jedes Element des Vektors c die Zahl 8.
Das Ergebnis bleibt ein Vektor mit der gleichen Länge wie der Ursprungsvektor.

Wenn R zwei Vektoren mit der gleichen Länge bei arithmetischen Operationen verwendet, werden die jeweiligen Operationen ('+', '−','*', etc.) Element für Element
abgearbeitet. Haben die Vektoren unterschiedliche Längen, wird der kürzere Vektor so
lange wiederverwendet, bis alle Berechnungen geleistet wurden. Falls beim Wiederver-
wenden der kürzere Vektor nicht vollständig auf die Länge des anderen Vektors verviel-
facht werden kann, gibt R eine Warnung aus.

Operator	Beschreibung
+	Addition
-	Subtraktion
*	Multiplikation
/	Division
∧	Potenz
sqrt(x)	Wurzel
abs(x)	Betrag
exp(x)	Exponentialfunktion
log(x)	Natürlicher Logarithmus

Abb. 3.31 Arithmetische Operatoren und Funktionen

Arithmetische Operationen lassen sich u. a. auch gut auf Matrizen, Arrays, Dataframes und Tibbles anwenden. Um die Spalten mit den Namen x und y zu addieren, kann z. B. für einen Dataframe mit dem Namen df die Anweisung `df$x + df$y` oder die Funktion `with(df, x+y)` verwendet werden.

Wenn sich durch die Berechnung eine Zahl mit vielen Nachkommastellen ergibt, erweist sich die Funktion `round()` oft als hilfreich, um die Zahl auf eine vorgegebene Anzahl an Nachkommastellen zu runden, z. B. `round(b,2)` rundet die Zahl b auf zwei Nachkommastellen.

Arithmetische Operationen

```r
#- Arithmetische Operationen------------------------------------------
6+8                            # Addition

## [1] 14

a <- 6+8                       # Ergebnis in Variable speichern
a                              # Ausgabe

## [1] 14

6-4                            # Subtraktion

## [1] 2

5*3                            # Multiplikation

## [1] 15

b <- 30/167                    # Division
b                              # Ausgabe

## [1] 0.1796407

round(b,2)                     # Ausgabe gerundet auf 2 Nachkommastellen

## [1] 0.18

10^3                           # Potenz

## [1] 1000

sqrt(16)                       # Wurzel

## [1] 4

abs(-87)                       # Betrag

## [1] 87

exp(3)                         # Exponentialfunktion e hoch 3

## [1] 20.08554

2.718281828459^3               # e hoch 3

## [1] 20.08554
```

```
c <- exp(3)                          # Exponentialfunktion e hoch 3
log(c)                               # Logarithmus

## [1] 3

d <- c(10,15,40,200,5000,-1000)      # Vektor numerisch Länge 6
d                                    # Ausgabe

## [1]    10    15    40   200  5000 -1000

e <- d+8                             # Operation auf Vektor
e                                    # Ausgabe

## [1]   18    23    48   208 5008 -992

f <- d*e                             # Op Vektoren gleiche Länge
f                                    # Ausgabe

## [1]       180      345     1920    41600 25040000   992000

e                                    # Ausgabe

## [1]   18    23    48   208 5008 -992

g <- c(3, -10)                       # vektor numerisch Länge 2
g                                    # Ausgabe

## [1]    3 -10

h <- e-g                             # Op Vektoren ungleiche Länge vielfaches
h                                    # Ausgabe

## [1]   15    33    45   218 5005 -982

e                                    # Ausgabe

## [1]   18    23    48   208 5008 -992

i <- c(3, -10, -20, 40)              # vektor numerisch Länge 4
i                                    # Ausgabe

## [1]    3 -10 -20   40

j <- e-i                             # Op Vektoren ungleiche Länge vielfaches

## Warning in e - i: Länge des längeren Objektes
##         ist kein Vielfaches der Länge des kürzeren Objektes

j                                    # Ausgabe

## [1]   15    33    68   168 5005 -982

df <- data.frame(x= c(53,2,100), y=c(299,20,30)) # Dataframe
df                                   # Ausgabe

##     x   y
## 1  53 299
## 2   2  20
## 3 100  30

df$x + df$y                          # Addition auf Spalten eines Dataframes

## [1] 352  22 130

with(df,x-y)                         # Subtraktion auf Spalten eines Dataframes

## [1] -246  -18   70
```

3.3.3.2 Logische Operationen

Auch logische Operationen (siehe Abb. 3.32) lassen sich auf verschiedene Objekte anwenden. Wenn R eine logische Operation auf einem Vektor ausführt, so wird diese für jedes Element des Vektors einzeln ausgeführt und ein Ergebnis produziert, das so viele logische Werte erzeugt, wie Elemente in dem Vektor existieren. Die einzelnen Werte stellen bei TRUE dar, dass ein Element die Bedingung erfüllt und bei FALSE, dass die Bedingung für dieses Element nicht erfüllt ist.

Neben einer einfachen logischen Operation lässt sich auch ein logisches ODER (Symbol für Disjunktion in R: |), logisches UND (Symbol für Konjunktion in R: &) und die logische NEGATION (Symbol für Negation in R: !) in Bedingungen einsetzen.

Operator	Beschreibung
==	Gleich
!=	Ungleich
<	Kleiner
<=	Kleiner gleich
>	Größer
>=	Größer gleich
!	Nicht
&	Logisches UND
|	Logisches ODER

Abb. 3.32 Logische Operatoren

Logische Operationen

```
#- Logische Operationen----------------------------------------------------
a <- 48                          # numerische Variable
a                                # Ausgabe

## [1] 48

a == 48                          # Operator == mit Ergebnis TRUE

## [1] TRUE

a == 84                          # Operator == mit Ergebnis FALSE

## [1] FALSE

a != 84                          # Operator != mit Ergebnis TRUE

## [1] TRUE

a < 84                           # Operator < mit Ergebnis TRUE

## [1] TRUE

a <= 84                          # Operator <= mit Ergebnis TRUE

## [1] TRUE

a > 84                           # Operator > mit Ergebnis FALSE

## [1] FALSE

a >= 84                          # Operator >= mit Ergebnis FALSE

## [1] FALSE

class(a)                         # Datentyp
```

```
## [1] "numeric"

is.numeric(a)                        # Datentyp is.numeric TRUE

## [1] TRUE

! is.numeric(a)                      # Datentyp ! is.numeric FALSE

## [1] FALSE

is.numeric(a) & a > 84               # Datentyp is.numeric AND a>84 FALSE

## [1] FALSE

is.numeric(a) | a > 84               # Datentyp is.numeric OR a>84 TRUE

## [1] TRUE

#- Logische Operationen auf Datentypen mit mehreren Elementen------------------
i                                    # Ausgabe

## [1]    3 -10 -20   40

truefalse1 <- i > 0                  # Operator > auf Vektor
truefalse1                           # Ausgabe

## [1]   TRUE FALSE FALSE   TRUE

df                                   # Ausgabe

##     x   y
## 1  53 299
## 2   2  20
## 3 100  30

truefalse2 <- df > 50                # Operator > auf Dataframe
truefalse2                           # Ausgabe

##          x     y
## [1,]  TRUE  TRUE
## [2,] FALSE FALSE
## [3,]  TRUE FALSE
```

3.3.3.3 Selektive Operationen

Mithilfe selektiver Operationen ist es möglich ausgewählte Elemente aus Vektoren, Dataframes und anderen Datenstrukturen auszuwählen.

Der Vektor mit dem Alter der Teammitglieder, der mit der Anweisung `alter <- sample(c(floor(runif(16, min=0, max=100)), rep(NA, 4)))` angelegt werden kann, enthält offensichtlich 20 numerische Elemente mit positiven Zahlen zwischen 0 und 100 Jahren oder der Angabe NA für einen fehlenden Wert, wenn die befragte Person ihr Alter nicht angegeben hat. Die Funktion `rep()` erzeugt wiederholt ein Element (1. Parameter) n Mal (2. Parameter). Ebenso kann ein logischer Vektor truefalse mit 20 Elementen durch die Anweisung `truefalse   <- rep(c(TRUE, FALSE),10)` erzeugt werden, der abwechselnd ein TRUE und FALSE enthält.

Die Funktion `alter[truefalse]` zeigt dann nur die Elemente an, bei denen im Vektor truefalse der Wert TRUE steht. So kann mithilfe von TRUE und FALSE eine Selektion erfolgen.

Die Funktion `is.na()` gibt für den in Klammern stehenden Parameter (Vektor) TRUE zurück, wenn das Element NA ist und FALSE, wenn das Element NICHT NA ist. Die Funktion liefert als Ergebnis einen Vektor in der gleichen Länge wie der Parametervektor und zeigt für jedes Element die Position (Index) mit TRUE an, wo in einem Vektor NA steht. Sie dient dazu NA-Werte und deren Position zu identifizieren. Um z. B. alle Werte des Vektors alter anzuzeigen, die nicht NA sind, kann man die Funktion `alter[!is.na(alter)]` verwenden. Zur Erinnerung: Das `!` bedeutet die Verneinung einer logischen Bedingung.

Wenn man aus diesem Vektor nur die Elemente angezeigt bekommen möchte, die ein Alter zwischen 5 und 15 Jahren haben, kann man in eckigen Klammern hinter dem Vektornamen die logische Bedingung angeben, z. B. `alter[!is.na(alter) & alter>= 5 & alter<= 15]`.

Um zukünftige Analysen nur auf die Elemente zu beschränken, die nicht NA sind, kann man mit der Funktion `alter2 <- alter[!is.na(alter)]` einen neuen Vektor alter2 erstellen. Dann lässt sich anschließend die Anzeige der Personen mit Alter zwischen 5 und 15 Jahren mit der Funktion `alter2[alter2>=5 & alter2<=15]` erreichen. Die Erwachsenen aus dieser Gruppe lassen sich mit der Anweisung `alter2[alter2 > 17]` anzeigen.

Selektive Operationen

```
#- Selektive Operationen--------------------------------------------------
alter <- sample(c(floor(runif(16,min=0,max=100)),rep(NA,4))) # Vektor numerisch
alter                                # Ausgabe

## [1] 93 60 38 96 NA  7 NA 59  7 35 45 NA 87 NA 51 42 66 29 73 90

truefalse <- rep(c(TRUE, FALSE),10)          # Vektor Logisch Länge 20
truefalse                            # Ausgabe

## [1] TRUE FALSE  TRUE FALSE  TRUE FALSE  TRUE FALSE  TRUE FALSE  TRUE FALSE
## [13] TRUE FALSE  TRUE FALSE  TRUE FALSE  TRUE FALSE

alter[truefalse]                     # Ausgabe wo TRUE

## [1] 93 38 NA NA  7 45 87 51 66 73

is.na(alter)                         # Ausgabe Logisch Länge 20

## [1] FALSE FALSE FALSE FALSE  TRUE FALSE  TRUE FALSE FALSE FALSE FALSE  TRUE
## [13] FALSE  TRUE FALSE FALSE FALSE FALSE FALSE FALSE

alter[is.na(alter)]                  # Ausgabe wo TRUE

## [1] NA NA NA NA

alter[!is.na(alter)]                 # Ausgabe wo FALSE

## [1] 93 60 38 96  7 59  7 35 45 87 51 42 66 29 73 90

alter2 <- alter[!is.na(alter)]       # Vektor wo FALSE
alter2                               # Anzeige

## [1] 93 60 38 96  7 59  7 35 45 87 51 42 66 29 73 90

alter[!is.na(alter) & alter>=5 & alter<=15]  # Ausgabe wo FALSE & >=5 & <=15

## [1] 7 7

alter2[alter2>=5 & alter2<=15]               # Ausgabe wo FALSE & >=5 & <=15

## [1] 7 7

alter2[alter2 > 17]                  # Ausgabe wo FALSE & >17

## [1] 93 60 38 96 59 35 45 87 51 42 66 29 73 90
```

3.3.3.4 Textoperationen

Mit Variablen vom Typ character lassen sich viele Funktionen ausführen, u. a. erlaubt die Funktion `paste()` mehrere einzelne Wörter zu verbinden. Mit der Anweisung `satz <- paste("Ich", "teste", "die", "paste()-Funktion")` wird eine neue Variable mit dem Namen satz angelegt.

Sie können mit der Funktion `paste()` auch Kombinationen von Zeichenketten erzeugen, wenn das Ergebnis aus mehrere Elementen verschiedenen Typs besteht, z. B. `namen <- paste("Name",3:7,collapse=", ",sep="-")`. Der Parameter `collapse` gibt an, wie die neu erzeugten Zeichenketten voneinander getrennt werden sollen und der Parameter `sep` gibt an, wenn anstatt eines Leerzeichens ein anderes Zeichen zur Trennung verwendet werden soll, um den ersten Parameter (hier: Name) und den zweiten Parameter (hier: 3 bis 7) zu verbinden.

Text-Operationen

```
#- Textoperationen-------------------------------------------------------
satz <- paste("Ich","teste","die","paste()-Funktion.") # Vektor character(Länge 1)
satz                                                    # Ausgabe

## [1] "Ich teste die paste()-Funktion."

str(satz)                                               # Ausgabe mit Typ und Länge

##  chr "Ich teste die paste()-Funktion."

namen <- paste("Name",3:7,collapse=", ",sep="-")        # Vektor character(Länge 1)
namen                                                   # Ausgabe

## [1] "Name-3, Name-4, Name-5, Name-6, Name-7"

str(namen)                                              # Ausgabe mit Typ und Länge

##  chr "Name-3, Name-4, Name-5, Name-6, Name-7"
```

Weitere Funktionen für die Textanalyse sind die Funktionen `str_detect()` zur Erkennung von Zeichenketten in einer Textvariable, `str_locate()` zur Erkennung der Position, an welcher sich eine Zeichenkette in einer Textvariablen befindet, die Funktion `str_extract()` und `str_extract_all()`, um Zeichenketten eines spezifischen Formats aus einer Textvariablen zu extrahieren. Die Funktion `str_replace_all()` ersetzt eine Zeichenfolge in einer Textvariablen durch eine andere Zeichenkette. Eine weitere wertvolle Funktion ist die Funktion `str_count()`, welche die Anzahl der Worte zählt, wenn der Parameter `boundary("word")` verwendet wird. Im Folgenden wird dies am Beispiel der Analyse eines Tweets vorgestellt.

Analyse eines Tweets

```
#-Exemplarische Analyse eines Tweets-------------------------------------
tweet<-"Trotz #Corona-Beschränkungen sind für den morgigen #1Mai zahlreiche rechte \
n              und/oder verachwörungsideologische Demos in #Sachsen geplant. Ein Ü
bersichtsthread\n            mit den Top10 von @johannesgrunert: https://t.co/PO
tZkJRpJQ"

str_detect(tweet, "[:digit:]")                          # Frage, ob Ziffer enthalten ist

## [1] TRUE

str_locate(tweet, "[:digit:]")                          # Frage, an welcher Position Ziffer

##      start end
## [1,]    53  53

str_extract(tweet, "[:digit:]")                         # Ziffer extrahieren

## [1] "1"

str_extract_all(tweet, "[:digit:]")                     # Ziffern extrahieren

## [[1]]
## [1] "1" "1" "0"

str_extract_all(tweet, "[:digit:]{2}")                  # Ziffern extrahieren, auch Länge 2
```

```
## [[1]]
## [1] "10"

hashtag<-str_extract_all(tweet, "#[:alnum:]+")# Hashtags # mit nachfolgenden alpha
hashtags<-unlist(hashtag)                    # Hashtags in einfachen Vektor
hashtags<-as_tibble(table(hashtags))         # Hashtags in Tibble
str_extract_all(tweet, "@[:alnum:]+")        # User @ mit nachfolgenden alpha

## [[1]]
## [1] "@johannesgrunert"

str_extract_all(tweet, "https?://[:graph:]+") # URLs extrahieren

## [[1]]
## [1] "https://t.co/POtZkJRpJQ"

str_count(tweet, boundary("word"))           # Anzahl Tokens (Wörter) zählen

## [1] 27

str_extract_all(tweet, "[:alpha:]+")         # Alle Tokens mit wenigstens einem

## [[1]]
##  [1] "Trotz"                   "Corona"
##  [3] "Beschränkungen"          "sind"
##  [5] "für"                     "den"
##  [7] "morgigen"                "Mai"
##  [9] "zahlreiche"              "rechte"
## [11] "und"                     "oder"

## [13] "verachwörungsideologische" "Demos"
## [15] "in"                      "Sachsen"
## [17] "geplant"                 "Ein"
## [19] "Übersichtsthread"        "mit"
## [21] "den"                     "Top"
## [23] "von"                     "johannesgrunert"
## [25] "https"                   "t"
## [27] "co"                      "POtZkJRpJQ"

                                    # Buchstaben extrahieren
str_replace_all(tweet, "[^[:alpha:]+]", "")  # Alle Leerzeichen entfernen

##                                                              [1]

"TrotzCoronaBeschränkungensindfürdenmorgigenMaizahlreicherechteundoderverachwörungsi
deologischeDemosinSachsengeplantEinÜbersichtsthreadmitdenTopvonjohannesgrunerthttpst
coPOtZkJRpJQ"
```

3.3.3.5 Datumsoperationen

Das Datumsformat unterscheidet sich je Region und auch die Zeitzone variiert regional. Mit der Funktion Sys.getlocale (``LC_ALL``) kann man sich die Systemeinstellungen anzeigen lassen und mit Sys.setlocale(``LC_TIME``) die Region festlegen. Die Zeitzone lässt sich mit der Funktion Sys.timezone() abfragen.

Es gibt spezielle Funktionen, die auf Datumsvariablen anwendbar sind. In Abschn. 3.3.1 wurde bereits vorgestellt, dass R eine spezielle Art hat Datums- und

Zeitvariablen zu verarbeiten. Der Datentyp der Datumsvariablen ist Date und der von Zeitvariablen ist POSIXct und POSIXlt. Alle Zeitinformationen werden als die Zeit in Tagen, Stunden oder Sekunden gespeichert, die seit dem 01.01.1970 vergangen ist. Für Zeiten vor diesem Datum gibt eine negative Zahl die Tage bzw. Sekunden bis zum 01.01.1970 an. Die Funktion `Sys.Date()` kann verwendet werden, um das aktuelle Datum anzuzeigen und die Funktion `Sys.time()`, um die aktuelle Zeit und das aktuelle Datum anzuzeigen. Mit der Anweisung `unclass(Sys.Date())` bzw. `unclass(Sys.time())` wird Ihnen die interne Darstellung des aktuellen Datums bzw. der aktuellen Zeit angezeigt und dies ist die Zahl der Tage bzw. Sekunden, die seit dem 01.01.1970 vergangen sind.

Möchte man sich den Wochentag eines Datums anzeigen lassen, so geht dies mit der Funktion `weekdays()`. Die Anzeige des Monats kann mit der Funktion `months()` erreicht werden. Eine umfassendere Möglichkeit ist jedoch die Konvertierung von Datum und Uhrzeit in das Format POSIXlt mit der Funktion `as.POSIXlt()`. Wenn man das Ergebnis anschließend mit der Funktion `unclass()` konvertiert, so kann man auf die Variablen wday, mday, mon, year, zone, hour, min und sec zugreifen.

Manchmal gilt es auch einen Text in eine Variable vom Typ POSIXlt zu konvertieren. Die Funktion `strptime()` unterstützt dies, z. B. `strptime("März 09, 1964 14:23","%B %d, %Y %H:%M")`.

Die geschickteste Art, die Details zu Datum und Uhrzeit zu erhalten, ist jedoch, nachdem man eine Variable mit der Funktion `as.POSIXct()` in das POSIXct-Format konvertiert hat und anschließend die Funktion `format()` verwendet, um sich Tag, Monat, Jahr, Stunde, Minute und Sekunde anzeigen zu lassen, z. B. mit der Anweisung `format(Variable, format="%d.%m.%Y, %H:%M:%S")`.

Es gibt auch nützliche Berechnungsfunktionen (+, −) und Vergleiche, die mit Datums- und Zeitvariablen arbeiten. Die Funktion `difftime(Zeit-1, Zeit-2, units = 'secs')` gestattet die Differenz der Zeitvariablen Zeit-1 und Zeit-2 zu ermitteln. Über den Parameter `units` kann angegeben werden, in welcher Einheit die Differenz berechnet werden soll (Wochen = weeks, Tage = days, Stunden = hours, Minuten = mins, Sekunden = secs).

Das Paket lubridate erlaubt viele weitere essenzielle Operationen mit Datums- und Zeitvariablen.

Datums-Operationen

```
-- Standardeinstellungen------------------------------------------------------
Sys.getlocale("LC_ALL")                     # Systemeinstellungen ALL anzeigen

## Error in eval(expr, envir, enclos): Objekt 'Standardeinstellungen' nicht gefunden

Sys.setlocale("LC_TIME", "C")               # Windows Betriebssystem, Zeit=US

## [1] "C"

Sys.setlocale("LC_TIME", "German")          # Windows Betriebssystem, Zeit=D

## [1] "German_Germany.1252"

Sys.getlocale("LC_TIME")                     # Systemeinstellungen TIME anzeigen

## [1] "German_Germany.1252"

Sys.timezone()                               # Aktuelle Zeitzone

## [1] "Europe/Berlin"

#- Datumsoperationen----------------------------------------------------------
heute <- Sys.Date()                          # Aktuelles Datum
heute                                        # Anzeige

## [1] "2021-01-06"

str(heute)                                   # Anzeige Typ

##  Date[1:1], format: "2021-01-06"

zeit <- Sys.time()                           # Aktuelle Zeit
zeit                                         # Anzeige

## [1] "2021-01-06 17:20:25 CET"

str(zeit)                                    # Anzeige Typ

##  POSIXct[1:1], format: "2021-01-06 17:20:25"

unclass.heute <- unclass(heute)              # Tage seit dem 1.1.1970
unclass.heute                                # Anzeige

## [1] 18633

str(unclass.heute)                           # Anzeige Typ

##  num 18633
```

```
## $yday
## [1] 5
##
## $isdst
## [1] 0
##
## attr(,"tzone")
## [1] "UTC"
```

```
unclass.heute.konv$wday                    # Wochentag
```

```
## [1] 3
```

```
unclass.heute.konv$mday                    # Tag im Monat
```

```
## [1] 6
```

```
1+unclass.heute.konv$mon                   # Monat (mon vorbei + 1)
```

```
## [1] 1
```

```
1900 + unclass.heute.konv$year             # Jahr  (year + 1900)
```

```
## [1] 2021
```

```
weekdays(heute)                            # Wochentag
```

```
## [1] "Mittwoch"
```

```
months(heute)                              # Monat
```

```
## [1] "Januar"
```

```
#- Datumsoperationen für Datentyp POSIXct (Zeit + Datum)-------------------
zeit.konv <- as.POSIXlt(zeit)              # Konvertiert in Typ POSIXlt
str(zeit.konv)                             # Anzeige Typ
```

```
##  POSIXlt[1:1], format: "2021-01-06 17:20:25"
```

```
unclass.zeit.konv <- unclass(zeit.konv)    # Konvertiert mit unclass()
```

```
unclass.zeit.konv                          # Anzeige
```

```
## $sec
## [1] 25.94188
##
## $min
## [1] 20
```

```
unclass.zeit <- unclass(zeit)            # Sekunden seit dem 1.1.1970
unclass.zeit                             # Anzeige

## [1] 1609950026

str(unclass.zeit)                        # Anzeige Typ

##   num 1.61e+09

#- Datumsoperationen für Datentyp Date--------------------------------------------
heute.konv <- as.POSIXlt(heute)          # Konvertiert in Typ POSIXlt
str(heute.konv)                          # Anzeige Typ

##   POSIXlt[1:1], format: "2021-01-06"

unclass.heute.konv <- unclass(heute.konv)   # Konvertiert mit unclass()

unclass.heute.konv                       # Anzeige

## $sec
## [1] 0
##
## $min
## [1] 0
##
## $hour
## [1] 0
##
## $mday
## [1] 6
##
## $mon
## [1] 0
##
## $year
## [1] 121
##
## $wday
## [1] 3
##
```

```
##
## $hour
## [1] 17
##
## $mday
## [1] 6
##
## $mon
## [1] 0
##
## $year
## [1] 121
##
## $wday
## [1] 3
##
## $yday
## [1] 5
##
## $isdst
## [1] 0
##
## $zone
## [1] "CET"
##
## $gmtoff
## [1] 3600
##
## attr(,"tzone")
## [1] ""      "CET"  "CEST"
```

```
unclass.zeit.konv$wday                          # Wochentag
```

```
## [1] 3
```

```
unclass.zeit.konv$mday                          # Tag im Monat
```

```
## [1] 6
```

```
1+unclass.zeit.konv$mon                         # Monat (mon vorbei + 1)
```

```
## [1] 1
```

```
1900 + unclass.zeit.konv$year              # Jahr  (year + 1900)

## [1] 2021

unclass.zeit.konv$zone                     # Zeitzone CET=Central European Time

## [1] "CET"

unclass.zeit.konv$hour                     # Stunde

## [1] 17

unclass.zeit.konv$min                      # Minute

## [1] 20

unclass.zeit.konv$sec                      # Sekunde

## [1] 25.94188

weekdays(zeit)                             # Wochentag

## [1] "Mittwoch"

months(zeit)                               # Monat

## [1] "Januar"

#- Konvertierung von character in Datentyp POSIXlt (Zeit + Datum)----------------
a <- strptime("März 09, 1964 14:23","%B %d, %Y %H:%M") # Konvertiert Text in Zeit
a                                          # Anzeige CET=Central European Time

## [1] "1964-03-09 14:23:00 CET"

str(a)                                     # Anzeige Typ

##  POSIXlt[1:1], format: "1964-03-09 14:23:00"

#- Konvertierung von character in Datentyp POSIXct (Zeit + Datum)----------------
b <- as.POSIXct("2020-03-09 11:12:54")     # Konvertiert Text in Zeit
b                                          # Anzeige CET=Central European Time

## [1] "2020-03-09 11:12:54 CET"

str(b)                                     # Anzeige Typ
```

```
##  POSIXct[1:1], format: "2020-03-09 11:12:54"
format(b, format="%d")                          # Tag
## [1] "09"
format(b, format="%m")                          # Monat
## [1] "03"
format(b, format="%Y")                          # Jahr
## [1] "2020"
format(b, format="%H")                          # Stunde
## [1] "11"
format(b, format="%M")                          # Minute
## [1] "12"
format(b, format="%S")                          # Sekunde
## [1] "54"
format(b, format="%d.%m.%Y, %H:%M:%S")          # Tag, Monat, Jahr, Stunde, Min, Sek
## [1] "09.03.2020, 11:12:54"
c <- as.POSIXct("11.04.2019, 14:52:31", format="%d.%m.%Y, %H:%M:%S") #Konv T->Zeit
format(c, format="%d")                          # Tag
## [1] "11"
format(c, format="%m")                          # Monat
## [1] "04"
format(c, format="%Y")                          # Jahr
## [1] "2019"
format(c, format="%H")                          # Stunde
## [1] "14"
```

```
format(c, format="%M")                    # Minute
## [1] "52"
format(c, format="%S")                    # Sekunde
## [1] "31"
format(c, format="%d.%m.%Y, %H:%M:%S")    # Tag, Monat, Jahr, Stunde, Min, Sek
## [1] "11.04.2019, 14:52:31"
#-- Datumsoperationen für die Berechnung von Zeitdifferenzen---------------------
heute                                     # Ausgabe
## [1] "2021-01-06"
weekdays(heute)                           # Wochentag
## [1] "Mittwoch"
übermorgen <- heute+2                     # Datumsberechnung mit +
übermorgen                                # Ausgabe
## [1] "2021-01-08"
weekdays(übermorgen)                      # Wochentag
## [1] "Freitag"
vorgestern <- heute-2                     # Datumsberechnung mit -
vorgestern                                # Ausgabe
## [1] "2021-01-04"
weekdays(vorgestern)                      # Wochentag
## [1] "Montag"
übermorgen - vorgestern                   # Berechnung Zeitdifferenz in Tagen
## Time difference of 4 days
d <- as.POSIXct("11.04.2021, 14:52:31", format="%d.%m.%Y, %H:%M:%S") #Konv T->Zeit
d                                         # Ausgabe

## [1] "2021-04-11 14:52:31 CEST"
e <- as.POSIXct("11.04.2021, 15:54:31", format="%d.%m.%Y, %H:%M:%S") #Konv T->Zeit
e                                         # Ausgabe
## [1] "2021-04-11 15:54:31 CEST"
difftime(e,d,units="weeks")               # Zeitdifferenz in Wochen
## Time difference of 0.006150794 weeks
difftime(e,d,units="days")                # Zeitdifferenz in Tagen
## Time difference of 0.04305556 days
difftime(e,d,units="hours")               # Zeitdifferenz in Stunden
## Time difference of 1.033333 hours
difftime(e,d,units="mins")                # Zeitdifferenz in Minuten
## Time difference of 62 mins
difftime(e,d,units="secs")                # Zeitdifferenz in Sekunden
## Time difference of 3720 secs
```

3.3.3.6 Tabellenjoins

Oft besteht das Interesse Daten für eine Analyse miteinander zu verbinden, wenn nicht alle relevanten Informationen in einer Tabelle vorliegen bzw. sogar bewusst entsprechend dem Entity-Relationship-Modell für eine effektivere, redundanzfreie Datenträgernutzung normalisiert in unterschiedlichen Datenbanktabellen abgelegt sind. Für diesen Zweck kann man Tabellen x und y mit der Funktion merge() zusammenführen. Die Parameter by.x und by.y geben die Spaltennamen an, über welche der Join erfolgen soll. Das Ergebnis ist eine Tabelle, welche die Inhalte der Tabelle x und die Inhalte der Tabelle y zusammenführt, wenn für den Schlüssel, der mit by.x angegeben wurde, ein identischer Eintrag mit dem Schlüssel by.y in der Tabelle y existiert. Wenn der Parameter all.x=TRUE verwendet wird und kein Eintrag für den Schlüssel by.x in by.y existiert, dann werden die sonst mit den Werten der Tabelle y befüllten Spalten mit NA gefüllt (Outer Join, Partial Match). Wird der Parameter all.x=TRUE nicht verwendet und es existiert kein Eintrag für den Schlüssel by.x in by.y, so wird der Datensatz mit by.x nicht in die Ergebnistabelle aufgenommen (Inner Join, Full Match), wie in Abb. 3.33 dargestellt.

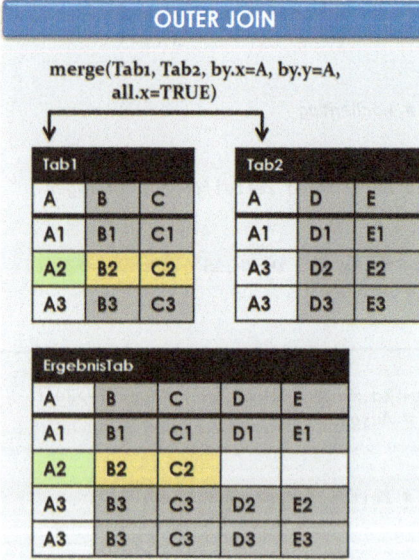
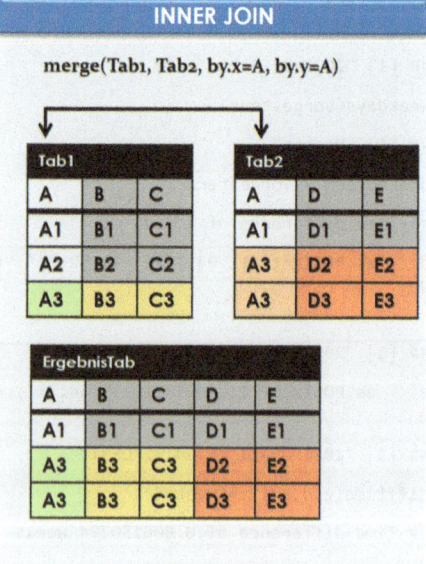

Abb. 3.33   Tabellenjoins

Tabellenjoins

```
#-- Tabellenjoins-----------------------------------------------------------------
regisseur <- data.frame(                         # Regisseure
    name = c("Spielberg","Scorsese","Hitchcock","Schlöndorff","Polanski"),
    nationalität = c("USA","USA","GB","Deutschland","Polen"),
    stringsAsFactors=FALSE)
film <- data.frame(                              # Filme
    nachname = c("Spielberg","Scorsese","Hitchcock","Hitchcock",
            "Spielberg","Schlöndorff","Polanski"),
    titel = c("Der Weiße Hai","The Irishman","Psycho","Die Vögel",
            "Catch Me If You Can","Die Blechtrommel","Chinatown"),
    stringsAsFactors=FALSE)
m1 <- merge(regisseur,film,                      # Inner Join
        by.x="name",by.y="nachname")
m1                                               # ->Join Regisseur mit Film

##          name nationalität                titel
## 1    Hitchcock          GB               Psycho
## 2    Hitchcock          GB            Die Vögel
## 3     Polanski       Polen            Chinatown
## 4  Schlöndorff Deutschland    Die Blechtrommel
## 5     Scorsese         USA         The Irishman
## 6    Spielberg         USA        Der Weiße Hai
## 7    Spielberg         USA  Catch Me If You Can

dim(m1)

## [1] 7 3

regisseur.neu <-  c("deJenlis","Frankreich")     # Neuer Regisseur
regisseur <- rbind(regisseur,regisseur.neu)
m2 <- merge(regisseur,film,                      # Inner Join
        by.x="name",by.y="nachname")
m2                                               # ->Keine Zeile für neuen Regisseur

##          name nationalität                titel
## 1    Hitchcock          GB               Psycho
## 2    Hitchcock          GB            Die Vögel
## 3     Polanski       Polen            Chinatown
## 4  Schlöndorff Deutschland    Die Blechtrommel
## 5     Scorsese         USA         The Irishman
## 6    Spielberg         USA        Der Weiße Hai
## 7    Spielberg         USA  Catch Me If You Can

dim(m2)

## [1] 7 3
```

```
m3 <- merge(regisseur,film,              # Outer Join
            by.x="name",by.y="nachname",
            all.x = TRUE)
m3                                       # ->Extra Zeile Regisseur ohne Film

##           name nationalität            titel
## 1    deJenlis Frankreich              <NA>
## 2    Hitchcock         GB            Psycho
## 3    Hitchcock         GB         Die Vögel
## 4     Polanski      Polen          Chinatown
## 5 Schlöndorff Deutschland   Die Blechtrommel
## 6     Scorsese        USA       The Irishman
## 7    Spielberg        USA     Der Weiße Hai
## 8    Spielberg        USA Catch Me If You Can

dim(m3)

## [1] 8 3

regisseur.neu <-  c("Polanski","Frankreich")  # Neuer Regisseur - Name doppelt
regisseur <- rbind(regisseur,regisseur.neu)
m4 <- merge(regisseur,film,              # Inner Join
            by.x="name",by.y="nachname")
m4                                       # ->Zwei Zeilen Polanski-Film

##           name nationalität            titel
## 1    Hitchcock         GB            Psycho
## 2    Hitchcock         GB         Die Vögel
## 3     Polanski      Polen          Chinatown
## 4     Polanski Frankreich          Chinatown
## 5 Schlöndorff Deutschland   Die Blechtrommel
## 6     Scorsese        USA       The Irishman
## 7    Spielberg        USA     Der Weiße Hai
## 8    Spielberg        USA Catch Me If You Can


dim(m4)

## [1] 8 3

m5 <- merge(regisseur,film,              # Outer Join
            by.x="name",by.y="nachname",
            all.x = TRUE)
m5                                       # ->Extra Zeile Regisseur ohne Film

##           name nationalität            titel
## 1    deJenlis Frankreich              <NA>
## 2    Hitchcock         GB            Psycho
## 3    Hitchcock         GB         Die Vögel
## 4     Polanski      Polen          Chinatown
## 5     Polanski Frankreich          Chinatown
## 6 Schlöndorff Deutschland   Die Blechtrommel
## 7     Scorsese        USA       The Irishman
## 8    Spielberg        USA     Der Weiße Hai
## 9    Spielberg        USA Catch Me If You Can

dim(m5)

## [1] 9 3
```

3.3.4 Funktionen

Die essentiellsten Funktionen werden durch R bereits in der Standardinstallation bereitgestellt. Darüber hinaus können weitere Funktionen durch die Installation von Paketen zur Verfügung gestellt werden. Im Folgenden wird zunächst vorgestellt, wie Funktionen aufgerufen werden können. Anschließend wird auch erklärt, wie eigene Funktionen erstellt bzw. programmiert werden können.

3.3.4.1 Funktionen aufrufen

Funktionen folgen einer einheitlichen Grundstruktur. Sie besitzen einen Namen und werden mit Klammern aufgerufen. Innerhalb der Klammer können der Funktion Argumente/Parameter mitgegeben werden, also `Funktionsname(Argumentname1 = Wert1, Argumentname2 = Wert2, ...)` , z. B. `data.frame(Freund=x1, Facebook=x2, Alter=x3)`. Die Argumente in der Klammer sind durch ein Komma voneinander getrennt. Die Reihenfolge, in welcher die Argumente beim Funktionsaufruf mitgegeben werden, ist beliebig, sofern die Namen der Argumente angegeben werden. Gibt man die Namen der Argumente nicht an, muss man sich an die in der Funktionsdefinition vorgegebene Standard-Reihenfolge halten. Die Namen und Reihenfolge der Argumente ebenso wie Standardwerte (default values) kann man der Hilfeseite einer Funktion entnehmen, z. B. `?data.frame`. Bei dem Befehl `mean()` sind Standardwerte für die Argumente `trim=0` und `na.rm=FALSE` voreingestellt. Das bewirkt, dass der Standardwert immer dann verwendet wird, wenn der Funktionsaufruf ohne diese Argumente erfolgt. Die Angabe von `na.rm= FALSE` bedeutet, dass die Berechnung des Mittelwerts als Ergebnis NA liefert, wenn ein Element des Vektors keinen Wert enthält, z. B. bei `mean(x3)` wird NA als Ergebnis erscheinen, wenn der Vektor $\times 3$ ein Element ohne Zahlwert enthält. Erfolgt der Funktionsaufruf dagegen mit `mean(x3, na.rm=TRUE)`, so werden Elemente ohne Wert ignoriert und der Mittelwert aus allen anderen Elementen berechnet und als Ergebnis zurückgemeldet.

Soll eine Funktion aus einem Paket aufgerufen werden, welches nicht aktiviert ist, so muss dem Funktionsnamen der Paketname und zwei Doppelpunkte vorangestellt werden, z. B. `dplyr::filter()`. Gleiches gilt, wenn eine Funktion mit dem gleichen Namen in mehreren installierten Paketen existiert.

Die Argumente, auch Parameter genannt, können sowohl konkrete Werte (Zahlen, Zeichenketten...), Variablen beliebigen Datentyps, Datenstrukturen beliebigen Typs als auch Funktionen sein. Es ist also möglich, dass eine Funktion als Parameter an eine andere Funktion übergeben wird, z. B. `summary(tail(df,2))`.

Die Argumente einer Funktion lassen sich mit der Funktion `args()` anzeigen.

3.3.4.1.1 Funktionen erstellen

Oft möchte man sich eigene Funktionen erstellen, da es keine passenden Funktionen in einem der Pakete gibt oder man jedenfalls keine solche Funktion kennt. Zur Orientierung kann es hilfreich sein sich an bereits bekannten, ähnlichen Funktionen zu orientieren. Um sich die Syntax einer Funktion anzeigen zu lassen, gibt man einfach deren Name ohne die Klammern an, die für einen Funktionsaufruf erforderlich wären, also z. B. `difftime`.

Auch Funktionen sind Objekte in R und sie bestehen aus dem Funktionskopf und dem Funktionsrumpf. Als Funktionskopf gilt der Inhalt der runden Klammern der Funktion `function()`, in dem die Argumente bzw. Parameter der Funktion bestimmt werden. Entsprechend der schwachen Typisierung von R werden die Argumente ohne Datentyp angegeben. Der Funktionsrumpf wird durch geschweifte Klammern eingerahmt und enthält die Anweisungen, die durch die Funktion ausgeführt werden sollen. Die Funktion `return()` bestimmt, was die Funktion zurückgibt und in der Konsole erscheint und beendet auch die Ausführung der Funktion, z. B. `funktion1 <- function(x, y){z=x+y;return(z/y)}`. Wenn eine Funktion kein `return()` verwendet, dann wird der Wert der letzten Wertzuweisung innerhalb der Funktion zurückgegeben, ohne dass dieser in der Konsole angezeigt wird. Zusätzliche Text- und Zahlenausgaben können mit der Funktion `print("Textausgabe")` bzw. `print(Zahlenausgabe)` definiert werden. Soll eine Kombination aus Text und Zahlen ausgegeben werden, so kann dies mit der Funktion `cat()` erreicht werden.

Es ist auch möglich die Argumente einer Funktion mit einem Standardwert zu versehen, zum Beispiel `funktion2 <- function(x,y=6){z=x+y;return(z/y)}`. Wenn die Funktion dann ohne den Parameter y, also `funktion2(15)` aufgerufen wird, so wird die Zahl 6 für y als Standard eingesetzt. Der Aufruf einer Funktion kann auch immer mit angegebenen Parameternamen erfolgen, z. B. `funktion2(x=15, y=3)`.

Eine Funktion kann auch für eine unbestimmte Anzahl von Argumenten etabliert werden, wenn in der Klammer drei Punkte stehen, z. B. `funktion9 <- function(...){  x<- as.numeric(list(...));. return(sum(x))}`

Alle Argumente einer Funktion werden wie bei einem "call by value" und nicht einem "call by reference" übergeben, was bedeutet, dass die Werte nach Abschluss der Funktion unverändert sind, also deren Wert lediglich lokal innerhalb der Funktion verändert werden kann. Auch alle innerhalb der Funktion neu erstellten Variablen existieren nach dem Beenden der Funktion nicht mehr. Sollte es im Global Environment eine Variable mit dem gleichen Namen wie eine lokale Variable geben, so bleibt deren Wert unverändert. Alle Variablen des Global Environments können in einer Funktion verwendet werden, bleiben aber nach dem Beenden der Funktion unverändert.

Die Parameterübergabe erfolgt üblicherweise in den Klammern nach dem Funktionsnamen. Eine Alternative dazu ist die Verwendung des sogenannten Pipe-Operators aus dem Paket dplyr, welcher es ermöglicht die Ausgabe einer Funktion als Input der darauffolgenden Funktion zu nutzen.

Funktionen

```r
#- Funktion aufrufen----------------------------------------------------------
x1 <- c("Tobi","Silke","Klaus","Tobi")              # Funktion c()
x2 <- c(42, 356, 123, 200)                          # Funktion c()
x3 <- c(53, 22, 31, NA)                             # Funktion c()
df <- data.frame(Freund=x1, Facebook=x2, Alter=x3)# Funktion data.frame()
#?data.frame                                        # Hilfe zur Funktion
#?mean                                              # Hilfe zur Funktion
mean(x3)                                            # Standardparameter na.rm=FALSE

## [1] NA

mean(x3,na.rm=TRUE)                                 # Parameter na.rm=TRUE

## [1] 35.33333

dplyr::filter(df, Freund=="Silke")                  # Funktion aus Paket dplyr

##   Freund Facebook Alter
## 1  Silke      356    22

summary(tail(df,2))                                 # Funktion tail als Parameter

##     Freund             Facebook         Alter
##  Length:2           Min.   :123.0   Min.   :31
##  Class :character   1st Qu.:142.2   1st Qu.:31
##  Mode  :character   Median :161.5   Median :31
##                     Mean   :161.5   Mean   :31
##                     3rd Qu.:180.8   3rd Qu.:31
##                     Max.   :200.0   Max.   :31
##                                     NA's   :1

#- Code und Argumente einer Funktion anzeigen lassen--------------------------
difftime                                            # Code der Funktion anzeigen

## function (time1, time2, tz, units = c("auto", "secs", "mins",
##     "hours", "days", "weeks"))
## {
##     if (missing(tz)) {
##         time1 <- as.POSIXct(time1)
##         time2 <- as.POSIXct(time2)
##     }
##     else {
##         time1 <- as.POSIXct(time1, tz = tz)
##         time2 <- as.POSIXct(time2, tz = tz)
##     }
##     z <- unclass(time1) - unclass(time2)
##     attr(z, "tzone") <- NULL
##     units <- match.arg(units)
##     if (units == "auto")
##         units <- if (all(is.na(z)))
##             "secs"
##         else {
##             zz <- min(abs(z), na.rm = TRUE)
##             if (!is.finite(zz) || zz < 60)
##                 "secs"
##             else if (zz < 3600)
##                 "mins"
##             else if (zz < 86400)
##                 "hours"
##             else "days"
##         }
```

```
##      switch(units, secs = .difftime(z, units = "secs"), mins = .difftime(z/60,
##          units = "mins"), hours = .difftime(z/3600, units = "hours"),
##          days = .difftime(z/86400, units = "days"), weeks = .difftime(z/(7 *
##              86400), units = "weeks"))
## }
## <bytecode: 0x0000000019946e28>
## <environment: namespace:base>
```

```
args(difftime)                              # Argumente der Funktion
```

```
## function (time1, time2, tz, units = c("auto", "secs", "mins",
##     "hours", "days", "weeks"))
## NULL
```

```
#- Funktion erstellen-----------------------------------------------------------
funktion1 <- function(x, y){z=x+y;return(z/y)}  # Neue Funktion
funktion1                                   # Zeigt den Code der Funktion
```

```
## function(x, y){z=x+y;return(z/y)}
```

```
funktion1()                                 # Aufruf ohne Argument
```

```
## Error in funktion1(): Argument "x" fehlt (ohne Standardwert)
```

```
funktion1(15)                               # Aufruf mit Argument x
```

```
## Error in funktion1(15): Argument "y" fehlt (ohne Standardwert)
```

```
funktion1(x=15)                             # Aufruf mit Name und Argument x
```

```
## Error in funktion1(x = 15): Argument "y" fehlt (ohne Standardwert)
```

```
funktion1(y=3)                              # Aufruf mit Name und Argument y
```

```
## Error in funktion1(y = 3): Argument "x" fehlt (ohne Standardwert)
```

funktion1(15,3)   *# Aufruf Argument xy*

```
## [1] 6
```

funktion1(3,15)   *# Aufruf Argument xy*

```
## [1] 1.2
```

funktion1(x=15,y=3)   *# Aufruf mit Name und Argument xy*

```
## [1] 6
```

funktion1(y=3,x=15)   *# Aufruf mit Name und Argument yx*

```
## [1] 6
```

funktion2 <- **function**(x, y=6){z=x+y;**return**(z/y)}*# Neue Funktion mit Standard y=7*
funktion2   *# Zeigt den Code der Funktion*

```
## function(x, y=6){z=x+y;return(z/y)}
```

funktion2()   *# Aufruf ohne Argument*

```
## Error in funktion2(): Argument "x" fehlt (ohne Standardwert)
```

funktion2(15)   *# Aufruf mit Argument x*

```
## [1] 3.5
```

funktion2(x=15)   *# Aufruf mit Name und Argument x*

```
## [1] 3.5
```

funktion2(y=3)   *# Aufruf mit Name und Argument y*

```
## Error in funktion2(y = 3): Argument "x" fehlt (ohne Standardwert)
```

funktion2(15,3)   *# Aufruf Argument xy*

```
## [1] 6
```

funktion2(3,15)   *# Aufruf Argument xy*

```
## [1] 1.2
```

funktion2(x=15,y=3)   *# Aufruf mit Name und Argument xy*

```
## [1] 6
```

funktion2(y=3,x=15)   *# Aufruf mit Name und Argument yx*

```
## [1] 6
```

```
funktion3 <- function(x){return(mean(x))}      # Neue Funktion
x2                                             # Ausgabe

## [1]   42 356 123 200

funktion3(x2)                                  # Aufruf mit x2

## [1] 180.25

funktion4 <- function(x){                      # Neue Funktion
  print("Mittelwert von:");                    # Print
  print(x2);
  return(mean(x))}
funktion4(x2)                                  # Aufruf mit x2

## [1] "Mittelwert von:"
## [1]   42 356 123 200

## [1] 180.25

funktion5 <- function(x){                      # Neue Funktion
  print("Mittelwert von:",quote=FALSE);        # Print mit quote=FALSE
  print(x2); print(mean(x))
  return(mean(x))}
rückgabewert5 <- funktion5(x2)                 # Aufruf mit x2

## [1] Mittelwert von:
## [1]   42 356 123 200
## [1] 180.25

str(rückgabewert5)                             # Ausgabe mit Typ Anzahl

##  num 180

funktion6 <- function(x){                      # Neue Funktion
  cat("Mittelwert von:",x2,"= ", mean(x));     # Cat
  letzterwert = mean(x)                        # Ohne return()
  }
rückgabewert6 <- funktion6(x2)                 # Aufruf mit x2

## Mittelwert von: 42 356 123 200 =   180.25

str(rückgabewert6)                             # Ausgabe mit Typ Anzahl

##  num 180

funktion7 <- function(x){                      # Neue Funktion
  cat("Mittel, Max, Min von:",x2,"=","\n");    # Cat
  return(c(mean(x),max(x),min(x)))}            # Return von Vektor
rückgabewert7 <- funktion7(x2)                 # Aufruf mit x2
```

```
## Mittel, Max, Min von: 42 356 123 200 =

str(rückgabewert7)                              # Ausgabe mit Typ Anzahl

##   num [1:3] 180 356 42

funktion8 <- function(x){                       # Neue Funktion
  cat("Mittel, Max, Min von:",x2,"=",mean(x),max(x),min(x),"\n");   # Cat
  return(data.frame(mean(x),max(x),min(x)))}    # Return von Dataframe
rückgabewert8 <- funktion8(x2)                  # Aufruf mit x2

## Mittel, Max, Min von: 42 356 123 200 = 180.25 356 42

str(rückgabewert8)                              # Ausgabe mit Typ Anzahl

## 'data.frame':    1 obs. of  3 variables:
##  $ mean.x.: num 180
##  $ max.x. : num 356
##  $ min.x. : num 42

#- Funktion erstellen mit beliebiger Anzahl Parameter----------------------------
funktion9 <- function(...){                     # Neue Funktion
  x<-as.numeric(list(...));return(sum(x))}
rückgabewert9 <- funktion9(1,3,"7",100)         # Aufruf beliebige Parameter
str(rückgabewert9)                              # Ausgabe mit Typ Anzahl

##   num 111

rückgabewert9 <- funktion9()                    # Aufruf ohne Parameter
str(rückgabewert9)                              # Ausgabe mit Typ Anzahl

##   num 0

#- Funktion erstellen: Argumentübergabe "by value"-------------------------------
zahl <- 2                                       # Globale Variable
str(zahl)
```

```
## num 2

funktion10 <- function(x){                    # Neue Funktion
  cat("Zahl in Funktion vor Addition:",zahl,"\n"); # Lokale Variable
  zahl <- zahl + 50                           # Addition
  cat("Zahl in Funktion nach Addition:",zahl,"\n"); # Lokale Variable verändert
  return(zahl)}
rückgabewert10 <- funktion10(zahl)            # Aufruf by value

## Zahl in Funktion vor Addition: 2
## Zahl in Funktion nach Addition: 52

str(rückgabewert10)

## num 52

str(zahl)                                     # Globale Variable unverändert

## num 2

#- Parameterübergabe mit Pipe-Operator(%>%)-----------------------------------
df                                            # Ausgabe

##   Freund Facebook Alter
## 1   Tobi       42    53
## 2  Silke      356    22
## 3  Klaus      123    31
## 4   Tobi      200    NA

mean(df$Facebook)                             # Parameter in Klammern

## [1] 180.25

df$Facebook %>% mean()                        # Parameter über Pipe

## [1] 180.25

df$Facebook %>% mean() %>% round()            # Parameter über Pipe

## [1] 180
```

3.3.5   Kontrollstrukturen

Auch in R existieren die in Programmiersprachen üblichen Kontrollstrukturen if/else und Schleifen vom Typ for, while und repeat, um Programmlogik abzubilden. Eine Strukturierung von Anweisungen ist aber auch möglich, indem Blöcke von Anweisungen durch geschweifte Klammern gebildet werden. Der Vorteil ist, dass Blöcke von Anweisungen in RStudio interaktiv mit einem Click auf Ctrl-Enter ausgeführt werden können.

Eine if/else-Anweisung folgt folgender Syntax:

```
if(Bedingung) {Anweisungsblock-if} else {Anweisungsblock-else}
```
oder bei mehr als zwei Fallunterscheidungen
```
if(Bedingung) {Anweisungsblock-if} else if (Bedingung-2)
{Anweisungsblock-2} else {Anweisungsblock-else}
```
(siehe Abb. 3.34).

Abb. 3.34 IF-Anweisung

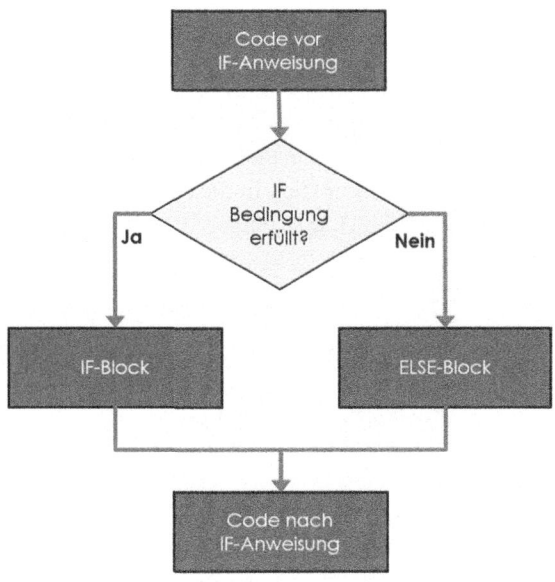

Eine for-Schleife folgt folgender Syntax: `while (Bedingung) {Anweisungs-block}` (siehe Abb. 3.35).

Abb. 3.35 FOR-Schleife

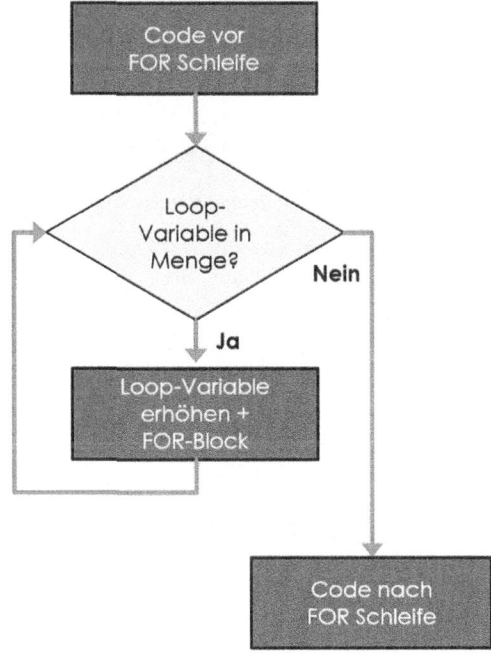

Eine while-Schleife folgt folgender Syntax:
`while (Bedingung) {Anweisungsblock}` und läuft so lange die Bedingung erfüllt ist. Die repeat-Schleife folgt folgender Syntax: `repeat {Anweisungsblock}` und wiederholt die Anweisungen des Anweisungsblocks bis die Funktion `break()` ausgeführt wird, die an eine Bedingung geknüpft ist. Wird die Bedingung nicht erreicht oder keine break()-Funktion in die repeat-Schleife integriert, führt dies zu einer Endlosschleife (siehe Abb. 3.36).

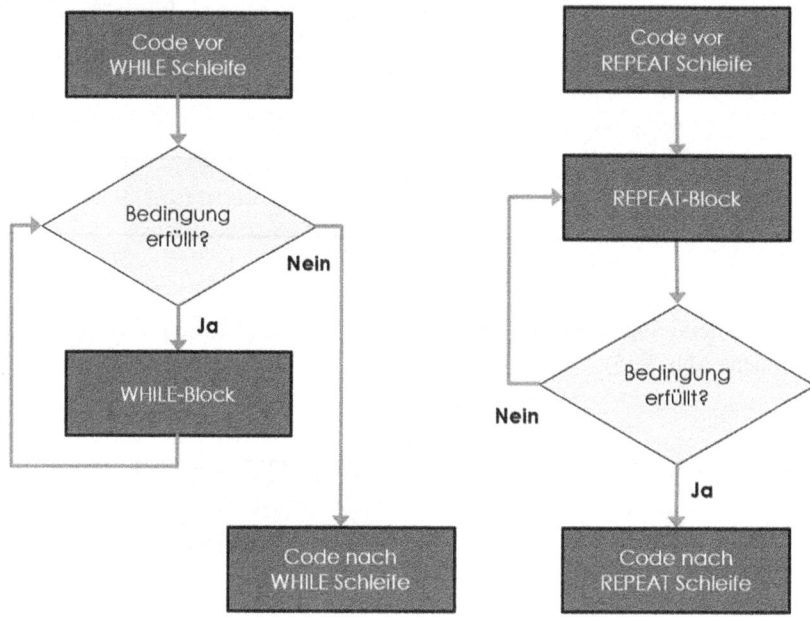

Abb. 3.36 While-Schleife und Repeat-Schleife

Kontrollstrukturen

```
#- Block----------------------------------------------------------------
{                                           # Block von Anweisungen
  a = 1
  b = 2
  c = 3
  d = a + b + c
}
#- IF-Anweisung----------------------------------------------------------
if(b>a) {
  print("B ist größer als a")
} else {
  print("B ist nicht größer als a")
}

## [1] "B ist größer als a"

#- IF/ELSE IF Anweisung--------------------------------------------------
if(b<a) {
  print("B ist kleiner als a")
} else if(c<b)  {
  print("C ist kleiner als b")
} else {
  print("Weder B ist kleiner als a noch ist c kleiner als b")
}

## [1] "Weder B ist kleiner als a noch ist c kleiner als b"

#- FOR-Schleife----------------------------------------------------------
x1 <- c("Tobi","Silke","Klaus","Tobi")    # Vektor x1 (Freunde)
for (i in x1){
  print(i)
}

## [1] "Tobi"
## [1] "Silke"
## [1] "Klaus"
## [1] "Tobi"

x2 <- c(42, 356, 123, 200)                # Vektor X2 (Facebook Freunde)
x3 <- c(53, 22, 31, 26)                   # Vektor X3 (Alter)
df <- data.frame(Freund=x1, Facebook=x2, Alter=x3) # Dataframe
df                                        # Ausgabe

##    Freund Facebook Alter
## 1    Tobi       42    53
## 2   Silke      356    22
```

```
## 3  Klaus      123     31
## 4  Tobi       200     26

for (z in 1:nrow(df)){
  print(df[z,])
}

##    Freund Facebook Alter
## 1   Tobi        42    53
##    Freund Facebook Alter
## 2  Silke       356    22
##    Freund Facebook Alter
## 3  Klaus       123    31
##    Freund Facebook Alter
## 4   Tobi       200    26

for (s in 1:ncol(df)){
  print(df[,s])
}

## [1] "Tobi"  "Silke" "Klaus" "Tobi"
## [1]  42 356 123 200
## [1] 53 22 31 26

for (s in 1:ncol(df)){
  for (z in 1:nrow(df)){
    print(paste("Spalte/Zeile[",s,",",z,"]=",df[z,s]))
  }
}

## [1] "Spalte/Zeile[ 1 , 1 ]= Tobi"
## [1] "Spalte/Zeile[ 1 , 2 ]= Silke"
## [1] "Spalte/Zeile[ 1 , 3 ]= Klaus"
## [1] "Spalte/Zeile[ 1 , 4 ]= Tobi"
## [1] "Spalte/Zeile[ 2 , 1 ]= 42"
## [1] "Spalte/Zeile[ 2 , 2 ]= 356"
## [1] "Spalte/Zeile[ 2 , 3 ]= 123"
## [1] "Spalte/Zeile[ 2 , 4 ]= 200"
## [1] "Spalte/Zeile[ 3 , 1 ]= 53"
## [1] "Spalte/Zeile[ 3 , 2 ]= 22"
## [1] "Spalte/Zeile[ 3 , 3 ]= 31"
## [1] "Spalte/Zeile[ 3 , 4 ]= 26"
```

```
#- WHILE-Schleife-----------------------------------------------------------------
index <- 1
while (index <= 5){
  cat("Schleifendurchlauf",index,"\n")
  index <- index+1
}

## Schleifendurchlauf 1
## Schleifendurchlauf 2
## Schleifendurchlauf 3
## Schleifendurchlauf 4
## Schleifendurchlauf 5

index <- 1
while (index <= 5){
  cat("Schleifendurchlauf",index,"\n")
  if(index == 3){break}
  index <- index+1
}

## Schleifendurchlauf 1
## Schleifendurchlauf 2
## Schleifendurchlauf 3

#- REPEAT-Schleife----------------------------------------------------------------
index <- 1
repeat{
  cat("Schleifendurchlauf",index,"\n")
  index <- index+1
  if(index > 5){break}
}

## Schleifendurchlauf 1
## Schleifendurchlauf 2
## Schleifendurchlauf 3
## Schleifendurchlauf 4
## Schleifendurchlauf 5
```

3.4 Import und Export von Daten

Daten werden in der Regel in R eingelesen. Dies kann aus unterschiedlichsten Quellen und in verschiedenen Formaten erfolgen.

Daten können aber auch direkt in R mit der Funktion `scan()` eingegeben werden, z. B. `neu<-scan()` erlaubt die Erfassung von Elementen, die zu einem Vektor zusammengefügt werden. Das Objekt neu wird gespeichert, sobald ein leeres Element vorliegt und die Enter-Taste gedrückt wurde.

3.4.1 Umgang mit Dateien

Dateien können immer eindeutig beschrieben werden durch die Kombination von Datei-name und Pfadname, in welchem die Datei abgespeichert ist bzw. abgespeichert werden soll. Wenn keine explizite Angabe eines Pfadnamens erfolgt, dann geht R davon aus, dass die Datei sich im sogenannten Arbeitsverzeichnis (Working Directory) befindet bzw. dort gespeichert werden soll. Das Arbeitsverzeichnis kann man sich mit der Funktion `getwd()` anzeigen lassen bzw. mit der Funktion `setwd()` neu festlegen. Das Arbeitsverzeichnis kann in RStudio auch über das Menü Session/Set Working Directory/ Choose Directory bestimmt werden.

Mit der Funktion `list.files()` oder `dir()` lassen sich alle Dateien anzeigen, die sich in einem Verzeichnis befinden. Sofern kein Verzeichnis als Parameter angegeben wird, wird das Arbeitsverzeichnis verwendet. Mit dem Argument `recursive=TRUE` werden auch die Dateien der Unterverzeichnisse angezeigt. Neue Verzeichnisse können mit der Funktion `dir.create()` und neue Dateien mit der Funktion `file.create()` erstellt werden. Um abzufragen, ob eine Datei existiert, kann die Funktion `file.exists()` verwendet werden. Die Funktion `file.info()` zeigt Informationen (size = Größe, isdir = ob es sich um ein Verzeichnis handelt, mtime = letzte Änderung, atime = letzter Zugriff, exe = ausführbare Datei yes/no) zu einer Datei an. Um eine Datei umzubenennen, kann die Funktion `file.rename()` angewendet werden und zum Kopieren die Funktion `file.copy()`. Um ein ganzes Verzeichnis zu löschen, dient die Funktion `unlink()`.

Der Workspace beinhaltet alle im Arbeitsspeicher befindlichen Objekte, die mit der Funktion `ls()` angezeigt werden können. Möchte man den kompletten Workspace mit allen Objekten sichern, so ist dies mit der Funktion `save.image("Dateiname.RData")` möglich. Möchte man explizit spezifische Objekte sichern, so ist dies mit der Funktion `save(Objektname1, Objektnamen, file="Dateiname.RData")` möglich. Die so gespeicherten Objekte können dann mit der Funktion `load("Dateiname.RData")` später wieder eingelesen werden. Beide Extensions .RData und .Rda sind gleichwertig verwendbar.

In Abschn. 3.2.1 wurde bereits auf den Nutzen von Skriptdateien hingewiesen, um mehrere Anweisungen wiederverwendbar zu machen. Besonders geschickt kann auch die Auslagerung immer wieder verwendeter Anweisungen in eine Skriptdatei sein, die innerhalb einer anderen Skriptdatei ausgeführt werden soll, z. B. um Daten einzulesen oder zu konvertierten. Dies ist mit der Funktion `source()` möglich.

3.4.2   Import von Daten

Daten können u. a. importiert werden von FlatFiles, z. B. KommaSeparatedFiles (CSV), Text- und HTML-Dateien, Excel Dateien, Software anderer Statistikpakete, aus Datenbanken oder über APIs (Application Programming Interfaces). An dieser Stelle sollen nur die grundlegendsten Importmöglichkeiten vorgestellt werden, um RData-Dateien und folgende R-externe Dateiformate einzulesen: TXT, CSV, XLSX, JSON, XML und HTML.

Um Daten aus dem Statistikpaket SPSS einzulesen, kann die Funktion `read.spss()` aus dem Paket foreign genutzt werden. In dem gleichen Paket ist auch die Funktion `read.dta()`, um Dateien des Statistikpakets Stata einzulesen. Im Paket sas7bdat existiert die Funktion `read.sas7bdat()`, um Dateien des Statistikpakets SAS einzulesen.

Sollen Daten aus Datenbanken importiert werden, so gibt es das Paket RMySQL, um Daten mit den Funktionen `dbConnect()`, `dbSendQuery()` und `dbWriteTable()` aus einer MySQL-Datenbank einzulesen oder für die Nichtrelationale Datenbank MongoDB das Paket RMongo mit den Funktionen `mongoDbConnect()` und `dbGetQuery()`. Um Daten aus einer Oracle-Datenbank zu laden, kann das Paket ROracle verwendet werden (Oracle 2021).

Sollen Daten via WebScraping aus dem Web geladen werden, so ist das Paket xml2 in Verbindung mit dem Paket rvest eine gute Lösung. Die Funktion `read_html()` aus dem Paket xml2 liest die Daten von einer URL. Die Funktion `html_table()` aus dem Paket rvest extrahiert eine Tabelle aus der Webseite.

Die Funktion `readLines` erlaubt .txt-Dateien in einen Dataframe zu laden. Die Funktionen `read_delim()` mit Punkt als Dezimaltrennzeichen und `read_delim2()` mit Komma als Dezimaltrennzeichen unterstützt das Lesen von Dateien, deren Variablen durch ein Sonderzeichen getrennt sind, wenn die Spalten nicht wie in einer .txt-Datei mit Tabulator getrennt sind, sondern z. B. mit einem Komma oder Semikolon. Der Parameter `delim=","` bzw. `delim=";"` oder vergleichbar wird dabei genutzt, um das Trennzeichen zu spezifizieren. Neben der Funktion `read_delim()` können aber auch die Funktionen `read_csv()` für kommagetrennte und `read_csv2()` für semikolongetrennte.csv-Dateien verwendet werden. Der Paramater `header=TRUE` b Excel-Dateien können mit der Funktion `read_excel()` aus dem Paket readxl eingelesen werden. Die Syntax der Funktion ist `read_excel(PFAD, sheet = NULL, range= NULL, col_names = TRUE)` mit folgenden Argumenten:

- PFAD: Verzeichnispfad, in dem die Datei zu finden ist und Dateiname.
- sheet: Name des Arbeitsblatts, das importiert werden sollen. Wenn nicht angegeben, wird das erste Arbeitsblatt importiert.
- range: Range mit Zeilen und Spaltenangabe, die importiert werden soll. Wenn nicht angegeben, werden alle Zellen importiert.
- col_names: TRUE, wenn Spaltennamen aus der ersten Zeile importiert werden sollen (Standard). FALSE, wenn die Spaltennamen nicht in der ersten Zeile stehen.
- n_max: Anzahl an Zeilen, die gelesen werden sollen. Wenn nicht angegeben, werden alle Zeilen gelesen.

Um Dateien im JSON-Format zu lesen, kann die Funktion `fromJSON()` aus dem Paket rjson genutzt werden. Ebenso können Dateien im XML-Format mithilfe der Funktion `xmlTreeParse()` aus dem Paket XML eingelesen werden.

Daten können auch in Paketen von R enthalten sein. Das Importieren von Daten aus Paketen erfolgt über den Befehl `data(dataset, package = „paket")`.

3.4.3 Export von Daten

Möchte man den kompletten Workspace mit allen Objekten sichern, so ist dies mit der Funktion `save.image("Dateiname.RData")` möglich. Möchte man explizit spezifische Objekte sichern, so ist dies mit der Funktion `save(Objektname1, Objektnamen, file="Dateiname.RData")` möglich. Die so gespeicherten Objekte können dann mit der Funktion `load("Dateiname.RData")` später wieder eingelesen werden.

Um Daten in ein Statistikpaket zu exportieren, können die Funktionen `write_sav()` für SPSS, die Funktion `write_sas()` für SAS und `write_dta()` für Stata verwendet werden.

Auch das Speichern in der Cloud, z. B. auf Google Drive oder Dropbox wird durch R unterstützt. Mit der Funktion `drive_upload()` im Paket googledrive (zum Laden die Funktion `drive_download()`) und mit den Funktionen `drop_auth()`, `drop_create()` und `drop_upload()` im Paket rdrop2 (zum Laden die Funktion `drop_read_csv()`) ist der Datenaustausch mit diesen beiden Plattformen möglich.

Auch das Schreiben eines Dataframes in XLS-Dateien ist mit der Funktion `write.xlsx()` aus dem Paket openxlsx möglich, z. B. `write.xlsx(formel1,"formel1-kopie.xlsx")`.

Ergebnisse, die man in einer Datei speichern möchte, müssen nicht notwendigerweise Objekte sein. In R ist es auch möglich die Ausgabe, die üblicherweise in der Konsole angezeigt wird, in eine Textdatei umzulenken. Für diesen Zweck verwendet man die Funktion `sink("Dateiname")`. Hinweis: Dies betrifft nicht Ausgaben, die im Bereich Plots ausgegeben werden. Wenn die Ausgaben wieder in der Konsole angezeigt werden sollen, so gibt man `sink()` noch einmal ohne Parameter an.

Import und Export von Daten

```
#- Verzeichnisse und Dateien--------------------------------------------------
getwd()                                    # Arbeitsverzeichnis anzeigen

## [1] "C:/Users/bernd/Documents/A-Research Publication/A-Books/21-Statistik-DataSci
ence-R Springer/R"

setwd("C:/Users/bernd/Documents/Dateien")  # Arbeitsverzeichnis festlegen
list.files()                               # Dateien anzeigen

## [1] "autos-komplett.csv" "autos.csv"       "Data World"
## [4] "formel1.xlsx"       "studierende.RData"  "Wizard_Of_Oz.txt"

list.files(recursive = TRUE)               # Dateien inkl. Unterverzeichnisse

##  [1] "autos-komplett.csv"

##  [2] "autos.csv"

##  [3] "Data World/1992 v 2018 Dec 31st English Football League Tables - Kopie.xlsx
"

##  [4] "Data World/2018 19 English Premier League Season start squads.xlsx"

##  [5] "Data World/Formel1-2018.xlsx"

##  [6] "Data World/Formula1.xlsx"

##  [7] "Data World/FussballEngland-2018.xlsx"

##  [8] "Data World/outturn sports-related costs of the Olympic Games .csv"

##  [9] "formel1.xlsx"

## [10] "studierende.RData"

## [11] "Wizard_Of_Oz.txt"

#- Erforderliche Pakete-------------------------------------------------------
require(readr)                             # Paket erforderlich

## Loading required package: readr

require(readxl)                            # Paket erforderlich

## Loading required package: readxl

require(XML)                               # Paket erforderlich

## Loading required package: XML

require(rvest)                             # Paket erforderlich

## Loading required package: rvest

require(openxlsx)                          # Paket erforderlich

## Loading required package: openxlsx

#- Import von Dateien---------------------------------------------------------
load("studierende.RData")                  # Importiere RData-Datei
head(studierende, 4)
```

```
##    Gruppe Geschlecht Geburtsjahr Geburtsmonat Größe Einwohner Distanz
## 1 AWM1-A       Mann        1999         Juli   178      2500      10
## 2 AWM1-A       Frau        2001     November   160     11000       1
## 3 AWM1-A       Mann        1992     November   183     68000       0
## 4 AWM1-A       Frau        2002       Januar   160       800      40
##    DistanzEltern Buchstaben Fußball Schuhe      Intelligenz       Attraktivität
## 1            10          4      Ja      8       weiß nicht          weiß nicht
## 2           200          5    Nein   <NA>       weiß nicht überdurchschnittlich
## 3           278          5      Ja     10 durchschnittlich    durchschnittlich
## 4            40          7    Nein   <NA> durchschnittlich    durchschnittlich
##    Lieblingsfarbe           Hobby          IntMgmt    IntLeadership HSAnsbach1
## 1            Rot         Fußball       weiß nicht       weiß nicht         Ja
## 2            Rot         Klavier       weiß nicht       weiß nicht         Ja
## 3           Grün American Football durchschnittlich durchschnittlich         Ja
## 4           Blau        Zeichnen durchschnittlich durchschnittlich         Ja
##    AlternativeHS AlternativerStg DistanzElternhaus
## 1          <NA>            <NA>                 0
## 2          <NA>            <NA>               199
## 3          <NA>            <NA>               278
## 4          <NA>            <NA>                 0
```

```r
oz <- readLines("Wizard_Of_Oz.txt")                      # Importiere TXT-Datei
```

```
##
## -- Column specification -------------------------------------------------
## cols(
##   `The Wonderful Wizard of Oz` = col_character()
## )
```

```r
head(oz, 15)
```

```
## # A tibble: 15 x 1
##    `The Wonderful Wizard of Oz`
##    <chr>
##  1 by
##  2 L. Frank Baum
##  3 Contents
##  4 Introduction
##  5 1.  The Cyclone
##  6 2.  The Council with the Munchkins
##  7 3.  How Dorothy Saved the Scarecrow
##  8 4.  The Road Through the Forest
##  9 5.  The Rescue of the Tin Woodman
## 10 6.  The Cowardly Lion
## 11 7.  The Journey to the Great Oz
```

```
## 12 8.   The Deadly Poppy Field
## 13 9.   The Queen of the Field Mice
## 14 10.  The Guardian of the Gates
## 15 11.  The Emerald City of Oz
```

```
gebrauchtwagen <- read_csv2("autos.csv",col_names = TRUE)# Importiere CSV-Datei
```

```
## i Using ',' as decimal and '.' as grouping mark. Use `read_delim()` for more cont
rol.
```

```
##
## -- Column specification ------------------------------------------------------
## cols(
##   Marke = col_character(),
##   Zulassung = col_double(),
##   PS = col_double(),
##   Kilometerstand = col_character(),
##   Preis = col_character()
## )
```

```
head(gebrauchtwagen, 4)
```

```
## # A tibble: 4 x 5
##   Marke         Zulassung     PS Kilometerstand Preis
##   <chr>             <dbl>  <dbl> <chr>          <chr>
## 1 peugeot            2004    158 150,000km      $5,000
## 2 bmw                1997    286 150,000km      $8,500
## 3 volkswagen         2009    102 70,000km       $8,990
## 4 smart              2007     71 70,000km       $4,350
```

```
gebrauchtwagen <- read_delim("autos.csv",col_names =TRUE,delim=";",
               col_types=cols(Marke=col_factor(),Zulassung=col_integer(),
                         PS=col_integer(),Kilometerstand=col_character(),
                         Preis=col_character()))
head(gebrauchtwagen, 4)
```

```
## # A tibble: 4 x 5
##   Marke         Zulassung     PS Kilometerstand Preis
##   <fct>             <int>  <int> <chr>          <chr>
## 1 peugeot            2004    158 150,000km      $5,000
## 2 bmw                1997    286 150,000km      $8,500
## 3 volkswagen         2009    102 70,000km       $8,990
## 4 smart              2007     71 70,000km       $4,350
```

```
formel1 <- read_excel("formel1.xlsx")                 # Importiere XLS-Datei
head(formel1, 4)
```

```
## # A tibble: 4 x 8
##    `Race order` Race  `Starting Posit~   Car Driver Team  `Race Finish`
##           <dbl> <chr>            <dbl> <dbl> <chr>  <chr> <chr>
## 1             1 Aust~                1    44 Lewis~ Merc~ 2
## 2             1 Aust~                2     7 Kimi ~ Ferr~ 3
## 3             1 Aust~                3     5 Sebas~ Ferr~ 1
## 4             1 Aust~                4    33 Max V~ Red ~ 6
## # ... with 1 more variable: `Race Points` <chr>
```

```r
#- Import von Excel im Detail--------------------------------------------------
file <- readxl_example("datasets.xlsx")        # PFAD mit Dateiname
excel_sheets(file)                             # Arbeitsblätter
```

```
## [1] "iris"     "mtcars"   "chickwts" "quakes"
```

```r
sheet.1 <- read_excel(file)                    # Importiere erstes Arbeitsblatt
head(sheet.1, 4)
```

```
## # A tibble: 4 x 5
##    Sepal.Length Sepal.Width Petal.Length Petal.Width Species
##           <dbl>       <dbl>        <dbl>       <dbl> <chr>
## 1           5.1         3.5          1.4         0.2 setosa
## 2           4.9         3            1.4         0.2 setosa
## 3           4.7         3.2          1.3         0.2 setosa
## 4           4.6         3.1          1.5         0.2 setosa
```

```r
sheet.car1 <- read_excel(file, sheet="mtcars") # Importiere Arbeitsblatt
head(sheet.car1, 4)
```

```
## # A tibble: 4 x 11
##     mpg   cyl  disp    hp  drat    wt  qsec    vs    am  gear  carb
##   <dbl> <dbl> <dbl> <dbl> <dbl> <dbl> <dbl> <dbl> <dbl> <dbl> <dbl>
## 1 21        6   160   110  3.9   2.62  16.5     0     1     4     4
## 2 21        6   160   110  3.9   2.88  17.0     0     1     4     4
## 3 22.8      4   108    93  3.85  2.32  18.6     1     1     4     1
## 4 21.4      6   258   110  3.08  3.22  19.4     1     0     3     1
```

```r
sheet.car2 <- read_excel(file, sheet="mtcars", col_names= FALSE)# Ohne Spaltenname
```

```
## New names:
## *  ``  -> ...1
## *  ``  -> ...2
## *  ``  -> ...3
## *  ``  -> ...4
## *  ``  -> ...5
## * ...
```

```
head(sheet.car2, 4)
```

```
## # A tibble: 4 x 11
##   ...1  ...2  ...3  ...4  ...5  ...6  ...7  ...8  ...9  ...10 ...11
##   <chr> <chr> <chr> <chr> <chr> <chr> <chr> <chr> <chr> <chr> <chr>
## 1 mpg   cyl   disp  hp    drat  wt    qsec  vs    am    gear  carb
## 2 21    6     160   110   3.9   2.62  16.46 0     1     4     4
## 3 21    6     160   110   3.9   2.875 17.02 0     1     4     4
## 4 22.8  4     108   93    3.85  2.32  18.61 1     1     4     1
```

```
sheet.car3 <- read_excel(file, sheet="mtcars", range="C1:F6")    # Range "C1:F6"
head(sheet.car3, 4)
```

```
## # A tibble: 4 x 4
##    disp    hp  drat    wt
##   <dbl> <dbl> <dbl> <dbl>
## 1   160   110  3.9   2.62
## 2   160   110  3.9   2.88
## 3   108    93  3.85  2.32
## 4   258   110  3.08  3.22
```

```
#- Import Tabelle von Webseite---------------------------------------------
-----
url <- "https://www.bundesliga.com/de/bundesliga/tabelle"
content<-xml2::read_html(url)                        # Lese Webseite
list<-rvest::html_table(content,header=TRUE)[[1]]    # Tabelle Bundesliga
tabelle<-as.data.frame(list)                         # Konvertierung in
Dataframe
tabelle<-tabelle[,c(-1,-3,-4,-6)]                     # Leere Spalten
entfernen
colnames(tabelle)<-c("Pos","Verein","Spiele","Punkte",# Spaltenbezeichnungen
                     "S","U","N","Tore","Diff")
tabelle                                               # Ausgabe
```

##	Pos	Verein	Spiele	Punkte	S	U	N	Tore	Diff
## 1	1	FCBBayernFC Bayern München	12	28	9	1	2	41:13	28
## 2	2	BVBDortmundBorussia Dortmund	12	27	9	0	3	30:18	12
## 3	3	SCFFreiburgSC Freiburg	12	22	6	4	2	18:11	7
## 4	4	B04LeverkusenBayer 04 Leverkusen	12	21	6	3	3	25:17	8
## 5	5	FCUUnion Berlin1. FC Union Berlin	12	20	5	5	2	19:17	2
## 6	6	WOBWolfsburgVfL Wolfsburg	12	20	6	2	4	14:14	0
## 7	7	RBLLeipzigRB Leipzig	12	18	5	3	4	23:13	10
## 8	8	M05Mainz1. FSV Mainz 05	12	18	5	3	4	16:12	4
## 9	9	BMGM'gladbachBorussia M'gladbach	12	18	5	3	4	17:14	3
## 10	10	TSGHoffenheimTSG Hoffenheim	12	17	5	2	5	21:17	4
## 11	11	SGEFrankfurtEintracht Frankfurt	12	15	3	6	3	14:16	-2
## 12	12	KOEKöln1. FC Köln	12	15	3	6	3	18:21	-3
## 13	13	BOCBochumVfL Bochum 1848	12	13	4	1	7	10:19	-9
## 14	14	BSCBerlinHertha BSC	12	13	4	1	7	12:26	-14
## 15	15	FCAAugsburgFC Augsburg	12	12	3	3	6	11:21	-10
## 16	16	VFBStuttgartVfB Stuttgart	12	10	2	4	6	16:22	-6
## 17	17	DSCBielefeldArminia Bielefeld	12	9	1	6	5	9:18	-9
## 18	18	SGFFürthSpVgg Greuther Fürth	12	1	0	1	11	8:33	-25

3.5   Transformation von Daten

Um einen Überblick der vorhandenen Objekte im Workspace zu erlangen, ist die
Funktion ls() oder objects() geeignet. Einzelne Objekte können mit der Funktion
rm() gelöscht werden. Alternativ ist es in RStudio möglich im Global Environment
zunächst die Grid-Anzeige und dann die gewünschten Objekte auszuwählen und über
das Pinselsymbol zu löschen.

Gerade wenn Daten importiert wurden, gilt es oft die Qualität der Beschreibung oder
der Inhalte zu verbessern. Dazu zählt u. a. die eindeutigere Benennung von Variablen, die
Konvertierung der Datenformate für eine bessere Auswertung als auch der Umgang mit
leeren oder fehlerhaften Datensätzen.

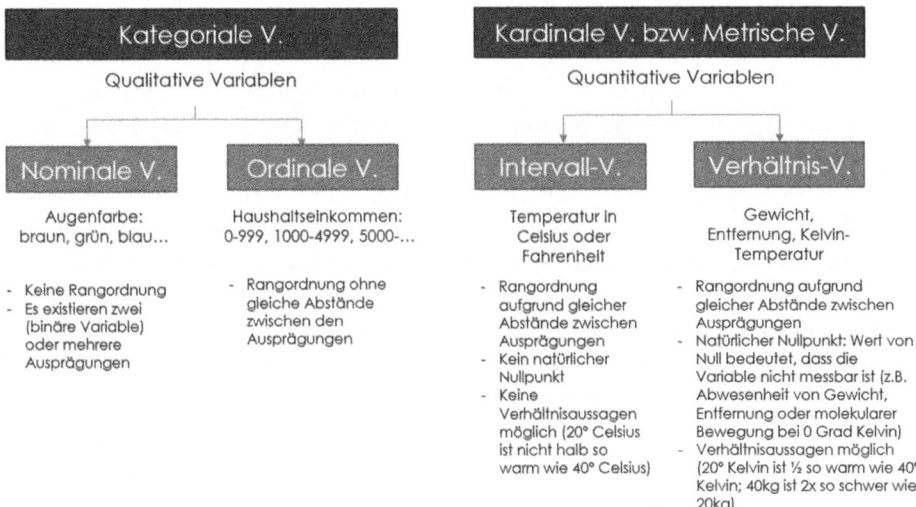

Abb. 3.37 Typen von Variablen

3.5.1 Konventionen für die Transformation

Es stellt sich als hilfreich heraus, wenn sich Entwickler und Programmierer an Namenskonventionen halten. Nachdem Daten eingelesen wurden, die oft bereits einen Namen und eine Codierung besitzen, sollten diese Objekte den eigenen Konventionen entsprechend transformiert werden. Eigene Objekte entsprechen den Konventionen im Idealfall bereits.

Es empfiehlt sich unterschiedliche Typen von Variablen (siehe Abb. 3.37) auch unterschiedlich zu codieren. Dies erleichtert die Auswertung der Daten, reduziert den Speicherbedarf und erhöht gleichzeitig auch die Performanz der Auswertungen. Ähnlich positiv wirken sich auch die Selektionskonventionen aus.

Folgende Konventionen sind weit verbreitet und empfehlenswert:

- Namenskonventionen:
  - Objektnamen sollten möglichst kurz sein.
  - Objektnamen sollten nur aus Kleinbuchstaben bestehen (da R zwischen Groß- und Kleinschreibung unterscheidet hilft dies bei der Vermeidung unnötiger Fehler), ggfs. verbunden mit "_" oder ".", z. B. "umsatz_2021" oder "umsatz.2021".
- Strukturkonventionen:
  - Basistabellen (Dataframe, Tibble, Matrix, Array), welche die Grundlage für Auswertungen bilden, sollten aus Spalten bestehen, die jeweils eine Variable repräsentieren (Schlüsselfeld oder beschreibendes Merkmal), und aus Zeilen, die jeweils eine Beobachtung (Datensatz) enthalten. Die Ausprägungen oder Werte

der Variablen stehen in den Zellen der Tabelle. Dieses Format wird auch als „long-Format" oder „narrow-Format" bezeichnet. Für Basistabellen zu vermeiden ist dagegen das sogenannte „wide-Format", in dem verschiedene Ausprägungen von Werten einer Variablen in unterschiedlichen Spalten stehen, was deren Auswertung erschweren kann.

- Schlüsselfelder in Tabellen (Dataframe, Tibble, Matrix, Array), welche zur Identifikation von Datensätzen dienen, z. B. Kundennummer oder Auftragsnummer, sollten immer in den ersten Spalten (links in der Tabelle) stehen, da diese von besonderer Bedeutung sind.
- Codierungskonventionen:
  - Datumsinformationen
    Wenn nur eine Angabe zum Jahr vorliegt, sollte diese als Integer codiert werden.
    Wenn eine Angabe zu Jahr und Monat vorliegt, sollte der Tag mit 01 angegeben werden und dies als Datumsvariable codiert werden.
    Wenn eine Angabe zu Jahr, Monat und Tag vorliegt, sollte dies als Datumsvariable codiert werden.
  - Nominale Variablen sollten als Faktorvariablen codiert werden. Im Fall von Binärvariablen, die Ja/Nein als Option haben, ist auch die Codierung als Logikvariable (TRUE/FALSE) möglich.
  - Ordinale Variablen sollten als Faktorvariablen mit ordered = TRUE codiert werden.
  - Metrische Variablen sollten entweder als Integer oder Numeric codiert werden.
- Selektionskonventionen
  - Nicht für die Analyse erforderliche Spalten (Variablen) sollten aus Basistabellen gelöscht werden.
  - Nicht für die Analyse erforderliche Zeilen (Datensätze, Beobachtungen) sollten aus Basistabellen gelöscht werden.

Am Beispiel des Tibble drinks, welches im Paket fivethirtyeight enthalten ist, kann eine Transformation der Daten des Alkoholkonsums im Jahr 2010 vorgestellt werden, wie sie von der World Health Organization berichtet wurde. Die Informationen geben den Konsum von purem Alkohol pro Person in Litern (total_litres_of_pure_alcohol) und den Konsum von Bier, Wein und Spirituosen je Person in Anzahl der Portionen an. Nachfolgend wird vorgestellt, wie die obigen Konventionen angewendet werden können:

- Anwendung der Selektionskonventionen: Wenn die Information von purem Alkohol pro Person in Litern für die Auswertungen nicht benötigt wird, dann kann diese Spalte gelöscht werden. Wenn für die Auswertung nur die Länder Deutschland, USA, Schweden und Italien betrachtet werden sollen, können alle anderen Datensätze für andere Länder gelöscht werden.
- Anwendung der Strukturkonventionen: Die Information zu dem Konsum der drei Arten von Getränken Bier, Wein und Spirituosen ist in drei unterschiedlichen Spalten (wide-Format) abgelegt, obwohl der Typ eines Getränks die Variable darstellt und

Bier, Wein und Spirituosen nur unterschiedliche Ausprägungen bzw. Werte zu der Variablen repräsentieren. Die Funktion `pivot_longer()` aus dem Paket tidyr unterstützt die Transformation in das long-Format, das für eine Basistabelle gewünscht ist. Nach der Ausführung der Funktion sind die Ausprägungen der Variable Typ in der Spalte Typ hinterlegt.

- Anwendung der Codierungskonventionen: Da es sich bei der Variable Typ um eine nominale Variable handelt und diese noch als Variable vom Typ Character codiert ist, sollte eine Transformation in eine Variable vom Typ Faktor erfolgen. Dies ist mit der Funktion `factor()` möglich.

Nach Anwendung der Konventionen liegt die Basistabelle in korrektem Format vor und kann ohne Komplikationen für Auswertungen verwendet werden.

Transformationsbeispiel

```
#- Transformation entsprechend den Konventionen---------------------------------
require(fivethirtyeight)                       # Paket erforderlich

## Loading required package: fivethirtyeight

require(viridis)

## Loading required package: viridis

## Loading required package: viridisLite

str(drinks)                                    # Ausgabe Typ und Anzahl

## tibble [193 x 5] (S3: tbl_df/tbl/data.frame)
## $ country                : chr [1:193] "Afghanistan" "Albania" "Algeria" "A
ndorra" ...
## $ beer_servings          : int [1:193] 0 89 25 245 217 102 193 21 261 279 .
..
## $ spirit_servings        : int [1:193] 0 132 0 138 57 128 25 179 72 75 ...
## $ wine_servings          : int [1:193] 0 54 14 312 45 45 221 11 212 191 ...
## $ total_litres_of_pure_alcohol: num [1:193] 0 4.9 0.7 12.4 5.9 4.9 8.3 3.8 10.4
9.7 ...
## - attr(*, "spec")=
## .. cols(
## ..   country = col_character(),
## ..   beer_servings = col_integer(),
## ..   spirit_servings = col_integer(),
## ..   wine_servings = col_integer(),
## ..   total_litres_of_pure_alcohol = col_double()
## .. )

head(drinks,5)                                 # Ausgabe

## # A tibble: 5 x 5
##   country   beer_servings spirit_servings wine_servings total_litres_of_pure_a~
##   <chr>         <int>           <int>           <int>               <dbl>
## 1 Afghanist~       0               0               0                   0
## 2 Albania         89             132              54                 4.9
## 3 Algeria         25               0              14                 0.7
## 4 Andorra        245             138             312                12.4
## 5 Angola         217              57              45                 5.9
```

```
alkohol<- drinks %>%
  select(-5) %>%                           # Spalten selektieren
  rename(Land=country,Bier=beer_servings,  # Spalten umbenennen
         Wein=wine_servings,
         Spirituosen=spirit_servings) %>%
  filter(Land %in% c("Germany","USA",      # Zeilen selektieren
                      "Sweden","Italy"))
alkohol                                    # Ausgabe

## # A tibble: 4 x 4
##    Land      Bier Spirituosen  Wein
##    <chr>    <int>       <int> <int>
## 1 Germany    346         117   175
## 2 Italy       85          42   237
## 3 Sweden     152          60   186
## 4 USA        249         158    84

alkohol<-pivot_longer(alkohol,cols=-Land,  # Transformation in Basistab.
                      names_to="Typ",
                      values_to="Portionen")
alkohol                                    # Ausgabe


## # A tibble: 12 x 3
##    Land    Typ          Portionen
##    <chr>   <chr>            <int>
##  1 Germany Bier               346
##  2 Germany Spirituosen        117
##  3 Germany Wein               175
##  4 Italy   Bier                85
##  5 Italy   Spirituosen         42
##  6 Italy   Wein               237
##  7 Sweden  Bier               152
##  8 Sweden  Spirituosen         60
##  9 Sweden  Wein               186
## 10 USA     Bier               249
## 11 USA     Spirituosen        158
## 12 USA     Wein                84

str(alkohol)                               # Ausgabe Typ und Anzahl

## tibble [12 x 3] (S3: tbl_df/tbl/data.frame)
##  $ Land     : chr [1:12] "Germany" "Germany" "Germany" "Italy" ...
##  $ Typ      : chr [1:12] "Bier" "Spirituosen" "Wein" "Bier" ...
##  $ Portionen: int [1:12] 346 117 175 85 42 237 152 60 186 249 ...

alkohol$Typ<-factor(alkohol$Typ,levels=c("Bier","Wein","Spirituosen"))
str(alkohol)                               # Ausgabe Typ und Anzahl

## tibble [12 x 3] (S3: tbl_df/tbl/data.frame)
##  $ Land     : chr [1:12] "Germany" "Germany" "Germany" "Italy" ...
##  $ Typ      : Factor w/ 3 levels "Bier","Wein",..: 1 3 2 1 3 2 1 3 2 1 ...
##  $ Portionen: int [1:12] 346 117 175 85 42 237 152 60 186 249 ...

ggplot(alkohol,                            # Barchart
       aes(x=Land,y=Portionen,group=Typ,fill=Typ))+
    geom_bar(stat="identity",position = "dodge")+
    scale_color_viridis(discrete = TRUE, guide = FALSE)+
    ggtitle("Alkoholkonsum")+
    labs(x="Land",y="Portionen")+
    guides(fill=guide_legend(title="Getränk"))
```

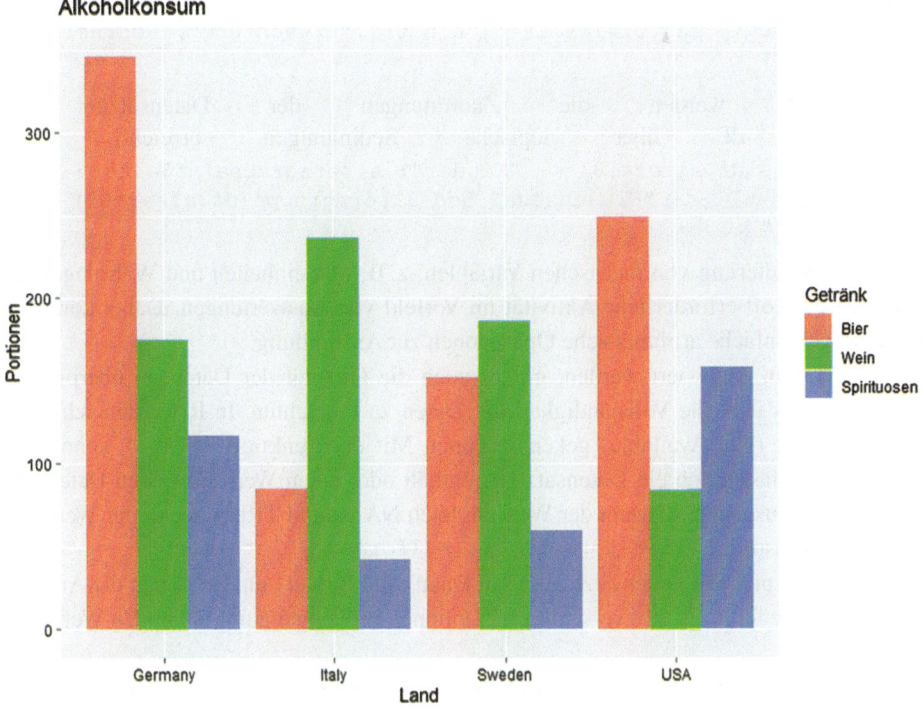

3.5.2   Funktionen für die Transformation

Die Umbenennung von Spalten (Variablen) eines Dataframes oder Tibbles ist mit den Funktionen `colnames()` und `rownames()` möglich (Achtung: `rownames()` funktioniert nicht mit Tibbles).

Wenn der Datentyp konvertiert werden soll, so ist dies mit den Funktionen `as.numeric()`, `as.logical()`, `as.character()` und `as.Date()` möglich. Die Konvertierung in eine Datumsvariable ist für beliebige Datumsformate mit dem Parameter `format` möglich, z. B. `as.Date("04.01.2021", format= "%d.%m.%Y")`.

Ordinale Variablen vom Datentyp Character können in eine Faktorvariable mit Levelbezeichnung und mit `order=TRUE` konvertiert werden, z. B. `noten.ordinal <- factor(noten, order=TRUE, levels=c("sehr .` Mit `gut","gut","befriedigend","ausreichend","ungenügend"))`

dem Parameter `exclude=NULL` können bei Bedarf auch Ausprägungen mit NA berücksichtigt werden. Um die Ergebnisanzeige zu verbessern, ist es manchmal auch gewünscht, dass Levels, die nicht vorkommen, eliminiert werden, was mit dem Argument `drop` möglich ist, z. B. `noten.ordinal <- noten.ordinal[drop=T]`.

Eine Umcodierung von Variablen in Gruppen ist oft für eine Analyse hilfreich, z. B.
`altersgruppe <- factor(levels=c("Kinder","Erwachsene","Rentner"), .`
`ordered = T)`

Anschließend   werden   die   Zuordnungen   der   Datensätze   des
Dataframes   df   über   logische   Bedingungen   erreicht,   z. B.
`altersgruppe[df$alter<18] <- "Kinder"; altersgruppe[df$alter>=18.`
`& df$alter<=67] <- "Erwachsene"` und `altersgruppe[df$alter>67]`
`<- "Rentner"`

Eine Umcodierung von metrischen Variablen, z. B. Maßeinheiten und Währungen ist
ebenfalls eine oft erforderliche Aktivität im Vorfeld von Auswertungen. Dabei kommen
in der Regel einfache arithmetische Operationen zur Anwendung.

Bevor Daten analysiert werden, gilt es auch die Qualität der Daten zu überprüfen,
dazu gehört es u. a. die Vollständigkeit der Daten zu betrachten. In R werden fehlende
Werte mit NA (Not Available) gekennzeichnet. Mit der Funktion `is.na()` kann man
sich anzeigen lassen, ob ein Datensatz NA enthält oder einen Wert. Für jeden Datensatz
wird FALSE ausgegeben, wenn der Wert ungleich NA ist und TRUE, wenn der Wert NA
ist. Die Anweisung `filter(formel1, is.na(formel1$Platzierung) == TRUE)`
zeigt zum Beispiel alle Datensätze aus dem Dataframe formel1 an, bei denen die Angabe
zur Platzierung fehlt. Es gibt verschiedene Optionen im Umgang mit fehlenden Werten:

1. Daten unverändert belassen, die Datensätze mit fehlenden Werten jedoch bei Analysen nicht berücksichtigen: Etliche Funktionen unterstützend dies durch den Parameter `na.rm = TRUE`.
2. Löschen der Datensätze mit fehlenden Werten: Möchte man alle Datensätze mit
   fehlenden Werte löschen, so kann dies mit der Funktion `na.omit()` oder der
   Funktion `drop_na()` aus dem Paket tidyr erreicht werden.
3. Ersetzen der fehlenden Werte durch den Mittelwert, Median oder Modus: Der Vorteil
   dieser Variante liegt darin, dass nicht ein ganzer Datensatz für die Analyse wegfällt.
   Dies lässt sich mithilfe der logischen Prüfung `is.na()` in Verbindung mit einer IF-
   Bedingung wie `ifelse()` erreichen.

In Dataframes werden oft nicht alle Spalten bzw. Variablen für die Analyse benötigt. Um
nicht mehr benötigte Spalten zu entfernen, dient die Funktion `select()`. Um nur die
Spalten der Teams und Fahrernamen aus dem Dataframe formel1 auszuwählen, kann
z. B. die Anweisung `select(formel1, Team, Fahrer)` angewendet werden. Die
Auswahl kann aber auch über die Spaltennummern erfolgen. Um die Spalten 4 bis 7
auszuwählen, ist die Anweisung `select(formel1, 4:7)` zielführend. Anstatt die
Spalten anzugeben, die verbleiben sollen, ist es auch möglich die Spalten anzugeben, die
entfernt werden sollen, z. B. `select(formel1, -Platzierung, -Punkte)`. Den
nicht gewünschten Spalten wird dazu ein Minuszeichen vorangestellt.

Wenn man beabsichtigt gewisse Zeilen aus einem Dataframe auszuwählen, kann man
die Funktion `filter()` verwenden, z. B. `filter(formel1, Team == "Ferrari")`

um nur die Datensätze des Teams Ferrari auszuwählen. Es lassen sich beliebig viele Bedingungen durch Kommata getrennt angeben, z. B. gibt `filter(formel1, Team == "Ferrari", Ort == "Spain")` alle Zeilen zurück, die Rennen in Spanien und das Team von Ferrari betreffen. Die an die Funktion `filter()` übergebenen Bedingungen können beliebige logische Operatoren beinhalten.

Für die Vorbereitung von Analysen kann es auch hilfreich sein die Daten in einem Dataframe mit der Funktion `arrange()` zu sortieren. Um die Datensätze im Dataframe formel1 aufsteigend nach Platzierung (von klein bis groß) zu sortieren, kann die Anweisung `arrange(formel1, Platzierung)` verwendet werden. Mit der Funktion `desc()` kann auch absteigend sortiert werden und auch die Angabe mehrerer Spalten für eine Sortierung lässt sich kombinieren, z. B. `arrange(formel1, Ort, desc(Platzierung))`.

Es ist auch nicht ungewöhnlich, dass man einem Dataframe eine zusätzliche, neue Variable hinzufügen möchte. Dies erfolgt oft basierend auf dem Wert einer oder mehrerer bereits vorhandener Variablen. Die Funktion `mutate()` unterstützt dies. Möchte man eine Spalte zu dem Dataframe formel1 hinzufügen, die nach einer neuen Formel eine Punktzahl für die Weltrangliste berechnet und die Formel lautet 100/Platzierung, sodass der Sieger 100 WRPunkte erhält, der Zweite 50 WRPunkte, der Dritte 33 WRPunkte etc., dann hilft die Anweisung `mutate(formel1, WRPunkte = 100/formel1$Platzierung)`. Mit der Funktion `summarize()` lässt sich eine Funktion auf alle Datensätze eines Dataframe anwenden, z. B. `summarize(formel1, WRPunktedurchschnitt = mean(WRPunkte, na.rm = TRUE))`, um die durchschnittliche Punktzahl für die Weltrangliste zu ermitteln. Das wäre aber viel einfacher mit `mean(formel1$WRPunkte, na.rm = TRUE)` gegangen. Der Vorteil der Funktion `summarize()` liegt jedoch in der Anwendung in Verbindung mit einer Gruppierung. Eine Gruppierung nach einer Variablen eines Dataframes erfolgt mit der Funktion `group_by()`, z. B. `group_by(formel1, Team)`, um die Daten nach Teams zu gruppieren. Die obige summary-Anweisung gibt jetzt die durchschnittliche Punktzahl für die Weltrangliste je Team zurück. Mit den Funktionen `summarize_all()`, `summarize_if()` und `summarize_at()` existieren noch Derivate der Funktion `summarize()`. Der Zusatz _all erlaubt die Ausführung von mehr als einer Funktion. Der Zusatz _if erlaubt eine Bedingung an die Ausführung zu knüpfen und der Zusatz _at ermöglicht die Auswahl spezifischer Spalten, auf welche die Funktion bzw. Funktionen angewendet werden sollen, z. B. `summarise_at(formel1Extrakt7,.vars=vars(Punkte,WRPunkte),.funs=list (Min=min,Max=max),na.rm=TRUE)`. Eine weitere Funktionen, die in Verbindung mit der Funktion `group_by()` genutzt werden kann, ist die Funktion `n()`, welche die Anzahl der Datensätze je Gruppierung zählt.

Eine weitere Funktion zum Ändern von Daten ist möglich. Mithilfe der Funktion `fix()` kann ein Editor zur manuellen Änderung der Daten verwendet werden. Diese Änderungen sind dann aber nicht durch ein Skript mit Anweisungen definiert und daher später nicht mehr nachvollziehbar. Aus diesem Grund ist diese Funktion für eine systematische Datenauswertung in der Regel nicht geeignet.

Funktionen für die Transformation

```r
#- Erforderliche Pakete----------------------------------------------------
require(tidyr)                          # Paket erforderlich
require(dplyr)                          # Paket erforderlich
require(stringr)                        # Paket erforderlich
require(lubridate)                      # Paket erforderlich
#- Variablen----------------------------------------------------------------
x1 <- c("Tobi","Silke","Klaus","Tobi","Jay")   # Vektor x1 (Freunde)
x2 <- c(42, 356, 123, 200, 0)           # Vektor X2 (Facebook Freunde)
x3 <- c(53, 17, 31, NA, 82)             # Vektor X3 (Alter)
x4 <- c("blau","grün","grün","blau","gemischt") # Vektor X4 (Augenfarbe)
df <- data.frame(x1,x2,x3,x4)           # Dataframe
#- Objekte anzeigen und löschen---------------------------------------------
ls()                                    # Objekte anzeigen

## [1] "alkohol" "df"        "formel1" "x1"      "x2"      "x3"      "x4"

rm(x2,x3)                               # Objekte löschen
ls()                                    # Objekte anzeigen

## [1] "alkohol" "df"        "formel1" "x1"      "x4"

#- Umbenennung--------------------------------------------------------------
str(df)                                 # Ausgabe Typ und Anzahl

## 'data.frame':    5 obs. of  4 variables:
## $ x1: chr  "Tobi" "Silke" "Klaus" "Tobi" ...
## $ x2: num  42 356 123 200 0
## $ x3: num  53 17 31 NA 82
## $ x4: chr  "blau" "grün" "grün" "blau" ...

colnames(df) <- c("freund","fb","alter","farbe")# Umbenennen Variable in Dataframe
#- Umcodierung Nominale Variable--------------------------------------------
str(df)                                 # Ausgabe Typ und Anzahl

## 'data.frame':    5 obs. of  4 variables:
## $ freund: chr  "Tobi" "Silke" "Klaus" "Tobi" ...
## $ fb    : num  42 356 123 200 0
## $ alter : num  53 17 31 NA 82
## $ farbe : chr  "blau" "grün" "grün" "blau" ...
```

```
df$farbe <- factor(df$farbe, levels=c("blau","grün","braun","gemischt"))
str(df)                                    # Ausgabe Typ und Anzahl

## 'data.frame':    5 obs. of  4 variables:
##  $ freund: chr  "Tobi" "Silke" "Klaus" "Tobi" ...
##  $ fb    : num  42 356 123 200 0
##  $ alter : num  53 17 31 NA 82
##  $ farbe : Factor w/ 4 levels "blau","grün",..: 1 2 2 1 4

table(df$farbe)

##
##    blau    grün   braun gemischt
##       2       2       0       1

df$farbe <- df$farbe[drop=T]              # Löschen Levels ohne Ausprägung
str(df)                                   # Ausgabe Typ und Anzahl

## 'data.frame':    5 obs. of  4 variables:
##  $ freund: chr  "Tobi" "Silke" "Klaus" "Tobi" ...
##  $ fb    : num  42 356 123 200 0
##  $ alter : num  53 17 31 NA 82
##  $ farbe : Factor w/ 3 levels "blau","grün",..: 1 2 2 1 3

table(df$farbe)

##
##    blau    grün gemischt
##       2       2       1

#- Umcodierung Kategoriale Variable - Variante 1-----------------------------------
altersgruppe <- factor(levels=c("Kinder","Erwachsene","Rentner"), ordered = T)
#                                         # Vektorvariable als Faktor neu
levels(altersgruppe)

## [1] "Kinder"     "Erwachsene" "Rentner"

altersgruppe[df$alter<18] <- "Kinder"            # Numerisch -> Ordinal
altersgruppe[df$alter>=18 & df$alter<=67] <- "Erwachsene"
altersgruppe[df$alter>67] <- "Rentner"
df$altersgruppe <- altersgruppe                  # Zusätzliche Variable in df
str(df)                                          # Ausgabe Typ und Anzahl
```

```
## 'data.frame':      5 obs. of  5 variables:
##  $ freund      : chr  "Tobi" "Silke" "Klaus" "Tobi" ...
##  $ fb          : num  42 356 123 200 0
##  $ alter       : num  53 17 31 NA 82
##  $ farbe       : Factor w/ 3 levels "blau","grün",..: 1 2 2 1 3
##  $ altersgruppe: Ord.factor w/ 3 levels "Kinder"<"Erwachsene"<..: 2 1 2 NA 3

df

##   freund  fb alter    farbe altersgruppe
## 1   Tobi  42    53     blau   Erwachsene
## 2  Silke 356    17     grün       Kinder
## 3  Klaus 123    31     grün   Erwachsene
## 4   Tobi 200    NA     blau         <NA>
## 5    Jay   0    82 gemischt      Rentner
```

```
table(df$alter)                                    # Werte

##
## 17 31 53 82
##  1  1  1  1
```

```
table(df$altersgruppe)                             # Umcodierte Werte

##
##     Kinder Erwachsene    Rentner
##          1          2          1
```

```
require(vtree)                                      # Umcodierung Zuordnungsbaum

## Loading required package: vtree

vtree(df,"alter altersgruppe",sameline=TRUE)
```

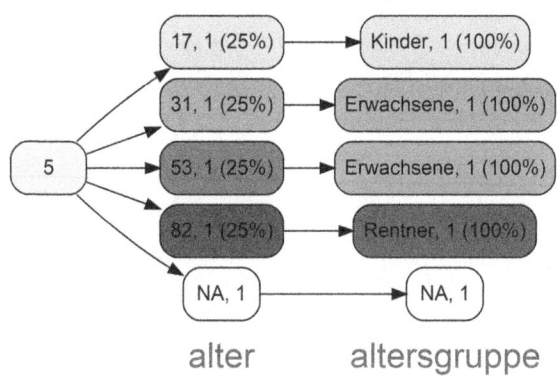

alter   altersgruppe

```
rm(altersgruppe)                          # Vektorvariable löschen
df <- df[-5]                              # Variable aus df entfernen
#- Umcodierung Kategoriale Variable - Variante 2--------------------------------
df                                       # Ausgabe

##   freund  fb alter    farbe
## 1   Tobi  42   53     blau
## 2  Silke 356   17     grün
## 3  Klaus 123   31     grün
## 4   Tobi 200   NA     blau
## 5    Jay   0   82 gemischt

df$altersgruppe <-                       # Zusätzliche Variable in df
  case_when(df$alter < 18 ~ "Kinder",
    between(df$alter, 18, 67) ~ "Erwachsene",
          df$alter >= 67 ~ "Rentner")
df$altersgruppe <- factor(df$altersgruppe,
                levels=c("Kinder","Erwachsene","Rentner"), ordered = T)
df                                       # Ausgabe

##   freund  fb alter    farbe altersgruppe
## 1   Tobi  42   53     blau   Erwachsene
## 2  Silke 356   17     grün       Kinder
## 3  Klaus 123   31     grün   Erwachsene
## 4   Tobi 200   NA     blau         <NA>
## 5    Jay   0   82 gemischt      Rentner

#- Umcodierung Metrische Variable----------------------------------------------
setwd("C:/Users/bernd/Documents/Dateien")         # Arbeitsverzeichnis
kfz <- read_csv2("autos.csv",col_names = TRUE) # Importiere CSV-Datei

## i Using ',' as decimal and '.' as grouping mark. Use `read_delim()` for more cont
rol.

##
## -- Column specification ------------------------------------------------
## cols(
##   Marke = col_character(),
##   Zulassung = col_double(),
##   PS = col_double(),
##   Kilometerstand = col_character(),
##   Preis = col_character()
## )

kfz.kopie <- kfz
head(kfz, 7)

## # A tibble: 7 x 5
##   Marke       Zulassung    PS Kilometerstand Preis
##   <chr>           <dbl> <dbl> <chr>          <chr>
## 1 peugeot          2004   158 150,000km      $5,000
## 2 bmw              1997   286 150,000km      $8,500
## 3 volkswagen       2009   102 70,000km       $8,990
```

```
## 4 smart           2007    71 70,000km      $4,350
## 5 ford              NA     0 150,000km      $1,350
## 6 chrysler        2006   150 150,000km      $7,900
## 7 volkswagen      1995    90 150,000km       $300
```

```
#- Konvertierung ungültiger Werte in NA--------------------------------------------
kfz$Zulassung[kfz$Zulassung<1900&!is.na(kfz$Zulassung)] # Zulassung vor 1900
```

```
## [1] 1800 1000 1111 1800 1500 1001
```

```
kfz$Zulassung[kfz$Zulassung<1900] <- NA              # durch NA ersetzen
kfz$Zulassung[kfz$Zulassung>2021&!is.na(kfz$Zulassung)] # Zulassung nach 2021
```

```
##  [1] 4500 5000 4100 9996 9999 6200 9000 9999 5000 5000 8888 2800 5911 9999 9999
## [16] 4800 5000 9000
```

```
kfz$Zulassung[kfz$Zulassung>2021] <- NA                # durch NA ersetzen
#- NA-Datensätze löschen, wenn sie in ALLEN Spalten NA enthalten-----------------
kfz.kopie1 <- kfz                               # Kopie1 für demo
colSums(is.na(kfz.kopie1))                      # Anzahl NAs je Spalte
```

```
##         Marke     Zulassung             PS Kilometerstand          Preis
##            54            81             52             52             56
```

```
nSpalten <- ncol(kfz.kopie1)                    # Anzahl Spalten
NAZeile<-ifelse(nSpalten==rowSums(is.na(kfz.kopie1)),T,F) # Zeile mit nur NAs
kfz.kopie1 <- kfz.kopie1[!NAZeile,]             # Zeilen mit NUR NA löschen
dim(kfz.kopie1)                                 # Zeilen/Spalten
```

```
## [1] 49948     5
```

```
colSums(is.na(kfz.kopie1))                      # Anzahl NAs je Spalte
```

```
##         Marke     Zulassung             PS Kilometerstand          Preis
##             3            30              1              1              5
```

```
#- NA-Datensätze löschen, wenn sie in EINER SPEZIFISCHEN Spalte NA enthalten------
kfz.kopie2 <- kfz                               # Kopie2 für drop_na(,x) demo
dim(kfz.kopie2)                                 # Zeilen/Spalten
```

```
## [1] 49999     5
```

```
colSums(is.na(kfz.kopie2))                        # Anzahl NAs je Spalte

##          Marke     Zulassung       PS Kilometerstand            Preis
##             54            81       52            52                56

kfz.kopie2 <- drop_na(kfz.kopie2, Preis)          # Löschen Zeilen mit NA in Preis
dim(kfz.kopie2)                                   # Zeilen/Spalten

## [1] 49943     5

colSums(is.na(kfz.kopie2))                        # Anzahl NAs je Spalte

##          Marke     Zulassung       PS Kilometerstand            Preis
##              2            29        1             1                 0

#- NA-Datensätze löschen, wenn sie in EINER BELIEBIGEN Spalte NA enthalten--------
kfz.kopie3 <- kfz                                 # Kopie3 für na.omit() demo
dim(kfz.kopie3)                                   # Zeilen/Spalten

## [1] 49999     5

colSums(is.na(kfz.kopie3))                        # Anzahl NAs je Spalte

##          Marke     Zulassung       PS Kilometerstand            Preis
##             54            81       52            52                56

kfz.kopie3 <- na.omit(kfz.kopie3)                 # Löschen Zeilen mit NA
dim(kfz.kopie3)                                   # Zeilen/Spalten

## [1] 49911     5

colSums(is.na(kfz.kopie3))                        # Anzahl NAs je Spalte

##          Marke     Zulassung       PS Kilometerstand            Preis
##              0             0        0             0                 0

kfz.kopie4 <- kfz                                 # Kopie4 für drop_na() demo
dim(kfz.kopie4)                                   # Zeilen/Spalten

## [1] 49999     5

colSums(is.na(kfz.kopie4))                        # Anzahl NAs je Spalte

##          Marke     Zulassung       PS Kilometerstand            Preis
##             54            81       52            52                56
```

```
kfz.kopie4 <- drop_na(kfz.kopie4)              # Löschen Zeilen mit NA
dim(kfz.kopie4)                                # Zeilen/Spalten

## [1] 49911     5

colSums(is.na(kfz.kopie4))                     # Anzahl NAs je Spalte

##          Marke      Zulassung        PS Kilometerstand          Preis
##              0              0         0              0              0

#- NA-Datensätze löschen, wenn sie in ALLEN Spalten NA enthalten-----------------
colSums(is.na(kfz))                            # Anzahl NAs je Spalte

##          Marke      Zulassung        PS Kilometerstand          Preis
##             54             81        52             52             56

nSpalten <- ncol(kfz)                          # Anzahl Spalten
NAZeile<-ifelse(nSpalten==rowSums(is.na(kfz)),T,F) # Zeile mit nur NAs
kfz <- kfz[!NAZeile,]                          # Zeilen mit nur NA löschen
colSums(is.na(kfz))                            # Anzahl NAs je Spalte

##          Marke      Zulassung        PS Kilometerstand          Preis
##              3             30         1              1              5

#- NA-Werte durch Mittelwert/Median/Modus ersetzen------------------------------
head(filter(kfz,Marke=="volkswagen"&PS==75),7)     # 7 Datensätze anzeigen

## # A tibble: 7 x 5
##   Marke      Zulassung    PS Kilometerstand Preis
##   <chr>          <dbl> <dbl> <chr>          <chr>
## 1 volkswagen      2002    75 125,000km      $2,850
## 2 volkswagen      2004    75 125,000km      $4,200
## 3 volkswagen      2017    75 150,000km      $1,200
## 4 volkswagen        NA    75 150,000km      $450
## 5 volkswagen      2000    75 150,000km      $1,850
## 6 volkswagen      1994    75 150,000km      $1,450
## 7 volkswagen      1998    75 150,000km      $3,100

mw <- round(mean(kfz$Zulassung,na.rm=T),0)         # Mittelwert für Zulassung
mw

## [1] 2003
```

```
kfz$Zulassung<-ifelse(is.na(kfz$Zulassung),mw,kfz$Zulassung)# NA->Mittelwert
head(filter(kfz,Marke=="volkswagen"&PS==75),7)     # 7 Datensätze anzeigen

## # A tibble: 7 x 5
##   Marke      Zulassung   PS Kilometerstand Preis
##   <chr>          <dbl> <dbl> <chr>           <chr>
## 1 volkswagen      2002   75 125,000km       $2,850
## 2 volkswagen      2004   75 125,000km       $4,200
## 3 volkswagen      2017   75 150,000km       $1,200
## 4 volkswagen      2003   75 150,000km       $450
## 5 volkswagen      2000   75 150,000km       $1,850
## 6 volkswagen      1994   75 150,000km       $1,450
## 7 volkswagen      1998   75 150,000km       $3,100

colSums(is.na(kfz))                                  # Anzahl NAs je Spalte

##          Marke     Zulassung            PS Kilometerstand          Preis
##              3             0             1             1              5

head(filter(kfz,Zulassung==1996&PS==75),7)       # 7 Datensätze anzeigen

## # A tibble: 7 x 5
##   Marke      Zulassung   PS Kilometerstand Preis
##   <chr>          <dbl> <dbl> <chr>           <chr>
## 1 <NA>            1996   75 150,000km       $999
## 2 ford            1996   75 20,000km        <NA>
## 3 opel            1996   75 100,000km       $1,600
## 4 nissan          1996   75 125,000km       $500
## 5 opel            1996   75 150,000km       $180
## 6 volkswagen      1996   75 150,000km       $700
## 7 opel            1996   75 150,000km       $900

mod.df <- as.data.frame(table(as.factor(kfz$Marke)))    # Häufigkeitsverteilung
mod <- as.character(filter(mod.df,Freq==max(mod.df$Freq))$Var1)  # Modus für Marke
mod

## [1] "volkswagen"

kfz$Marke<-ifelse(is.na(kfz$Marke),mod,kfz$Marke)   # NA->Modus
head(filter(kfz,Zulassung==1996&PS==75),7)          # 7 Datensätze anzeigen

## # A tibble: 7 x 5
##   Marke      Zulassung   PS Kilometerstand Preis
```

```
##   <chr>           <dbl> <dbl> <chr>          <chr>
## 1 volkswagen      1996     75 150,000km      $999
## 2 ford            1996     75 20,000km       <NA>
## 3 opel            1996     75 100,000km      $1,600
## 4 nissan          1996     75 125,000km      $500
## 5 opel            1996     75 150,000km      $180
## 6 volkswagen      1996     75 150,000km      $700
## 7 opel            1996     75 150,000km      $900
```

colSums(is.na(kfz))   *# Anzahl NAs je Spalte*

```
##         Marke     Zulassung           PS Kilometerstand         Preis
##             0             0            1             1             5
```

#- NA-Werte für alle numerischen Spalten durch Mittelwert ersetzen----------------
str(kfz.kopie)   *# Ausgabe Typ und Anzahl*

```
## tibble [49,999 x 5] (S3: spec_tbl_df/tbl_df/tbl/data.frame)
## $ Marke         : chr [1:49999] "peugeot" "bmw" "volkswagen" "smart" ...
## $ Zulassung     : num [1:49999] 2004 1997 2009 2007 NA ...
## $ PS            : num [1:49999] 158 286 102 71 0 150 90 90 0 90 ...
## $ Kilometerstand: chr [1:49999] "150,000km" "150,000km" "70,000km" "70,000km" ..
## .
## $ Preis         : chr [1:49999] "$5,000" "$8,500" "$8,990" "$4,350" ...
## - attr(*, "spec")=
## .. cols(
## ..   Marke = col_character(),
## ..   Zulassung = col_double(),
## ..   PS = col_double(),
## ..   Kilometerstand = col_character(),
## ..   Preis = col_character()
## .. )
```

colSums(is.na(kfz.kopie))   *# Anzahl NAs je Spalte*

```
##         Marke     Zulassung           PS Kilometerstand         Preis
##            54            57           52            52            56
```

head(filter(kfz.kopie,Marke=="mercedes_benz"&   *# 7 Datensätze anzeigen*
                Preis=="$3,500"),7)

```
## # A tibble: 7 x 5
##   Marke         Zulassung    PS Kilometerstand Preis
##   <chr>             <dbl> <dbl> <chr>          <chr>
## 1 mercedes_benz        NA   109 150,000km      $3,500
## 2 mercedes_benz      2000   143 150,000km      $3,500
## 3 mercedes_benz      1997   204 150,000km      $3,500
## 4 mercedes_benz        NA    NA 150,000km      $3,500
## 5 mercedes_benz      2000   122 150,000km      $3,500
## 6 mercedes_benz      1996     0 150,000km      $3,500
## 7 mercedes_benz      1998   122 80,000km       $3,500
```

```
kfz.kopie5 <- as.data.frame(sapply(kfz.kopie,     # NAs ersetzen durch Mittelwert
    function(x) ifelse(is.na(x)&is.numeric(x),     # für alle numerischen Spalten
                round(mean(x,na.rm=TRUE),0),x)))
colSums(is.na(kfz.kopie5))                         # Anzahl NAs je Spalte

##        Marke    Zulassung            PS Kilometerstand          Preis
##           54            0             0            52             56
## # A tibble: 7 x 7
##     Marke    Zulassung    PS Kilometerstand Preis  PreisEuro PreisEuroPrint
##     <chr>        <dbl> <dbl> <chr>          <chr>       <dbl> <chr>
## 1 peugeot        2004   158 150,000km       $5,000       4100 "Preis €    4100.00~
## 2 bmw            1997   286 150,000km       $8,500       6970 "Preis €    6970.00~
## 3 volkswagen     2009   102 70,000km        $8,990       7372. "Preis €    7371.80~
## 4 smart          2007    71 70,000km        $4,350       3567 "Preis €    3567.00~
## 5 ford           2003     0 150,000km       $1,350       1107 "Preis €    1107.00~
## 6 chrysler       2006   150 150,000km       $7,900       6478 "Preis €    6478.00~
## 7 volkswagen     1995    90 150,000km       $300         246. "Preis €     246.00~

#- Umcodierung Character Variable--------------------------------------------
str(formel1)

## tibble [420 x 8] (S3: tbl_df/tbl/data.frame)
## $ Race order       : num [1:420] 1 1 1 1 1 1 1 1 1 ...
## $ Race             : chr [1:420] "Australia" "Australia" "Australia" "Australia"
...
## $ Starting Position: num [1:420] 1 2 3 4 5 6 7 8 9 10 ...
## $ Car              : num [1:420] 44 7 5 33 20 8 27 3 55 14 ...
## $ Driver           : chr [1:420] "Lewis Hamilton HAM" "Kimi Räikkönen RAI" "Seba
stian Vettel VET" "Max Verstappen VER" ...
## $ Team             : chr [1:420] "Mercedes" "Ferrari" "Ferrari" "Red Bull Racing
 TAG Heuer" ...
## $ Race Finish      : chr [1:420] "2" "3" "1" "6" ...
## $ Race Points      : chr [1:420] "18" "15" "25" "8" ...

colnames(formel1) <- c("Rennen", "Ort",               # Spalten umbenennen
       "Startposition", "Rennwagen", "Fahrer",
       "Team", "Platzierung", "Punkte")
formel1$Platzierung <- as.numeric(formel1$Platzierung) # Platzierung numerisch

## Warning: NAs durch Umwandlung erzeugt

formel1$Punkte <- as.numeric(formel1$Punkte)          # Punkte numerisch
str(formel1)
```

```
## # A tibble: 7 x 7
##   Marke      Zulassung    PS Kilometerstand Preis  PreisEuro PreisEuroPrint
##   <chr>          <dbl> <dbl> <chr>          <chr>      <dbl> <chr>
## 1 peugeot         2004   158 150,000km      $5,000      4100 "Preis €  4100.00~
## 2 bmw             1997   286 150,000km      $8,500      6970 "Preis €  6970.00~
## 3 volkswagen      2009   102 70,000km       $8,990     7372. "Preis €  7371.80~
## 4 smart           2007    71 70,000km       $4,350      3567 "Preis €  3567.00~
## 5 ford            2003     0 150,000km      $1,350      1107 "Preis €  1107.00~
## 6 chrysler        2006   150 150,000km      $7,900      6478 "Preis €  6478.00~
## 7 volkswagen      1995    90 150,000km      $300        246. "Preis €   246.00~

#- Umcodierung Character Variable----------------------------------------------
str(formel1)

## tibble [420 x 8] (S3: tbl_df/tbl/data.frame)
##  $ Race order       : num [1:420] 1 1 1 1 1 1 1 1 1 1 ...
##  $ Race             : chr [1:420] "Australia" "Australia" "Australia" "Australia"
 ...
##  $ Starting Position: num [1:420] 1 2 3 4 5 6 7 8 9 10 ...
##  $ Car              : num [1:420] 44 7 5 33 20 8 27 3 55 14 ...
##  $ Driver           : chr [1:420] "Lewis Hamilton HAM" "Kimi Räikkönen RAI" "Seba
stian Vettel VET" "Max Verstappen VER" ...
##  $ Team             : chr [1:420] "Mercedes" "Ferrari" "Ferrari" "Red Bull Racing
 TAG Heuer" ...
##  $ Race Finish      : chr [1:420] "2" "3" "1" "6" ...
##  $ Race Points      : chr [1:420] "18" "15" "25" "8" ...

colnames(formel1) <- c("Rennen", "Ort",               # Spalten umbenennen
       "Startposition", "Rennwagen", "Fahrer",
       "Team", "Platzierung", "Punkte")
formel1$Platzierung <- as.numeric(formel1$Platzierung) # Platzierung numerisch

## Warning: NAs durch Umwandlung erzeugt

formel1$Punkte <- as.numeric(formel1$Punkte)           # Punkte numerisch
str(formel1)

## tibble [420 x 8] (S3: tbl_df/tbl/data.frame)
##  $ Rennen       : num [1:420] 1 1 1 1 1 1 1 1 1 1 ...
##  $ Ort          : chr [1:420] "Australia" "Australia" "Australia" "Australia" ...
##  $ Startposition: num [1:420] 1 2 3 4 5 6 7 8 9 10 ...
##  $ Rennwagen    : num [1:420] 44 7 5 33 20 8 27 3 55 14 ...
##  $ Fahrer       : chr [1:420] "Lewis Hamilton HAM" "Kimi Räikkönen RAI" "Sebastia
n Vettel VET" "Max Verstappen VER" ...
```

```
##  $ Team          : chr [1:420] "Mercedes" "Ferrari" "Ferrari" "Red Bull Racing TAG
 Heuer" ...
##  $ Platzierung  : num [1:420] 2 3 1 6 NA NA 7 4 10 5 ...
##  $ Punkte       : num [1:420] 18 15 25 8 0 0 6 12 1 10 ...

formel1Extrakt1 <- select(formel1,Team,Fahrer)          # Spalten selektieren
str(formel1Extrakt1)

## tibble [420 x 2] (S3: tbl_df/tbl/data.frame)
##  $ Team  : chr [1:420] "Mercedes" "Ferrari" "Ferrari" "Red Bull Racing TAG Heuer"
 ...
##  $ Fahrer: chr [1:420] "Lewis Hamilton HAM" "Kimi Räikkönen RAI" "Sebastian Vette
l VET" "Max Verstappen VER" ...

formel1Extrakt2 <- select(formel1,4:7)                  # Spalten selektieren
str(formel1Extrakt2)

## tibble [420 x 4] (S3: tbl_df/tbl/data.frame)
##  $ Rennwagen  : num [1:420] 44 7 5 33 20 8 27 3 55 14 ...
##  $ Fahrer     : chr [1:420] "Lewis Hamilton HAM" "Kimi Räikkönen RAI" "Sebastian
Vettel VET" "Max Verstappen VER" ...
##  $ Team       : chr [1:420] "Mercedes" "Ferrari" "Ferrari" "Red Bull Racing TAG H
euer" ...
##  $ Platzierung: num [1:420] 2 3 1 6 NA NA 7 4 10 5 ...

formel1Extrakt3 <- select(formel1,-Platzierung,-Punkte)# Spalten deselektieren
str(formel1Extrakt3)

## tibble [420 x 6] (S3: tbl_df/tbl/data.frame)
##  $ Rennen       : num [1:420] 1 1 1 1 1 1 1 1 1 1 ...
##  $ Ort          : chr [1:420] "Australia" "Australia" "Australia" "Australia" ...
##  $ Startposition: num [1:420] 1 2 3 4 5 6 7 8 9 10 ...
##  $ Rennwagen    : num [1:420] 44 7 5 33 20 8 27 3 55 14 ...
##  $ Fahrer       : chr [1:420] "Lewis Hamilton HAM" "Kimi Räikkönen RAI" "Sebastia
n Vettel VET" "Max Verstappen VER" ...
##  $ Team         : chr [1:420] "Mercedes" "Ferrari" "Ferrari" "Red Bull Racing TAG
 Heuer" ...

formel1Extrakt4 <- filter(formel1,Team=="Ferrari")      # Zeilen selektieren
str(formel1Extrakt4)

## tibble [42 x 8] (S3: tbl_df/tbl/data.frame)
##  $ Rennen       : num [1:42] 1 1 2 2 3 3 4 4 5 5 ...
##  $ Ort          : chr [1:42] "Australia" "Australia" "Bahrain" "Bahrain" ...
##  $ Startposition: num [1:42] 2 3 1 2 1 2 1 6 3 4 ...
```

```
## $ Rennwagen   : num [1:42] 7 5 5 7 5 7 5 7 5 7 ...
## $ Fahrer      : chr [1:42] "Kimi Räikkönen RAI" "Sebastian Vettel VET" "Sebasti
an Vettel VET" "Kimi Räikkönen RAI" ...
## $ Team        : chr [1:42] "Ferrari" "Ferrari" "Ferrari" "Ferrari" ...
## $ Platzierung : num [1:42] 3 1 1 NA 8 3 4 2 4 NA ...
## $ Punkte      : num [1:42] 15 25 25 0 4 15 12 18 12 0 ...
```

```
formel1Extrakt5 <- filter(formel1,Team=="Ferrari",Ort=="Spain")#Zeilen selektieren
str(formel1Extrakt5)
```

```
## tibble [2 x 8] (S3: tbl_df/tbl/data.frame)
## $ Rennen      : num [1:2] 5 5
## $ Ort         : chr [1:2] "Spain" "Spain"
## $ Startposition: num [1:2] 3 4
## $ Rennwagen   : num [1:2] 5 7
## $ Fahrer      : chr [1:2] "Sebastian Vettel VET" "Kimi Räikkönen RAI"
## $ Team        : chr [1:2] "Ferrari" "Ferrari"
## $ Platzierung : num [1:2] 4 NA
## $ Punkte      : num [1:2] 12 0
```

```
formel1Extrakt6 <- filter(formel1,is.na(formel1$Platzierung)==TRUE)#Zeilen sel.
str(formel1Extrakt6)
```

```
## tibble [80 x 8] (S3: tbl_df/tbl/data.frame)
## $ Rennen      : num [1:80] 1 1 1 1 2 2 2 4 4 ...
## $ Ort         : chr [1:80] "Australia" "Australia" "Australia" "Australia" ...
## $ Startposition: num [1:80] 5 6 17 19 20 2 4 15 4 5 ...
## $ Rennwagen   : num [1:80] 20 8 9 35 10 7 3 33 3 33 ...
## $ Fahrer      : chr [1:80] "Kevin Magnussen MAG" "Romain Grosjean GRO" "Marcus
Ericsson ERI" "Sergey Sirotkin SIR" ...
## $ Team        : chr [1:80] "Haas Ferrari" "Haas Ferrari" "Sauber Ferrari" "Will
iams Mercedes" ...
## $ Platzierung : num [1:80] NA NA NA NA NA NA NA NA NA NA ...
## $ Punkte      : num [1:80] 0 0 0 0 0 0 0 0 0 0 ...
```

```
head(formel1, 7)                              # Anzeige
```

```
## # A tibble: 7 x 8
##    Rennen Ort    Startposition Rennwagen Fahrer     Team        Platzierung Punkte
##    <dbl> <chr>          <dbl>     <dbl> <chr>      <chr>             <dbl>  <dbl>
## 1      1 Austra~            1        44 Lewis Ha~  Mercedes              2     18
## 2      1 Austra~            2         7 Kimi Räi~  Ferrari               3     15
## 3      1 Austra~            3         5 Sebastia~  Ferrari               1     25
## 4      1 Austra~            4        33 Max Vers~  Red Bull ~            6      8
## 5      1 Austra~            5        20 Kevin Ma~  Haas Ferr~           NA      0
## 6      1 Austra~            6         8 Romain G~  Haas Ferr~           NA      0
## 7      1 Austra~            7        27 Nico Hul~  Renault               7      6
```

```
head(arrange(formel1, Platzierung), 7)                  # Anzeige aufst. sortiert

## # A tibble: 7 x 8
##   Rennen Ort      Startposition Rennwagen Fahrer    Team       Platzierung Punkte
##    <dbl> <chr>            <dbl>     <dbl> <chr>     <chr>            <dbl>  <dbl>
## 1      1 Austra~              3         5 Sebastia~ Ferrari              1     25
## 2      2 Bahrain              1         5 Sebastia~ Ferrari              1     25
## 3      3 China                6         3 Daniel R~ Red Bull ~           1     25
## 4      4 Azerba~              2        44 Lewis Ha~ Mercedes             1     25
## 5      5 Spain                1        44 Lewis Ha~ Mercedes             1     25
## 6      6 Monaco               1         3 Daniel R~ Red Bull ~           1     25
## 7      7 Canada               1         5 Sebastia~ Ferrari              1     25

head(arrange(formel1, desc(Platzierung), Ort), 7)      # Anzeige absteig. sortiert

## # A tibble: 7 x 8
##   Rennen Ort      Startposition Rennwagen Fahrer    Team       Platzierung Punkte
##    <dbl> <chr>            <dbl>     <dbl> <chr>     <chr>            <dbl>  <dbl>
## 1      3 China               15        28 Brendon ~ Scuderia ~          20      0
## 2      3 China               19        16 Charles ~ Sauber Fe~          19      0
## 3      6 Monaco              15        28 Brendon ~ Scuderia ~          19      0
## 4     15 Singap~             19        35 Sergey S~ Williams ~          19      0
## 5     20 Brazil              19        18 Lance St~ Williams ~          18      0
## 6      3 China               17        10 Pierre G~ Scuderia ~          18      0
## 7      6 Monaco              14        16 Charles ~ Sauber Fe~          18      0

formel1 <- mutate(formel1, WRPunkte = 100/formel1$Platzierung)# Neue Spalte
head(formel1, 7)

## # A tibble: 7 x 9
##   Rennen Ort     Startposition Rennwagen Fahrer Team   Platzierung Punkte WRPunkte
##    <dbl> <chr>           <dbl>     <dbl> <chr>  <chr>        <dbl>  <dbl>    <dbl>
## 1      1 Austr~              1        44 Lewis~ Merc~            2     18       50
## 2      1 Austr~              2         7 Kimi ~ Ferr~            3     15     33.3
## 3      1 Austr~              3         5 Sebas~ Ferr~            1     25      100
## 4      1 Austr~              4        33 Max V~ Red ~            6      8     16.7
```

```
## 5      1 Austr~          5       20 Kevin~ Haas~        NA     0    NA
## 6      1 Austr~          6        8 Romai~ Haas~        NA     0    NA
## 7      1 Austr~          7       27 Nico ~ Rena~         7     6   14.3
```

summarize(formel1,WRPunktedurchschnitt=**mean**(WRPunkte,na.rm=TRUE)) # *Mean WRPunkte*

```
## # A tibble: 1 x 1
##   WRPunktedurchschnitt
##                  <dbl>
## 1                 20.9
```

formel1Extrakt7 <-**group_by**(formel1, Team)   # *Gruppierung*
str(formel1Extrakt7)

```
## tibble [420 x 9] (S3: grouped_df/tbl_df/tbl/data.frame)
## $ Rennen       : num [1:420] 1 1 1 1 1 1 1 1 1 1 ...
## $ Ort          : chr [1:420] "Australia" "Australia" "Australia" "Australia" ...
## $ Startposition: num [1:420] 1 2 3 4 5 6 7 8 9 10 ...
## $ Rennwagen    : num [1:420] 44 7 5 33 20 8 27 3 55 14 ...
## $ Fahrer       : chr [1:420] "Lewis Hamilton HAM" "Kimi Räikkönen RAI" "Sebastia
## n Vettel VET" "Max Verstappen VER" ...
## $ Team         : chr [1:420] "Mercedes" "Ferrari" "Ferrari" "Red Bull Racing TAG
##  Heuer" ...
## $ Platzierung  : num [1:420] 2 3 1 6 NA NA 7 4 10 5 ...
## $ Punkte       : num [1:420] 18 15 25 8 0 0 6 12 1 10 ...
## $ WRPunkte     : num [1:420] 50 33.3 100 16.7 NA ...
## - attr(*, "groups")= tibble [10 x 2] (S3: tbl_df/tbl/data.frame)
## ..$ Team : chr [1:10] "Ferrari" "Force India Mercedes" "Haas Ferrari" "McLaren
## Renault" ...
## ..$ .rows: list<int> [1:10]
## .. ..$ : int [1:42] 2 3 21 22 41 42 61 66 83 84 ...
## .. ..$ : int [1:42] 12 14 28 32 48 52 67 68 93 95 ...
## .. ..$ : int [1:42] 5 6 26 36 50 51 75 80 87 90 ...
## .. ..$ : int [1:42] 10 11 33 34 53 54 72 76 88 91 ...
## .. ..$ : int [1:42] 1 15 23 29 43 44 62 63 81 82 ...
## .. ..$ : int [1:42] 4 8 24 35 45 46 64 65 85 86 ...
## .. ..$ : int [1:42] 7 9 27 30 47 49 69 74 89 96 ...
## .. ..$ : int [1:42] 17 18 37 39 59 60 73 78 94 97 ...
## .. ..$ : int [1:42] 16 20 25 31 55 57 77 79 92 100 ...
## .. ..$ : int [1:42] 13 19 38 40 56 58 70 71 98 99 ...
## .. ..@ ptype: int(0)
## ..- attr(*, ".drop")= logi TRUE
```

```
summarize(formel1Extrakt7,n=n())                          # Anzahl Zeilen je Gruppe

## `summarise()` ungrouping output (override with `.groups` argument)

## # A tibble: 10 x 2
##    Team                              n
##    <chr>                         <int>
##  1 Ferrari                          42
##  2 Force India Mercedes             42
##  3 Haas Ferrari                     42
##  4 McLaren Renault                  42
##  5 Mercedes                         42
##  6 Red Bull Racing TAG Heuer        42
##  7 Renault                          42
##  8 Sauber Ferrari                   42
##  9 Scuderia Toro Rosso Honda        42
## 10 Williams Mercedes                42

summarize(formel1Extrakt7,WRPunktedurchschnitt=mean(WRPunkte,na.rm=TRUE))

## `summarise()` ungrouping output (override with `.groups` argument)

## # A tibble: 10 x 2
##    Team                       WRPunktedurchschnitt
##    <chr>                                     <dbl>
##  1 Ferrari                                    43.0
##  2 Force India Mercedes                       11.9
##  3 Haas Ferrari                               11.4
##  4 McLaren Renault                            9.73
##  5 Mercedes                                   50.8
##  6 Red Bull Racing TAG Heuer                  36.6
##  7 Renault                                    12.3
##  8 Sauber Ferrari                             9.67
##  9 Scuderia Toro Rosso Honda                  8.98
## 10 Williams Mercedes                          7.24

                                            # Mean WRPunkte je Gruppe
str(formel1Extrakt7)

## tibble [420 x 9] (S3: grouped_df/tbl_df/tbl/data.frame)
## $ Rennen      : num [1:420] 1 1 1 1 1 1 1 1 1 1 ...
## $ Ort         : chr [1:420] "Australia" "Australia" "Australia" "Australia" ...
```

```
## $ Startposition: num [1:420] 1 2 3 4 5 6 7 8 9 10 ...
## $ Rennwagen    : num [1:420] 44 7 5 33 20 8 27 3 55 14 ...
## $ Fahrer       : chr [1:420] "Lewis Hamilton HAM" "Kimi Räikkönen RAI" "Sebastia
n Vettel VET" "Max Verstappen VER" ...
## $ Team         : chr [1:420] "Mercedes" "Ferrari" "Ferrari" "Red Bull Racing TAG
 Heuer" ...
## $ Platzierung  : num [1:420] 2 3 1 6 NA NA 7 4 10 5 ...
## $ Punkte       : num [1:420] 18 15 25 8 0 0 6 12 1 10 ...
## $ WRPunkte     : num [1:420] 50 33.3 100 16.7 NA ...
## - attr(*, "groups")= tibble [10 x 2] (S3: tbl_df/tbl/data.frame)
##   ..$ Team : chr [1:10] "Ferrari" "Force India Mercedes" "Haas Ferrari" "McLaren
Renault" ...
##   ..$ .rows: list<int> [1:10]
##   .. ..$ : int [1:42] 2 3 21 22 41 42 61 66 83 84 ...
##   .. ..$ : int [1:42] 12 14 28 32 48 52 67 68 93 95 ...
##   .. ..$ : int [1:42] 5 6 26 36 50 51 75 80 87 90 ...
##   .. ..$ : int [1:42] 10 11 33 34 53 54 72 76 88 91 ...
##   .. ..$ : int [1:42] 1 15 23 29 43 44 62 63 81 82 ...
##   .. ..$ : int [1:42] 4 8 24 35 45 46 64 65 85 86 ...
##   .. ..$ : int [1:42] 7 9 27 30 47 49 69 74 89 96 ...
##   .. ..$ : int [1:42] 17 18 37 39 59 60 73 78 94 97 ...
##   .. ..$ : int [1:42] 16 20 25 31 55 57 77 79 92 100 ...
##   .. ..$ : int [1:42] 13 19 38 40 56 58 70 71 98 99 ...
##   .. ..@ ptype: int(0)
##   ..- attr(*, ".drop")= logi TRUE
```

summarize_all(formel1Extrakt7,.funs=**list**(Min=min,Max=max),na.rm=TRUE)

```
## # A tibble: 10 x 17
##    Team  Rennen_Min Ort_Min Startposition_M~ Rennwagen_Min Fahrer_Min
##    <chr>      <dbl> <chr>              <dbl>         <dbl> <chr>
##  1 Ferr~          1 Abu Dh~                1             5 Kimi Räik~
##  2 Forc~          1 Abu Dh~                3            11 Esteban O~
##  3 Haas~          1 Abu Dh~                5             8 Kevin Mag~
##  4 McLa~          1 Abu Dh~                7             2 Fernando ~
##  5 Merc~          1 Abu Dh~                1            44 Lewis Ham~
##  6 Red ~          1 Abu Dh~                1             3 Daniel Ri~
##  7 Rena~          1 Abu Dh~                5            27 Carlos Sa~
##  8 Saub~          1 Abu Dh~                6             9 Charles L~
##  9 Scud~          1 Abu Dh~                5            10 Brendon H~
## 10 Will~          1 Abu Dh~               10            18 Lance Str~
## # ... with 11 more variables: Platzierung_Min <dbl>, Punkte_Min <dbl>,
```

```
## #    WRPunkte_Min <dbl>, Rennen_Max <dbl>, Ort_Max <chr>,
## #    Startposition_Max <dbl>, Rennwagen_Max <dbl>, Fahrer_Max <chr>,
## #    Platzierung_Max <dbl>, Punkte_Max <dbl>, WRPunkte_Max <dbl>
```

```
                              # Min+Max je Gruppe
summarise_if(formel1Extrakt7,is.numeric,.funs=list(Min=min,Max=max),na.rm=TRUE)
```

```
## # A tibble: 10 x 13
##      Team  Rennen_Min Startposition_M~ Rennwagen_Min Platzierung_Min Punkte_Min
##      <chr>     <dbl>          <dbl>          <dbl>           <dbl>       <dbl>
## 1 Ferr~        1              1              5               1           0
## 2 Forc~        1              3             11               3           0
## 3 Haas~        1              5              8               4           0
## 4 McLa~        1              7              2               5           0
## 5 Merc~        1              1             44               1           0
## 6 Red ~        1              1              3               1           0
## 7 Rena~        1              5             27               5           0
## 8 Saub~        1              6              9               6           0
## 9 Scud~        1              5             10               4           0
## 10 Will~       1             10             18               8           0
## # ... with 7 more variables: WRPunkte_Min <dbl>, Rennen_Max <dbl>,
## #    Startposition_Max <dbl>, Rennwagen_Max <dbl>, Platzierung_Max <dbl>,
## #    Punkte_Max <dbl>, WRPunkte_Max <dbl>
```

```
                           # Min+Max je Gruppe if numeric
summarise_at(formel1Extrakt7,.vars=vars(Punkte,WRPunkte),.funs=list(Min=min,
        Max=max),na.rm=TRUE)      # Min+Max je Gruppe für Punkte+WRPunkte
```

```
## # A tibble: 10 x 5
##      Team                       Punkte_Min WRPunkte_Min Punkte_Max WRPunkte_Max
##      <chr>                          <dbl>        <dbl>       <dbl>        <dbl>
## 1 Ferrari                           0          12.5         25          100
## 2 Force India Mercedes              0           6.25        15           33.3
## 3 Haas Ferrari                      0           5.56        12           25
## 4 McLaren Renault                   0           5.88        10           20
## 5 Mercedes                          0           7.14        25          100
## 6 Red Bull Racing TAG Heuer         0           6.67        25          100
## 7 Renault                           0           5.88        10           20
## 8 Sauber Ferrari                    0           5.26         8           16.7
## 9 Scuderia Toro Rosso Honda         0           5           12           25
## 10 Williams Mercedes                0           5.26         4           12.5
```

```
#- Umcodierung Datums- und Zeit-Variable----------------------------------
t <- Sys.time()                         # Zeitvariable
t

## [1] "2021-02-04 19:58:27 CET"

class(t)

## [1] "POSIXct" "POSIXt"

t.char <- as.character(t)               # Konvertierung in character
t.char

## [1] "2021-02-04 19:58:27"

t.formatiert <- paste0(day(t),".",month(t),".",year(t)) # Datumsformat
t.formatiert

## [1] "4.2.2021"

month(t)

## [1] 2

month(t) <- 3
t

## [1] "2021-03-04 19:58:27 CET"

month(t)                                # Monat numerisch

## [1] 3

month(t, label = TRUE)                  # Monat Name-3character

## [1] Mrz
## 12 Levels: Jan < Feb < Mrz < Apr < Mai < Jun < Jul < Aug < Sep < ... < Dez

month(t, label = TRUE, abbr = FALSE)    # Monat Name

## [1] März
## 12 Levels: Januar < Februar < März < April < Mai < Juni < Juli < ... < Dezember

month(t + months(0:11), label = TRUE)   # Monat + Liste folgender 11 Monate

##  [1] Mrz Apr Mai Jun Jul Aug Sep Okt Nov Dez Jan Feb
## 12 Levels: Jan < Feb < Mrz < Apr < Mai < Jun < Jul < Aug < Sep < ... < Dez
```

3.6   Visualisierung

Visualisierung erleichtert das Verständnis von Daten erheblich. Die Funktion ggplot()
aus dem Paket ggplot2 (gg steht für grammar of graphics) unterstützt die Erstellung von
Grafiken in R. Die Abbildungen werden, wenn nicht anders angegeben, im dafür vor-
gesehenen Grafikfenster ausgegeben. Alternativ können die erstellten Abbildungen aber
auch mit der Funktion ggsave() als Grafikdatei gespeichert werden. Über die Parameter units (cm, in, mm) in Verbindung mit der Angabe height= und width lässt
sich die Größe der erzeugten Datei spezifizieren.

Der Funktion `ggplot()` werden die für die Abbildung erforderlichen Daten als Parameter übergeben. Darüber hinaus werden die sogenannten aesthetic mappings wie die Zuordnung der x- und y-Achse oder die Farbe mit der Funktion `aes()` angegeben. Die Abbildungsform wird über die Funktion `geom_*()` definiert, z. B. `geom_line()` für eine Linie oder `geom_point()` für einen Scatterplot. Jeder Funktionsaufruf der Funktionen `ggplot()`, `aes()` und `geom_*` erzeugt einen eigenen sogenannten Layer, eine Abbildungsebene. Mehrere Abbildungsebenen können dann in einer Abbildung übereinander dargestellt werden. Um einem bereits existierenden Layer einen weiteren Layer hinzuzufügen, wird das + verwendet, z. B. `ggplot(studierende,, mapping=aes(x=Geschlecht,y=Größe) +geom_point(size=2)`.

Die Funktion `geom_point()` stellt für jeden Datensatz (Zeile im Dataframe) einen Punkt dar. Da der Dataframe studierende 357 Studierende beschreibt, gibt es etliche Personen mit identischer Körpergröße. Die Darstellung der Punkte überlappt und daher ist nicht mehr erkennbar, wie viele Studierende je Größe existieren; dies wir auch als Overplotting bezeichnet. Die Funktion `geom_jitter()` löst das Problem des Overplottings, indem die Punkte nebeneinander dargestellt werden, sodass alle Datenpunkte erkennbar sind. Über den Parameter `width` kann dabei festgelegt werden, wie breit die Streuung erfolgen soll, über den Parameter `size` die Größe und über den Parameter `alpha` die Transparenz der Datenpunkte. Um die Verteilung eine Variablen anders darzustellen, kann u. a. auch die Funktion `geom_violin()` verwendet werden.

Für die Darstellung des Hintergrundes können verschiedene Gestaltungsoptionen über die Funktionen `theme_*()` ausgewählt werden, z. B. `theme_classic()` für einen weißen Hintergrund ohne Raster, `theme_grey()`, `theme_dark()` und `theme_minimal()` mit Raster und unterschiedlicher Hintergrundfarbe. Tatsächlich beinhaltet ein Theme aber ganz viele grundsätzliche Einstellungen, welche Abbildungen beeinflussen, wie die Farben, die Textausrichtung, die Schriftart, die Ränder und vieles mehr. Die jeweils aktuellen Grundeinstellungen lassen sich mit der Funktion `theme_get()` anzeigen.

Bezüglich der Schriftarten kann man im Standard wählen zwischen sans, serif und mono, indem die Funktion `theme()` mit dem Parameter `text` angewendet wird, z. B. `theme(text=element_text(size=20,family="serif",face="bold"))`. Dies kann für jede Abbildung individuell ergänzt werden. Wenn jedoch eine Standardschrift für die gesamte R-Session definiert werden soll, so kann dies mit der Funktion `theme_set()` erreicht werden, um ein anderes Set zu laden oder über die Funktion `theme_update()`, um einzelne Attribute zu verändern. Die Veränderung der Schriftart erfolgt z. B. über die Anweisung `theme_update(text=element_text(family="serif"))`.

Die Art der Abbildung hängt auch von dem Variablentyp und der Variablenanzahl ab. Für eine metrische Variable eignet sich z. B. die Funktion `geom_histogram()`, um die absolute Häufigkeit der Werte anzuzeigen. Der Parameter `bins` ermöglicht bei dieser Funktion die Vorgabe der Balkenanzahl. Um die relative Häufigkeit der Werte in Prozent anzuzeigen, kann die y-Achse mit `y=..density..` spezifiziert werden. Um eine

Unterscheidung in Abhängigkeit von einer kardinalen Variablen, z. B. Geschlecht, zu erreichen, kann diese in der Funktion `aes()` mit dem Parameter `fill=Geschlecht` definiert werden. Standardmäßig werden die beiden Geschlechter gestapelt (stacked) angezeigt. Über den Parameter `position` mit den Ausprägungen `identity` in Verbindung mit einer Transparenz über den Parameter `alpha` lassen sich die Geschlechter auch hintereinander anzeigen. Wenn der Parameter `position` mit dem Wert `dodge` angegeben wird, erfolgt die Anzeige der Geschlechter nebeneinander.

Für eine kategoriale Variable bietet sich für die Darstellung der Häufigkeiten die Funktion `geom_bar()` an, die ein Bar-Chart darstellt. Wenn eine unterschiedliche Färbung der Kategorien gewünscht ist, so lässt sich dies mit dem Parameter `fill` in der Funktion `aes()` erreichen. Wie bei der Funktion `geom_histogram()` lässt sich auch hier wieder über den Parameter `position` definieren, ob die Balken übereinander, hintereinander oder nebeneinander dargestellt werden sollen.

Wenn man zwei metrische Variablen und deren Beziehung zueinander darstellen möchte, so bietet sich die Funktion `geom_point()` an. Als Parameter sind auch hier wieder `size` und `alpha` nutzbar und zur Vermeidung von Overplotting bietet sich ggfs. die Funktion `geom_jitter()` an. Um eine dritte Variable, besonders eine kategoriale Variable, in der Abbildung einzubinden, eignet sich der Parameter `shape` oder `color` in der Funktion `aes()`. Auch die Funktion `geom_line()` eignet sich für zwei metrische Variablen. Die Parameter `linetype` (blank, solid, dashed, dotted, longdash, twodash) und `size` erlauben Gestaltungsoptionen. Sofern zusätzlich eine kategoriale Gruppierungsvariable verwendet werden soll, um mehrere Linien oder Punkte abzubilden, so kann dies mit dem Parameter `group` in der Funktion `aes()` erreicht werden.

Gerade wenn mehrere Gruppierungsvariablen zum Einsatz kommen, die in Abbildungen mithilfe von Farben und Formen dargestellt werden, kann eine Abbildung unübersichtlich werden. Hier kann die Funktion `facet_wrap()` oder `facet_grid()` hilfreich sein. Die Funktion `facet_wrap()` erstellt für jede Kategorie einer Gruppierungsvariablen eine eigene Abbildung und die Funktion `facet_grid()` leistet das gleiche für jede Kombination aller Kategorien von zwei Gruppierungsvariablen.

Um den Titel, den Untertitel und die Achsenbeschriftungen zu definieren, lässt sich die Funktion `labs()` mit den Parametern `title`, `subtitle`, `x,y`, `caption` und `tag` verwenden. Die Caption wird unterhalb der Abbildung rechts angezeigt und eignet sich für Quellenangaben. Der Tag bietet sich u. a. für die Angabe einer Abbildungsnummer an. Möchte man eine der zuvor gemachten Beschriftungen entfernen, so gelingt dies durch die Zuordnung des Wertes NULL zu dem jeweiligen Parameter, z. B. `subtitle=NULL`, um den Untertitel auszublenden. Um die Überschrift, die Elemente der Legende und deren Farben zu verändern, kann die Funktion `scale_fill_manual()` verwendet werden. Deren Parameter `name` erlaubt die Legendenüberschrift zu bestimmen, `labels` für die Elemente und `values` für die Farben.

Eine weitere hilfreiche Funktion ist die Funktion `grid.arrange()`, mit deren Hilfe sich mehrere Abbildungen gemeinsam auf einer Seite darstellen lassen. Die Parameter `ncol` und `nrow` erlauben festzulegen, in wie viele Spalten und Zeilen die Seite aufgeteilt werden soll. In jedem Segment kann dann eine zuvor gespeicherte Abbildung ausgegeben werden, z. B. `grid.arrange(c4,c5,ncol=2)`, um die zuvor mit ggplot erzeugten Abbildungen c4 und c5 nebeneinander auszugeben.

Visualisierung

```
#- Daten laden---------------------------------------------------------
setwd("C:/Users/bernd/Documents/Dateien")       # Arbeitsverzeichnis festlegen
load("datenzubuch.RData")                        # Importiere RData-Datei
#- Neue Variablen Alter und Altersgruppe hinzufügen--------------------
studierende$Alter<-2020-studierende$Geburtsjahr  # Alter berechnen
studierende$Altersgruppe <-                      # Altersgruppe ermitteln
  case_when(studierende$Alter < 20 ~ "<20",
    between(studierende$Alter,20,25) ~ "20-25",
            studierende$Alter > 25 ~ ">25")
studierende$Altersgruppe <- factor(studierende$Altersgruppe,
    levels=c("<20","20-25",">25"), ordered = T)
#- Neue Variable Note für 357 Studierende per Zufall ermitteln---------
zufallszahl<-round(runif(357,1,11))              # 357 Zahlen von 1-11
noten.numerisch<-c(1.0,1.3,1.7,2.0,2.3,2.7,3.0,3.3,3.7,4.0,5.0) # 11 Werte
studierende$Note<-noten.numerisch[zufallszahl]   # Noten
durchschnittsnote<-tapply(studierende$Note,      # 2 unabhängige Variablen
            list(studierende$Alter,studierende$Geschlecht),mean)
durchschnittsnote<-as.data.frame(durchschnittsnote)[1:7,]
durchschnittsnote$Alter<-as.numeric(row.names(durchschnittsnote))
#- ggplot--------------------------------------------------------------
p1<-ggplot(studierende,                          # plot in p1 speichern
        mapping = aes(x=Geschlecht, y=Größe,     # x+y-Achsen
                color=Geschlecht))               # Farbe
p2<-p1 + geom_point(size=2)                      # Punkte-Plot
p3<-p1 + geom_jitter()                           # Jittering
p4<-p1 + geom_jitter(width=0.2,alpha=0.4,size=3) # Jit. mit Parametern
grid.arrange(p1,p2,p3,p4,nrow=2,ncol=2)          # Ausgabe
```

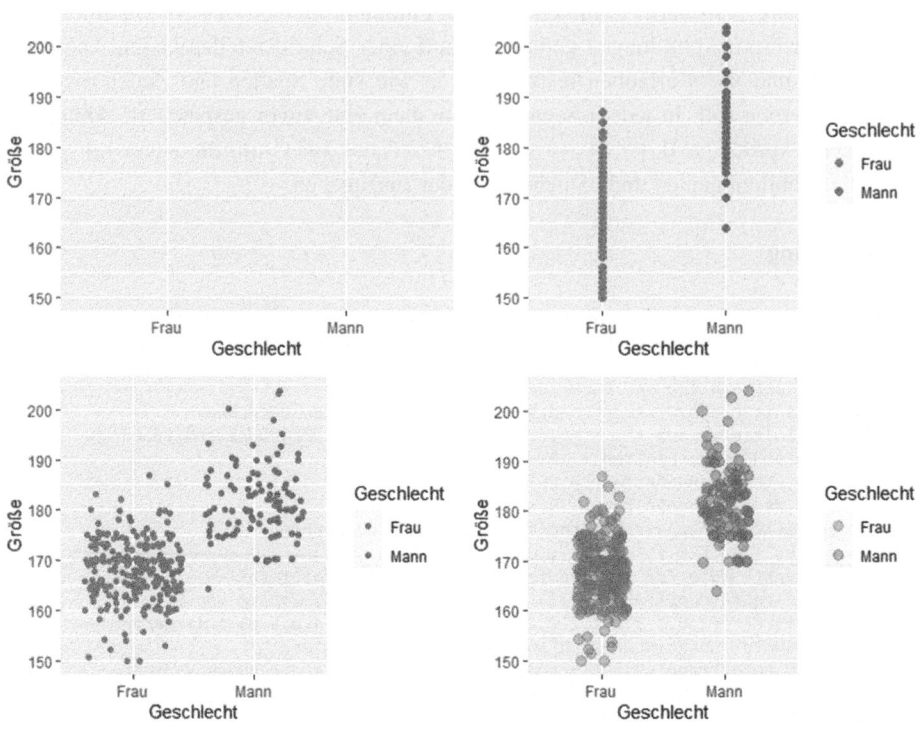

```
p1<-ggplot(studierende,                          # Daten=studierende
        mapping = aes(x=Geschlecht, y=Größe,     # x+y-Achsen
                color=Geschlecht,                # Farbe Kontur
                fill=Geschlecht))+               # Farbe Füllung
        geom_violin()                            # Violin-Plot
p2<-ggplot(studierende,                          # Daten=studierende
        mapping = aes(x=Geschlecht, y=Größe,     # x+y-Achsen
                                                 # Konturfarbe standard schwarz
                fill=Geschlecht))+               # Farbe Füllung
        geom_violin()                            # Violin-Plot
p3<-p2 + geom_jitter(width=0.3)                  # zusätzliche Ebene
grid.arrange(p1,p2,p3,nrow=2,ncol=2)             # Ausgabe
```

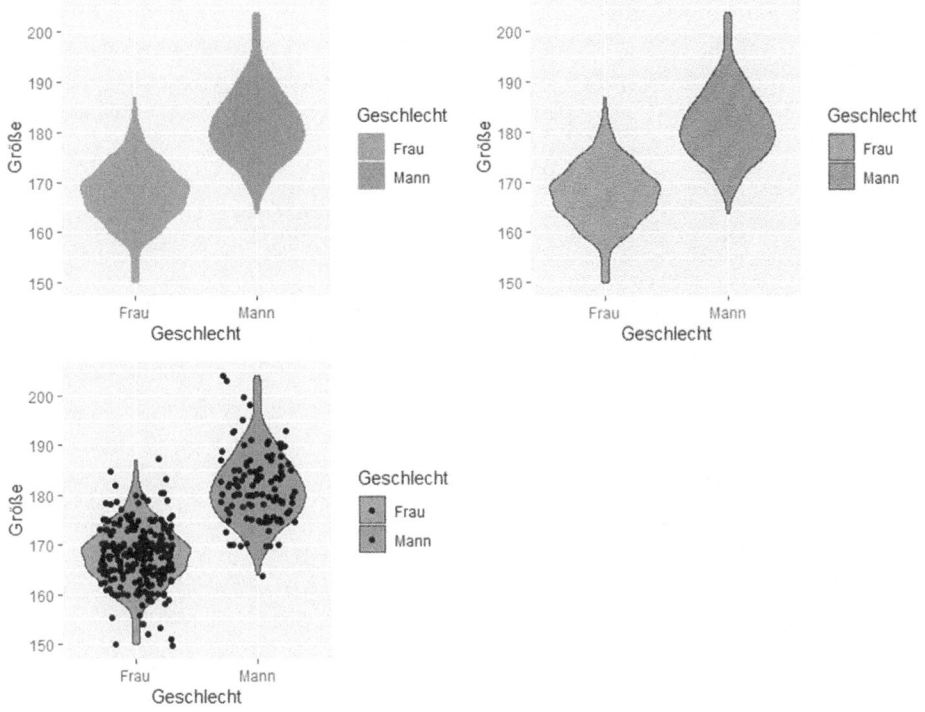

```
#- Themes und Schriftarten----------------------------------------------------
p4<-p2 + theme_dark()                    # Themes
p5<-p2 + theme_minimal()
p6<-p2 + theme_classic()
p7<-p2 + theme_grey()
grid.arrange(p4,p5,p6,p7,nrow=2,ncol=2)  # Ausgabe
```

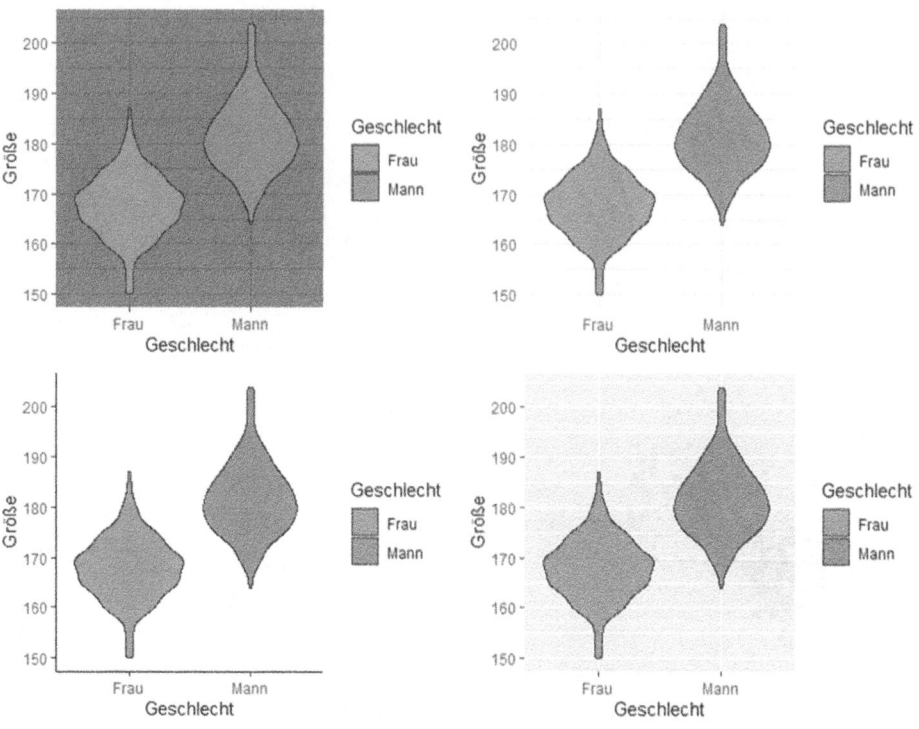

```
p8<-p2 + theme(text=element_text(family="serif"))
p9<-p2 + theme(text=element_text(size=14,family="sans",face="bold"))
p10<-p3                                          # Normalschrift
grid.arrange(p8,p9,p10,nrow=2,ncol=2)           # Ausgabe
```

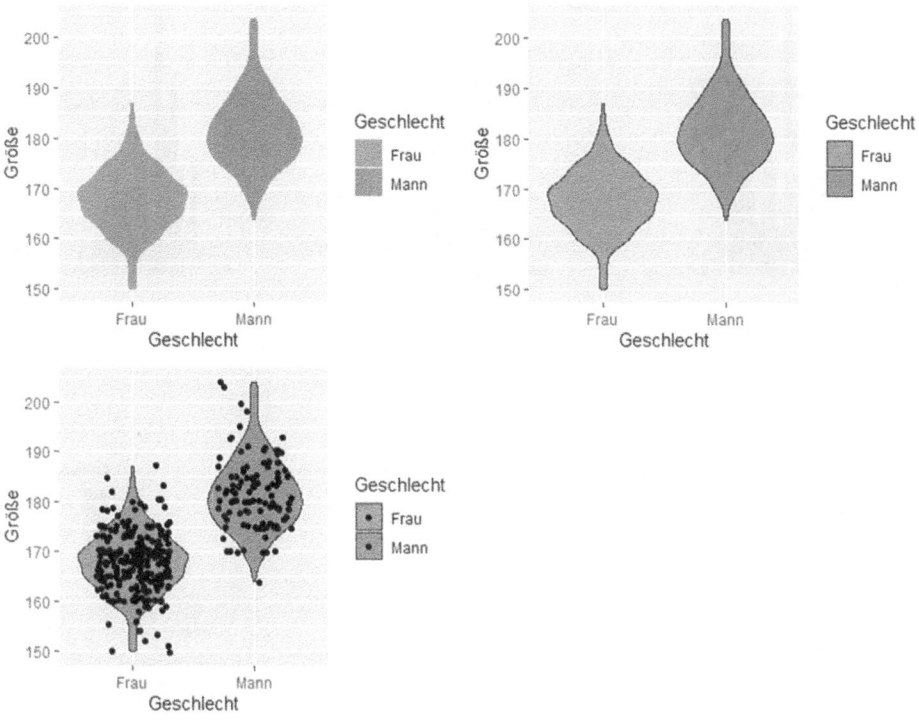

```
theme.norm <- theme_get()                          # Voreinstellungen->theme.norm
p1<-ggplot(studierende,aes(x=Geschlecht, y=Größe))+# Normalschrift
    geom_jitter(width=0.3)
theme.serif20<-theme_update(text=element_text(family="serif",size=20))
p2<-ggplot(studierende,aes(x=Geschlecht, y=Größe))+# Modifizierte Normalschrift
    geom_jitter(width=0.3)
theme_set(theme.norm)
p3<-ggplot(studierende,aes(x=Geschlecht, y=Größe))+# Normalschrift
    geom_jitter(width=0.3)
grid.arrange(p1,p2,p3,nrow=2,ncol=2)               # Ausgabe

#- 1 Metrische Variable-------------------------------------------------------
p1<-ggplot(studierende)+                           # 1 Metrische Variable
    aes(x=Größe)+                                   # Absolute Häufigkeit
    geom_histogram()                               # Histogramm
p2<-p1 + geom_histogram(bins=10)                   # Histogramm 10 Balken
p3<-ggplot(studierende)+                           # 1 Metrische Variable
    aes(x=Größe,y=..density..)+                     # Relative Häufikeit
    geom_histogram()                               # Histogramm
p4<-ggplot(studierende)+                           # Direkte Anzeige
    aes(x=Größe,fill=Geschlecht)+                   # Abs.Häufikeit je Geschlecht
    geom_histogram()                               # Histogramm als Stapel(Stack)
p5<-ggplot(studierende)+                           # Direkte Anzeige
    aes(x=Größe,fill=Geschlecht)+                   # Abs.Häufikeit je Geschlecht
    geom_histogram(position="identity",alpha=0.4)  # Histogramm hintereinander
p6<-ggplot(studierende)+                           # Direkte Anzeige
```

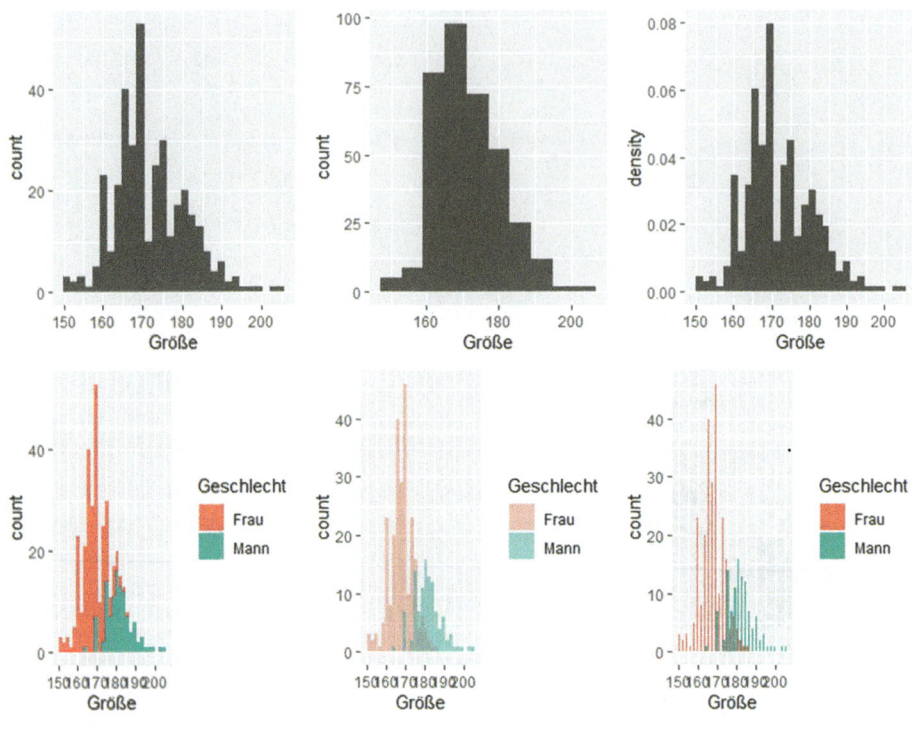

```
#- 1 Kategoriale Variable------------------------------------------------
p1<-ggplot(studierende)+
    aes(x=Altersgruppe)+                         # 1 Kategoriale Variable
    geom_bar()                                   # Bar-Chart
p2<-ggplot(studierende)+
    aes(x=Altersgruppe,fill=Altersgruppe)+       # Färbung je Kategorie
    geom_bar()                                   # Bar-Chart
grid.arrange(p1,p2,ncol=2)                       # Ausgabe
```

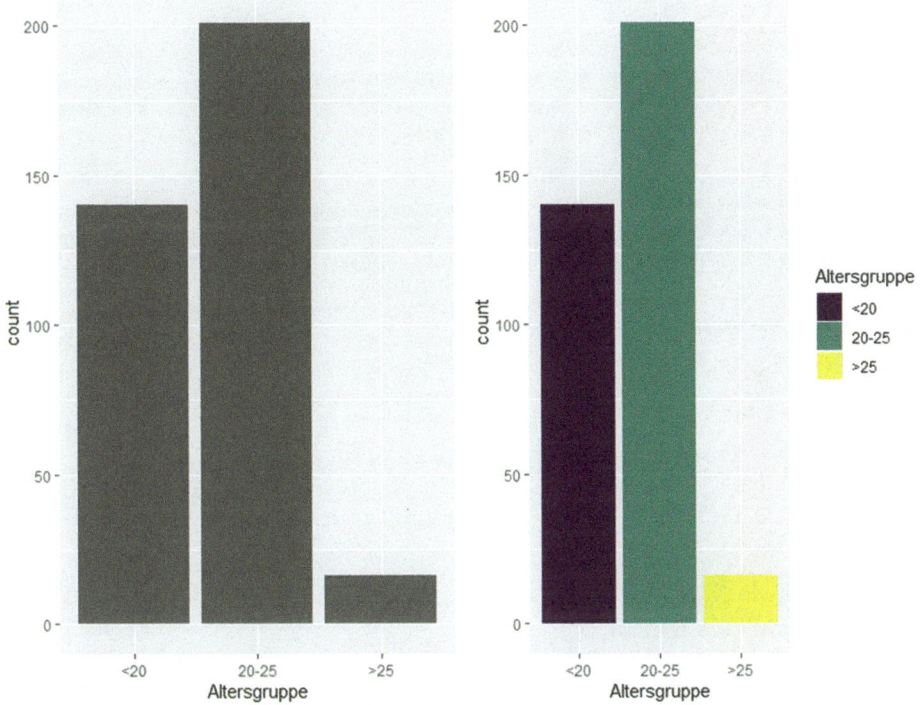

```
#- 2 Kategoriale Variablen--------------------------------------------------------
p1<-ggplot(studierende)+
    aes(x=Altersgruppe,fill=Geschlecht)+              # Färbung je 2. Kategorialer Var.
    geom_bar()                                        # Bar-Chart
p2<-ggplot(studierende)+
    aes(x=Altersgruppe,fill=Geschlecht)+              # Färbung je 2. Kategorialer Var.
    geom_bar(position="identity",alpha=0.4)           # Bar-Chart hintereinander
p3<-ggplot(studierende)+
    aes(x=Altersgruppe,fill=Geschlecht)+              # Färbung je 2. Kategorialer Var.
    geom_bar(position="dodge")                        # Bar-Chart nebeneinander
grid.arrange(p1,p2,p3,nrow=2,ncol=2)                  # Ausgabe
```

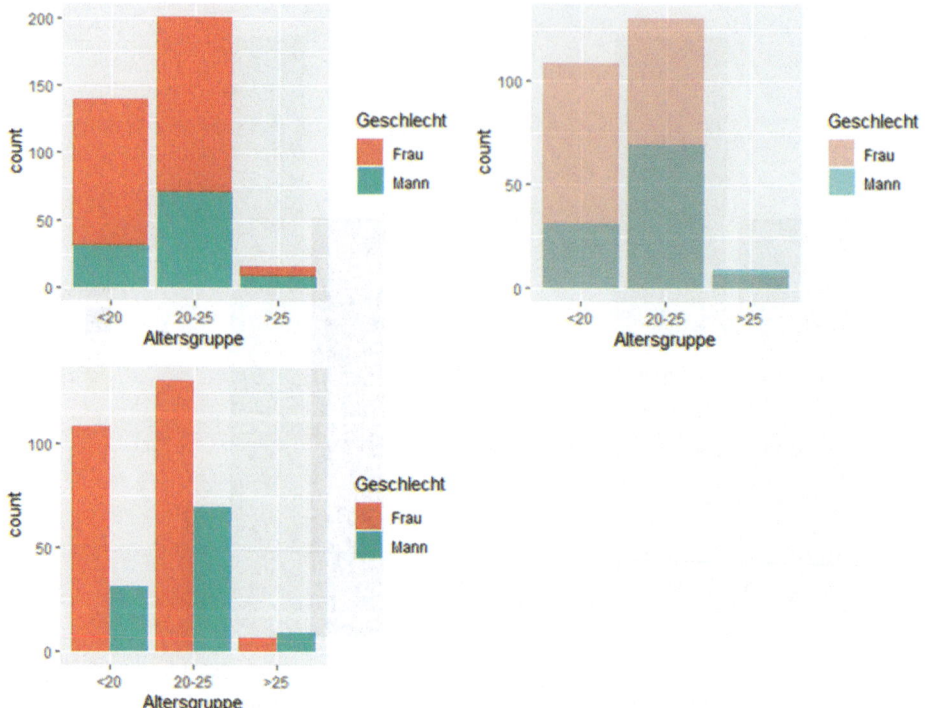

```
#- 2 Metrische Variablen--------------------------------------------------
p1<-ggplot(studierende)+
    aes(x=Alter,y=Größe)+                       # 2 Metrische Variablen
    geom_point(alpha=0.3)                       # Scatter-Plot
p2<-ggplot(studierende)+
    aes(x=Alter,y=Größe)+                       # 2 Metrische Variablen
    geom_jitter(alpha=0.3,width=0.2)            # Scatter-Plot mit Jitter
p3<-ggplot(studierende)+
    aes(x=Alter,y=Größe,
        color=Geschlecht,shape=Geschlecht)+     # 2 Metrische+1 Kategoriale Var.
    geom_point(alpha=0.3,width=0.2,size=2)      # Scatter-Plot
grid.arrange(p1,p2,p3,nrow=2,ncol=2)           # Ausgabe
```

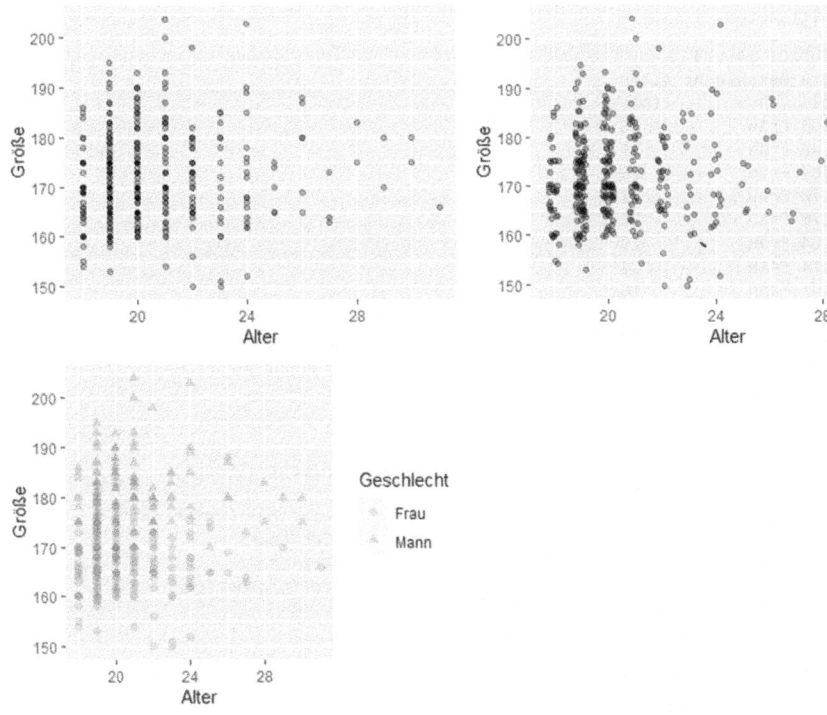

durchschnittsnoten

```
## # A tibble: 14 x 3
##      Note Geschlecht Alter
##     <dbl> <chr>      <int>
##  1   2.95 Frau          18
##  2   2.46 Frau          19
##  3   2.64 Frau          20
##  4   2.70 Frau          21
##  5   2.76 Frau          22
##  6   2.64 Frau          23
##  7   2.14 Frau          24
##  8   2.81 Mann          18
##  9   2.58 Mann          19
## 10   2.37 Mann          20
## 11   2.44 Mann          21
## 12   2.36 Mann          22
## 13   3.28 Mann          23
## 14   2.81 Mann          24
```

```
durchschnittsnoten.frau<-filter(durchschnittsnoten,Geschlecht=="Frau")
p1<-ggplot(durchschnittsnoten.frau)+
    aes(x=Alter,y=Note)                     # 2 Metrische Variablen
p2<-p1 + geom_line()                        # Linien-Chart
p3<-p1 + geom_point(size=3)                 # Punkte-Chart
p4<-p1 + geom_line(linetype="solid",size=2) # Gestaltungsoptionen
p5<-p1 + geom_line(linetype="dashed",size=1)
p6<-p1 + geom_line(linetype="longdash",size=0.5) +
    geom_point(size=3)
p7<-ggplot(durchschnittsnoten)+
    aes(x=Alter,y=Note,group=Geschlecht,    # 2 Metrische Var. +
        color=Geschlecht,linetype=Geschlecht)+ # 1 Kategoriale Var.
    geom_line(size=1)+
    geom_point(size=3)
grid.arrange(p2,p3,p4,p5,p6,p7,nrow=3,ncol=2)   # Ausgabe
```

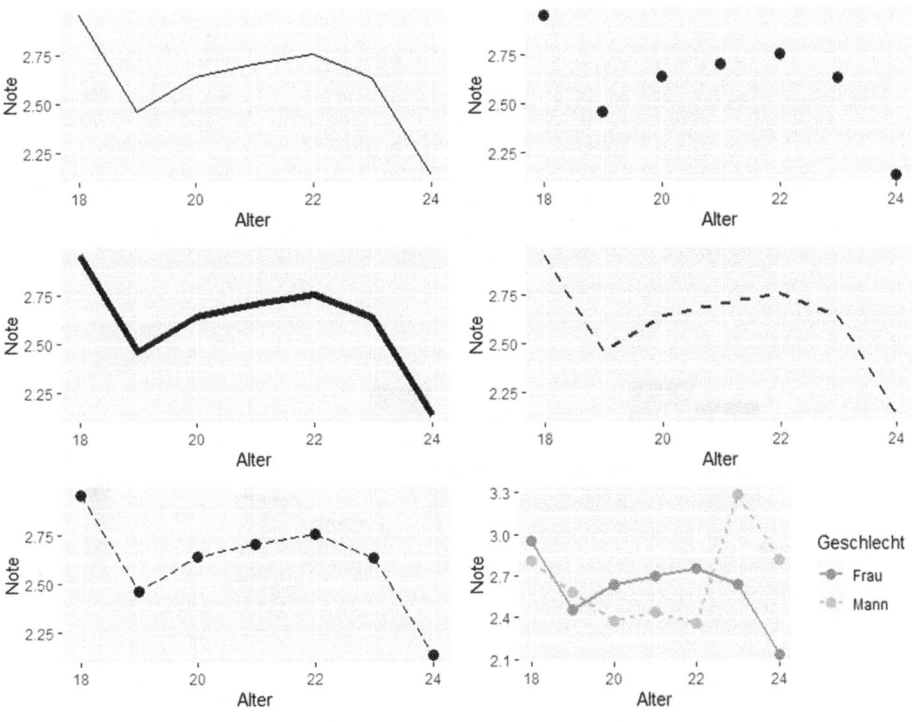

```
#- 2 Metrische Variablen und 1-2 Kategoriale Variablen----------------------------
kfz$Alter<-2019-kfz$Zulassung                  # Alter berechnen
kfz$Altersgruppe <-                            # Altersgruppe ermitteln
  case_when(kfz$Alter < 3 ~ "neuwertig",
    between(kfz$Alter,3,10) ~ "mittelalt",
    between(kfz$Alter,11,15) ~ "alt",
            kfz$Alter > 15 ~ "oldtimer")
kfz$Altersgruppe <- factor(kfz$Altersgruppe,
    levels=c("neuwertig","mittelalt","alt","oldtimer"), ordered = T)
# Selektion der KFZ mit mehr als 50 und weniger als 150 PS und Preis < 10.000
kfz.max.preis.ps<-filter(kfz,PreisEuro<10000 & PS<150 & PS>50)
p1<-ggplot(kfz.max.preis.ps)+
    aes(x=PS,y=PreisEuro,group=Altersgruppe,        # 2 Metrische Var. +
        color=Altersgruppe,linetype=Altersgruppe)+  # 1 Kategoriale Var.
    geom_point(size=1)
p2<-ggplot(kfz.max.preis.ps)+
    aes(x=PS,fill=Altersgruppe)+                # 2 Metrische Var. + 1 Kategorische Var.
    geom_histogram(bins=10)                     # Histogramm
grid.arrange(p1,p2,nrow=2)                      # Ausgabe
```

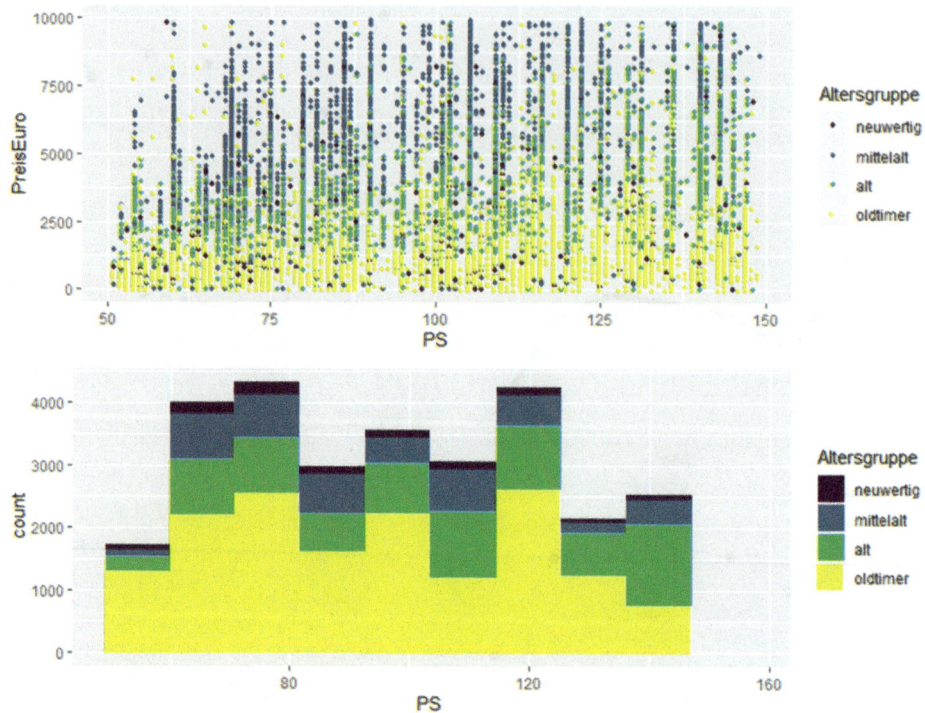

```
p1<-ggplot(kfz.max.preis.ps)+
    aes(x=PS,fill=Altersgruppe)+        # 2 Metrische Var. + 1 Kategorische Var.
    facet_wrap(~ Altersgruppe)          # Eigene Abbildung je Altersgruppe
p1 + geom_histogram(bins=10)            # Histogramm
```

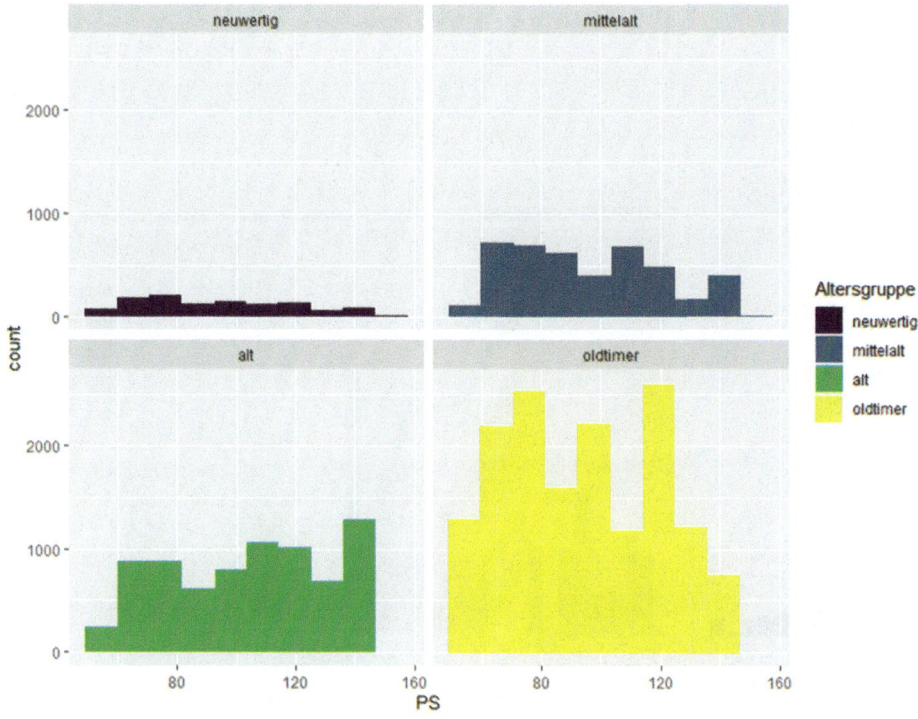

```
kfz.marke<-filter(kfz.max.preis.ps,Marke %in% c("bmw","peugeot","volkswagen"))
p1<-ggplot(kfz.marke)+
    aes(x=PS,fill=Altersgruppe)+          # 2 Metrische Var. + 1 Kategorische Var.
    facet_grid(~ Altersgruppe)            # Eigene Abbildung je Altersgruppe
p1 + geom_histogram(bins=10)              # Histogramm
```

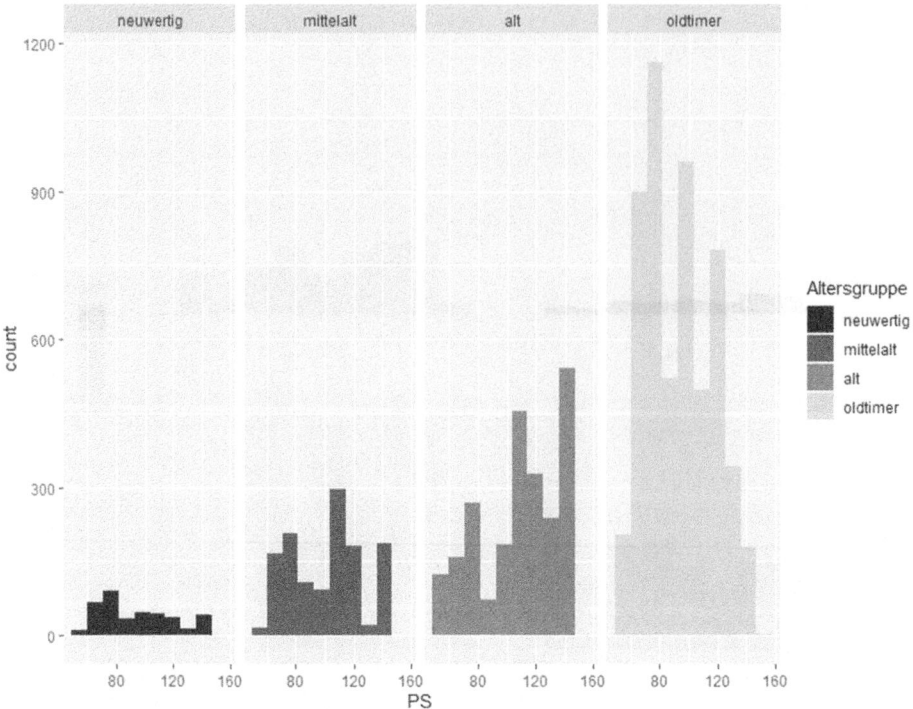

```
p1<-ggplot(kfz.marke)+
    aes(x=PS,fill=Altersgruppe)+          # 2 Metrische Var. + 1 Kategorische Var.
    facet_grid(Marke ~ Altersgruppe)      # Eigene Abbildung je Altersgruppe/Marke
p1 + geom_histogram(bins=10)              # Histogramm
```

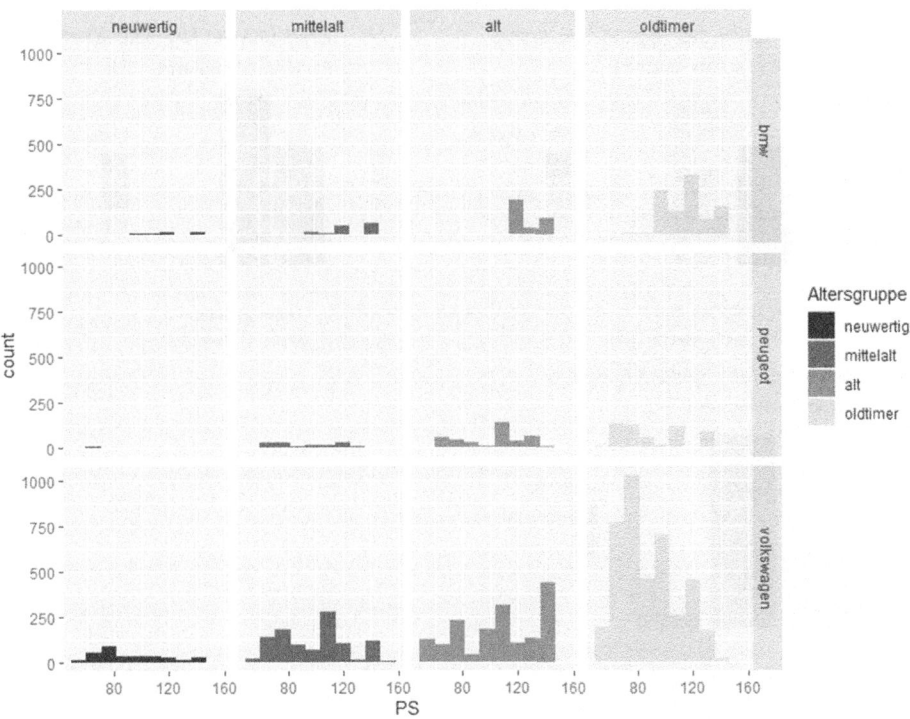

```
#- Beschriftungen---------------------------------------------------------------
p1<-ggplot(studierende)+
    aes(x=Altersgruppe,fill=Altersgruppe)+        # Färbung je Kategorie
    geom_bar()+                                   # Bar-Chart
    labs(title="Erstsemester Mgmt&Leadership",    # Beschriftungen
         subtitle="Anzahl je Altersgruppe",
         x="Altersgruppe", y="Anzahl",
         caption="Quelle: (Heesen,2020)",tag="Abb:1")
p2<-ggplot(studierende)+
    aes(x=Altersgruppe,fill=Altersgruppe)+        # Färbung je Kategorie
    geom_bar()+                                   # Bar-Chart
    labs(title="Erstsemester Mgmt&Leadership",    # Beschriftungen
         subtitle="Anzahl je Altersgruppe",
         x="Altersgruppe", y="Anzahl",
         caption="Quelle: (Heesen,2020)",tag="Abb:1")+
    scale_fill_manual(name="Legende:",
                      labels=c("jünger als 20","20 bis 25","älter als 25"),
                      values=c("blue","red","green"))
p3<-p2 + labs(tag=NULL)                           # Tag ausblenden
grid.arrange(p1,p2,p3,nrow=2,ncol=2)             # Ausgabe
```

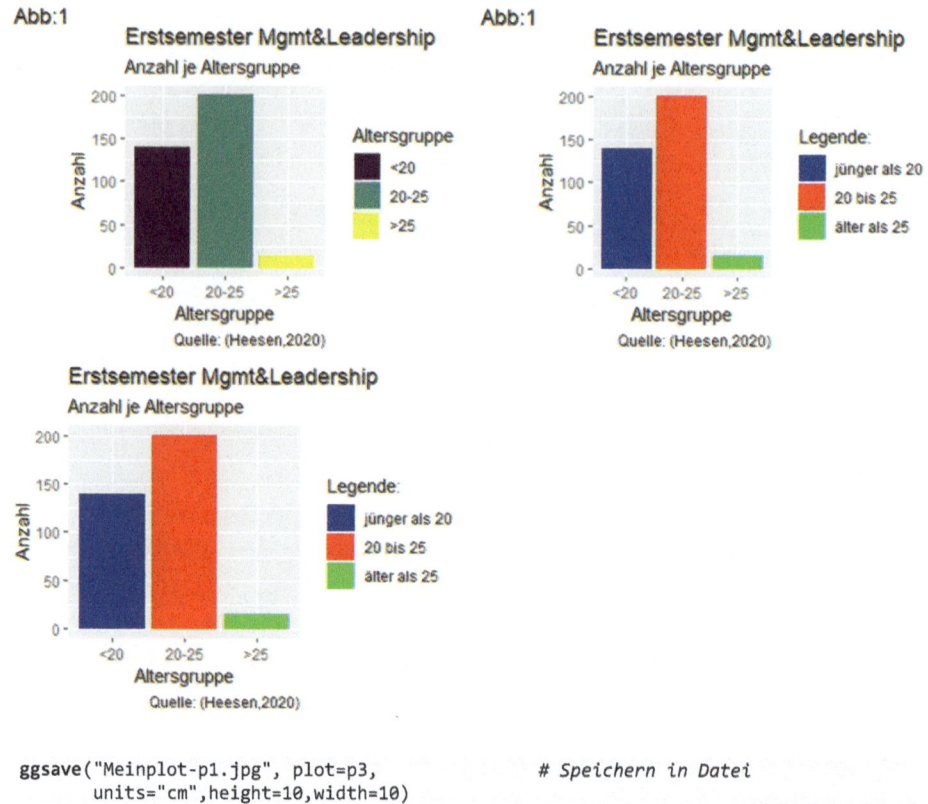

```
ggsave("Meinplot-p1.jpg", plot=p3,            # Speichern in Datei
       units="cm",height=10,width=10)
```

3.6.1 Farben

Farben spielen eine große Rolle bei Abbildungen. Farben können mit der Funktion `rgb()` entsprechend dem RGBA-Modell definiert werden. Im RGBA-Modell steht RGB für Rot, Grün, Blau (Farben werden durch Mischung der drei Grundfarben gebildet) und A für den Alpha-Kanal, der die Transparenz angibt. Alternativ zu dem RGBA-Modell können Farben aber auch über die Funktion `hsv()` über das Hue-Saturation-Value oder `hcl()` durch die Hue-Chroma-Luminance definiert werden. Alle Farben werden letztlich in hexadezimaler Form gespeichert, wo z. B. rot dezimal als (255,0,0) und hexadezimal als "#FF0000" gespeichert wird, was bedeutet 100 % Rot-Anteil und 0 % Blau- und Grün-Anteil.

Beliebte Farbpaletten erleichtern die Selektion von Farben aus bereits vorhandenen Farbpaletten. Etabliert haben sich u. a. die Farbpaletten von Cynthia Brewer und Mark Harrower, die im Paket ColorBrewer enthalten sind und über die Funktion `brewer.pal()` in eine eigene Palette kopiert werden können, z. B. `meinepalette1<-brewer.pal(10,"Set2")`.. Die Zahl in der Klammer gibt an, wie viele Farben verwendet werden sollen. In Verbindung mit der

Funktion ggplot() bieten sich auch die Funktionen scale_fill_brewer() und scale_color_brewer() mit dem Parameter palette an, z. B. scale_color_brewer(palette = "Dark2"). Die Farbpaletten sind in drei Kategorien aufgeteilt. Die erste Kategorie ist für sequentielle (von hell zu dunkel), die zweite Kategorie für qualitative (sich stark unterscheidende einzelne Farben) und die dritte Kategorie ist für spektrale Darstellungen geeignet, in denen die Mitte neutral ist wie z. B. bei der Verwendung einer Likert-Skala. In Abb. 3.38 sind die Farbpaletten dargestellt, die auch für Farbenblinde geeignet sind.

Auch die Farbpaletten des Filmemachers Wes Anderson sind sehr beliebt und in dem Paket wesanderson über die Funktion wes_palette() auswählbar.

Speziell für Farbenblinde entwickelte Farbpaletten werden in dem Paket viridis zur Verfügung gestellt (siehe Abb. 3.39). Farbenblindheit zusammen mit Farbenfehlsichtigkeit (insbesondere Rot-Grün-Sehschwäche) betreffen immerhin ca. fünf Prozent der Weltbevölkerung, überwiegend Männer. Es erscheint daher geboten bei der Farbwahl Paletten zu verwenden, die auch von Farbblinden und Farbenfehlsichtigen anhand der Graustufen die Unterscheidung ermöglicht. In Verbindung mit der Funktion ggplot()

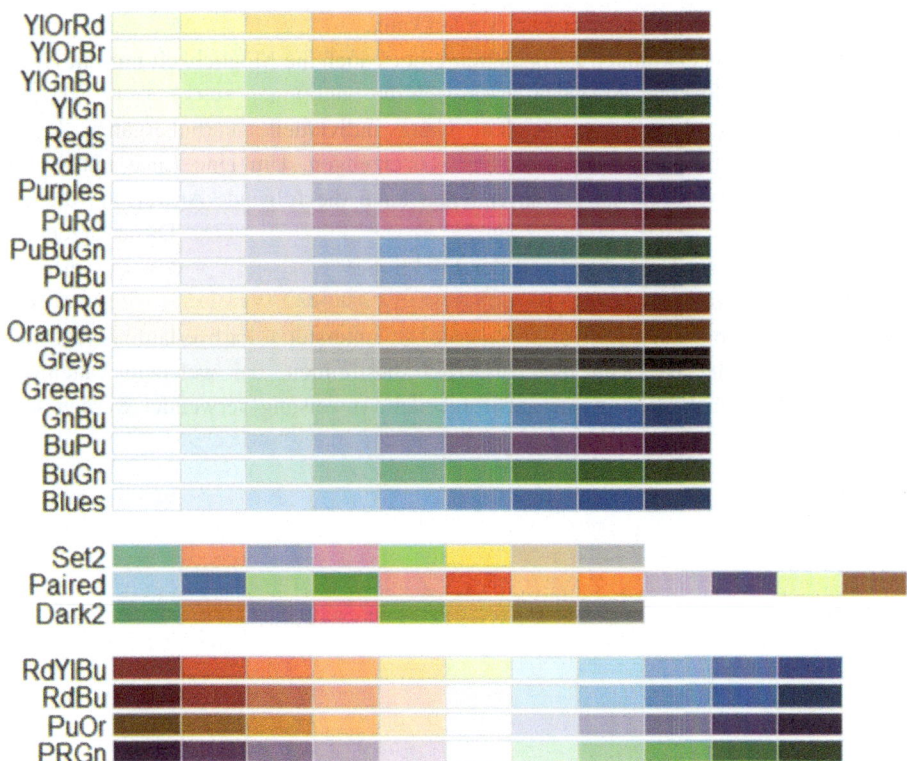

Abb. 3.38 Brewer-Farbpaletten für Farbenblinde

Abb. 3.39 Viridis-Farbpaletten für Farbenblinde

bieten sich die Funktionen `scale_fill_viridis()` und `scale_color_viridis()` mit dem Parameter `option` an, z. B. `scale_color_viridis(option = "D")`, wobei die Optionen A für „magma", B für „inferno", C für „plasma" und D für „viridis" stehen. Erfolgt keine Angabe des Parameters `option`, so wird viridis als Standard gewählt.

In den bisherigen Abbildungen wurden Farben bereits verwendet, um Kategorien zu differenzieren bzw. durch die Nutzung des Parameters `color` und `fill` der Funktion `aes()`. Die Zuweisung der Farben erfolgt bei einer Farbe z. B. mit der Angabe `color= "red"`. Bei einer Vielzahl an Farben eignet sich die Funktion `scale_colour_manual()` mit dem Parameter `values`, der entweder über die Funktion `c()` mit `values= c("red","white","green")` oder via Farbpaletten mit `values=namederPalette` spezifiziert werden kann.

Neben den bereits erwähnten Farbpaletten gibt es auch die Möglichkeit nur mit Graustufen zu arbeiten. Für diesen Zweck lassen sich die Funktionen `scale_fill_grey()` und `scale_color_grey()` verwenden. Ganz individuelle Farbübergänge lassen sich mit der Funktion `colorRampPalette()` erzeugen. Um eine Liste mit sieben Farben von blau über weiß zu rot zu erstellen kann die folgende Anweisung dienen: `farben<-colorRampPalette(c("blue","white","red"))(7)`. Diese erzeugten Farben können dann anschließend mit der Funktion `scale_fill_manual()` in einer Abbildung verwendet werden, z. B. `scale_fill_manual(values = farben)`. Auch die Funktion `scale_fill_gradient2()` unterstützt Farbverläufe. Über den Parameter midpoint lässt sich hier zusätzlich bestimmen, bei welchem Datenwert die mittlere der drei Farben in der nachfolgenden Anweisung verwendet werden soll: `scale_fill_gradient2(midpoint=0, low="red", mid="white",high="green")`.

Visualisierung Farben

```
#- Daten laden---------------------------------------------------------------
setwd("C:/Users/bernd/Documents/Dateien")    # Arbeitsverzeichnis festlegen
load("datenzubuch.RData")                     # Importiere RData-Datei
# Anzeige der Farbpaletten von Brewer----------------------------------------
library("RColorBrewer")                       # Paket erforderlich
#display.brewer.all()                          # Alle Paletten
#display.brewer.all(colorblindFriendly=TRUE)   # Paletten für Farbenblinde
library(wesanderson)                          # Paket erforderlich
library(viridis)                              # Paket erforderlich
# Anwendung der Farbpaletten-------------------------------------------------
library("ggplot2")                            # Paket erforderlich
anzahl<-8
vektor<-data.frame(zahl=1:anzahl)
barplot(vektor$zahl,col=wes_palette("Zissou1",
                              n=anzahl,type="continuous"))     # Wes Anderson
```

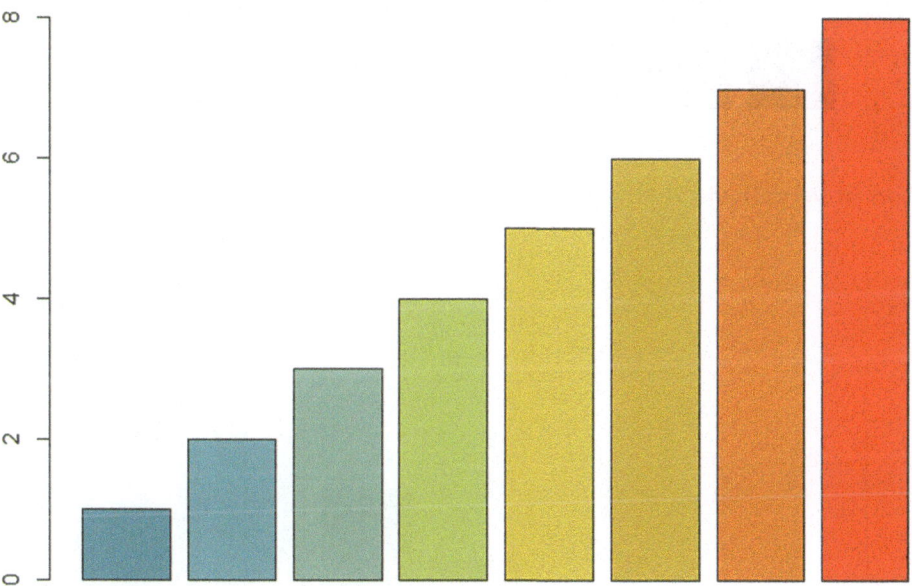

```
barplot(vektor$zahl,col=viridis(anzahl))                        # Viridis
```

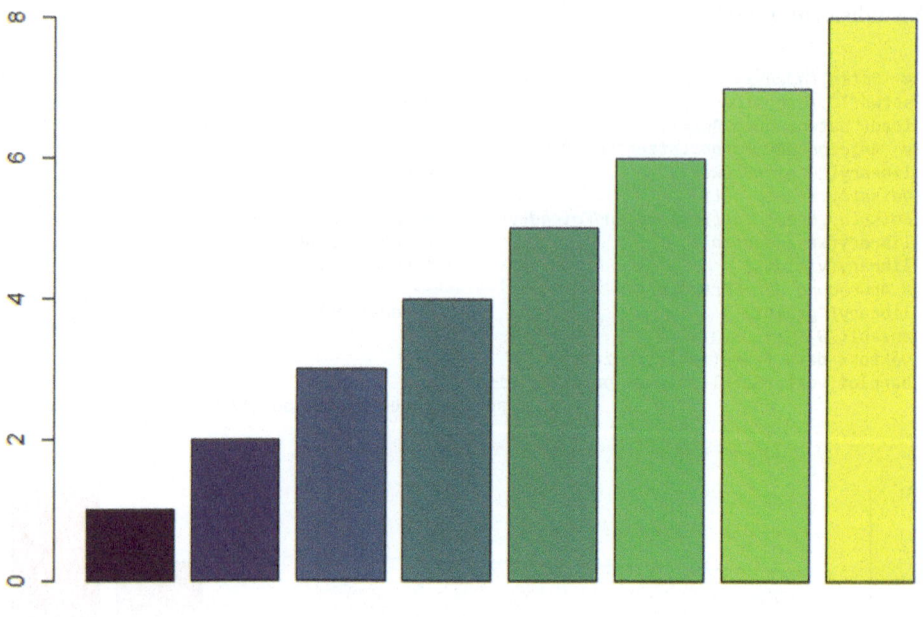

```
barplot(vektor$zahl,col=brewer.pal(anzahl,"Dark2"))                # Brewer
```

```
p1<-ggplot(alkohol,aes(x=Land,y=Portionen,group=Typ,fill=Typ))+
  geom_bar(stat="identity",position="dodge")+
  labs(subtitle="Alkoholkonsum",x="Land",y="Portionen")+
  guides(fill=guide_legend(title="Getränk"))
p1
```

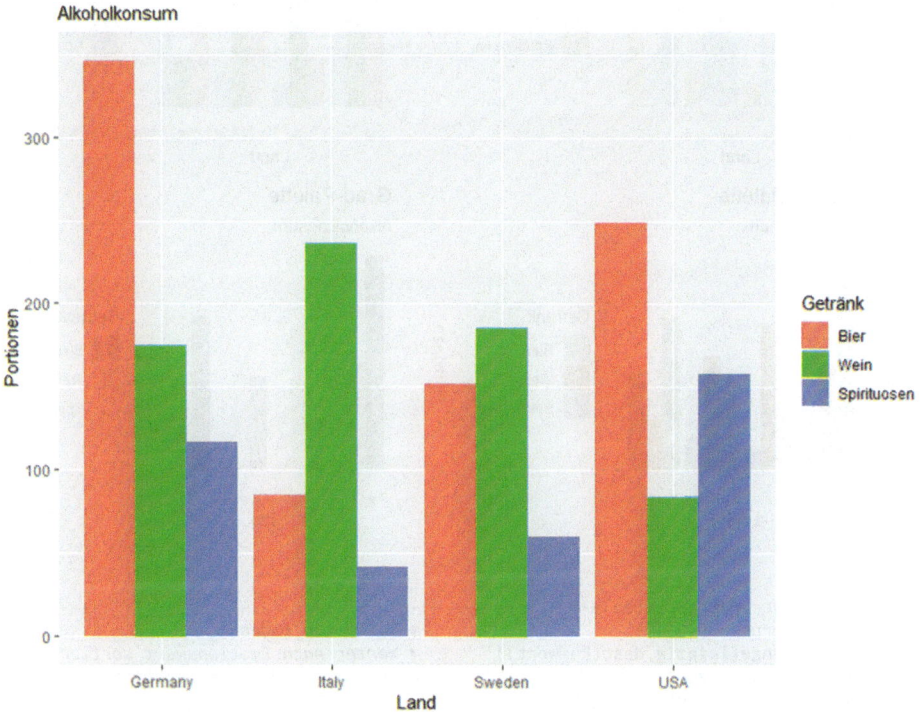

```
p2<-p1 + scale_fill_manual(values=as.character(wes_palette(3,name="Zissou1")))+
         labs(title="Wes Anderson-Palette")                           # Wes Anderson
p3<-p1 + scale_color_viridis(discrete=TRUE,guide=FALSE)+
         labs(title="Viridis-Palette")                                # Viridis
p4<-p1 + scale_fill_brewer(palette="Dark2")+
         labs(title="Brewer-Palette")                                 # Brewer
p5<-p1 + scale_fill_grey()+labs(title="Grau-Palette")                 # Graustufen
grid.arrange(p2,p3,p4,p5,nrow=2,ncol=2)                               # Ausgabe
```

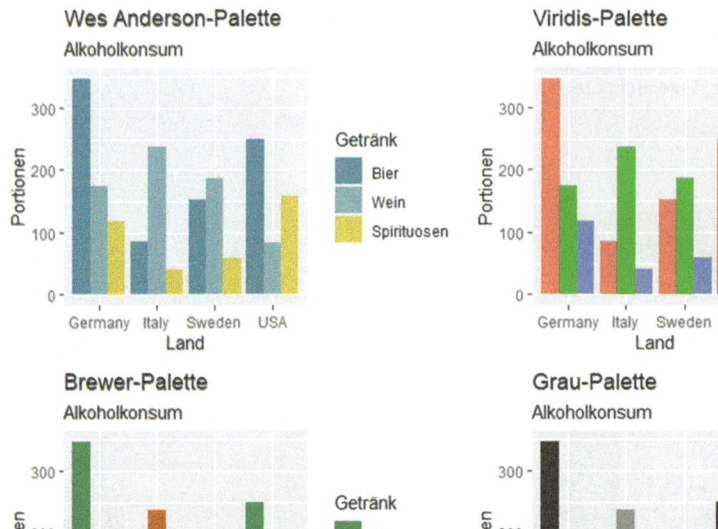

```
# Anwendung der Farbpaletten----------------------------------------------------
load(file="CorporaDE.Rda")                     # Textdaten laden
leipzig<-arrange(leipzig,desc(kumwert))        # Wörter nach Emotionswert sortieren
leipzig<-leipzig[1:20,]                        # Nur erste 20 Worte behalten
leipzig$farbstufen<-cut(leipzig$wert,
            c(1,0.2,0.1,0,-0.01,-0.1,-0.2,-1)) # Farbstufe in 7 Gruppen
levels(leipzig$farbstufen)<-c("-1 bis -0,2",   # Gruppenbezeichnungen
            "-0,2 bis -0,1","-0,1 bis 0","0",
            "0 bis 0,1","0,1 bis 0,2","0,2 bis 1")
farben<-colorRampPalette(c("blue","white","red"))(7)   # 7 Farben von blau->rot
p1<-ggplot(leipzig) +
  aes(x=reorder(token,anzahl),                 # Häufigste Worte oben
      y=anzahl,group=farbstufen,fill=farbstufen)+ # Farbe nach Farbstufe
  scale_fill_manual(values=farben)+            # Farben aus Vektor
  geom_col()+                                  # Balkendiagramm
  labs(title="Emotionale Worte im Text",       # Beschriftungen
       subtitle="Leipzig-Wörterbuch",
       y="Anzahl",x="Worte") +
  coord_flip()                                 # Balkendiagramm gedreht
p1                                             # Ausgabe
```

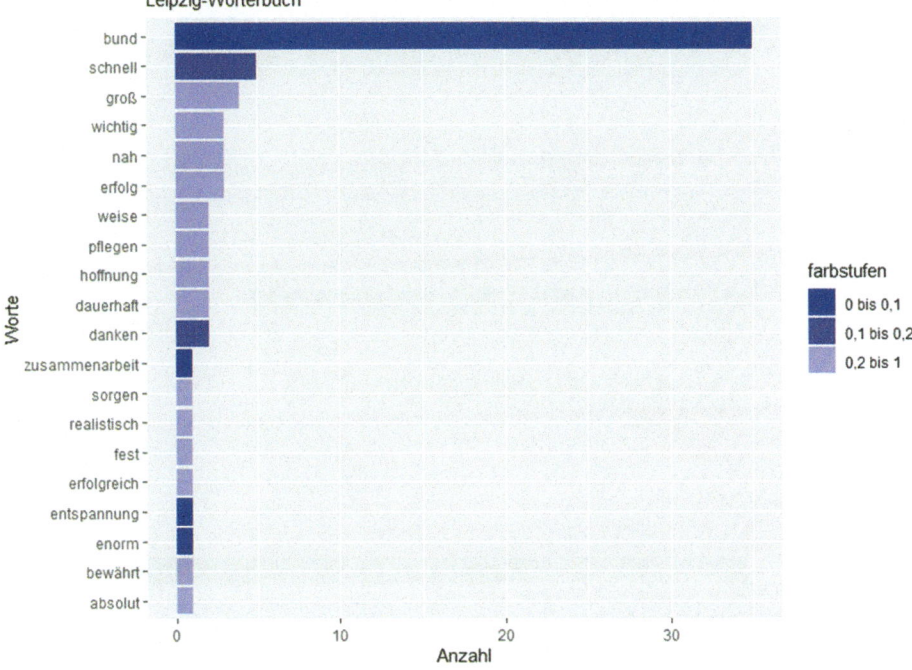

```
p2<-ggplot(leipzig) +
  aes(x=token,
      y=wert,fill=wert) +                      # Farbe nach Wert
  scale_fill_gradient2(midpoint=0.2,low="red",  # Farben vor rot->grün
                       mid="white",high="green") +  # weiß=Wert von 0,2
  geom_col()+                                   # Balkendiagramm
  labs(title="Emotionale Worte im Text",        # Beschriftungen
       subtitle="Leipzig-Wörterbuch",
       y="Anzahl",x="Worte")+
  coord_flip()                                  # Balkendiagramm gedreht
p2                                              # Ausgabe
```

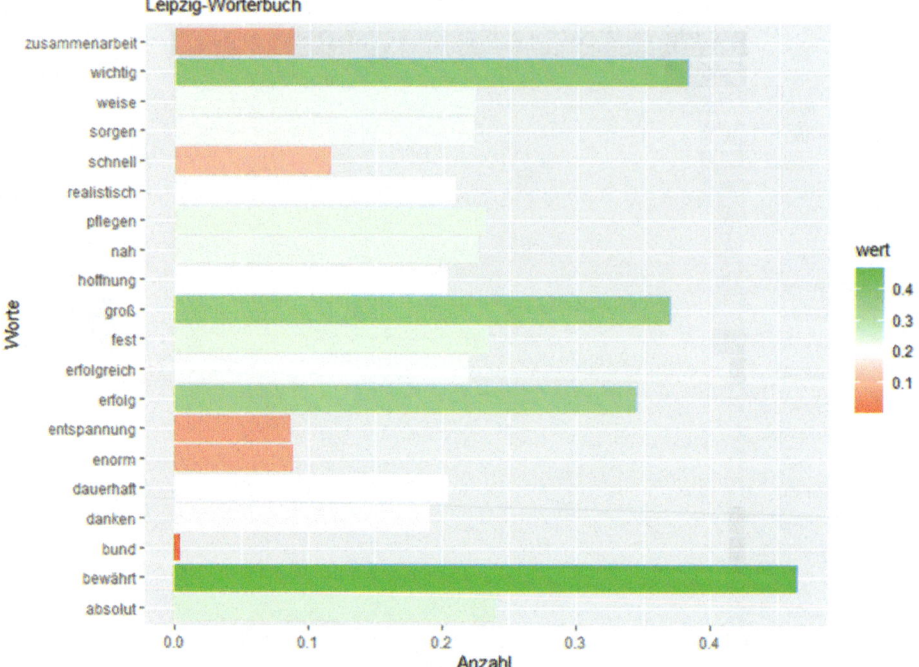

```
p1<-ggplot(leipzig,aes(x=farbstufen,y=anzahl,
                       fill=farbstufen))+                  # Farbe nach Farbstufe
    geom_boxplot()+                                        # Boxplot
    labs(y="Anzahl",x="Wert")                             # Beschriftungen
p2<-p1 + scale_fill_manual(values=c("#999999","#E69F00",# Manuelle Farbzuweisung
                   "#56B4E9","#999999","#E69F00"))  # Hexadezimalcode Farben
p3<-p1 + scale_fill_manual(values=farben[1:5])            # Manuelle Farbzuweisung
                                                          # Farben 1-5 aus Vektor
grid.arrange(p1,p2,ncol=2)                                # Ausgabe
```

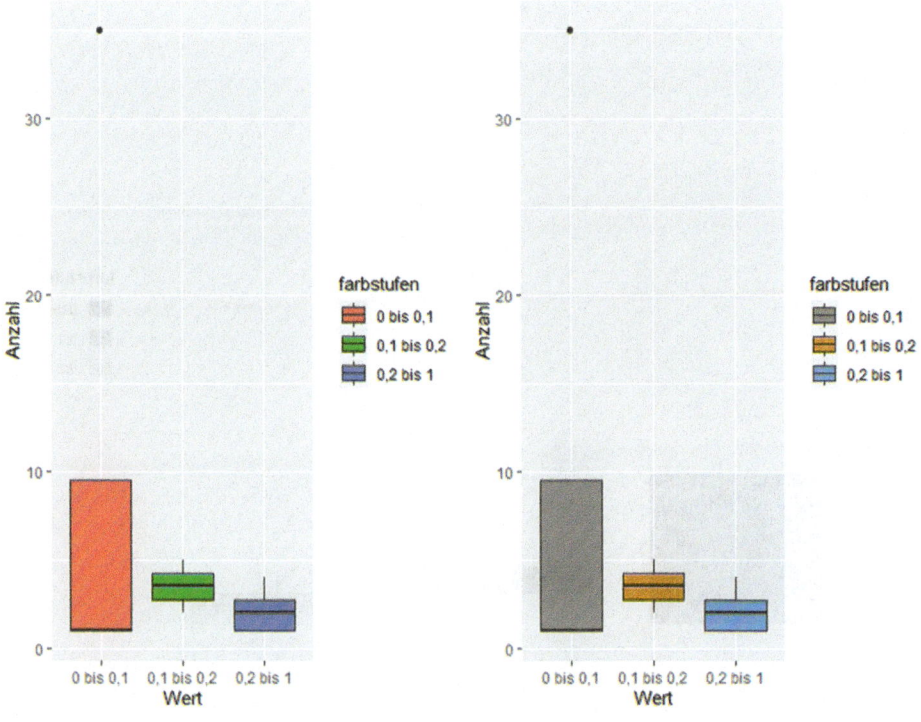

p3

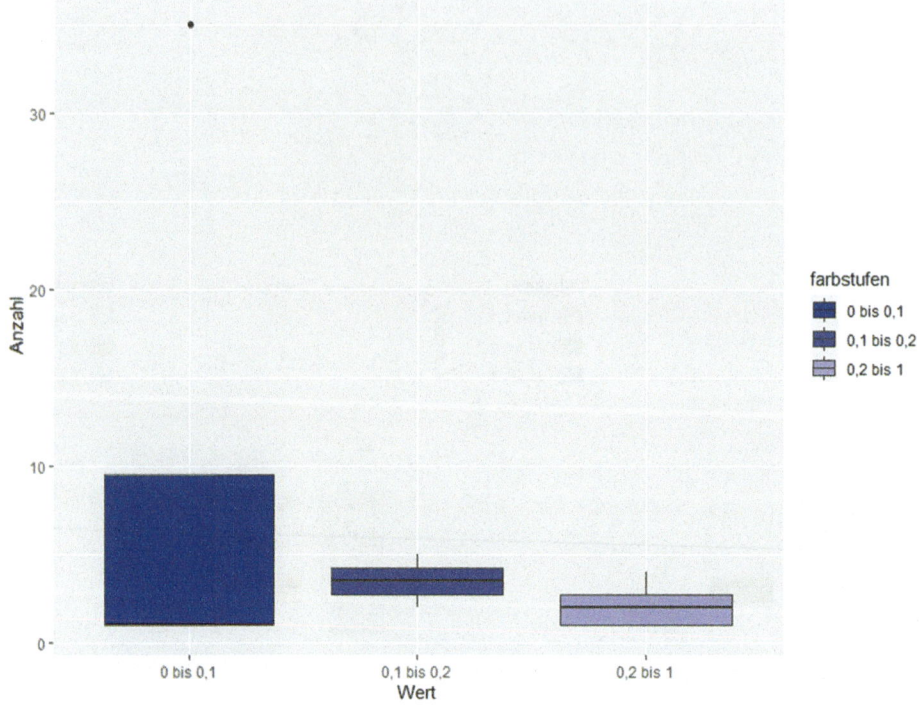

3.6.2   Landkarten

Analytik mit geografischem Bezug wird häufig verwendet. Die Basis für eine Darstellung einer Landkarte sind digitalisierte Karten. Digital aufbereitetes Kartenmaterial kann u. a. von folgenden Quellen bezogen werden:

- OpenStreetmap.org: http://download.geofabrik.de/osm/
- OpenGeoDB pflegt eine Datenbank, die Postleitzahlenbereiche mit Geokoordinaten verbindet: http://opengeodb.giswiki.org/wiki/OpenGeoDB
- GADM Database of Global Administrative Areas bietet Karten mit administrativen Grenzen der meisten Länder: http://www.gadm.org/country
- DIVAS-GIS stellt zahlreiche Geo-Daten zum Download bereit: http://www.diva-gis. org/Data
- NASA Blue Marble liefert Satellitenbilder der Erde: http://earthobservatory.nasa.gov/ Features/BlueMarble/
- Das R-Paket mapdata enthält hochauflösende Weltkarten mit nationalen Grenzen: https://cran.r-project.org/web/packages/mapdata/index.html
- Das R-Paket ggmaps enthält Karten, u. a. Google Maps: https://cran.r-project.org/ web/packages/ggmap/index.html

Oft liegen Karten im sogenannten Shapefile-Format vor, welches üblicherweise je Karte aus drei Dateien besteht. Eine .shp-Datei beinhaltet Punkte, Linien oder die Karte als Polygon, eine .dbf-Datei beinhaltet ergänzende Daten und eine .shx-Datei verknüpft die Detaildaten mit den Geometriedaten der .shp-Datei.

Karten basieren in R auf sogenannten SpacialLines-Dataframes oder SpacialPolygons-Dataframes, die mithilfe der Funktion `readOGR()` aus dem Paket rgdir eingelesen werden können. OGR steht für OpenGIS Simple Features Reference, ein Format, welches auch das Einlesen von Shapefiles unterstützt. Um die Karten auszugeben, kann u. a. die Funktion `plot()` oder die Funktion `spplot()` aus dem Paket sp verwendet werden.

Für das folgende Beispiel werden die von dem Bundesamt für Kartographie und Geodäsie (BKG) bereitgestellten Shapefiles für Deutschland verwendet (Bundesamt für Kartographie und Geodäsie 2021). Die Shapefiles stehen mit den Verwaltungsflächen in der Datei VG250_F.SHP, und den Grenzlinien in der Datei VG250_L.SHP zum kostenlosen Download zur Verfügung. Je Verwaltungseinheit existiert exakt ein Attributsatz mit dem GF-Wert 4 für die wesentlichsten Attribute und daher sollte eine Selektion mit GF= =4 durchgeführt werden. Die Datensätze besitzen folgende Attribute:

- SN_L, SN_R, SN_K enthalten die jeweilige Stelle der ARS (für Selektion)
  - ARS 1.-5.Stelle Kreis (1.–2. = Land,3. = Regierungsbezirk,4.–5.Kreis)
  - ARS 6.–9.Stelle Verwaltungsgemeinschaft
  - ARS 10.–12.Stelle Gemeinde (ARS = Amtlicher Regionalschlüssel)
- AGZ = Grenzlinien (1 = Staat,2 = Land,3 = RBZ,4 = Kreis)
- GEN = Name
- BEZ = Stadt bzw. Landkreis
- NBD = Ja/Nein. Wenn Ja, dann ergibt sich der vollständige Name als BEZ + GEN, sonst nur aus GEN
- NUTS = Europäischer Statistikschlüssel
- EWZ = Einwohner
- KFL = Katasterfläche in km^2

Basierend auf diesem Kartenmaterial lassen sich folgende Abbildungen mit R erzeugen.

Visualisierung Karte

```
#- Karte -----------------------------------------------------------------
require(sp)                                              # Paket erforderlich
require(maptools)
options("rgdal_show_exportToProj4_warnings"="none")
require(rgdal)
library(RColorBrewer)
library(ggplot2)
require(gridExtra)
setwd("~/Dateien/vg250_kompakt_1231")
#Dateien: von https://www.bkg.bund.de/
#  Verwaltungsflächen: VG250_F.SHP
#  Grenzlinien: VG250_L.SHP
#Kompakt Grenze
ger<-readOGR("VG250_L.shp",encoding = "UTF-8")

## OGR data source with driver: ESRI Shapefile
## Source: "C:\Users\bernd\Documents\Dateien\vg250_kompakt_1231\VG250_L.shp", layer:
   "VG250_L"
## with 35501 features
## It has 4 fields

object.size(ger)

## 81629992 bytes

plot(ger)
```

```
ger.gesamt <- ger[ger@data$AGZ==1,]                    # Unschön, mit Meeresgrenzen
plot(ger.gesamt)
ger.laender <- ger[ger@data$AGZ %in% c(1:2),]
plot(ger.laender)
object.size(ger.laender)

## 4497544 bytes

ger.rbz <- ger[ger@data$AGZ %in% c(1:3),]
plot(ger.rbz)
ger.kreis <- ger[ger@data$AGZ %in% c(1:4),]
plot(ger.kreis)
```

```
#kompakt Fläche
gerf<-readOGR("VG250_F.shp",encoding = "UTF-8")

## OGR data source with driver: ESRI Shapefile
## Source: "C:\Users\bernd\Documents\Dateien\vg250_kompakt_1231\VG250_F.shp", layer:
  "VG250_F"
## with 11152 features
## It has 4 fields

gerf<-gerf[gerf@data$GF==4,]                                   # Kernattribute
plot(gerf)
```

```
setwd("~/Dateien/vg250-ew_ebenen_1231")
ger.gem<-readOGR("VG250_GEM.shp",encoding = "UTF-8")    # ARS 10.-12.Stelle Gemeinde
(ARS=Amtlicher Regionalschlüssel)

## OGR data source with driver: ESRI Shapefile
## Source: "C:\Users\bernd\Documents\Dateien\vg250-ew_ebenen_1231\VG250_GEM.shp", la
yer: "VG250_GEM"
## with 11139 features
## It has 28 fields
## Integer64 fields read as strings:  EWZ

ger.vwg<-readOGR("VG250_VWG.shp",encoding = "UTF-8")    # ARS 6.-9.Stelle Verwaltungs
gemeinschaft

## OGR data source with driver: ESRI Shapefile
## Source: "C:\Users\bernd\Documents\Dateien\vg250-ew_ebenen_1231\VG250_VWG.shp", la
yer: "VG250_VWG"
## with 4703 features
## It has 28 fields
## Integer64 fields read as strings:  EWZ

ger.krs<-readOGR("VG250_KRS.shp",encoding = "UTF-8")    # ARS 1.-5.Stelle Kreis (1.-2
.=Land,3.=Regierungsbezirk,4.-5.Kreis)

## OGR data source with driver: ESRI Shapefile
## Source: "C:\Users\bernd\Documents\Dateien\vg250-ew_ebenen_1231\VG250_KRS.shp", la
yer: "VG250_KRS"
## with 431 features
## It has 28 fields
## Integer64 fields read as strings:  EWZ

# Je Verwaltungseinheit existiert exakt EIN Attributsatz mit dem GF-Wert 4
# für die wesentlichsten Attribute.
# Daher sollte nach dem Einlesen select GF==4 gemacht werden!
# Attribute:
# SN_L, SN_R, SN_K enthalten die jeweilige Stelle der ARS (für Selektion)
# AGZ=Grenzlinien (1=Staat,2=Land,3=RBZ,4=Kreis)
# GEN=Name
# BEZ=Stadt bzw. Landkreis
# NBD=Ja/Nein gibt an, wenn Ja, dann ergibt sich der vollständige Name als BEZ+GEN,
# sonst nur aus GEN
# NUTS= Europäischer Statistikschlüssel
# EWZ = Einwohner
# KFL = Katasterfläche in km2
ger.li<-readOGR("VG250_LI.shp",encoding = "UTF-8")     # Grenzlinien

## OGR data source with driver: ESRI Shapefile
## Source: "C:\Users\bernd\Documents\Dateien\vg250-ew_ebenen_1231\VG250_LI.shp", lay
er: "VG250_LI"
## with 35501 features
## It has 3 fields

plot(ger.li)
```

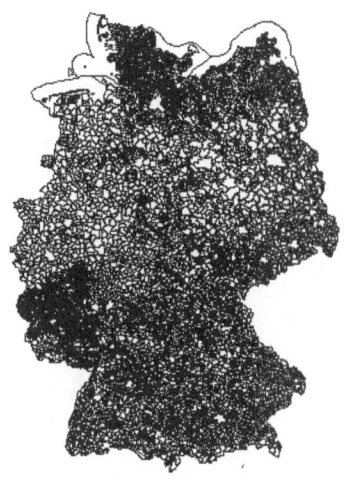

```
ger.pk<-readOGR("VG250_PK.shp",encoding = "UTF-8")     # Gemeindepunkte
```

```
## OGR data source with driver: ESRI Shapefile
## Source: "C:\Users\bernd\Documents\Dateien\vg250-ew_ebenen_1231\VG250_PK.shp", lay
er: "VG250_PK"
## with 11007 features
## It has 13 fields
## Integer64 fields read as strings:  IBZ
```

```
plot(ger.pk)
```

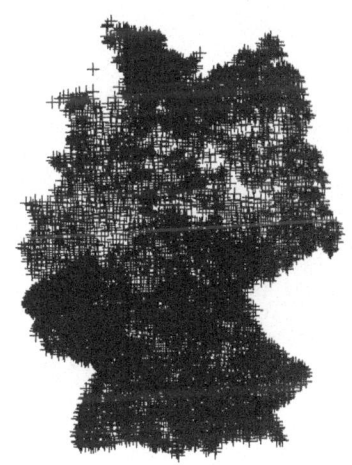

```
ger.lan<-readOGR("VG250_LAN.shp",encoding = "UTF-8")     # Länder

## OGR data source with driver: ESRI Shapefile
## Source: "C:\Users\bernd\Documents\Dateien\vg250-ew_ebenen_1231\VG250_LAN.shp", la
yer: "VG250_LAN"
## with 35 features
## It has 28 fields
## Integer64 fields read as strings:  EWZ

ger.lan <- ger.lan[ger.lan@data$GF==4,]                  # Kernattribute
plot(ger.lan)
title("Grenzen der Bundesländer", cex.main = 1.5)
```

```
einwohner<-as.numeric(ger.lan$EWZ) / 1000000
ger.lan.daten<- data.frame(ger.lan$GEN,einwohner)
farben<-brewer.pal(6,"Blues")
#ger.krs@data$EWZ2 <- cut(ger.krs@data$EWZ, breaks=quantile(ger.krs@data$EWZ,1:5/5))
 # andere Quantile-Lösung zur Gruppierung
ger.lan.daten$farbstufen<-cut(ger.lan.daten[,2], c(-1, 1, 2, 3, 6, 10, 18))
levels(ger.lan.daten$farbstufen)<-c("bis 1 Mio.","1 bis 2 Mio.","2 bis 3 Mio","3 bis
 6 Mio","6 bis 10 Mio.","mehr als 10 mio.")
plot(ger.lan,col=farben[ger.lan.daten$farbstufen],bg="white")
legend("bottomright",title = "Legende", levels(ger.lan.daten$farbstufen),fill=farben
, cex = 0.8, bty = "n", border = FALSE, text.col = "black")
title("Einwohner je Bundesland", cex.main = 1.5)
```

Einwohner je Bundesland

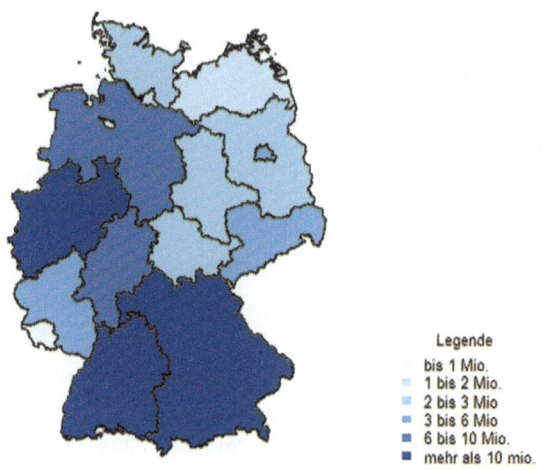

Legende

bis 1 Mio.
1 bis 2 Mio.
2 bis 3 Mio
3 bis 6 Mio
6 bis 10 Mio.
mehr als 10 mio.

```
###### GGPlot und tidy
ger.lan@data$id <- 1:nrow(ger.lan@data)
require(broom)
ger.lan.tidy <- tidy(ger.lan)    # tidy wandelt SpacialPolygonDataframe in Dataframe
ggplot()+
  geom_polygon(data = ger.lan.tidy, aes(x=long, y=lat, group=group), col="black")
```

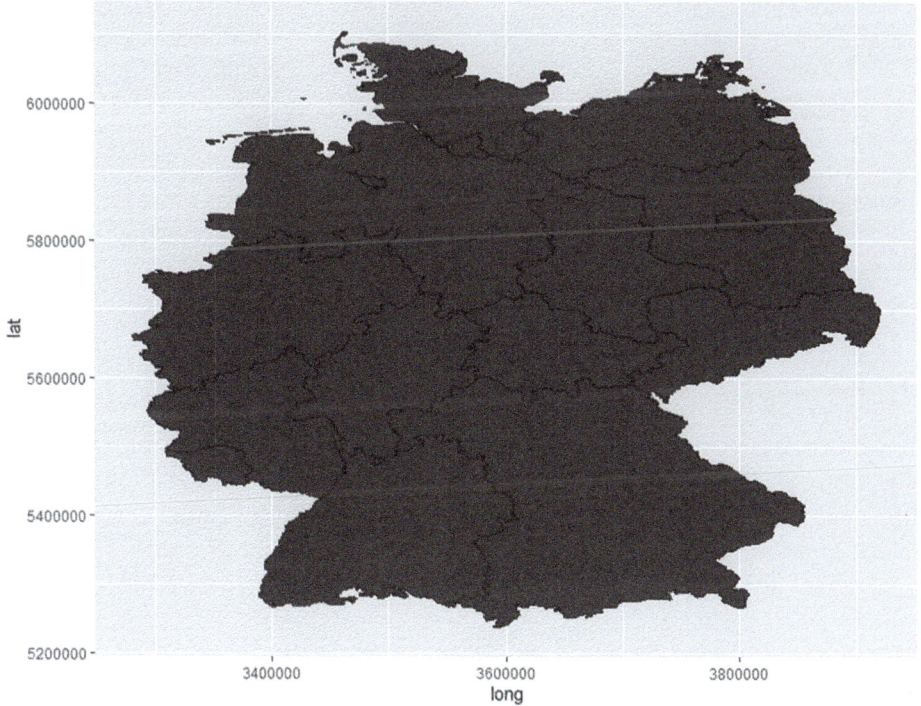

```
###### spPlot
#ger.krs <- ger.krs[ger.Lan@data$GF==4,]                #Kernattribute
ger.krs@data$EWZ<-as.integer(ger.krs@data$EWZ)
ger.krs@data$ewzdichte <- ger.krs@data$EWZ/ger.krs@data$KFL # Dichte Einwohner/km2
for (i in 1:nrow(ger.krs)){
  if(ger.krs$ewzdichte[i]<100) {
    ger.krs$ewzdichte.rang[i]<-1
  } else if(ger.krs$ewzdichte[i]<200)  {
    ger.krs$ewzdichte.rang[i]<-2
  } else if(ger.krs$ewzdichte[i]<500)  {
    ger.krs$ewzdichte.rang[i]<-3
  } else if(ger.krs$ewzdichte[i]<1000)  {
    ger.krs$ewzdichte.rang[i]<-4
  } else {
    ger.krs$ewzdichte.rang[i]<-5
  }
}

#ger.krs@data$EWZ2 <- cut(ger.krs@data$EWZ, breaks=quantile(ger.krs@data$EWZ,1:5/5))
 # andere Quantile-Lösung zur Gruppierung
#ger.Lan.daten$farbstufen<-cut(ger.Lan.daten[,2], c(-1, 1, 2, 3, 6, 10, 18))
levels(ger.krs$ewzdichte.rang)<-c("bis 100","bis 200","bis 500","bis 1000","mehr als
  1000")
levels(ger.krs$ewzdichte.rang)

## [1] "bis 100"      "bis 200"      "bis 500"      "bis 1000"
## [5] "mehr als 1000"

farben<-colorRampPalette(c("white","blue"))(25)
spplot(ger.krs,zcol="ewzdichte.rang", col.regions=farben)
```

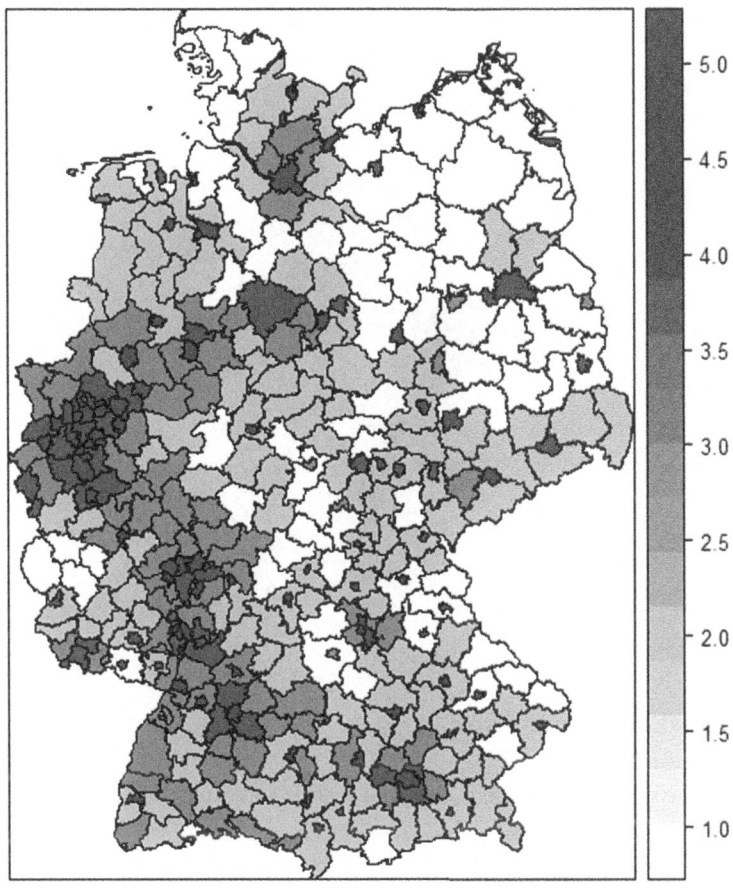

```
farben<-colorRampPalette(c("white","blue"))(5)
plot(ger.krs,col=farben[ger.krs@data$ewzdichte.rang],bg="white")
legend("topleft",title = "Legende", levels(ger.krs$ewzdichte.rang),fill=farben, cex
= 0.8, bty = "n", border = FALSE, text.col = "black")
title("Besiedlungsdichte je Quadratkilometer", cex.main = 1.5)
```

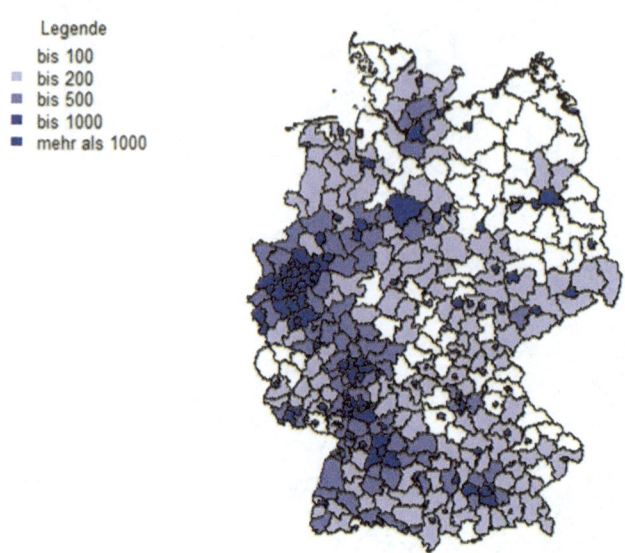

3.6.3   Interaktive Landkarten

Neben den klassischen Visualisierungen, die bisher vorgestellt wurden, erlaubt R auch die Darstellung von interaktiven Karten, in denen eigene Markierungen und Hyperlinks eingefügt werden können. Das Paket leaflet (RStudio 2021b) bietet die Funktion `leaflet()` an, welche die OpenStreetMaps als Datengrundlage nutzt. Die zwei Karten (siehe Abb. 3.40 und 3.41) zeigen, wie Organisationen mit mehreren Niederlassungen ihre Performanz anzeigen und über das Klicken auf Icons zusätzliche Informationen zu den Markierungen anzeigen können. In Abb. 3.40 wird die Markierung in Abhängigkeit von der Performanz in unterschiedlichen Farben dargestellt. Beim Klick auf eine Markierung werden Details wie die Adresse, URLs mit Link zur Webseite und auch eine URL mit Link zu detaillierteren Analysen angezeigt.

Die Icons für die Markierungen können beliebige Bilder sein, z. B. eine grüne Ampel bei guter, gelb bei mittlerer und rot bei schlechter Performanz (siehe Abb. 3.41).

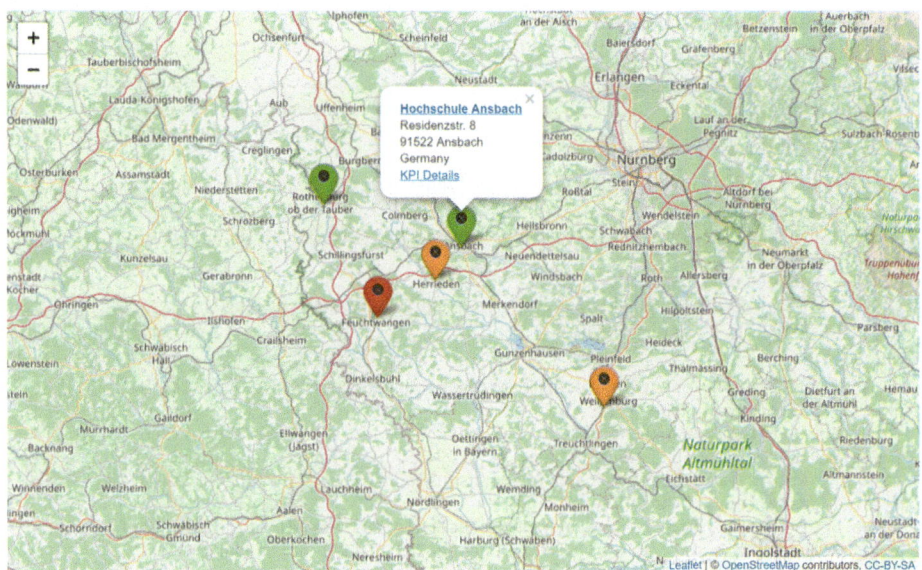

Abb. 3.40   Interaktive Karte mit OpenStreetMaps

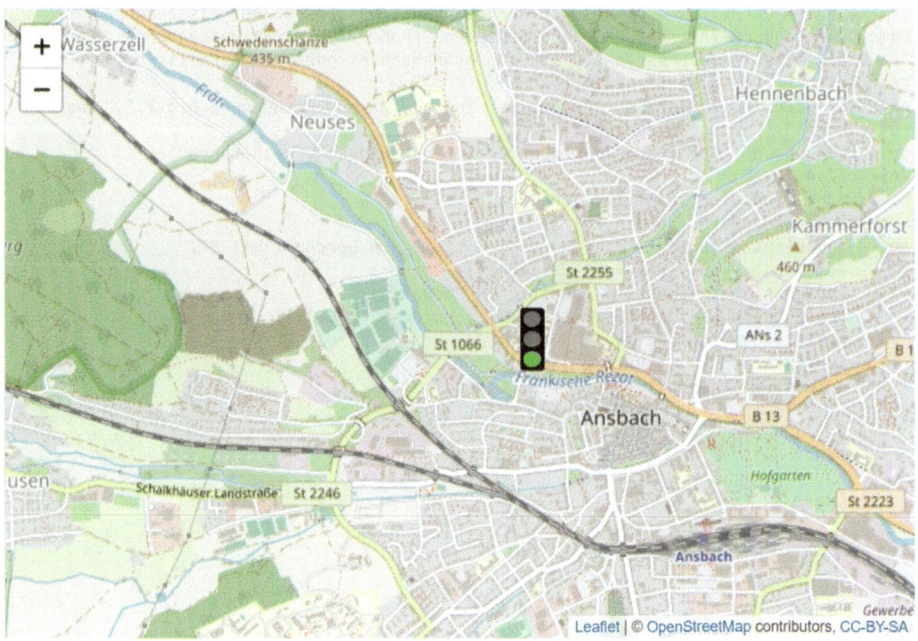

Abb. 3.41   Icons in OpenStreetMaps

Visualisierung Interaktive Karte

```
#- Interaktive Karte in OpenStreetMap----------------------------------------
require(leaflet)                          # Paket erforderlich

## Loading required package: leaflet

lat<-c(lat=49.306001,49.24599487764718,49.378980820532924,49.179810158920844,
49.0237848288953)
long<-c(10.566538,10.495426827478,10.185865583299957,10.335907160021717,
10.958599398635167)
text1 <- paste(sep = "<br/>",
"<b><a href='http://www.hs-ansbach.de'>Hochschule Ansbach</a></b>",
"Residenzstr. 8", "91522 Ansbach",

"<a href='http://www.prescient.pro/RDemo/hsansbachkpi.png'>KPI Details</a>")
text2 <- paste(sep = "<br/>",
"<b><a href='https://www.hs-ansbach.de/hochschule/aussenstellen/herrieden/'>
Campus Herrieden</a></b>","Schernberg 34", "91567 Herrieden",
"<a href='http://www.prescient.pro/RDemo/hsansbachkpi.png'>KPI Details</a>")
text3 <- paste(sep = "<br/>",
"<b><a href='https://www.hs-ansbach.de/hochschule/aussenstellen/rothenburg/'>
Campus Rothenburg o.d.T</a></b>","Hornburgweg 26","91541 Rothenburg o.d.T",
"<a href='http://www.prescient.pro/RDemo/hsansbachkpi.png'>KPI Details</a>")
text4 <- paste(sep = "<br/>",
"<b><a href='https://www.hs-ansbach.de/hochschule/aussenstellen/feuchtwangen/'>
Campus Feuchtwangen</a></b>","An der Hochschule 1", "91555 Feuchtwangen",
"<a href='http://www.prescient.pro/RDemo/hsansbachkpi.png'>KPI Details</a>")
text5 <- paste(sep = "<br/>",
"<b><a href='https://www.hs-ansbach.de/hochschule/aussenstellen/weissenburg/'>
Campus Weißenburg</a></b>","Richard-Stücklen-Straße 3", "91781 Weißenburg i.Bay.",
"<a href='http://www.prescient.pro/RDemo/hsansbachkpi.png'>KPI Details</a>")
text<-c(text1,text2,text3,text4,text5)
name<-c("Hochschule Ansbach","Campus Herrieden","Campus Rothenburg o.d.T.","Campus F
euchtwangen","Campus Weißenburg")
ort<-c("Ansbach","Herrieden","Rothenburg","Feuchtwangen","Weißenburg")
kpi<-c(1,4,2,5,3)
hsansbach<-tibble(ort,name,lat,long,kpi,text)
hsansbach<-arrange(hsansbach,kpi)
p0 <- ggplot(hsansbach,                          # Barchart mit KPI
      aes(x=ort,y=kpi,group=ort,fill=ort))+
      geom_bar(stat="identity",position = "dodge")+
      scale_color_viridis(discrete = TRUE, guide = FALSE)+
      ggtitle("Performanz")+
      labs(x="Campus",y="Rating")+
      guides(fill=guide_legend(title="Campus"))
p0
```

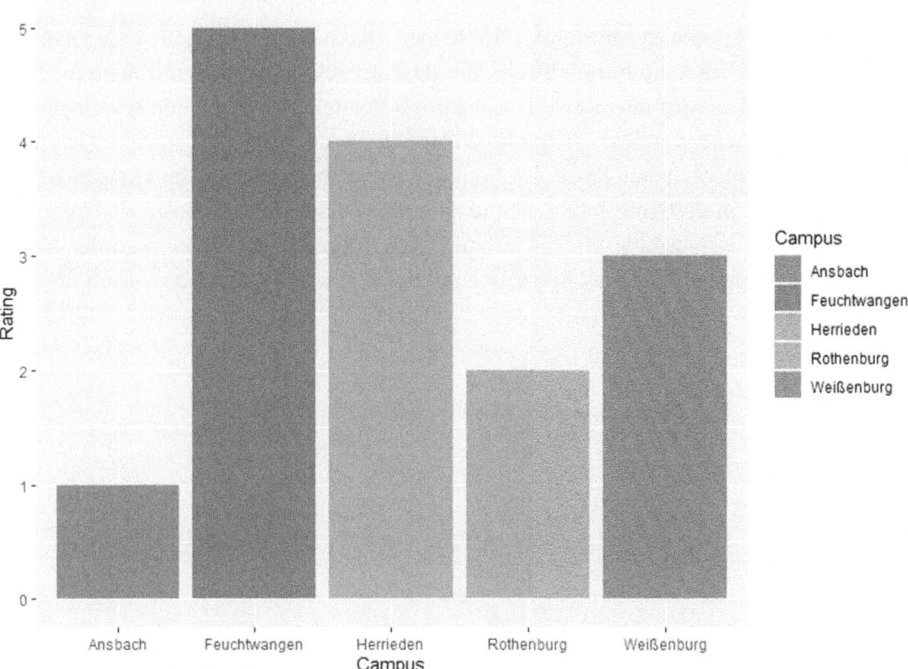

```r
# Funktion zur Zuordnung der Farbe in Abhängigkeit von der Note (KPI)
getColor <- function(hsansbach) {
  sapply(hsansbach$kpi, function(kpi) {
    if(kpi <= 2) {
      "green"
    } else if(kpi <= 4) {
      "orange"
    } else {
      "red"
    }
  })
}
icons <- awesomeIcons(
  icon = 'ios-close',
  iconColor = 'black',
  library = 'ion',
  markerColor = getColor(hsansbach)
)
# Leaflet mit unterschiedlich gefärbten Icons
l1<-leaflet(hsansbach) %>% addTiles() %>%
    addAwesomeMarkers(~long, ~lat, icon=icons, popup = ~text, label = ~ort)
# Leaflet mit Ampel-Icon
ampelgruen<- makeIcon(
  iconUrl = "http://www.prescient.pro/RDemo/ampelgruen.jpg",
  iconWidth = 18, iconHeight = 45)
l2<-leaflet() %>%                            # Zeigt interaktive Karte an
    addTiles() %>%                           # Zeigt OpenStreetMap map Tiles an
    addMarkers(lng=10.566538,lat=49.306001,  # Fügt Markierung ein
               popup=hsansbach$text[1],icon = ampelgruen,label = hsansbach$ort[1])
```

3.6.4 Dynamische Abbildungen

Das Paket shiny erlaubt dynamische Abbildungen, die auch auf Webseiten eingebunden werden können. Dies kann hilfreich sein, um die Entwicklung von Kennzahlen im Zeitverlauf darzustellen oder interaktive Dashboards zu erstellen. Vertiefende Informationen sind auf der Webseite von Shiny (RStudio 2021c) zu finden.

Ein weiteres interessantes Paket mit Funktionen für dynamische Abbildungen ist das Paket plotly. Die in der Abb. 3.42 gezeigte Abbildung lässt sich abspielen und zeigt die Entwicklung der Kennzahlen im Zeitverlauf. Weiterführende Information zu der Arbeit mit den Paketen plotly und shiny findet sich auf der Webseite von Carson Sievert (2019).

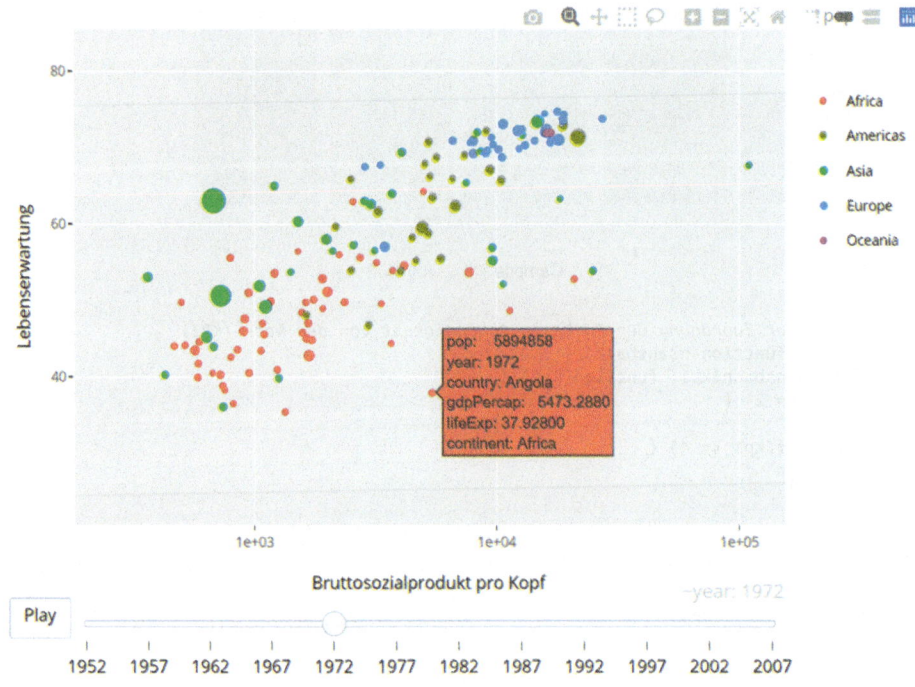

Abb. 3.42 Dynamische Abbildung

Visualisierung Dynamische Abbildungen

```
require(gapminder)

## Loading required package: gapminder

data(gapminder, package = "gapminder")
gg <- ggplot(gapminder, aes(gdpPercap,lifeExp,color=continent)) +
  geom_point(aes(size=pop,frame=year,ids=country)) +
  scale_x_log10()+
  labs(x="Bruttosozialprodukt pro Kopf",y="Lebenserwartung")

require(plotly)

## Loading required package: plotly

##
## Attaching package: 'plotly'

ggplotly(gg)
```

3.7 Fallstudie

In dieser Fallstudie zu Data Science orientieren wir uns an dem Modell des Business Analytic Frameworks (siehe Abb. 3.43), wie in Abschn. 2.1 vorgestellt.

In dem nachfolgenden Beispiel liegen strukturierte Daten aus dem Jahr 2013 in Form von Dataframes zur Verfügung, die in dem Paket nycflights13 enthalten sind (siehe Abb. 3.44). Daten zu anderen Flughäfen und Jahren können bei Bedarf über das Paket anyflights geladen werden. Die Tabelle flights beinhaltet 336776 Datensätze mit realen Informationen zu allen Flugverbindungen der New Yorker Flughäfen EWR (Newark Liberty Intl.), JFK (John F Kennedy Intl.) und LGA (La Guardia) zu Zielen innerhalb der USA, nach Puerto Rico und den American Virgin Islands. In der Tabelle weather sind noch meteorologische Informationen des Jahres 2013 hinterlegt. In der Tabelle airports sind weitere Details zu Flughäfen, in der Tabelle planes sind Details zu den Flugzeugen und in der Tabelle airlines sind Details zu den Fluggesellschaften hinterlegt.

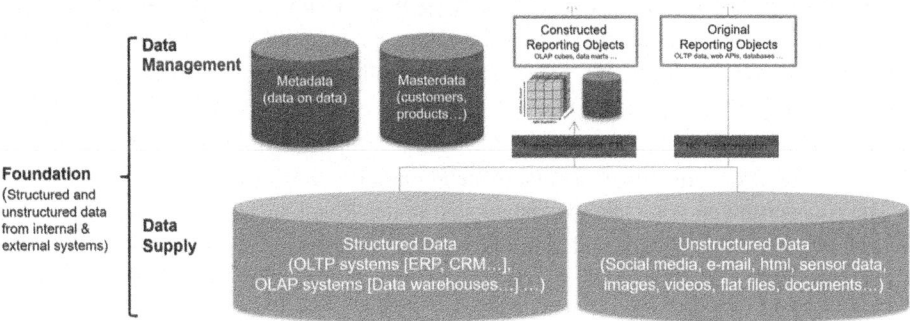

Abb. 3.43 Daten in Data-Management-Schicht laden

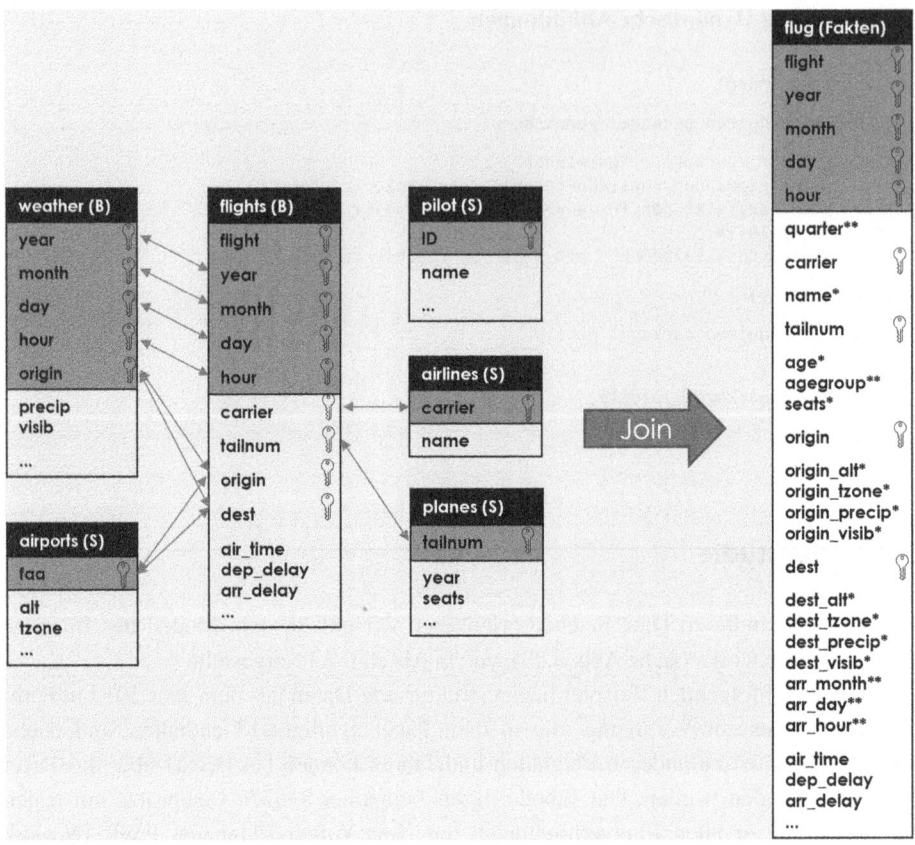

Abb. 3.44 Datenmodell Flugdaten

In Data Science unterscheidet man zwischen Stammdaten oder Codelisten oder Dimensionen (Daten, die beständig sind, z. B. Produkte, Kunden, Flugzeuge, Flughäfen) und Bewegungsdaten oder Fakten (Daten, die permanent im Zeitverlauf entstehen, z. B. Auftragsdaten, Buchungsdaten, Transaktionsdaten, Flugdaten). Alle Stammdaten sollten einen eindeutigen Schlüssel (ID = Identifikationsschlüssel) besitzen, sodass eine ID eindeutig einem Produkt, Kunden, Flugzeug, Flughafen etc. zugeordnet werden kann. In der Abb. 3.44 sind die Stammdatentabellen mit einem S hinter dem Namen der Tabelle und die Bewegungsdaten mit einem B entsprechend markiert.

Die Auswertungen von Daten beziehen sich in der Regel auf die Bewegungsdaten, da sie sich permanent verändern und daher besonders „interessant" sind. Durch die Analyse der Bewegungsdaten lassen sich dann Fragen beantworten, z. B. wie viel von welchem Produkt wurde in einem speziellen Zeitraum verkauft oder welche Fluglinie hat die geringsten Verspätungen.

Angenommen das Ziel einer Auswertung ist die Analyse der Flugverspätungen bei Ankunft und Abflug. Folgende mögliche Einflussfaktoren sollen betrachtet werden (Informationsbedarf nachfolgend im Format Tabelle: Attribut):

- Flughafen(airports): ID(faa), Höhe über Meeresspiegel(alt), Zeitzone (tzone)
- Flugzeug(planes): ID(tailnum), Baujahr(year), Sitzplatzanzahl(seats)
- Fluggesellschaft(airlines): ID(carrier), Name(name)
- Wetter(weather): ID(origin,year,month,day,hour), Niederschlag(precip), Sicht(visib)
- Personal: Pilot
- Flug(flights): ID(flight,year,month,day,hour), Fluggesellschaft(carrier), Flugzeug(tailnum), Abflughafen(origin), Zielflughafen(dest), Flugdauer(air_time), Verspätung Abflug(dep_delay), Verspätung Ankunft(arr_delay)

Bei der Analyse der verfügbaren Daten (Informationsangebot) fällt auf, dass nicht alle Daten benötigt werden und andererseits nicht alle gewünschten Daten verfügbar sind. Die nicht verfügbaren Daten zu den Piloten verhindern eine Analyse der Abhängigkeit der Verspätungen vom Flugpersonal. Um dies zukünftig zu korrigieren, sollte diese Information gesucht und geladen werden. Sofern die Daten nicht existieren, sollte geprüft werden, ob sich eine Datenerhebung lohnt.

In den Tabellen des Datenmodells (siehe Abb. 3.44) sind deutlich mehr Variablen verfügbar als für die aktuelle Analyse erforderlich ist. Die für die spezielle Analyse nicht erforderlichen Merkmale sind hier mit … gekennzeichnet. Die Tabellen besitzen verschiedene Feldtypen:

- Schlüsselfeld (grauer Hintergrund mit Schlüsselsymbol)
- Fremdschlüsselmerkmal (weißer Hintergrund mit Schlüsselsymbol)
- Einfaches Merkmal bzw. beschreibende Variable (weißer Hintergrund).

Um verlässliche Auswertungen machen zu können, gilt es nach dem Laden der Daten und im Vorfeld der Analysen zu selektieren, welche Daten für die Analyse von Bedeutung sind (Selektion) und für diese selektierten Daten eine ausreichende Datenqualität sicherzustellen (Validierung). Auch eine Konvertierung der Datentypen kann sinnvoll sein, z. B. Variablen vom Typ character in Faktorvariablen konvertieren oder numerische Variablen in Integer-Variablen konvertieren, um weniger Speicherplatz zu verbrauchen. Sowohl die Selektion als auch die Konvertierung trägt erheblich zur Reduktion des Speicherbedarfs und damit auch der Verarbeitungsgeschwindigkeit der Analysen bei. Ein weiterer Bestandteil der Transformation der Daten kann eine Codierung sein, z. B. 1 = weiblich, 2 = männlich, ebenso wie die Transformation von Einheiten, z. B. die einheitliche Umrechnung von Gewichtsangaben von Pfund, Tonnen in kg oder von Geldbeträgen in eine einheitliche Währung. Sollten zusätzliche Merkmale für die Analysen gewünscht sein, so können diese konstruiert werden, wie z. B. das Merkmal Quartal (quarter) auf Basis des Monats. Konstruierte Merkmale sind in der Abb. 3.44 mit ** markiert.

Die Grundlage für die Selektion ebenso wie die Validierung der Daten sind die Metadaten, also Daten über die Daten. Die Metadaten beschreiben für jede Tabelle deren Inhalt, welche Spalten (Variablen) es gibt und welche Bedeutung diese haben (Name bzw. Erklärung) und auch welchen Datentyp sie haben. In den Metadaten sollte auch vermerkt sein, welche Variablen Schlüsselfelder sind, also zur Identifikation eines Datensatzes (Zeile) in der Tabelle geeignet sind und ob dieser Schlüssel ein einzigartiger Schlüssel (Unique Key; kein zweiter Eintrag mit dem selben Schlüssel, z. B. Fluggesellschaft „LH" für Lufthansa) oder ein einfacher Schlüssel (Non-Unique Key; mehrere Einträge mit demselben Schlüssel zulässig, z. B. Namen der Piloten „Hans Müller"). Für jedes Merkmal sollte in den Metadaten auch beschrieben sein, ob es eine begrenzte Menge gültiger Werte gibt, z. B. bei einer Zahl für die Monate die Wertemenge von 1 bis 12, für das Alter der Piloten keine negativen Zahlen etc. Neben einer fest vorgegebenen unteren und oberen Grenze wie in den vorgenannten Beispielen kann die Wertemenge aber auch über einen Fremdschlüssel (in der Abb. 3.44 sind die Beziehungen der Fremdschlüssel mit den zugehörigen Tabellen mit Pfeilen markiert) erfolgen, der bedeutet, dass es in einer anderen Tabelle einen Datensatz mit diesem Schlüssel geben muss, z. B. eine Fluggesellschaft mit der ID, die sich in der Tabelle flights in dem Merkmal carrier befindet oder die ID eines Flughafens, der sich in der Tabelle flights in dem Merkmal origin und dest befindet. Die Existenz dieser Metadaten stellt die Grundlage für eine Qualitätssicherung der Daten dar.

Die Daten in der Tabelle flights und auch in den anderen Tabellen können dann, basierend auf den Metadaten, auf Validität geprüft werden, sodass es für jede Beziehung zu einer anderen Tabelle einen gültigen Fremdschlüssel gibt, z. B. alle Zielflughäfen (dest) eine gültige Flughafen-ID (faa) oder alle Rechnungen und Aufträge eine gültige Kunden-ID (Kundennummer) enthalten. Ebenso gilt es zu validieren, dass sich alle Merkmale innerhalb der definierten Wertebereiche befinden, z. B. Monat zwischen 1 bis 12, Alter>0.

Fehlerhafte bzw. nicht konsistente Daten sind dann die Daten, für die ein Merkmalsangabe fehlt (NA) oder ein ungültiger Eintrag vorliegt. Fehlende bzw. fehlerhafte Datensätze sollten idealerweise korrigiert werden. Wenn dies nicht möglich ist, dann sollten sie aus der Analyse ausgeschlossen werden. Dieser Schritt der Qualitätssicherung erfolgt nach der Extraktion (hier aus dem Paket nycflights13) in Form der Transformation (ETL=Extraktion, Transformation, Laden) im Vorfeld des Ladens der Daten in ein Auswertungsobjekt, einen sogenannten Datamart bzw. einen DataCube.

Ein Datenmodell mit mehreren Tabellen eignet sich nicht für komplexe Analysen und sollte daher zuvor in eine sogenannte Faktentabelle (Datamart bzw. DataCube) überführt werden, in der alle Schlüsselfelder und Merkmale enthalten sein sollten, die für die Analyse erforderlich sind (in Abb. 3.44 sind die durch den Join zu der Faktentabelle hinzugefügten Merkmale in der Faktentabelle mit * markiert). Diesen Prozessschritt bezeichnet man auch als das Laden (ETL=Extraktion, Transformation, Laden) in die Datenmanagement-Ebene.

Da Analysen den Bedarf haben auf unterschiedliche Merkmale zurückzugreifen, gilt es hier eine darauf abgestimmte, immer wieder spezifisch anders geartete, Faktentabelle zu konstruieren. Wenn allerdings mehrere Analysen immer wieder auf die gleiche

Faktentabelle zurückgreifen wollen, dann bietet es sich an diese Faktentabelle als Auswertungsobjekt in Form eines sogenannten Datamarts oder DataCubes zu speichern. Auf diese Art muss der aufwendige Prozess der Extraktion, der Transformation und des Ladens nicht immer wiederholt werden. Das entlastet die Rechner und trägt dazu bei, die Performanz der Auswertungen zu erhöhen.

Fallstudie Data Science – Teil 1

```
#- ETL-Prozess (Extraktion aus Paket, Transformation, Laden in Faktentabelle)-----

library(nycflights13)                        # Paket erforderlich

#- Stammdaten Flughäfen-------------------------------------------------------
str(airports)                                # Variablen/Typ und Zeilenanzahl

## tibble[,8] [1,458 x 8] (S3: tbl_df/tbl/data.frame)
## $ faa  : chr [1:1458] "04G" "06A" "06C" "06N" ...
## $ name : chr [1:1458] "Lansdowne Airport" "Moton Field Municipal Airport" "Schau
mburg Regional" "Randall Airport" ...
## $ lat  : num [1:1458] 41.1 32.5 42 41.4 31.1 ...
## $ lon  : num [1:1458] -80.6 -85.7 -88.1 -74.4 -81.4 ...
## $ alt  : num [1:1458] 1044 264 801 523 11 ...
## $ tz   : num [1:1458] -5 -6 -6 -5 -5 -5 -5 -5 -5 -8 ...
## $ dst  : chr [1:1458] "A" "A" "A" "A" ...
## $ tzone: chr [1:1458] "America/New_York" "America/Chicago" "America/Chicago" "Am
erica/New_York" ...
## - attr(*, "spec")=
## .. cols(
## ..   id = col_double(),
## ..   name = col_character(),
## ..   city = col_character(),
## ..   country = col_character(),
## ..   faa = col_character(),
## ..   icao = col_character(),
## ..   lat = col_double(),
## ..   lon = col_double(),
## ..   alt = col_double(),
## ..   tz = col_double(),
## ..   dst = col_character(),
## ..   tzone = col_character()
## .. )

head(airports,5)                             # 5 Datensätze

## # A tibble: 5 x 8
## faa   name                      lat  lon  alt   tz dst  tzone
## <chr> <chr>                     <dbl> <dbl> <dbl> <dbl> <chr> <chr>
## 1 04G  Lansdowne Airport         41.1 -80.6 1044  -5 A    America/New_Y~
## 2 06A  Moton Field Municipal Airp~ 32.5 -85.7  264  -6 A    America/Chica~
## 3 06C  Schaumburg Regional        42.0 -88.1  801  -6 A    America/Chica~
## 4 06N  Randall Airport            41.4 -74.4  523  -5 A    America/New_Y~
## 5 09J  Jekyll Island Airport      31.1 -81.4   11  -5 A    America/New_Y~

colSums(is.na(airports))                     # Anzahl NAs je Spalte

## faa name lat lon alt   tz  dst tzone
##   0    0   0   0   0    0    0     3

filter(airports,is.na(airports$tzone))       # Flughäfen ohne TimeZone-Angabe
```

```
## # A tibble: 3 x 8
##   faa   name                                    lat    lon   alt    tz dst   tzone
##   <chr> <chr>                                 <dbl>  <dbl> <dbl> <dbl> <chr> <chr>
## 1 EEN   Dillant Hopkins Airport                72.3   42.9   149    -5 A     <NA>
## 2 LRO   Mount Pleasant Regional-Faison Fie~    32.5  -79.5    12    -5 A     <NA>
## 3 YAK   Yakutat                                59.3 -139.     33    -9 A     <NA>
```

```
table(airports$tz)                              # Verteilung Zeitunterschied
```

```
##
## -10  -9  -8  -7  -6  -5   8
##  18 240 178 157 342 521   2
```

```
table(airports$tzone)                           # Verteilung Zeitzone
```

```
##
##     America/Anchorage       America/Chicago       America/Denver America/Los_Angeles
##                   239                   342                  119                 176
##     America/New_York       America/Phoenix     America/Vancouver       Asia/Chongqing
##                   519                    38                    2                    2
##    Pacific/Honolulu
##                  18
```

```
airports$tzone[airports$faa=="EEN"]<-"America/New_York"   # Transformation/Korrektur
airports$tzone[airports$faa=="LRO"]<-"America/New_York"   # Transformation/Korrektur
airports$tzone[airports$faa=="YAK"]<-"America/Anchorage"  # Transformation/Korrektur
colSums(is.na(airports))                        # Anzahl NAs je Spalte
```

```
##  faa  name   lat   lon   alt    tz   dst tzone
##    0     0     0     0     0     0     0     0
```

```
dim(airports)                                   # Größe der Tabelle Zeilen/Spalten
```

```
## [1] 1458    8
```

```
object.size(airports)                           # Größe in Bytes
```

```
## 292968 bytes
```

```
airports.orig<-airports                         # Kopie mit allen Merkmalen
# In der Realität sollte kein zusätzliches Objekt, z.B. airports.orig angelegt
# werden. Hier wird dies nur getan, um später aufzuzeigen, wie der Speicherbedarf
# der durch Joins der Tabellen entstehenden Faktentabelle erheblich höher wäre
airports<-select(airports,c("faa","alt","tzone"))    # Selektion der Merkmale
dim(airports)                                   # Größe der Tabelle Zeilen/Spalten
```

```
## [1] 1458    3
```

```
object.size(airports)                           # Größe in Bytes
```

```
## 125160 bytes
```

```
#- Stammdaten Flugzeuge-------------------------------------------------------
str(planes)                                    # Variablen/Typ und Zeilenanzahl
## tibble[,9] [3,322 x 9] (S3: tbl_df/tbl/data.frame)
## $ tailnum      : chr [1:3322] "N10156" "N102UW" "N103US" "N104UW" ...
## $ year         : int [1:3322] 2004 1998 1999 1999 2002 1999 1999 1999 1999 1999 .
..
## $ type         : chr [1:3322] "Fixed wing multi engine" "Fixed wing multi engine"
 "Fixed wing multi engine" "Fixed wing multi engine" ...
## $ manufacturer: chr [1:3322] "EMBRAER" "AIRBUS INDUSTRIE" "AIRBUS INDUSTRIE" "AI
RBUS INDUSTRIE" ...
## $ model        : chr [1:3322] "EMB-145XR" "A320-214" "A320-214" "A320-214" ...
## $ engines      : int [1:3322] 2 2 2 2 2 2 2 2 2 2 ...
## $ seats        : int [1:3322] 55 182 182 182 55 182 182 182 182 182 ...
## $ speed        : int [1:3322] NA NA NA NA NA NA NA NA NA NA ...
## $ engine       : chr [1:3322] "Turbo-fan" "Turbo-fan" "Turbo-fan" "Turbo-fan" ...
```

```
head(planes,5)                                      # 5 Datensätze
```

```
## # A tibble: 5 x 9
##   tailnum year  type           manufacturer   model  engines seats speed engine
##   <chr>   <int> <chr>          <chr>          <chr>    <int> <int> <int> <chr>
## 1 N10156  2004  Fixed wing mu~ EMBRAER        EMB-1~       2    55    NA Turbo-~
## 2 N102UW  1998  Fixed wing mu~ AIRBUS INDUST~ A320-~       2   182    NA Turbo-~
## 3 N103US  1999  Fixed wing mu~ AIRBUS INDUST~ A320-~       2   182    NA Turbo-~
## 4 N104UW  1999  Fixed wing mu~ AIRBUS INDUST~ A320-~       2   182    NA Turbo-~
## 5 N10575  2002  Fixed wing mu~ EMBRAER        EMB-1~       2    55    NA Turbo-~
```

```
colSums(is.na(planes))                        # Anzahl NAs je Spalte
```

```
##      tailnum         year         type manufacturer        model      engines
##            0           70            0            0            0            0
##        seats        speed       engine
##            0         3299            0
```

```
filter(planes,is.na(planes$year))                # Flughäfen ohne Angabe year

## # A tibble: 70 x 9
##    tailnum year type         manufacturer  model    engines seats speed engine
##    <chr>   <int> <chr>        <chr>         <chr>      <int> <int> <int> <chr>
## 1  N14558    NA Fixed wing ~ EMBRAER       EMB-145~       2    55    NA Turbo-~
## 2  N15555    NA Fixed wing ~ EMBRAER       EMB-145~       2    55    NA Turbo-~
## 3  N15574    NA Fixed wing ~ EMBRAER       EMB-145~       2    55    NA Turbo-~
## 4  N174US    NA Fixed wing ~ AIRBUS INDUS~ A321-211       2   199    NA Turbo-~
## 5  N177US    NA Fixed wing ~ AIRBUS INDUS~ A321-211       2   199    NA Turbo-~
## 6  N181UW    NA Fixed wing ~ AIRBUS INDUS~ A321-211       2   199    NA Turbo-~
## 7  N18557    NA Fixed wing ~ EMBRAER       EMB-145~       2    55    NA Turbo-~
## 8  N194UW    NA Fixed wing ~ AIRBUS        A321-211       2   199    NA Turbo-~
## 9  N238JB    NA Fixed wing ~ EMBRAER       ERJ 190~       2    20    NA Turbo-~
## 10 N271LV    NA Fixed wing ~ BOEING        737-705        2   149    NA Turbo-~
## # ... with 60 more rows

# Fehlende Angaben bei speed für Analyse unerheblich. Fehlende Angaben bei year
# werden bei der Analyse berücksichtigt durch na.rm=TRUE
dim(planes)                                      # Größe der Tabelle Zeilen/Spalten

## [1] 3322    9

object.size(planes)                              # Größe in Bytes

## 384432 bytes

planes$age<-2013-planes$year                     # Alter im Jahr 2013
planes<-select(planes,-"year")                   # Year entfernen
planes.orig<-planes                              # Kopie mit allen Merkmalen
planes<-select(planes,c("tailnum","age","seats"))   # Selektion der Merkmale
dim(planes)                                      # Größe der Tabelle Zeilen/Spalten

## [1] 3322    3

object.size(planes)                              # Größe in Bytes

## 253592 bytes

#- Stammdaten Fluglinien-------------------------------------------------------
str(airlines)                                    # Variablen/Typ und Zeilenanzahl

## tibble[,2] [16 x 2] (S3: tbl_df/tbl/data.frame)
## $ carrier: chr [1:16] "9E" "AA" "AS" "B6" ...
## $ name   : chr [1:16] "Endeavor Air Inc." "American Airlines Inc." "Alaska Airli
nes Inc." "JetBlue Airways" ...

head(airlines,5)                                 # 5 Datensätze
```

```
## # A tibble: 5 x 2
##   carrier name
##   <chr>   <chr>
## 1 9E      Endeavor Air Inc.
## 2 AA      American Airlines Inc.
## 3 AS      Alaska Airlines Inc.
## 4 B6      JetBlue Airways
## 5 DL      Delta Air Lines Inc.
```

```
colSums(is.na(airlines))                    # Anzahl NAs je Spalte
```

```
## carrier    name
##      0       0
```

```
                                            # Keine fehlenden Angaben
dim(airlines)                               # Größe der Tabelle Zeilen/Spalten
```

```
## [1] 16  2
```

```
object.size(airlines)                       # Größe in Bytes
```

```
## 3352 bytes
```

```
airlines.orig<-airlines                       # Kopie mit allen Merkmalen
airlines<-select(airlines,c("carrier","name")) # Selektion der Merkmale
dim(airlines)                                 # Größe der Tabelle Zeilen/Spalten
```

```
## [1] 16  2
```

```
object.size(airlines)                       # Größe in Bytes
```

```
## 3352 bytes
```

```
#- Bewegungsdaten Flüge-------------------------------------------------------
str(flights)                                # Variablen/Typ und Zeilenanzahl
```

```
## tibble[,19] [336,776 x 19] (S3: tbl_df/tbl/data.frame)
```

```
## $ year          : int [1:336776] 2013 2013 2013 2013 2013 2013 2013 2013 2013 20
13 ...
## $ month         : int [1:336776] 1 1 1 1 1 1 1 1 1 1 ...
## $ day           : int [1:336776] 1 1 1 1 1 1 1 1 1 1 ...
## $ dep_time      : int [1:336776] 517 533 542 544 554 554 555 557 557 558 ...
## $ sched_dep_time: int [1:336776] 515 529 540 545 600 558 600 600 600 600 ...
## $ dep_delay     : num [1:336776] 2 4 2 -1 -6 -4 -5 -3 -3 -2 ...
## $ arr_time      : int [1:336776] 830 850 923 1004 812 740 913 709 838 753 ...
## $ sched_arr_time: int [1:336776] 819 830 850 1022 837 728 854 723 846 745 ...
## $ arr_delay     : num [1:336776] 11 20 33 -18 -25 12 19 -14 -8 8 ...
## $ carrier       : chr [1:336776] "UA" "UA" "AA" "B6" ...
## $ flight        : int [1:336776] 1545 1714 1141 725 461 1696 507 5708 79 301 ...
## $ tailnum       : chr [1:336776] "N14228" "N24211" "N619AA" "N804JB" ...
## $ origin        : chr [1:336776] "EWR" "LGA" "JFK" "JFK" ...
## $ dest          : chr [1:336776] "IAH" "IAH" "MIA" "BQN" ...
## $ air_time      : num [1:336776] 227 227 160 183 116 150 158 53 140 138 ...
## $ distance      : num [1:336776] 1400 1416 1089 1576 762 ...
## $ hour          : num [1:336776] 5 5 5 5 6 5 6 6 6 6 ...
## $ minute        : num [1:336776] 15 29 40 45 0 58 0 0 0 0 ...
## $ time_hour     : POSIXct[1:336776], format: "2013-01-01 05:00:00" "2013-01-01 0
5:00:00" ...
```

```
head(flights,5)                                # 5 Datensätze
```

```
## # A tibble: 5 x 19
##    year month   day dep_time sched_dep_time dep_delay arr_time sched_arr_time
##   <int> <int> <int>    <int>          <int>     <dbl>    <int>          <int>
## 1  2013     1     1      517            515         2      830            819
## 2  2013     1     1      533            529         4      850            830
## 3  2013     1     1      542            540         2      923            850
## 4  2013     1     1      544            545        -1     1004           1022
## 5  2013     1     1      554            600        -6      812            837
## # ... with 11 more variables: arr_delay <dbl>, carrier <chr>, flight <int>,
## #   tailnum <chr>, origin <chr>, dest <chr>, air_time <dbl>, distance <dbl>,
## #   hour <dbl>, minute <dbl>, time_hour <dttm>
```

```
colSums(is.na(flights))                        # Anzahl NAs je Spalte
```

```
##           year          month            day       dep_time sched_dep_time
##              0              0              0           8255              0
##      dep_delay       arr_time sched_arr_time      arr_delay        carrier
##           8255           8713              0           9430              0
##         flight        tailnum         origin           dest       air_time
##              0           2512              0              0           9430
##       distance           hour         minute      time_hour
##              0              0              0              0
```

```
filter(flights,is.na(flights$dep_delay))      # Flüge ohne Angabe dep_delay
```

```
## # A tibble: 8,255 x 19
##     year month   day dep_time sched_dep_time dep_delay arr_time sched_arr_time
##    <int> <int> <int>    <int>          <int>     <dbl>    <int>          <int>
## 1   2013     1     1       NA           1630        NA       NA           1815
## 2   2013     1     1       NA           1935        NA       NA           2240
## 3   2013     1     1       NA           1500        NA       NA           1825
## 4   2013     1     1       NA            600        NA       NA            901
## 5   2013     1     2       NA           1540        NA       NA           1747
## 6   2013     1     2       NA           1620        NA       NA           1746
## 7   2013     1     2       NA           1355        NA       NA           1459
## 8   2013     1     2       NA           1420        NA       NA           1644
## 9   2013     1     2       NA           1321        NA       NA           1536
## 10  2013     1     2       NA           1545        NA       NA           1910
## # ... with 8,245 more rows, and 11 more variables: arr_delay <dbl>,
## #   carrier <chr>, flight <int>, tailnum <chr>, origin <chr>, dest <chr>,
## #   air_time <dbl>, distance <dbl>, hour <dbl>, minute <dbl>, time_hour <dttm>
```

```
# Fehlende Angaben bei dep_delay sind 8255 und bei arr_delay sind 9430. Da diese
# Merkmale ausgewertet werden sollen sind alle Datensätze, die beide Informationen
# nicht haben wertlos und können gelöscht werden. Datensätze mit einer der beiden
# Merkmale sollen dagegen für die Analyse erhalten werden. Es wird vorübergehend
# akzeptiert, dass für mehr als 1100 Datensätze Informationen zu Flugdauer
# (air_time) und Verspätung bei Ankunft (arr_delay) fehlen.
dim(flights)                             # Größe der Tabelle Zeilen/Spalten
```

```
## [1] 336776    19
```

```
object.size(flights)                     # Größe in Bytes
```

```
## 40650104 bytes
```

```
flights.orig<-flights                    # Kopie mit allen Merkmalen
entfernen<-ifelse(is.na(flights$arr_delay)&is.na(flights$dep_delay),T,F)
```

```
flights<-flights[!entfernen,]        # Zeilen mit NA in arr_delay & dep_delay löschen
rm(entfernen)                            # Variable löschen
flights$arr_hour<-as.integer(flights$sched_arr_time/100)
flights$arr_day<-flights$day
flights$arr_month<-flights$month
for(i in 1:nrow(flights)){               # Fälle, wo Tag/Monat anders
  if(flights$arr_hour[i]<flights$hour[i]) {   # als Abflugtag/Monat
    tag<-ymd(paste(flights$year[i],flights$month[i],flights$day[i]))+1
    flights$arr_day[i]<-day(tag)
    flights$arr_month[i]<-month(tag)
  }
}
spalten<-c("flight","year","month","day","hour","carrier","tailnum","origin",
           "dest","air_time","dep_delay","arr_delay",
           "arr_month","arr_day","arr_hour")
flights<-select(flights,spalten)         # Selektion der Merkmale
```

```
## Note: Using an external vector in selections is ambiguous.
## i Use `all_of(spalten)` instead of `spalten` to silence this message.
## i See <https://tidyselect.r-lib.org/reference/faq-external-vector.html>.
## This message is displayed once per session.
```

```
dim(flights)                             # Größe der Tabelle Zeilen/Spalten
```

```
## [1] 328521     15
```

```
object.size(flights)                     # Größe in Bytes
```

```
## 31773600 bytes
```

```
#- Bewegungsdaten Wetter-------------------------------------------------------
str(airlines)                            # Variablen/Typ und Zeilenanzahl
```

```
## tibble[,2] [16 x 2] (S3: tbl_df/tbl/data.frame)
##  $ carrier: chr [1:16] "9E" "AA" "AS" "B6" ...
##  $ name   : chr [1:16] "Endeavor Air Inc." "American Airlines Inc." "Alaska Airli
nes Inc." "JetBlue Airways" ...
```

```
head(airlines,5)                         # 5 Datensätze
```

```
## # A tibble: 5 x 2
##   carrier name
##   <chr>   <chr>
## 1 9E      Endeavor Air Inc.
## 2 AA      American Airlines Inc.
## 3 AS      Alaska Airlines Inc.
## 4 B6      JetBlue Airways
## 5 DL      Delta Air Lines Inc.
```

```
colSums(is.na(airlines))                 # Anzahl NAs je Spalte
```

```
## carrier      name
##      0         0
```

```
                                         # Keine fehlenden Angaben
dim(airlines)                            # Größe der Tabelle Zeilen/Spalten
```

```
## [1] 16   2
```

```
object.size(airlines)                    # Größe in Bytes
```

```
## 3352 bytes
```

```
airlines.orig<-airlines                  # Kopie mit allen Merkmalen
airlines<-select(airlines,c("carrier","name")) # Selektion der Merkmale
dim(airlines)                            # Größe der Tabelle Zeilen/Spalten
```

```
## [1] 16   2
```

```
object.size(airlines)                    # Größe in Bytes
```

```
## 3352 bytes
```

```
#- Bewegungsdaten Flüge-------------------------------------------------------
str(weather)                             # Variablen/Typ und Zeilenanzahl
```

```
## tibble[,15] [26,115 x 15] (S3: tbl_df/tbl/data.frame)
## $ origin    : chr [1:26115] "EWR" "EWR" "EWR" "EWR" ...
## $ year      : int [1:26115] 2013 2013 2013 2013 2013 2013 2013 2013 2013 2013 ..
## .
## $ month     : int [1:26115] 1 1 1 1 1 1 1 1 1 1 ...
## $ day       : int [1:26115] 1 1 1 1 1 1 1 1 1 1 ...
## $ hour      : int [1:26115] 1 2 3 4 5 6 7 8 9 10 ...
## $ temp      : num [1:26115] 39 39 39 39.9 39 ...
## $ dewp      : num [1:26115] 26.1 27 28 28 28 ...
## $ humid     : num [1:26115] 59.4 61.6 64.4 62.2 64.4 ...
## $ wind_dir  : num [1:26115] 270 250 240 250 260 240 240 250 260 260 ...
## $ wind_speed: num [1:26115] 10.36 8.06 11.51 12.66 12.66 ...
## $ wind_gust : num [1:26115] NA NA NA NA NA NA NA NA NA NA ...
```

```
## $ precip    : num [1:26115] 0 0 0 0 0 0 0 0 0 0 ...
## $ pressure  : num [1:26115] 1012 1012 1012 1012 1012 ...
## $ visib     : num [1:26115] 10 10 10 10 10 10 10 10 10 10 ...
## $ time_hour : POSIXct[1:26115], format: "2013-01-01 01:00:00" "2013-01-01 02:00:
00" ...
```

```
head(weather,5)                                # 5 Datensätze
```

```
## # A tibble: 5 x 15
##   origin year month   day  hour  temp  dewp humid wind_dir wind_speed wind_gust
##   <chr> <int> <int> <int> <int> <dbl> <dbl> <dbl>    <dbl>      <dbl>     <dbl>
## 1 EWR    2013     1     1     1  39.0  26.1  59.4      270       10.4        NA
## 2 EWR    2013     1     1     2  39.0  27.0  61.6      250        8.06       NA
## 3 EWR    2013     1     1     3  39.0  28.0  64.4      240       11.5        NA
## 4 EWR    2013     1     1     4  39.9  28.0  62.2      250       12.7        NA
## 5 EWR    2013     1     1     5  39.0  28.0  64.4      260       12.7        NA
## # ... with 4 more variables: precip <dbl>, pressure <dbl>, visib <dbl>,
## #   time_hour <dttm>
```

```
colSums(is.na(weather))                        # Anzahl NAs je Spalte
```

```
##      origin        year       month         day        hour        temp        dewp
##           0           0           0           0           0           1           1
##       humid    wind_dir  wind_speed   wind_gust      precip    pressure       visib
##           1         460           4       20778           0        2729           0
##   time_hour
##           0
```

```
# Keine fehlenden Angaben bei den erforderlichen Variablen year,month,day,hour,
# origin,precip und visib.
dim(weather)                                   # Größe der Tabelle Zeilen/Spalten
```

```
## [1] 26115    15
```

```
object.size(weather)                           # Größe in Bytes
```

```
## 2719280 bytes
```

```
weather.orig<-weather                          # Kopie mit allen Merkmalen
spalten<-c("year","month","day","hour","origin","precip","visib")
weather<-select(weather,spalten)               # Selektion der Merkmale
dim(weather)                                    # Größe der Tabelle Zeilen/Spalten
```

```
## [1] 26115     7
```

```
object.size(weather)                           # Größe in Bytes
```

```
## 1046384 bytes
```

```
# Einsparung Hauptspeicherplatz für Stamm- und Bewegungsdaten durch Selektion-----
objekte.orig=c(airports.orig,planes.orig,airlines.orig,flights.orig,weather.orig)
objekte=c(airports,planes,airlines,flights,weather)
reduktion<-sum(sapply(objekte.orig,object.size))-sum(sapply(objekte,object.size))
reduktion                                  # Reduktion des Speicherbedarfs
```

```
## [1] 10859536
```

```
# Join der Tabellen, um Faktentabelle (DataCube) zu erstellen--------------------
dim(flights)                               # Größe der Tabelle Zeilen/Spalten
```

```
## [1] 328521    15
```

```
flug1<-merge(flights,airports,            # Inner Join
        by.x="origin",by.y="faa")
dim(flug1)                                 # Ergebnis des Inner Joins
```

```
## [1] 328521    17
```

```
flug1<-rename(flug1,"origin_alt"="alt","origin_tzone"="tzone")# Spalten umbenennen
flug2<-merge(flug1,airports,               # Inner Join
        by.x="dest",by.y="faa")
dim(flug2)                                 # Ergebnis des Inner Joins
```

```
## [1] 320960    19
```

```
# Mehr als 7000 Datensätze gehen bei dem Innter Join verloren, da kein Eintrag zu
# dem Zielflufhafen dest in der Tabelle airports existiert. Die Qualität der
# Stammdatentabelle der Flughäfen sollte unbedingt erhöht werden, indem fehlende
# Daten ergänzt werden.
# Damit die 7000 Datensätze mit den anderen Informationen für die Analyse nicht
# verloren gehen wird statt dem Inner jetzt ein Outer Join durchgeführt. Für die
# 7000 Datensätze fehlt dann natürlich trotzdem die Information zur Höhe über dem
# Meeresspiegel (alt) und der Zeitzone (tzone) für die Analysen
flug2<-merge(flug1,airports,all.x=TRUE,    # Outer Join
        by.x="dest",by.y="faa")
dim(flug2)                                 # Ergebnis des Inner Joins
```

```
## [1] 328521    19
```

```
flug2<-rename(flug2,"dest_alt"="alt","dest_tzone"="tzone")    # Spalten umbenennen
colSums(is.na(flug2))                      # Anzahl NAs je Spalte
```

```
##         dest       origin       flight         year        month          day
##            0            0            0            0            0            0
##         hour      carrier      tailnum     air_time    dep_delay    arr_delay
##            0            0            0         1175            0         1175
##    arr_month      arr_day     arr_hour   origin_alt origin_tzone     dest_alt
##            0            0            0            0            0         7561
##   dest_tzone
##         7561
```

```
fehlend<-filter(flug2,is.na(flug2$dest_alt))    # Flüge ohne Altitude-Angabe Ziel
table(fehlend$dest)                             # Fehlende Flughäfen in Stammdaten

##
##  BQN  PSE  SJU  STT
##  891  361 5791  518
```

```
# und betroffene Anzahl Flugdatensätze. Sobald die vier Einträge in der airports
# Stammdatentabelle hinzugefügt wurden, kann ohne Datenverlust Inner Join erfolgen
flug3<-merge(flug2,airlines,              # Inner Join
        by.x="carrier",by.y="carrier")
dim(flug3)                                # Ergebnis des Inner Joins
```

```
## [1] 328521      20
```

```
flug4<-merge(flug3,planes,                # Inner Join
        by.x="tailnum",by.y="tailnum")
dim(flug4)                                # Ergebnis des Inner Joins
```

```
## [1] 279971      22
```

```
# Mehr als 48000 Datensätze gehen bei dem Innter Join verloren, da kein Eintrag zu
# dem Flugzeug mit der tailnum in der Tabelle planes existiert. Die Qualität der
# Stammdatentabelle der Flugzeuge sollte unbedingt erhöht werden, indem fehlende
# Daten ergänzt werden.
# Damit die 48000 Datensätze mit den anderen Informationen für die Analyse nicht
# verloren gehen wird statt dem Inner jetzt ein Outer Join durchgeführt. Für die
# 48000 Datensätze fehlt dann natürlich trotzdem die Information zum Baujahr
# (year) und der Sitzplatzanzahl (seats) für die Analysen
flug4<-merge(flug3,planes,all.x=TRUE,     # Outer Join
        by.x="tailnum",by.y="tailnum")
dim(flug4)                                # Ergebnis des Inner Joins
```

```
## [1] 328521     22
```

```
colSums(is.na(flug4))                          # Anzahl NAs je Spalte
```

```
##      tailnum      carrier         dest       origin       flight         year
##            0            0            0            0            0            0
##        month          day         hour     air_time    dep_delay    arr_delay
##            0            0            0         1175            0         1175
##    arr_month      arr_day     arr_hour   origin_alt origin_tzone     dest_alt
##            0            0            0            0            0         7561
##   dest_tzone         name          age        seats
##         7561            0        53725        48550
```

```
fehlend<-filter(flug4,is.na(flug4$age))        # Flüge ohne Alter von Flugzeug
head(sort(table(fehlend$tailnum),decreasing=T),10)  # Erte 10 fehlende Flugzeuge
```

```
##
## N725MQ N722MQ N723MQ N713MQ N735MQ N0EGMQ N534MQ N542MQ N6EAMQ N528MQ
##    546    487    480    455    372    354    352    346    335    334
```

```
# in den Stammdaten und betroffene Anzahl Flugdatensätze. Sobald die 791 Einträge
# der fehlenden Flugzeuge in der planes hinzugefügt wurden, kann auch ein Inner
# Join ohne Datenverlust erfolgen
flug5<-merge(flug4,weather,                     # Inner Join für Abflughafen
        by.x=c("origin","year","month","day","hour"),
        by.y=c("origin","year","month","day","hour"))
dim(flug5)                                      # Ergebnis des Inner Joins
```

```
## [1] 326993     24
```

```
# Für mehr als 1500 Flugdaten fehlt die Wetterinformation und daher wurden diese
# beim Inner Join gelöscht. Um dies zu vermeiden erfolgt ein Outer Join
flug5<-merge(flug4,weather,all.x=TRUE,          # Outer Join für Abflughafen
        by.x=c("origin","year","month","day","hour"),
        by.y=c("origin","year","month","day","hour"))
dim(flug5)                                      # Ergebnis des Outer Joins
```

```
## [1] 328521    24
```

```r
flug5<-rename(flug5,"origin_precip"="precip","origin_visib"="visib") # Spalten um.
flug6<-merge(flug5,weather,                    # Inner Join für Zielflughafen
        by.x=c("dest","year","arr_month","arr_day","arr_hour"),
        by.y=c("origin","year","month","day","hour"))
dim(flug6)                                     # Ergebnis des Inner Joins
```

```
## [1]  0 26
```

```r
# Für keinen der Zielflughäfen liegt Wetterinformation in weather vor. Daher
# verbleiben werden beim Inner Join keine Datensätze. Diese Information fehlt
# und eine Analyse, ob die Verspätung von den Wetterverhältnissen am Zielflughafen
# abhängt, kann daher derzeit nicht untersucht werden.
# Um die anderen Informationen auswerten zu können erfolgt ein Outer Join
flug6<-merge(flug5,weather,all.x=TRUE,          # Outer Join für Zielflughafen
        by.x=c("dest","year","arr_month","arr_day","arr_hour"),
        by.y=c("origin","year","month","day","hour"))
dim(flug6)                                     # Ergebnis des Outer Joins
```

```
## [1] 328521    26
```

```r
flug6<-rename(flug6,"dest_precip"="precip","dest_visib"="visib") # Spalten umben.
flug<-flug6
colSums(is.na(flug))                           # Anzahl NAs je Spalte
```

```
##           dest          year     arr_month        arr_day       arr_hour
##              0             0             0              0              0
##         origin         month           day           hour        tailnum
##              0             0             0              0              0
##        carrier        flight      air_time      dep_delay      arr_delay
##              0             0          1175              0           1175
##     origin_alt   origin_tzone      dest_alt     dest_tzone           name
##              0             0          7561           7561              0
##            age         seats  origin_precip   origin_visib    dest_precip
##          53725         48550          1528           1528         328521
##     dest_visib
##         328521
```

```r
object.size(flug)                              # Größe in Bytes
```

```
## 59372408 bytes
```

```r
# Join der ORIGINALEN Tabellen, um Faktentabelle (DataCube) zu erstellen----------
dim(flights)                                   # Größe der Tabelle Zeilen/Spalten
```

```
## [1] 328521    15
```

```
flug.orig<-merge(flights,airports.orig,          # Inner Join
          by.x="origin",by.y="faa")
flug.orig<-rename(flug.orig,"origin_alt"="alt","origin_tzone"="tzone")
flug.orig<-merge(flug.orig,airports.orig,all.x=TRUE,     # Outer Join
             by.x="dest",by.y="faa")
flug.orig<-rename(flug.orig,"dest_alt"="alt","dest_tzone"="tzone")
flug.orig<-merge(flug.orig,airlines.orig,        # Inner Join
          by.x="carrier",by.y="carrier")
flug.orig<-merge(flug.orig,planes.orig,all.x=TRUE,       # Outer Join
          by.x="tailnum",by.y="tailnum")
flug.orig<-merge(flug.orig,weather.orig,all.x=TRUE, # Outer Join für Abflughafen
          by.x=c("origin","year","month","day","hour"),
          by.y=c("origin","year","month","day","hour"))
flug.orig<-rename(flug.orig,"origin_precip"="precip","origin_visib"="visib")
flug.orig<-merge(flug.orig,weather.orig,all.x=TRUE, # Outer Join für Zielflughafen
          by.x=c("dest","year","arr_month","arr_day","arr_hour"),
          by.y=c("origin","year","month","day","hour"))
flug.orig<-rename(flug.orig,"dest_precip"="precip","dest_visib"="visib")
object.size(flug.orig)                            # Größe in Bytes

## 140868936 bytes

# Einsparung Hauptspeicherplatz für Faktentabelle (DataCube) durch Selektion------
size.mitselektion<-object.size(flug)             # Größe in Bytes mit Selektion
size.ohneselektion<-object.size(flug.orig)       # Größe in Bytes ohne Selektion
reduktion<-size.ohneselektion-size.mitselektion
reduktion                                        # Reduktion des Speicherbedarfs

## 81496528 bytes

# Die Faktentabelle ist 81 Megabyte kleiner und enthält alle für die Analyse
# erforderlichen Merkmale. Damit wird jede nachfolgende Analyse performanter
# Einsparung Hauptspeicherplatz durch Typkonvertierung------------------------
var.konvtointeger<-c("age","origin_alt","origin_precip","origin_visib","dest_alt",
             "arr_month","air_time","dep_delay","arr_delay")
```

```
flug$carrier<-as.factor(flug$carrier)          # Konvertierung zu Faktor
flug$carrier<-fct_infreq(flug$carrier)
flug$name<-as.factor(flug$name)
flug$name<-fct_infreq(flug$name)
flug$tailnum<-as.factor(flug$tailnum)
flug$origin<-as.factor(flug$origin)
flug$dest<-as.factor(flug$dest)
flug$dest<-fct_infreq(flug$dest)
flug$origin_tzone<-as.factor(flug$origin_tzone)
flug$dest_tzone<-as.factor(flug$dest_tzone)
flug$age<-as.integer(flug$age)                 # Konvertierung zu Integer
flug$origin_alt<-as.integer(flug$origin_alt)
flug$origin_precip<-as.integer(flug$origin_precip)
flug$origin_visib<-as.integer(flug$origin_visib)
flug$dest_alt<-as.integer(flug$dest_alt)
flug$arr_month<-as.integer(flug$arr_month)
flug$air_time<-as.integer(flug$air_time)
flug$dep_delay<-as.integer(flug$dep_delay)
flug$arr_delay<-as.integer(flug$arr_delay)
size.nachkonvertierung<-object.size(flug)      # Größe in Bytes mit Selektion
size.ohneselektion

## 140868936 bytes

size.mitselektion

## 59372408 bytes

size.nachkonvertierung

## 38383304 bytes

cat("Reduktion von:",round((size.ohneselektion-size.nachkonvertierung)/1000000,0),
    "MegaBytes")

## Reduktion von: 102 MegaBytes

cat("Verbesserung mit Faktor:",round(size.ohneselektion/size.nachkonvertierung,2))

## Verbesserung mit Faktor: 3.67

#- Umcodierung Kategoriale Variablen-------------------------------------------
quarter<-factor(levels=c("Q1","Q2","Q3","Q4"),ordered=T) #Faktorvariable
quarter[flug$month<4] <- "Q1"                            # Numerisch -> Ordinal
quarter[flug$month>=4 & flug$month<7] <- "Q2"
quarter[flug$month>=7 & flug$month<10] <- "Q3"
quarter[flug$month>=10] <- "Q4"
flug$quarter<-quarter
rm(quarter)
table(flug$quarter)                                      # Werte

##
##    Q1    Q2    Q3    Q4
## 78146 83129 84448 82798


require(vtree)                                           # Paket erforderlich
vtree(flug,"quarter month",sameline=TRUE)               # Zuordnungsbaum
```

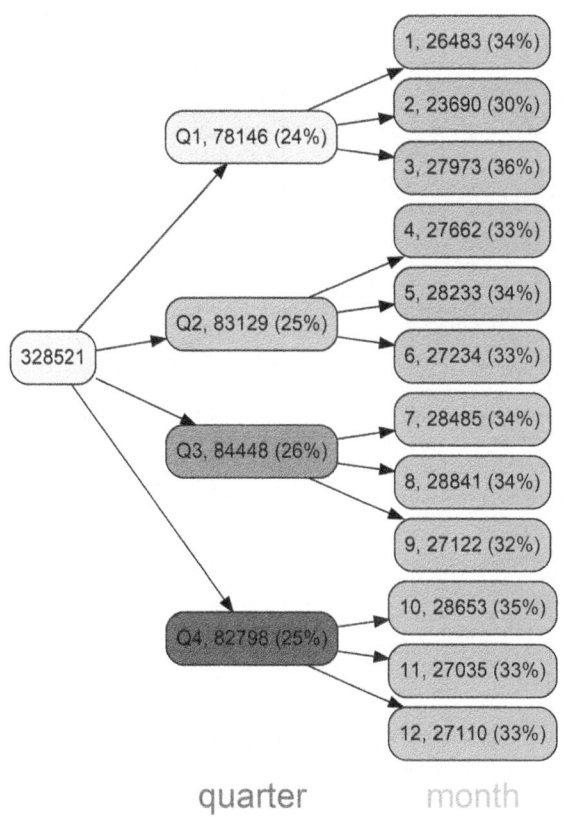

quarter   month

```
agegroup<-factor(levels=c("new","middle-aged","old"),ordered=T)    #Faktorvariable
agegroup[flug$age<10] <- "new"                              # Numerisch -> Ordinal
agegroup[flug$age>=10 & flug$age<20] <- "middle-aged"
agegroup[flug$age>=20] <- "old"
flug$agegroup<-agegroup
rm(agegroup)
table(flug$agegroup)                                        # Werte

##
##        new middle-aged        old
##     103710      133963      37123

#- Export von Dateien---------------------------------------------------------------
save(flug,file="flug.RData")                                # Exportiere RData-Datei
```

Die Faktentabelle für die Flüge der New Yorker Flughäfen ist jetzt erstellt. Fakten-tabellen (DataCubes) bestehen aus Navigationsattributen (Dimensionen) und Kennzahlen bzw. Fakten (Key Performance Indikatoren, KPI). Die Navigationsattribute dienen der Selektion relevanter Merkmalsausprägungen, z. B. spezifischer Fluggesellschaften, Flug-häfen in einem ausgewählten Zeitfenster. Das Datenmodell der Faktentabelle für die Flug-daten lässt sich vereinfacht wie in Abb. 3.45 dreidimensional für die Navigationsattribute

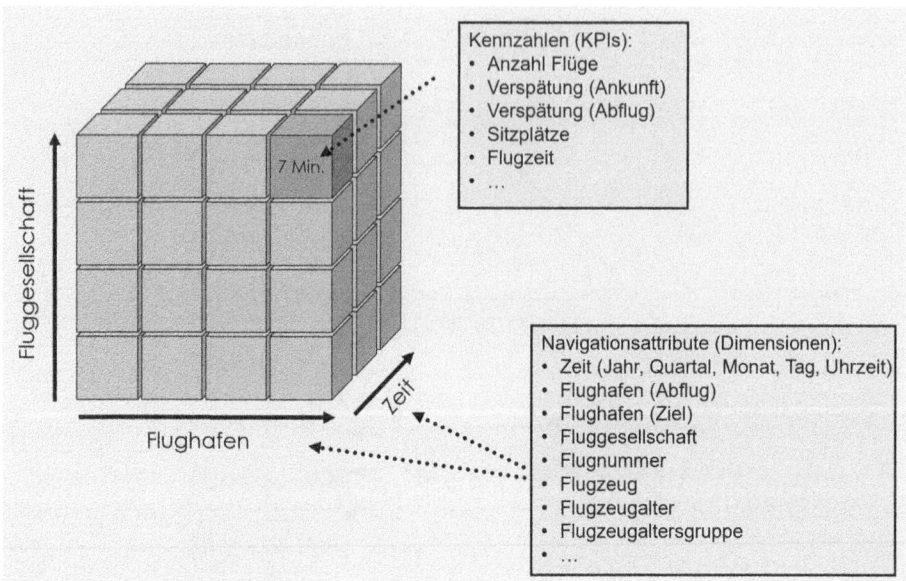

Abb. 3.45 DataCube Flugdaten

Zeit, Flughafen und Fluggesellschaft darstellen. Tatsächlich existieren in dem DataCube aber acht Dimensionen (Navigationsattribute) und die Dimension Zeit beinhaltet eine fünfstufige Hierarchie, über welche sich die Granularität der Anzeige von Jahr über Quartal, Monat, Tag bis hin zu einer Uhrzeit auf Stundenniveau ändern lässt. Um das Konzept eines DataCubes zu erklären, ist die Darstellung hier auf drei Dimensionen beschränkt.

Folgende analytischen Operationen lassen sich auf Faktentabellen anwenden (siehe Abb. 3.46):

- Slicing: Einen Filter anwenden, sodass eine Scheibe aus dem DataCube extrahiert wird.
- Dicing: Einen Filter auf mehr als eine Dimension anwenden, um eine Teilmenge, einen Teil-Cube zu extrahieren.
- Drill-Across: Die Achsen des DataCubes rotieren, sodass eine andere Dimension auf erster/vorderer Ebene ausgewählt wird.
- Drill-Down bzw. Roll-Up: Eine feinere Granularität eines Navigationsattributs wählen und so detailliertere Information auszuwählen bzw. eine weniger feine Granularität wählen und die Information aggregierter auswählen.

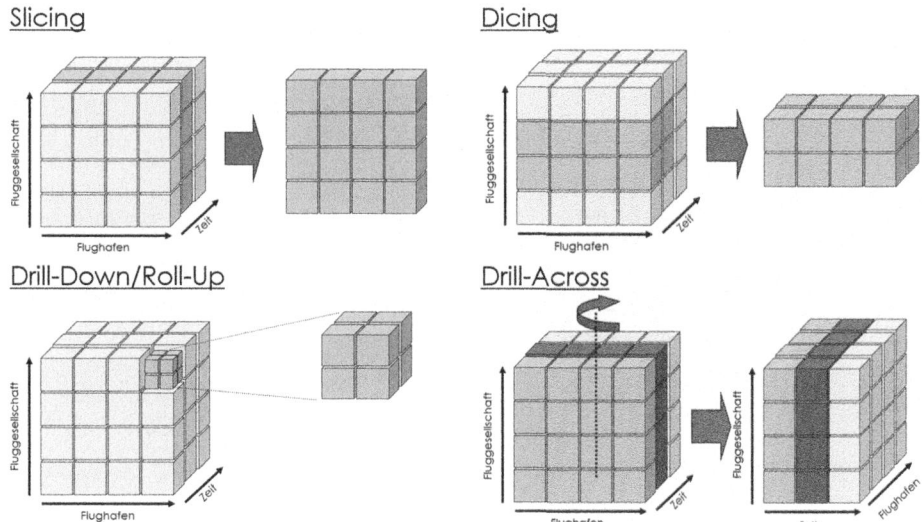

Abb. 3.46   Analysemethoden für DataCubes

Fallstudie Data Science – Teil 2

```
#-Exemplarische Analyse der Faktentabelle (DataCube)----------------------------
#-Einfache Charts---------------------------------------------------------------
analyse <- function(variable, name, yachse) {        # Funktion zum Plotten
  if (is.numeric(variable) | is.integer(variable)){
    hist(variable, xlab="",ylab=yachse, main=name)
    boxplot(variable,data=variable,main=name,xlab="",ylab=yachse)
  } else {
    par(oma=c(2,0,0,0))                              # Platz für Labels
    barplot(table(variable), space = 0,             # Space zwischen Balken
            ylab = yachse, main = name,
            border="black", col="grey",las=2)
  }
}
analyse(flug$carrier, "Flüge je Fluggesellschaft in 2013","") # Plot Flüge/Carrier
```

Flüge je Fluggesellschaft in 2013

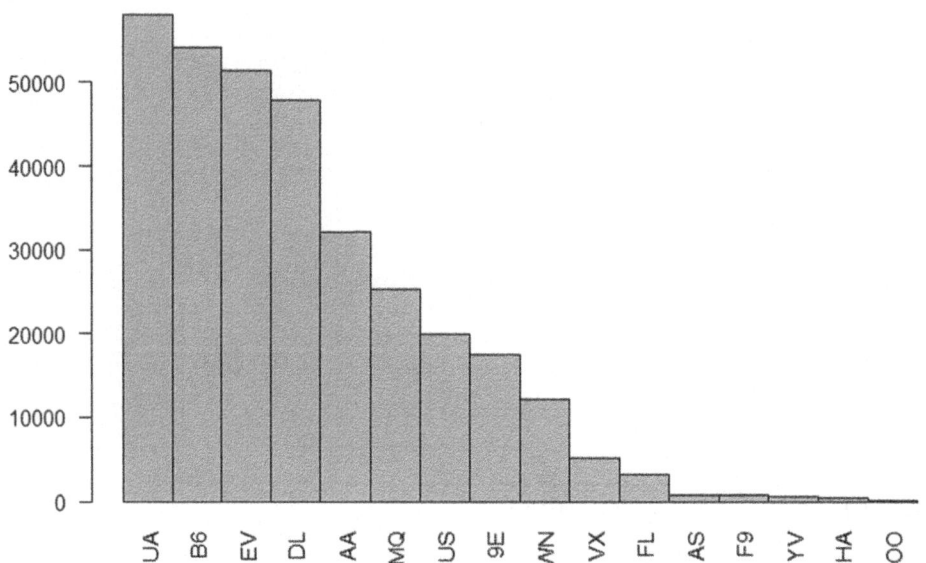

```
analyse(flug$age, "Alter der Flugzeuge","Jahre")                    # Plot Flugzeugalter
```

Alter der Flugzeuge

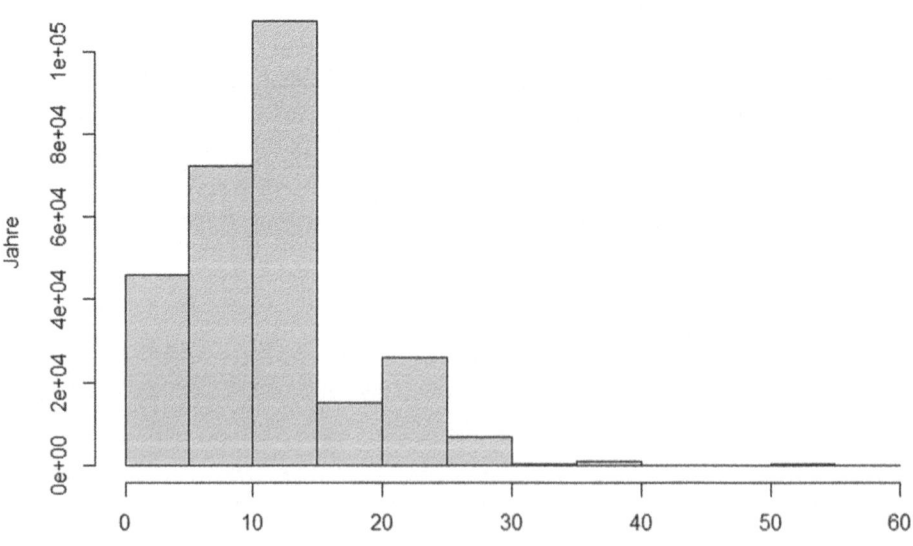

Alter der Flugzeuge

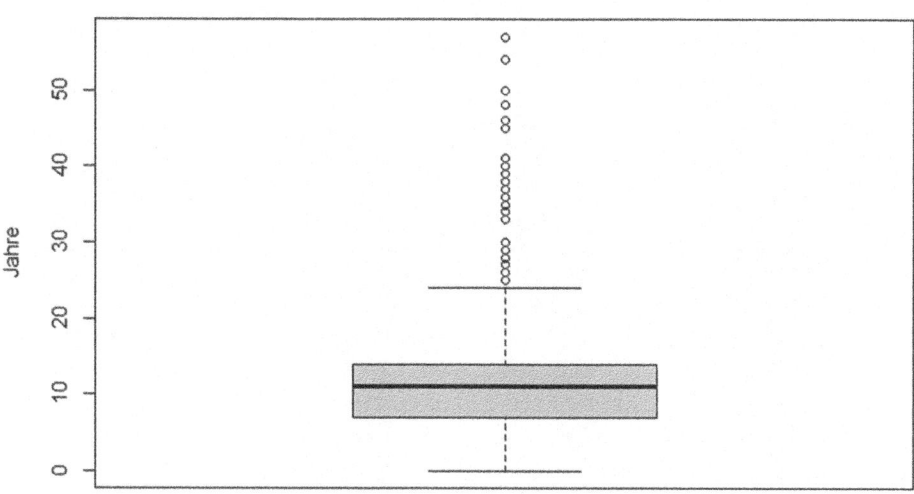

```
#-Gruppierte Charts-------------------------------------------------------------
carrier.top4<-levels(flug$carrier)[1:4]              # Top4 Fluggesellschaften
carrier.top4

## [1] "UA" "B6" "EV" "DL"

flug<-group_by(flug,origin,name)                     # Gruppieren origin+name
delay<-summarize(flug[flug$carrier %in% carrier.top4,],#Delay Mittelwert gruppiert
            dep_delay=round(mean(dep_delay,na.rm=TRUE),0)) # für ganzes Jahr

## `summarise()` has grouped output by 'origin'. You can override using the `.groups`
` argument.

require(viridis)                                     # Paket erforderlich
p0 <- ggplot(delay,                                  # Barchart gruppiert für ganzes Jahr
    aes(x=origin,y=dep_delay,group=name,fill=name))+
    geom_bar(stat="identity",position = "dodge")+
    scale_color_viridis(discrete = TRUE, guide = FALSE)+
    ggtitle("Durchschnitt Verspätungen Abflug")+
    labs(x="Abflughafen",y="Verspätung in Minuten")+
    guides(fill=guide_legend(title="Fluggesellschaft"))
p0
```

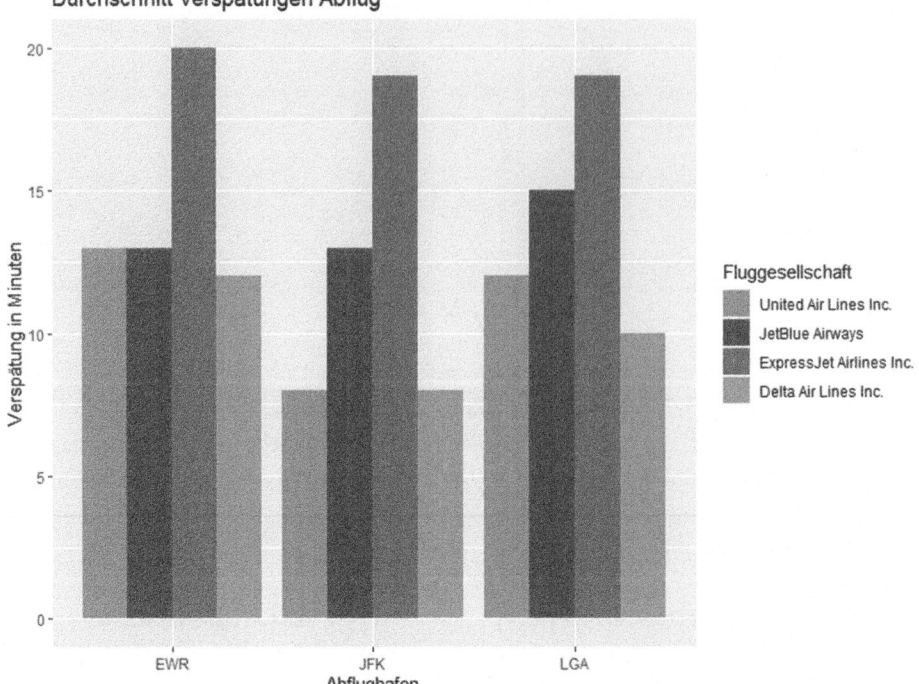

```
#- DataCube--------------------------------------------------------------------
flug<-group_by(flug,origin,carrier,quarter)#Gruppieren nach origin+carrier+quarter
delay<-summarize(flug[flug$carrier %in% carrier.top4,],#Delay Mittelwert gruppiert
                dep_delay=round(mean(dep_delay,na.rm=TRUE),0))       # je Quartal
```

```
## `summarise()` has grouped output by 'origin', 'carrier'. You can override using t
he `.groups` argument.
```

```
delay.q1<-delay[delay$quarter=="Q1",]      # Durchschnitt der Verspätungen 1.Quartal
delay.q1
```

```
## # A tibble: 12 x 4
## # Groups:   origin, carrier [12]
##     origin carrier quarter dep_delay
##     <fct>  <fct>   <ord>       <dbl>
## 1 EWR    UA      Q1          10
## 2 EWR    B6      Q1          13
## 3 EWR    EV      Q1          25
## 4 EWR    DL      Q1          10
## 5 JFK    UA      Q1           4
## 6 JFK    B6      Q1          12
## 7 JFK    EV      Q1          16
## 8 JFK    DL      Q1           4
## 9 LGA    UA      Q1          10
## 10 LGA   B6      Q1          16
## 11 LGA   EV      Q1          17
## 12 LGA   DL      Q1           8
```

```
c0 <- ggplot(delay.q1,                          # Barchart gruppiert 1.Quartal
      aes(x=origin,y=dep_delay,group=carrier,fill=carrier))+
      geom_bar(stat="identity",position = "dodge")+
      scale_color_viridis(discrete = TRUE, guide = FALSE)+
      ggtitle("1.Quartal")+
      labs(x="Abflughafen",y="Verspätung in Minuten")+
      guides(fill=guide_legend(title="Fluggesellschaft"))
c0                                              # Vordere Scheibe des Cubes
```

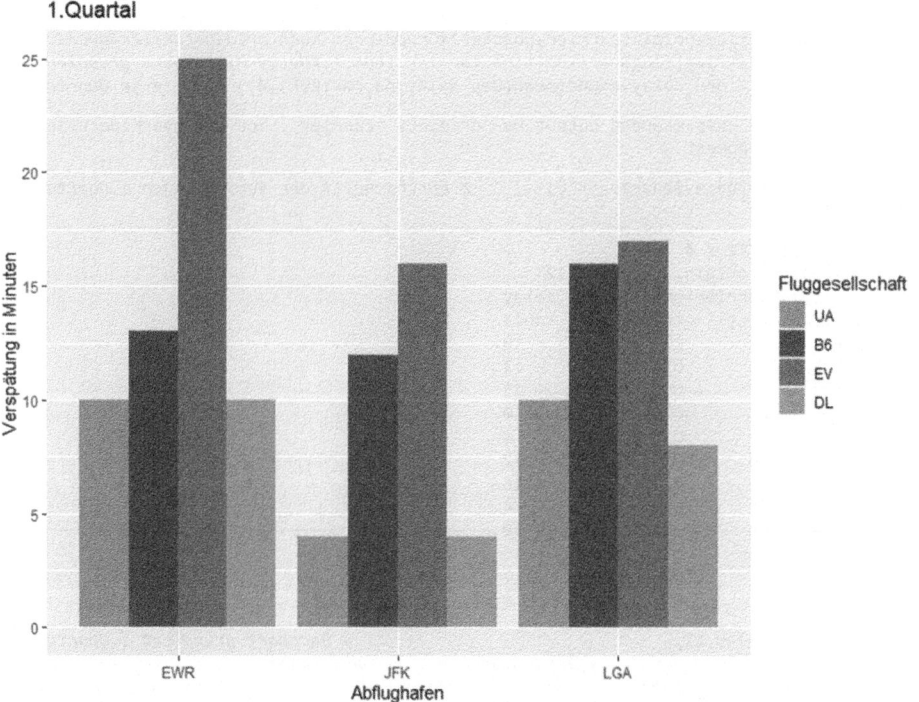

```
#- Slicing: nur 2.Quartal-------------------------------------------------------
delay.q2<-delay[delay$quarter=="Q2",]     # Durchschnitt der Verspätungen 2.Quartal
delay.q2

## # A tibble: 12 x 4
## # Groups:   origin, carrier [12]
##    origin carrier quarter dep_delay
##    <fct>  <fct>   <ord>       <dbl>
## 1  EWR    UA      Q2             15
## 2  EWR    B6      Q2             16
## 3  EWR    EV      Q2             23
## 4  EWR    DL      Q2             14
## 5  JFK    UA      Q2             12
## 6  JFK    B6      Q2             15
## 7  JFK    EV      Q2             20
## 8  JFK    DL      Q2             11
## 9  LGA    UA      Q2             18
## 10 LGA    B6      Q2             17
## 11 LGA    EV      Q2             19
## 12 LGA    DL      Q2             13

c1 <- ggplot(delay.q2,                        # Barchart gruppiert 2.Quartal
    aes(x=origin,y=dep_delay,group=carrier,fill=carrier))+
    geom_bar(stat="identity",position = "dodge")+
    scale_color_viridis(discrete = TRUE, guide = FALSE)+
    ggtitle("2.Quartal")+
    labs(x="Abflughafen",y="Verspätung in Minuten")+
    guides(fill=guide_legend(title="Fluggesellschaft"))
c1                                            # 2. Scheibe/Slice des Cubes
```

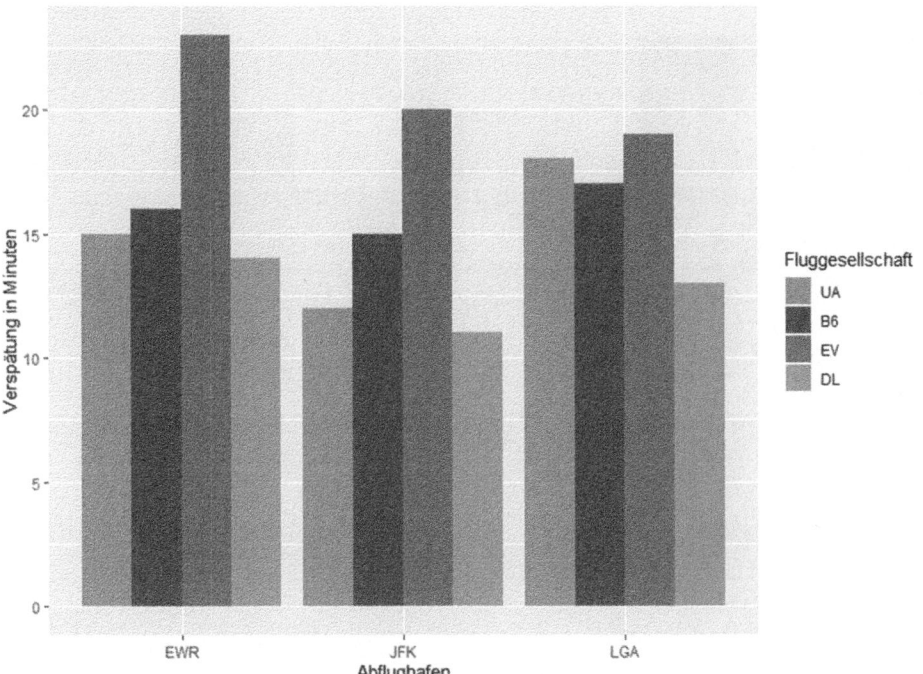

```
#- Dicing: nur 1.+2.Quartal und nur 2.+3.Fluggesellschaft(B6+EV)------------------
delay.q23c23<-delay[delay$quarter %in% c("Q2","Q3") &   # Durchschnitt Verspätungen
                    delay$carrier %in% c("B6","EV"),]   # Q2,Q3 und B6,EV
delay.q23c23

## # A tibble: 12 x 4
## # Groups:   origin, carrier [6]
##     origin carrier quarter dep_delay
##     <fct>  <fct>   <ord>       <dbl>
## 1  EWR    B6      Q2             16
## 2  EWR    B6      Q3             16
## 3  EWR    EV      Q2             23
## 4  EWR    EV      Q3             16
## 5  JFK    B6      Q2             15
## 6  JFK    B6      Q3             16
## 7  JFK    EV      Q2             20
## 8  JFK    EV      Q3             19
## 9  LGA    B6      Q2             17
## 10 LGA    B6      Q3             17
## 11 LGA    EV      Q2             19
## 12 LGA    EV      Q3             20

c2 <- ggplot(delay.q23c23,                      # Barchart gruppiert 2.Quartal
       aes(x=origin,y=dep_delay,group=carrier,fill=carrier))+
       geom_bar(stat="identity",position = "dodge")+
       scale_color_viridis(discrete = TRUE, guide = FALSE)+
       ggtitle("2.+3.Quartal")+
       labs(x="Abflughafen",y="Verspätung in Minuten")+
       guides(fill=guide_legend(title="Fluggesellschaft"))
c2
```

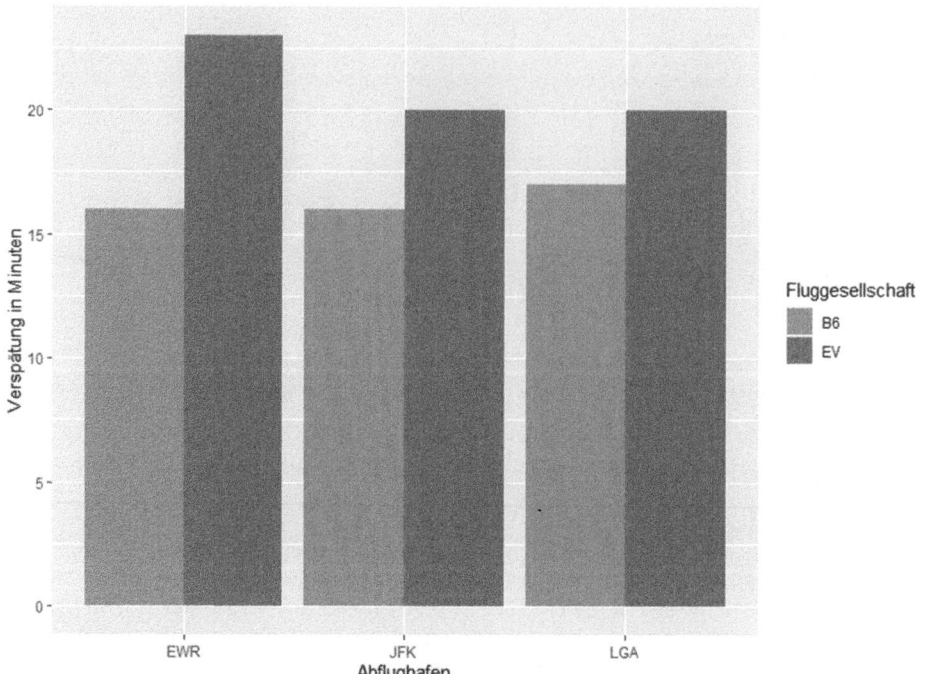

```
#- Drill-Down: nur LGA, 1.Quartal, 4.Fluggesellschaft(DL), Drill-Down je Monat----
flug<-group_by(flug,origin,carrier,month)    # Gruppieren nach origin+carrier+month
delay.m<-summarize(flug[flug$carrier%in%carrier.top4,],#Delay Mittelwert gruppiert
                dep_delay=round(mean(dep_delay,na.rm=TRUE),0))       # je Monat
```

```
## `summarise()` has grouped output by 'origin', 'carrier'. You can override using t
he `.groups` argument.
```

```
delay.q1c4.m<-delay.m[delay.m$month   %in% c(1,2,3) &  #Durchschnitt Verspätungen
                    delay.m$carrier %in% c("DL")  &  #Q1 und DL und LGA
                    delay.m$origin  %in% c("LGA"),]
delay.q1c4.m
```

```
## # A tibble: 3 x 4
## # Groups:   origin, carrier [1]
##    origin carrier month dep_delay
##    <fct>  <fct>   <int>     <dbl>
## 1 LGA    DL          1         3
## 2 LGA    DL          2         6
## 3 LGA    DL          3        14
```

```
c3 <- ggplot(delay.q1c4.m,                          # Barchart gruppiert 2.Quartal
    aes(x=month,y=dep_delay,group=carrier,fill=carrier))+
    geom_bar(stat="identity",position = "dodge")+
    scale_color_viridis(discrete = TRUE, guide = FALSE)+
    ggtitle("1.Quartal LaGuardia")+
    labs(x="Monat",y="Verspätung in Minuten")+
    guides(fill=guide_legend(title="Fluggesellschaft"))
c3
```

1.Quartal LaGuardia

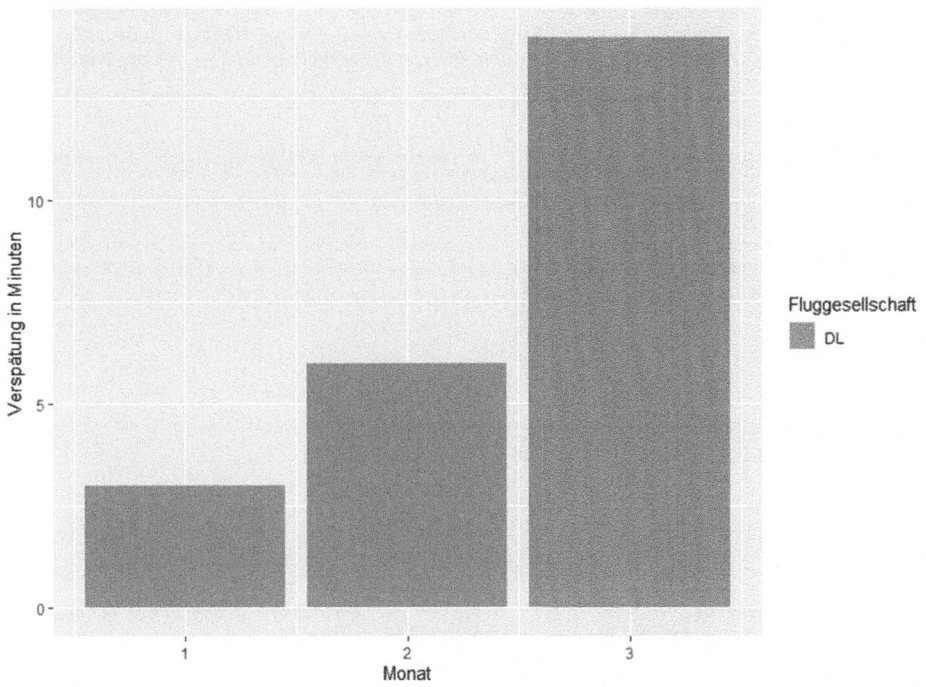

```
#- Drill-Across: Basis um Achse drehen x=Flughafen,z=Quartal, x z tauschen--------
flug<-group_by(flug,origin,carrier,quarter)#Gruppieren nach origin+carrier+quarter
delay<-summarize(flug[flug$carrier %in% carrier.top4,],#Delay Mittelwert gruppiert
                 dep_delay=round(mean(dep_delay,na.rm=TRUE),0))       # je Quartal
```

```
## `summarise()` has grouped output by 'origin', 'carrier'. You can override using t
he `.groups` argument.
```

```
delay.q1<-delay[delay$quarter=="Q1",]     # Durchschnitt der Verspätungen 1.Quartal
delay.q1
```

```
## # A tibble: 12 x 4
## # Groups:   origin, carrier [12]
##    origin carrier quarter dep_delay
##    <fct>  <fct>   <ord>       <dbl>
##  1 EWR    UA      Q1             10
##  2 EWR    B6      Q1             13
##  3 EWR    EV      Q1             25
##  4 EWR    DL      Q1             10
##  5 JFK    UA      Q1              4
##  6 JFK    B6      Q1             12
##  7 JFK    EV      Q1             16
##  8 JFK    DL      Q1              4
##  9 LGA    UA      Q1             10
## 10 LGA    B6      Q1             16
## 11 LGA    EV      Q1             17
## 12 LGA    DL      Q1              8
```

```
c4 <- ggplot(delay.q1,                          # Barchart gruppiert 1.Quartal
      aes(x=origin,y=dep_delay,group=carrier,fill=carrier))+
      geom_bar(stat="identity",position = "dodge")+
      scale_color_viridis(discrete = TRUE, guide = FALSE)+
      ggtitle("1.Quartal")+
      labs(x="Abflughafen",y="Verspätung in Minuten")+
      guides(fill=guide_legend(title="Fluggesellschaft"))
#c4                                          # Vordere Scheibe des Cubes
delay.c1<-delay[delay$carrier=="UA",]    # Durchschnitt der Verspätungen 1.Flugg.
delay.c1
```

```
## # A tibble: 12 x 4
## # Groups:   origin, carrier [3]
##    origin carrier quarter dep_delay
##    <fct>  <fct>   <ord>       <dbl>
##  1 EWR    UA      Q1             10
##  2 EWR    UA      Q2             15
##  3 EWR    UA      Q3             14
##  4 EWR    UA      Q4             11
##  5 JFK    UA      Q1              4
```

```
##  6 JFK   UA   Q2        12
##  7 JFK   UA   Q3        10
##  8 JFK   UA   Q4         6
##  9 LGA   UA   Q1        10
## 10 LGA   UA   Q2        18
## 11 LGA   UA   Q3        12
## 12 LGA   UA   Q4         9
```

```
c5 <- ggplot(delay.c1,                          # Barchart gruppiert 1.Flugg.
    aes(x=quarter,y=dep_delay,group=origin,fill=origin))+
    geom_bar(stat="identity",position = "dodge")+
    scale_color_viridis(discrete = TRUE, guide = FALSE)+
    ggtitle("United Airlines")+
    labs(x="Quartal",y="Verspätung in Minuten")+
    guides(fill=guide_legend(title="Abflughafen"))
#c5                                             # Rotierter Cube
require(gridExtra)                              # Paket erforderlich
grid.arrange(c4,c5,ncol=2)                      # Grafik c4+c5 ausgeben
```

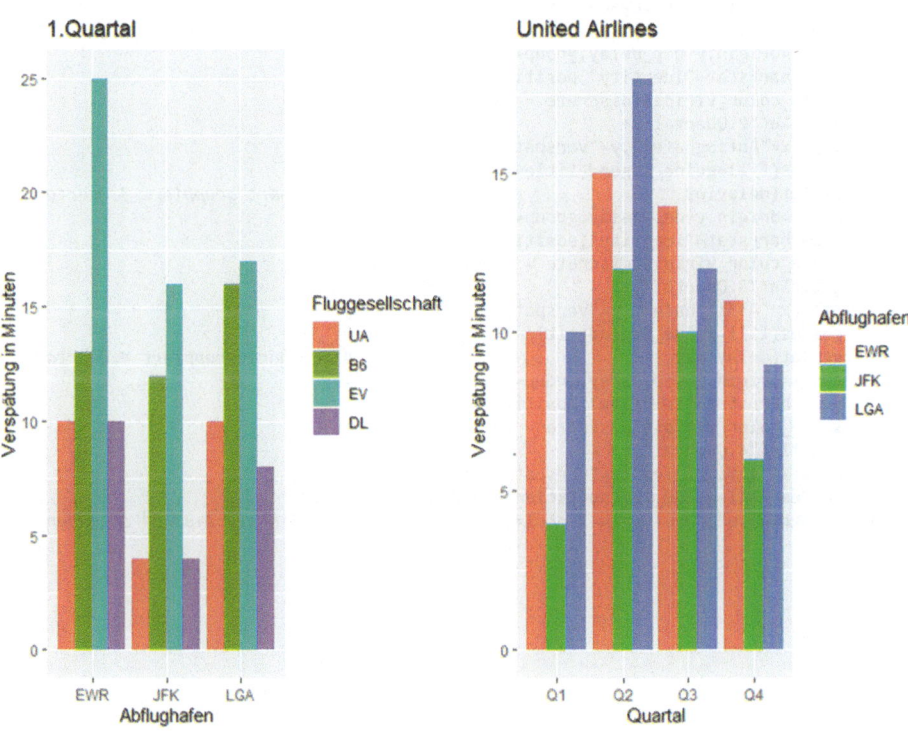

```
#-Slicing 4x je Quartal----------------------------------------------------------------
#-Analyse Abflugverspätungen je Flughafen, Fluggesellschaft und Quartal-----------
flug<-group_by(flug,origin,name,quarter)        #Gruppieren nach origin+name+quarter
delay<-summarize(flug[flug$carrier %in% carrier.top4,],#Delay Mittelwert gruppiert
                 dep_delay=round(mean(dep_delay,na.rm=TRUE),0))        # je Quartal

## `summarise()` has grouped output by 'origin', 'name'. You can override using the
`.groups` argument.

delay.q1<-delay[delay$quarter=="Q1",]
delay.q2<-delay[delay$quarter=="Q2",]
delay.q3<-delay[delay$quarter=="Q3",]
delay.q4<-delay[delay$quarter=="Q4",]
p1 <- ggplot(delay.q1,                             # Barchart gruppiert 1.Quartal
     aes(x=origin,y=dep_delay,group=name,fill=name))+
     geom_bar(stat="identity",position = "dodge")+
     scale_color_viridis(discrete = TRUE, guide = FALSE)+
     ggtitle("1.Quartal")+
     labs(x="Abflughafen",y="Verspätung in Minuten")+
     guides(fill=guide_legend(title="Fluggesellschaft"))
p2 <- ggplot(delay.q2,                             # Barchart gruppiert 2.Quartal
     aes(x=origin,y=dep_delay,group=name,fill=name))+
     geom_bar(stat="identity",position = "dodge")+
     scale_color_viridis(discrete = TRUE, guide = FALSE)+
     ggtitle("2.Quartal")+
     labs(x="Abflughafen",y="Verspätung in Minuten")+
     guides(fill=guide_legend(title="Fluggesellschaft"))
p3 <- ggplot(delay.q3,                             # Barchart gruppiert 3.Quartal
     aes(x=origin,y=dep_delay,group=name,fill=name))+
     geom_bar(stat="identity",position = "dodge")+
     scale_color_viridis(discrete = TRUE, guide = FALSE)+
     ggtitle("3.Quartal")+
     labs(x="Abflughafen",y="Verspätung in Minuten")+
     guides(fill=guide_legend(title="Fluggesellschaft"))
p4 <- ggplot(delay.q4,                             # Barchart gruppiert 4.Quartal
     aes(x=origin,y=dep_delay,group=name,fill=name))+
     geom_bar(stat="identity",position = "dodge")+
     scale_color_viridis(discrete = TRUE, guide = FALSE)+
     ggtitle("4.Quartal")+
     labs(x="Abflughafen",y="Verspätung in Minuten")+
     guides(fill=guide_legend(title="Fluggesellschaft"))
grid.arrange(p1,p2,p3,p4,nrow=2,ncol=2)               # Grafik p1+p2+p3+p4 ausgeben
```

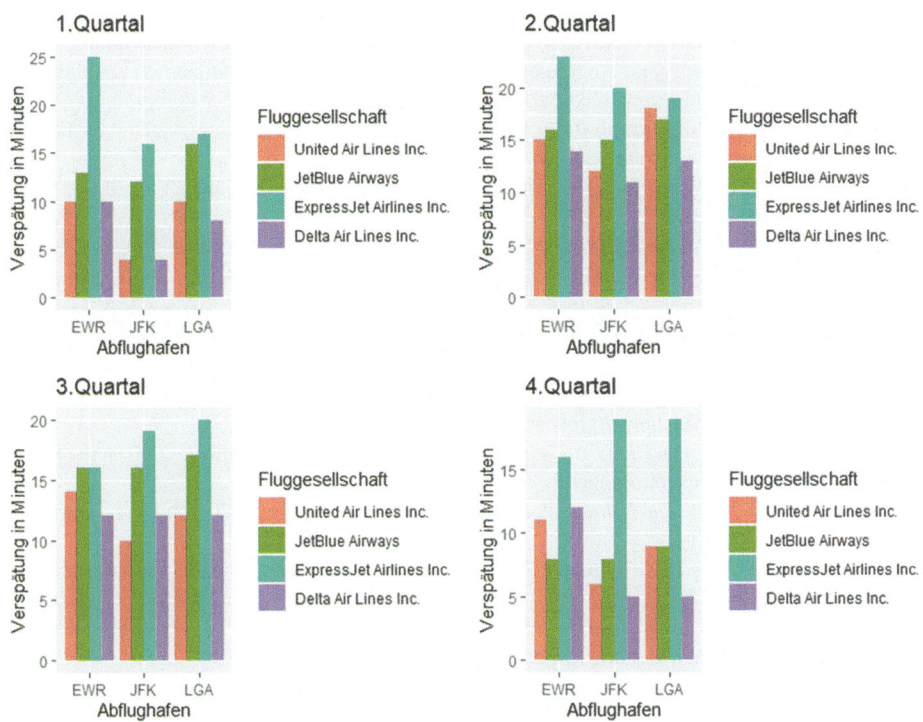

Literatur

Brust, A. (18. Februar 2020). *Python „preeminent" in O'Reilly learning platform usage analysis*. Abgerufen am 29. Januar 2021 von https://www.zdnet.com/article/python-preeminent-in-oreilly-platform-usage-analysis/#:~:text=In%20a%20report%20released%20by,usage%2C%20 for%20the%20same%20period.

Bundesamt für Kartographie und Geodäsie. (2021). *Karten von Deutschland*. Abgerufen am 02. Juni 2021 von https://www.bkg.bund.de/

Daws, R. (27. Juli 2020). *IEEE Spectrum: Python is the top programming language of 2020*. Abgerufen am 29. Januar 2021 von https://developer-tech.com/news/2020/jul/27/ieee-spectrum-python-top-programming-language-2020/

Foundation for Open Access Statistics. (2020). *Journal of Statistical Software*. Abgerufen am 28. Dezember 2020 von https://www.jstatsoft.org/

Guru99. (2020). *10 Best Data Analytics Tools for Big Data Analysis (2020)*. Abgerufen am 28. Dezember 2020 von https://www.guru99.com/big-data-analytics-tools.html

Muenchen, R. A. (2020). *The Popularity of Data Science Software*. Abgerufen am 28. Dezember 2020 von http://r4stats.com/articles/popularity/

O'Grady, S. (27. Juli 2020). *The RedMonk Programming Language Rankings: January 2020*. Abgerufen am 29. Januar 2021 von https://redmonk.com/sogrady/2020/07/27/language-rankings-6-20/

Oracle. (2021). *ROracle is an Open Source R Package available on CRAN*. Abgerufen am 8. Januar 2021 von https://www.oracle.com/de/database/technologies/appdev/roracle.html

R Bloggers. (2020). *R-bloggers*. Abgerufen am 28. Dezember 2020 von https://www.r-bloggers.com/

R Core Team. (2020). *Using Rtools40 on Windows*. Abgerufen am 06. Oktober 2020 von https://cran.r-project.org/bin/windows/Rtools/

R Core Team. (2021). *The R Project for Statistical Computing*. Abgerufen am 23. April 2021 von https://www.r-project.org/

RStudio. (2021a). *RStudio*. Abgerufen am 23. April 2021 von https://rstudio.com/

RStudio. (2021b). *Leaflet for R*. Abgerufen am 05. Februar 2021 von https://rstudio.github.io/leaflet/

RStudio. (2021c). *Shiny: Learn Shiny*. Abgerufen am 22. Februar 2021 von https://shiny.rstudio.com/tutorial/

Sievert, C. (2019). *Interactive web-based data visualization with R, plotly, and shiny*. Abgerufen am 22. Februar 2021 von https://plotly-r.com/

Stack Overflow. (2020). *Questions tagged [r]*. Abgerufen am 28. Dezember 2020 von https://stackoverflow.com/questions/tagged/r

The R Foundation. (2020). *The R Journal*. Abgerufen am 28. Dezember 2020 von https://journal.r-project.org/

Tiobe. (2021). *TIOBE Index for January 2021*. Abgerufen am 29. Januar 2021 von https://www.tiobe.com/tiobe-index//

Zuckarelli, J. (24. April 2018). *Was ist R?* Abgerufen am 28. Dezember 2020 von https://www.informatik-aktuell.de/entwicklung/programmiersprachen/was-ist-r.html

Statistik

4

In der Statistik werden in der Regel quantitative und qualitative Daten analysiert, um neues Wissen zu erlangen. Mithilfe der Statistik versucht man Fragen zu beantworten wie z. B. was ist der günstigste Preis für ein Produkt, um einen maximalen Profit zu erzielen. Um eine solche Frage zu beantworten, benötigt man zunächst Daten. Diese Daten liegen entweder bereits vollständig vor oder man versucht diese selbst zu erheben, z. B. durch Beobachtungen, Umfragen, Experimente oder andere Methoden.

Wir verwenden Analytics-Anwendungen, die sich der Statistik bedienen, im Alltag oft schon wie selbstverständlich, sei es das Navigationssystem im Auto oder die Gesichtserkennung am Handy. Künstliche Intelligenz und Maschinenlernen ermöglichen immer neue Anwendungsbereiche.

Wo kann Statistik wirklich Nutzen stiften? Lassen Sie uns den Nutzen einer Wettervorhersage im Einzelhandel betrachten (Hertweck & Kinitzki, 2015). Während der Hurrikan-Saison in den USA haben Einzelhändler immer wieder festgestellt, dass sich das für gewöhnlich nachgefragte Warensortiment verändert, sobald ein Hurrikan erwartet wird. Im Falle eines nahenden Hurrikans werden u. a. deutlich mehr Konserven und Taschenlampenbatterien gekauft. Um diese Beobachtung in den Läden zu überprüfen, wurden im Nachhinein die Umsatzdaten analysiert und die Beobachtung konnte anhand der Statistiken bestätigt werden. Um aus dieser Erkenntnis einen Nutzen zu ziehen, wurde ein Entscheidungsmodell für das Kaufverhalten der Kunden bei Erwartung eines Hurrikans erstellt, um eine Prognose des Umsatzes je Warengruppe und Produkt zu ermöglichen. Daraus wiederum wurde dann in Verbindung mit den Deckungsbeiträgen der Produkte ermittelt, welche Sortimentsänderung eine optimale Umsatz- und Profitsteigerung bewirken würde. So werden inzwischen bei herannahenden Hurrikans u. a. verderbliche Frischwaren im Sortiment reduziert und der Konservenanteil erhöht, was sowohl den Umsatz als auch den Gewinn erhöht. Sogar automatisierte Bestellungen werden basierend auf den Wettervorhersagen veranlasst, damit die Waren rechtzeitig

B. Heesen, *Data Science und Statistik mit R*, https://doi.org/10.1007/978-3-658-34825-0_4

von den Zulieferern in den Läden eintreffen. Neben den Klima- und Wetterdaten kann auch via Textanalytik, basierend auf Kommentaren in Sozialen Netzwerken, die gefühlte Gefährdungsstufe der Konsumenten berücksichtigt werden, denn diese hat neben der realen Kategorisierung eines Hurrikans wesentlichen Einfluss auf das Kaufverhalten. In Verbindung mit Daten zu den aktuellen Warenbeständen können mithilfe von Künstlicher Intelligenz automatisiert Bestellungen veranlasst werden, um auf die erwartete Nachfrage auch mit einem adäquaten Warenbestand im Laden vorbereitet zu sein.

Um eine Frage mithilfe der Statistik beantworten zu können, werden spezielle Daten benötigt, die sich auf die untersuchten Forschungsgegenstände beziehen. Forschungsgegenstände können alle Objekte sein wie Tiere, Menschen, Pflanzen, Produkte, Länder. Mit der Beschreibung der Forschungsgegenstände beschäftigt sich die deskriptive Statistik.

Leider ist es oft schwer oder unmöglich alle relevanten Daten zu einer vollständigen Population, der gesamten Gruppe aller betrachteten Objekte, zu sammeln. Einerseits ist es sehr zeitaufwendig und andererseits zu teuer oder schlicht unmöglich z. B. als Einkäufer den besten Preis für ein Produkt zu finden, da es sehr viele Webseiten gibt und darüber hinaus viele Geschäfte weltweit, wo das Produkt gekauft werden kann. Es ist oft unmöglich alle Daten zusammenzutragen, denn während man gerade noch Daten erfasst, ändern sich die Preise andernorts bereits wieder bei dem einen oder anderen Händler, dessen Daten man bereits erfasst hat. Insofern ist man als Forscher oft gezwungen mit einer Stichprobe oder Teilmenge der Population zu arbeiten. Wichtig ist dabei, dass eine Stichprobe möglichst repräsentativ für die Population ist, will man doch oft von den Erkenntnissen der Stichprobe auf die Population schließen können. Das Ziel, Daten einer Stichprobe zu untersuchen, ist in der Regel, dass man aus diesen Daten auf die Population schließen möchte. Dies bezeichnet man auch als Inferenz und wird im Rahmen der Inferenzstatistik oder induktiven Statistik behandelt.

Die deskriptive Statistik und Wissen über die Daten einer Stichprobe bilden die Grundlage für die induktive Statistik. Die Daten zu beschreiben ist Aufgabe der deskriptiven Statistik (siehe Abb. 4.1).

Abb. 4.1 Arten der Statistik

Statistik dient insofern der Beantwortung von praxisrelevanten Fragen wie: „Was ist …", „Wie ist …", „Warum ist …" und „Wie sollte …" und damit dem Erkenntnisgewinn. Dieser Wissensgewinn kann einer oder mehrerer der folgenden Kategorien zugeordnet werden:

- **Explorativ:** Dieser Ansatz eignet sich am besten für Themen, die nicht gut verstanden und noch nicht intensiv untersucht wurden. Dabei wurden erste Ideen entwickelt und relevante Variablen oder Fragen bereits aufgedeckt. Dies erfolgt in der Regel im Vorfeld der Anwendung von Statistik, indem überlegt wird, welche Daten denn erfasst werden sollten, um die Fragen zu beantworten bzw. geeignete, bereits erfasste Daten ausfindig gemacht werden. Einfache deskriptive Statistiken können in dieser Phase angewendet werden, um einen ersten Eindruck der Daten und Datenqualität zu erlangen.
- **Beschreibend:** Es wird versucht, relevante Variablen genau zu beschreiben und Antworten auf Fragen folgender Art zu geben: Was…, wann…, wo…, wer…. Deskriptive Statistiken werden häufig verwendet, um die relevanten Fakten zu beschreiben.
- **Erklärend:** Basierend auf der Analyse deskriptiver Erkenntnisse versucht die Erklärungsforschung Antworten auf Fragen zu finden wie: Warum…, wie…, unter welchen Umständen… Erweiterte Statistiken wie Korrelationsanalyse, Regressionstest sowie Hypothesentest kommen hier zum Einsatz, um neue Erkenntnisse zu generieren. Dies sind Methoden der induktiven Statistik.
- **Vorhersagend:** Die Verwendung vorliegender Erkenntnisse aus erklärenden Untersuchungen ermöglicht Vorhersagen auf der Grundlage definierter Annahmen, z. B. der Beantwortung von Fragen wie: „Wie wirkt sich eine Preiserhöhung um $\times$ Prozent auf Umsatz und Gewinn aus?" Die Grundlage für eine solche vorausschauende Forschung ist das Wissen über die Abhängigkeiten zwischen einer Vielzahl an Variablen. Die induktive Statistik beinhaltet Methoden und Verfahren für Vorhersagen.
- **Präskriptiv:** Wenn ein festes Verständnis der Zusammenhänge zwischen einer Reihe von Variablen besteht, kann, sofern ein bestimmtes Ergebnis angestrebt wird, festgestellt werden, welche Maßnahmen geeignet sein könnten, um dies zu erreichen. Eine Frage könnte sein: „Zu welcher Uhrzeit sollte der Reisebeginn gewählt werden, um das Ziel mit einer Wahrscheinlichkeit von mindestens 95 % zu der angestrebten Uhrzeit zu erreichen?" Die Beantwortung derartiger Fragen ist mithilfe der induktiven Statistik möglich.

Insofern behandelt der nachfolgende Text sowohl die deskriptive als auch die induktive Statistik, um deren Möglichkeiten aufzuzeigen. Darüber hinaus wird auch die Wahrscheinlichkeitsrechnung thematisiert, da sie u. a. zur Abschätzung der Wahrscheinlichkeiten und der Signifikanz in der induktiven Statistik benötigt wird.

4.1   Deskriptive Statistik

Die deskriptive Statistik unterscheidet bei den Daten zwischen sogenannten Lagemaßen (Maßzahlen der zentralen Tendenz) und Streuungsmaßen (Maßzahlen der Verteilung) (siehe Abb. 4.2). Lagemaße sind u. a. der Modus, Median und Mittelwert. Streuungsmaße sind u. a. Spannweite, Abweichung, Varianz und Standardabweichung.

Abb. 4.2 Kennzahlen der deskriptiven Statistik

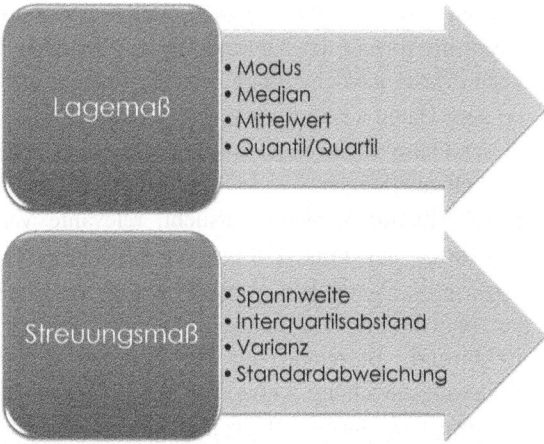

Nicht alle Lagemaße und Streuungsmaße lassen sich für jede Variable ermitteln. Daher ist es von Bedeutung zunächst die unterschiedlichen Variablentypen zu differenzieren: Kategoriale oder auch qualitative Variablen und kardinale, metrische, numerische oder quantitative Variablen (siehe Abb. 4.3).

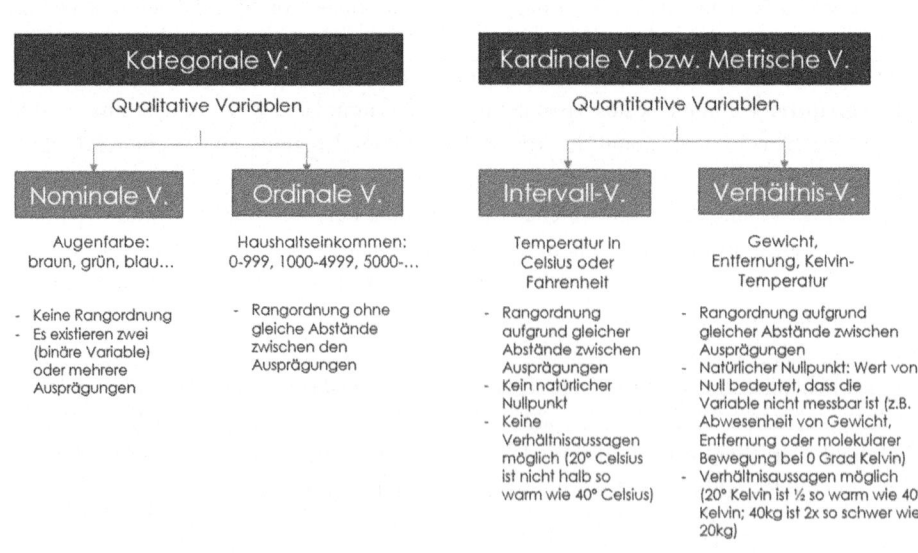

Abb. 4.3 Typen von Variablen

Die qualitativen Variablen lassen sich in nominale Variablen ohne Rangordnung (binäre Variable: Sonderfall mit zwei Ausprägungen) und ordinale Variablen mit Rangordnung unterscheiden. Beispiele für qualitative Variablen sind:

- Nominal
  - Familienstatus: Verheiratet, geschieden, Single
  - Zahlungsmodus: Bar, Überweisung, Kreditkarte
  - Logik: Wahr, falsch
  - Geschlecht: Mann, Frau
- Ordinal
  - Einkommen: Niedrig, mittel, hoch
  - Zufriedenheit: Sehr gut, gut, mittel, schlecht, sehr schlecht
  - Zustimmungsgrad: Stimme stark zu, stimme zu, neutral, stimme nicht zu, stimme gar nicht zu
  - Wahrnehmung: Sehr kalt, kalt, normal, heiß, sehr heiß

Die quantitativen Variablen lassen sich unterscheiden in Intervallvariablen, die keinen natürlichen Nullpunkt besitzen und daher auch keine Verhältnisaussagen ermöglichen und Verhältnisvariablen, die einen natürlichen Nullpunkt besitzen und daher Verhältnisaussagen ermöglichen. Beispiele für quantitative Variablen sind:

- Intervall
  - Temperatur in Grad Celsius
  - Jahr
- Verhältnis
  - Preis
  - Alter
  - Gewicht

Folgende Auswertungen der deskriptiven Statistik lassen sich auf die unterschiedlichen Variablentypen anwenden (siehe Abb. 4.4).

	Nominale Variable	Ordinale Variable	Intervall-Variable	Verhältnis-Variable
Häufigkeitsverteilung	x	x	x	x
Modus	x	x	x	x
Median		x	x	x
Mittelwert			x	x
Quantil/Quartil			x	x
Varianz			x	x
Standardabweichung			x	x
Spannweite			x	x
Addition, Subtraktion			x	x
Multiplikation, Division				x

Abb. 4.4 Deskriptive Statistik je Variablentyp

4.1.1 Lagemaße

Das arithmetische Mittel, auch Mittelwert oder Durchschnitt genannt, ist das wichtigste Maß der zentralen Tendenz. Um diesen Wert zu berechnen, summiert man zunächst alle Einzelwerte und teilt diese dann durch die Anzahl der Einzelwerte (siehe Abb. 4.5). Für den Mittelwert für Populationen wird der Buchstabe μ (Aussprache „my" oder „mü") verwendet, während der Mittelwert von Stichproben mit $\bar{x}$ beschrieben wird. Der Mittelwert ist eine wertvolle Maßzahl, kann jedoch durch sogenannte Ausreißer, extrem niedrige oder hohe Werte, stark beeinflusst werden.

In R kann die Funktion mean() zur Berechnung des Mittelwerts verwendet werden.

Extreme Einzelwerte können den Mittelwert signifikant beeinflussen. Daher verwendet man neben dem Mittelwert eine weitere Maßzahl, die durch extreme Werte nicht beeinflusst ist, den Median. Der Median wird bestimmt, indem man alle Einzelwerte zunächst aufsteigend sortiert. Bei einer ungeraden Anzahl von Werten ist der Median der Einzelwert, der in der Mitte liegt. Bei einer geraden Anzahl von Werten berechnet sich der Median aus dem Mittelwert der beiden Einzelwerte in der Mitte. In R lässt sich die Funktion median() nutzen, um den Median zu ermitteln.

Abb. 4.5 Formeln zur Berechnung des Mittelwerts

$$\mu = \frac{\sum_{i=1}^{N} x_i}{N}$$

$$\bar{x} = \frac{\sum_{i=1}^{n} x_i}{n}$$

Eine weiteres Lagemaß ist der Modus, der Wert, der am häufigsten vorkommt. Man kann den Modus ermitteln, indem man zählt, wie häufig jeder der Werte vorkommt. Der Wert, der am häufigsten vorkommt, ist der Modus. Ein Nachteil des Modus als Lagemaß der zentralen Tendenz ist, dass er nicht in der Mitte der Werte liegen muss. Daher betrachtet man in der Regel den Mittelwert, den Median und den Modus gemeinsam, um eine Vorstellung über die Verteilung einer Variablen zu erhalten.

In R existiert keine spezielle Funktion für die Berechnung des Modus. Die Funktion `table()` kann aber hilfreich sein, denn sie gibt die Häufigkeit des Vorkommens der Werte in tabellarischer Form an. Für numerische Variablen kann alternativ auch die Funktion `stem()` verwendet werden, die ein sogenanntes Stem-and-leaf-Plot anzeigt. Ein Stem-and-leaf-Plot organisiert numerische Daten entsprechend ihren Dezimalwerten. Die linke Spalte zeigt den sogenannten Stamm an, also alle Ziffern der Dezimalzahl außer der letzten Ziffer. Die sogenannten Blätter in der rechten Spalte repräsentieren die letzte Ziffer der Dezimalzahl und jede Zahl dort repräsentiert einen Datensatz. Die Ermittlung des Modus für die Variable x kann aber auch über die folgende Anweisung erfolgen:

```
as.character(filter(as.data.frame(table(x)),
as.data.frame(table(x))$Freq                    ==
max(as.data.frame(table(x))$Freq))$Var1).
```

.

Deskriptive Statistik: Lagemaße

```
head(studierende,3)

##    Gruppe Geschlecht Geburtsjahr Geburtsmonat Größe Einwohner Distanz
## 1 AWM1-A      Mann          1999         Juli   178      2500      10
## 2 AWM1-A      Frau          2001     November   160     11000       1
## 3 AWM1-A      Mann          1992     November   183     68000       0
##    DistanzEltern Buchstaben Fußball Schuhe      Intelligenz        Attraktivität
## 1            10          4      Ja      8      weiß nicht            weiß nicht
## 2           200          5    Nein   <NA>      weiß nicht  überdurchschnittlich
## 3           278          5      Ja     10 durchschnittlich     durchschnittlich
##    Lieblingsfarbe           Hobby        IntMgmt    IntLeadership HSAnsbach1
## 1            Rot         Fußball      weiß nicht       weiß nicht         Ja
## 2            Rot         Klavier      weiß nicht       weiß nicht         Ja
## 3           Grün American Football durchschnittlich durchschnittlich      Ja
##    AlternativeHS AlternativerStg DistanzElternhaus Note
## 1          <NA>            <NA>                 0  3.7
## 2          <NA>            <NA>               199  5.0
## 3          <NA>            <NA>               278  1.3

sp1 <- as_tibble(studierende[1:15,5])          # Stichprobe 1 (sp1)
colnames(sp1) <- "Größe"
sp2 <- as_tibble(studierende[70:85,5])         # Stichprobe 2 (sp2)
colnames(sp2) <- "Größe"
sp1$sp <- "Stichprobe 1"
sp2$sp <- "Stichprobe 2"
sp1und2 <- rbind(sp1,sp2)                       # Daten beider Stichproben
#- Lagemaß: Mittelwert-------------------------------------------------------
sp1$Größe                                       # Größe anzeigen sp1

##  [1] 178 160 183 160 175 180 165 162 175 168 170 170 180 198 170

mean(sp1$Größe)                                 # Mittelwert sp1

## [1] 172.9333

sp2$Größe                                       # Größe anzeigen sp2

##  [1] 182 171 150 168 169 165 161 176 193 203 183 165 176 165 193 170

sp2.mean <- mean(sp2$Größe)                     # Mittelwert sp2
sp2.mean

## [1] 174.375

#- Lagemaß: Median----------------------------------------------------------
sort(sp1$Größe)                                 # Größe sortiert sp1

##  [1] 160 160 162 165 168 170 170 170 175 175 178 180 180 183 198

median(sp1$Größe)                               # Median sp1

## [1] 170

sort(sp2$Größe)                                 # Größe sortiert sp2

##  [1] 150 161 165 165 165 168 169 170 171 176 176 182 183 193 193 203

sp2.median <- median(sp2$Größe)                 # Median sp2
sp2.median

## [1] 170.5
```

```
#- Lagemaß: Modus--------------------------------------------------------------
table(sp1$Größe)                                    # Verteilung sp1

##
## 160 162 165 168 170 175 178 180 183 198
##   2   1   1   1   3   2   1   2   1   1

stem(sp1$Größe)                                     # Stem-Plot sp1

##
##   The decimal point is 1 digit(s) to the right of the |
##
##   16 | 00258
##   17 | 000558
##   18 | 003
##   19 | 8

g <- as.data.frame(table(sp1$Größe))               # table() -> Dataframe
filter(g, Freq == max(g$Freq))$Var1                # Modus sp1

## [1] 170
## Levels: 160 162 165 168 170 175 178 180 183 198

table(sp2$Größe)                                    # Verteilung sp2

##
## 150 161 165 168 169 170 171 176 182 183 193 203
##   1   1   3   1   1   1   1   2   1   1   2   1

stem(sp2$Größe)                                     # Stem-Plot sp2

##
##   The decimal point is 1 digit(s) to the right of the |
##
##   14 | 0
##   16 | 1555890166
##   18 | 2333
##   20 | 3

h <- as.data.frame(table(sp2$Größe))               # table() -> Dataframe
sp2.modus <- filter(h, Freq == max(h$Freq))$Var1   # Modus sp2
sp2.modus <- as.numeric(as.character(sp2.modus))   # Konvertierung numerisch
sp2.modus                                          # Ausgabe

## [1] 165
```

4.1.2 Streuungsmaße

Während Lagemaße die mittleren Werte einer Datenmenge beschreiben, beschreiben Streuungsmaße wie weit die Werte verteilt bzw. gestreut sind und wie weit sie von den mittleren Werten entfernt sind. Nur Lagemaße zu betrachten ist oft nicht ausreichend, da Stichproben mit dem gleichen Mittelwert oder Median eine sehr unterschiedliche Streuung haben können, wie das Beispiel in Abbildung Abb. 4.6 zeigt. Nur Streuungsmaße zu betrachten ist ebenso wenig ausreichend, um ein Verständnis der Daten zu erlangen.

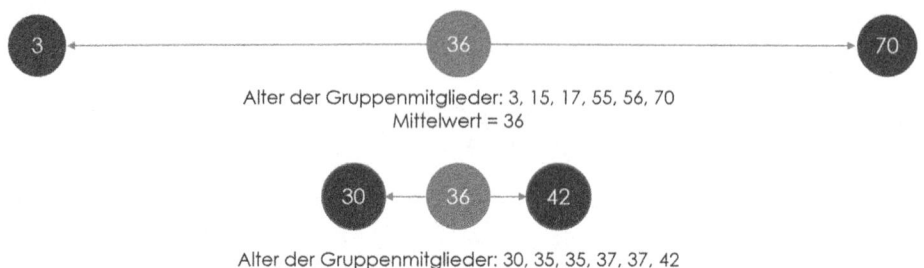

Alter der Gruppenmitglieder: 3, 15, 17, 55, 56, 70
Mittelwert = 36

Alter der Gruppenmitglieder: 30, 35, 35, 37, 37, 42
Mittelwert = 36

Abb. 4.6 Mittelwert ungeeignet als Streuungsmaß

Um die Streuung besser zu verstehen, dienen u. a. die Maßgrößen der Spannweite und des Interquartilsabstands. Die Spannweite beschreibt die Distanz zwischen dem größten und dem kleinsten Wert. Im Beispiel von Abb. 4.7 beträgt die Spannweite $351 - 12 = 339$. In R gibt es keine Standardfunktion für die Berechnung der Spannweite. Die Funktion `range()` ist aber hilfreich, da sie den kleinsten und größten Wert anzeigt. Die Spannweite für die Variable x kann dann mit der Anweisung `max(range(x, na.rm = TRUE)) - min(range(x, na.rm = TRUE))` ermittelt werden. Noch geschickter ist die Anweisung `max(x) - min(x)`.

Der Median stellt den Wert dar, der in der Mitte liegt. Der Median wird auch das 2. Quartil bzw. das 50 % Quantil genannt. Quantilswerte sind Lagemaße und geben die Höhe des Wertes an, für den gilt, dass ein gewisser Prozentsatz aller Werte niedriger ist. Das 50 %-Quantil gibt den Wert an, für den gilt, dass 50 % aller Werte kleiner als dieser sind. Insofern stellt das 0 %-Quantil den kleinsten Wert und das 100 %-Quantil den größten Wert dar. Das 25 %-Quantil wird auch als 1. Quartil (Quartil, da die Menge in vier Teilbereiche mit je 25 % aufgeteilt wird) bezeichnet, das 50 %-Quantil als 2. Quartil oder Median und das 75 %-Quantil als 3. Quartil. Die Funktion `quantile()` berechnet in R die Quartile und das Minimum und Maximum. Es existieren unterschiedliche Formeln für die Berechnung der Quantile in R. Die auch von SPSS und Minitab verwendete Formel kann in R über den Parameter `type=6` verwendet werden, z. B.

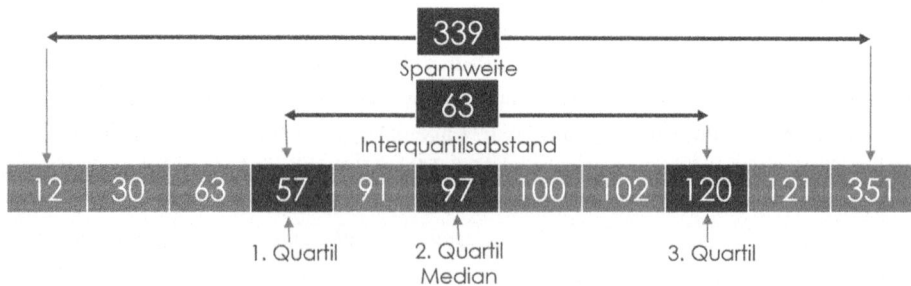

Abb. 4.7 Quantile, Quartile und Interquartilsabstand

`quantile(anzahl,type=6)`. Wenn der Parameter nicht angegeben wird, so verwendet R als Standard `type=7` als Berechnungsgrundlage. Details zu den unterschiedlichen Berechnungsformeln ist in der Hilfe zur Funktion nachlesbar, die mit der Anweisung `?quantile` aufgerufen werden kann.

Der Abstand zwischen dem 1. und dem 3. Quartil wird auch als Interquartilsabstand (englisch: Interquartilerange, IQR) bezeichnet und gibt neben der Spannweite die Streuung der mittleren 50 % aller Werte an. Um den IQR zu ermitteln, kann in R die Funktion `IQR()` ebenfalls mit dem Parameter `type=6` verwendet werden.

Angenommen es existiert ein Vektor mit dem Namen anzahl, der die folgenden Werte 351, 120, 12, 30, 121, 63, 57, 91, 97, 100, 102 beinhaltet. Um herausfinden, wie groß die Zahl in dem Vektor anzahl sein muss, wenn 70 % aller Werte kleiner sein sollen bzw. die Zahl zu den größten 30 % gehören soll, kann folgende Anweisung `quantile(anzahl,  probs=0.70)` verwendet werden und ergibt als Ergebnis den Wert 109,2.

Eine Zusammenfassung wesentlicher Maßzahlen liefert auch die Funktion `summary()`. Sie verwendet den `type=7` für die Berechnung und gibt Minimum, Maximum, 1. bis 3. Quartil, Mittelwert und ggfs. die Anzahl fehlender Werte aus.

Die Quartile und der Interquartilsabstand werden besonders gut in einem Box-Plot sichtbar, denn in einem Box-Plot werden folgende Werte abgebildet: Minimum, Erstes Quartil (Q1), Median (Q2), Drittes Quartil (Q3) und Maximum. Ein Box-Plot stellt eine Box dar und Antennen (Whiskers) oben und unten. Die Höhe der Box stellt den Interquartilsabstand dar, der untere Rand der Box das Erste Quartil (Q1) und der obere Rand der Box das Dritte Quartil (Q3). Umso größer die Box ist, umso größer ist die Streuung, welche durch den Interquartilsabstand gemessen wird. Die sogenannten Antennen (Whiskers) oder gestrichelten Linien unterhalb und oberhalb der Box ergänzt um die Ausreißer (Outliers), die als Kreise dargestellt werden, beschreiben die niedrigsten 25 % und höchsten 25 % aller Werte. Um einen Box-Plot anzuzeigen existiert die Funktion `boxplot()`, die im Standard die Antennen mit einer Länge von 1,5 * IQR (Interquartilsabstand) darstellt. Werte, die mehr als 1,5 * IQR von dem Q1 nach unten oder von dem Q3 nach oben abweichen, werden als Ausreißer dargestellt. Möchte man Ausreißer nicht angezeigt bekommen und stattdessen die Antennen von Q1 bis Minimum und von Q3 bis Maximum angezeigt bekommen, so ist dies mit dem Parameter `range=0` möglich.

Eine weitere bedeutende Maßgröße für die Streuung ist die Varianz. Mathematisch berechnet sich die Varianz als der Durchschnitt der Abweichungsquadrate (Quadrat der Abweichungen aller Werte vom Mittelwert, siehe Abb. 4.8).

Abb. 4.8 Formeln zur Berechnung der Varianz

$$\sigma^2 = \frac{SS}{N} = \frac{\sum(x_i - \mu)}{N} \qquad s^2 = \frac{SS}{n-1} = \frac{\sum(x_i - \bar{x})}{n-1}$$

Die einfache Summierung aller Abweichungen vom Mittelwert ist ungenügend, da die Abweichungen positive und negative Werte annehmen können, die sich gegenseitig ausgleichen, auch wenn die Abweichungen groß sind. Ein kleiner Wert dieser Summe wäre daher nicht aussagekräftig. Auch die Summe der Quadrate der Abweichungen (Sum of Squared Errors, SS) wäre keine gute Maßgröße der Abweichung, denn bei zunehmender Anzahl an Werten würde die Maßzahl zunehmen, obwohl die durchschnittliche Abweichung nicht höher ausfällt. Für eine Population wird die Varianz σ^2 (Sigma Quadrat) daher berechnet als die Summe der Abweichungsquadrate (SS) geteilt durch die Anzahl der Beobachtungen (N = Größe der Population, wenn die gesamte Population beobachtet wurde). Die Stichprobenvarianz s^2 dagegen ergibt sich als Summe der Abweichungsquadrate (SS) geteilt durch die Anzahl der Freiheitsgrade (Freiheitsgrad = n – 1, n = Anzahl der Beobachtungen der Stichprobe).

In R dient die Funktion var () zur Berechnung der Varianz und diese berechnet im Standard die Stichprobenvarianz s^2, teilt also durch n − 1. Zur Berechnung der Varianz der Population σ^2 (Sigma Quadrat) kann bei Bedarf die folgende Funktion definiert werden:
```
sigmaquadrat <-function(x){n=length(x); var(x, na.rm=T) * (n-1)/n}.
```

Die Varianz hat den Nachteil, dass sie auf den quadrierten Abweichungen basiert und damit unrealistisch erhöht ist. Daher zieht man die Wurzel aus der Varianz, um die Standardabweichung der Population σ (Sigma) bzw. die Standardabweichung der Stichprobe s zu ermitteln. In R kann die Funktion sd () (Standard Deviation) verwendet werden, um die Standardabweichung der Stichprobe s zu berechnen. Zur Berechnung der Standardabweichung der Population σ (Sigma) kann bei Bedarf die folgende Funktion definiert werden:
```
sigma <-function(x){n=length(x); sqrt(var(x, na.rm=T) * (n-1)/n)}.
```

Die Standardabweichung ist eine sehr aussagekräftige Maßgröße der Statistik.

Deskriptive Statistik: Streuungsmaße

```
#- Streuungsmaß: Spannweite---------------------------------------------------
plot(sp2$Größe,rep(1,nrow(sp2)),ylab="Stichprobe 2",main="Scatterplot", # Plot sp2
    yaxt="n",xlab="Körpergröße in cm",xlim=c(150,210))
abline(v=min(sp2$Größe),col="red",lwd=2)           # Minimun: rot
abline(v=max(sp2$Größe),col="red",lwd=2)           # Maximum: rot
abline(v=mean(sp2$Größe), col="blue", lwd=4)       # Mittelwert: blau
abline(v=median(sp2$Größe), col="dark green", lwd=1)   # Median: grün
abline(v=modus, col="orange", lwd=1)               # Modus: orange
```

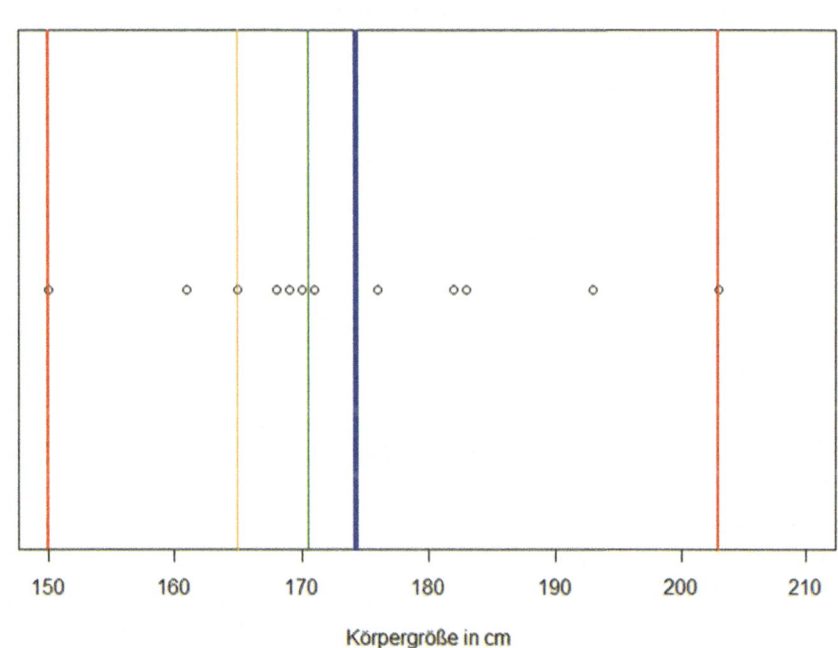

```r
range(sp2$Größe, na.rm = TRUE)                          # Range sp2

## [1] 150 203

max(sp2$Größe)                                          # Maximum sp2

## [1] 203

min(sp2$Größe)                                          # Minimum sp2

## [1] 150

max(sp2$Größe)- min(sp2$Größe)                          # Spannweite sp2

## [1] 53

#- Streuungsmaß: Interquartilsabstand---------------------------------------------
anzahl <- c(351,120,12,30,121,63,57,91,97,100,102)      # Numerische Variable
quantile(anzahl,type=6)                                 # Quantile

##   0%  25%  50%  75% 100%
##   12   57   97  120  351

quantile(anzahl,type=6, probs=0.25)                     # 25%-Quantil, 1. Quartil

## 25%
## 57

quantile(anzahl,type=6, probs=0.70)                     # 70%-Quantil

##   70%
## 109.2

quantile(anzahl,type=7, probs=0.70)                     # 70%-Quantil

## 70%
## 102

IQR(anzahl,type=6)                                      # Interquartilsabstand

## [1] 63

quantile(anzahl)                                        # Quantile

##   0%  25%  50%  75% 100%
##   12   60   97  111  351

summary(anzahl)                                         # Zusammenfassung

##    Min. 1st Qu.  Median    Mean 3rd Qu.    Max.
##      12      60      97     104     111     351

quantile(sp2$Größe,type=6)                              # Quantile Größe

##     0%    25%    50%    75%   100%
## 150.00 165.00 170.50 182.75 203.00

boxplot(Größe~sp,data=sp1und2,main="Boxplot",xlab="",   # Boxplot mit Ausreißern
    ylab="Körpergröße in cm")
```

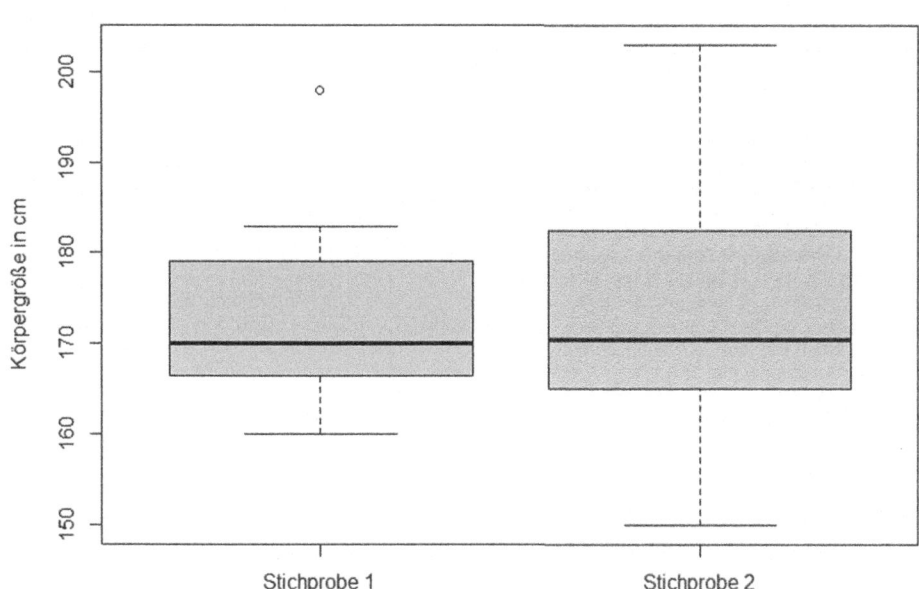

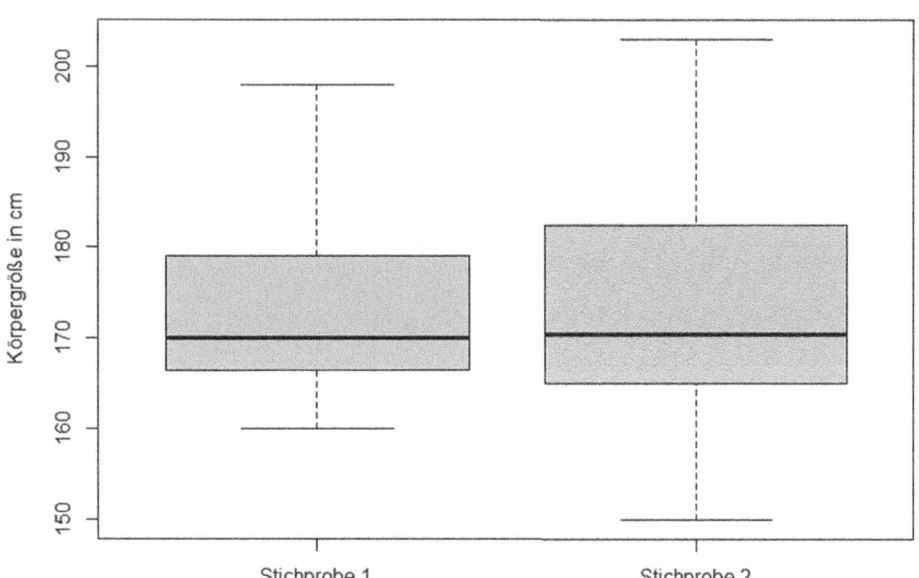

```
#- Streuungsmaß: Summe der Abweichungsquadrate------------------------------------
sp1 <- arrange(sp1, sp1$Größe)                    # Tibble sp1 sortieren
sp1meanGröße <- mean(sp1$Größe)                   # Mittelwert sp1
sp1$no <- rep(1:nrow(sp1))                        # Spalte für Nummer
sp1 <- mutate(sp1, diffGröße = Größe - sp1meanGröße)   # Spalte für Differenz
sp2 <- arrange(sp2, sp2$Größe)                    # Tibble sp2 sortieren
sp2meanGröße <- mean(sp2$Größe)                   # Mittelwert sp2
sp2$no <- rep(1:nrow(sp2))                        # Spalte für Nummer
sp2 <- mutate(sp2, diffGröße = Größe - sp2meanGröße)   # Spalte für Differenz
p1 <- ggplot(sp1, aes(no, Größe)) +               # Verteilung sp1
  geom_abline(intercept = sp1meanGröße, slope = 0, colour = "red") +
  geom_point(colour = "blue") +
  geom_linerange(aes(ymin = sp1meanGröße, ymax = Größe), colour = "grey40") +
  ylim(150,210) + labs(title="Stichprobe 1", x="",y="Körpergröße in cm")
p2 <- ggplot(sp2, aes(no, Größe)) +               # Verteilung sp2
  geom_abline(intercept = sp2meanGröße, slope = 0, colour = "red") +
  geom_point(colour = "dark green") +
  geom_linerange(aes(ymin = sp2meanGröße, ymax = Größe), colour = "grey40") +
  ylim(150,210) + labs(title="Stichprobe 2", x="",y="Körpergröße in cm")
require(gridExtra)                                # Paket erforderlich

## Loading required package: gridExtra

##
## Attaching package: 'gridExtra'

## The following object is masked from 'package:dplyr':
##
##     combine

grid.arrange(p1, p2, ncol = 2)                    # Grafik p1+p2 ausgeben
```

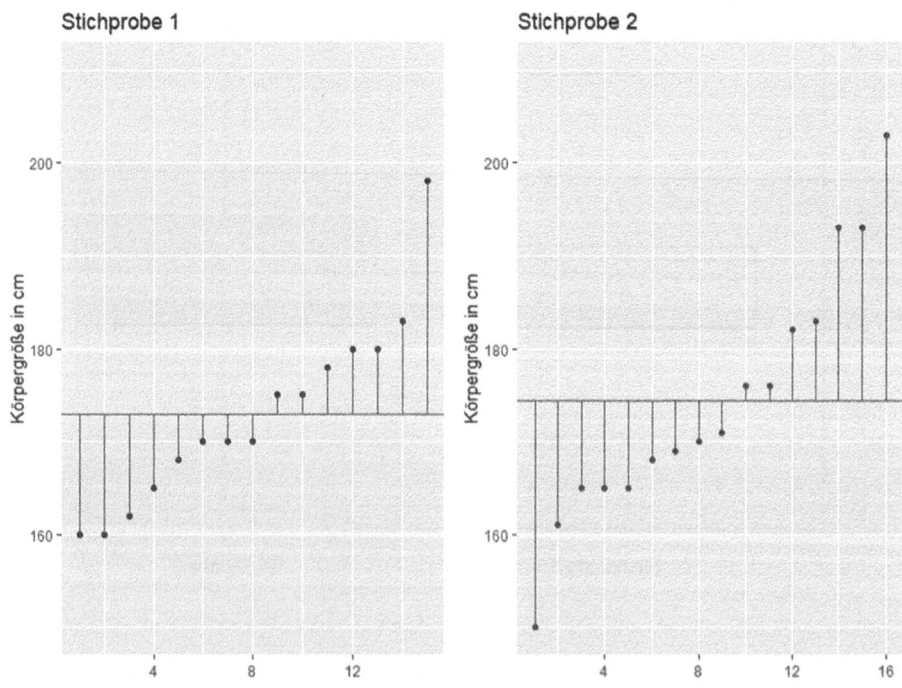

```
tab <- select(sp1, Größe, diffGröße)              # Tibble tab anlegen
colnames(tab) <- c("Größe","Abweichung")          # Spaltennamen festlegen
tab$AbwQuadrat <- tab$Abweichung^2                # Abweichungsquadrat
tab                                               # Ausgabe

## # A tibble: 15 x 3
##      Größe Abweichung AbwQuadrat
##      <dbl>      <dbl>      <dbl>
##  1    160      -12.9       167.
##  2    160      -12.9       167.
##  3    162      -10.9       120.
##  4    165       -7.93       62.9
##  5    168       -4.93       24.3
##  6    170       -2.93        8.60
##  7    170       -2.93        8.60
##  8    170       -2.93        8.60
##  9    175        2.07        4.27
## 10    175        2.07        4.27
## 11    178        5.07       25.7
## 12    180        7.07       49.9
## 13    180        7.07       49.9
## 14    183       10.1       101.
## 15    198       25.1       628.

round(sum(tab$Abweichung),2)                      # Summe der Abweichungen

## [1] 0

round(sum(tab$AbwQuadrat),2)                      # Summe Abweichungsquadrate

## [1] 1430.93

#- Streuungsmaß: Varianz------------------------------------------------------
round(sum(tab$AbwQuadrat)/(nrow(tab)-1),2)        # Stichprobenvarianz

## [1] 102.21

round(sum(tab$AbwQuadrat)/(nrow(tab)),2)          # Varianz der Population

## [1] 95.4

round(var(tab$Größe),2)                           # Stichprobenvarianz

## [1] 102.21

sigmaquadrat <- function(x)                       # Funktion für die Berechnung
   {n=length(x); var(x, na.rm=T) * (n-1)/n}       # der Varianz der Population
round(sigmaquadrat(tab$Größe),2)                  # Varianz der Population

## [1] 95.4

#- Streuungsmaß: Standardabweichung-------------------------------------------
round(sqrt(sum(tab$AbwQuadrat)/(nrow(tab)-1)),2)  # Standardabweichung Stichprobe

## [1] 10.11

round(sd(tab$Größe),2)                            # Standardabweichung Stichprobe

## [1] 10.11

sigma <- function(x)                              # Funktion für die Berechnung
   {n=length(x); sqrt(var(x, na.rm=T) * (n-1)/n)} # der Standardabw. der Population
round(sigma(tab$Größe),2)                         # Standardabweichung Population

## [1] 9.77
```

```
sd(sp1$Größe)                                # Standardabweichung Stichprobe 1
## [1] 10.10987
sd(sp2$Größe)                                # Standardabweichung Stichprobe 2
## [1] 13.63268
# Die Standardabweichung in Stichprobe 2 ist größer, wie aus der Abbildung der
# Verteilungen von sp1 und sp2 zu erwarten war
```

4.1.3   Univariate Statistik und Verteilungen

Univariate Statistik betrachtet die Verteilung einer einzelnen Variablen. Die Funktion table() zeigt die absolute Häufigkeitsverteilung und die Funktion prop.table() die relative Häufigkeitsverteilung. Der Parameter useNA = "always" bewirkt, dass immer auch die Häufigkeit der NA-Werte angezeigt werden, selbst wenn keine NA-Werte vorliegen, z. B. table(studierende$Geburtsmonat, useNA = "always"). Mit der Funktion sort() kann das Ergebnis auch nach Häufigkeit sortiert dargestellt werden, z. B. sort(abs, decreasing=T). Die Funktion cumsum() erlaubt die relativen Häufigkeiten zu kumulieren.

Deskriptive Statistik: Univariate Statistik

```
#- Univariate Statistik-------------------------------------------------------
table(studierende$Geburtsmonat)                 # Umgang mit NA

##
##      April    August  Dezember   Februar    Januar      Juli      Juni       Mai
##         35        26        32        20        28        30        26        29
##       März  November   Oktober September
##         39        27        37        27

table(studierende$Geburtsmonat, useNA = "no")   # NA werden ignoriert (Standard)

##
##      April    August  Dezember   Februar    Januar      Juli      Juni       Mai
##         35        26        32        20        28        30        26        29
##       März  November   Oktober September
##         39        27        37        27

table(studierende$Geburtsmonat, useNA = "ifany")  # NA anzeigen, sofern vorhanden

##
##      April    August  Dezember   Februar    Januar      Juli      Juni       Mai
##         35        26        32        20        28        30        26        29
##       März  November   Oktober September      <NA>
##         39        27        37        27         1

table(studierende$Geburtsmonat, useNA = "always") # NA immer anzeigen

##
##      April    August  Dezember   Februar    Januar      Juli      Juni       Mai
##         35        26        32        20        28        30        26        29
##       März  November   Oktober September      <NA>
##         39        27        37        27         1

abs  <- table(sp1$Größe)                         # Absolute Häufigkeit
abs

##
## 160 162 165 168 170 175 178 180 183 198
##   2   1   1   1   3   2   1   2   1   1

sort(abs)                                        # Aufsteigend sortiert

##
## 162 165 168 178 183 198 160 175 180 170
##   1   1   1   1   1   1   2   2   2   3

sort(abs, decreasing=T)                          # Absteigend sortiert

##
## 170 160 175 180 162 165 168 178 183 198
##   3   2   2   2   1   1   1   1   1   1

rel <- round(100*prop.table(abs),2)              # Relative Häufigkeit in %
rel

##
##    160    162    165    168    170    175    178    180    183    198
## 13.33   6.67   6.67   6.67  20.00  13.33   6.67  13.33   6.67   6.67

cum <- round(cumsum(rel),2)                      # Kumulierte Häufigkeit
cum
```

Für einige Statistikanwendungen wird eine normale Häufigkeitsverteilung vorausgesetzt. Da Verteilungen der Werte aber auch asymmetrisch sein können, wird die Schiefe (Skewness) und die Wölbung (Kurtosis) einer Verteilung gemessen.

Eine Häufigkeitsverteilung wird in der Regel in Form eines Histogramms dargestellt, in dem alle beobachteten Werte einer Variablen auf der horizontalen Achse abgebildet werden und die Höhe des Balkens angibt, wie häufig dieser Wert vorgekommen ist. Es werden dabei folgende Eigenschaften der Verteilung differenziert:

- Schiefe (engl. Skew) zeigt die Art und Stärke der Asymmetrie eine Verteilung an (siehe Abb. 4.9 und 4.10)
  - Positive Schiefe, linkssteile oder rechtsschiefe Verteilung
  - Negative Schiefe, linksschiefe oder rechtssteile Verteilung

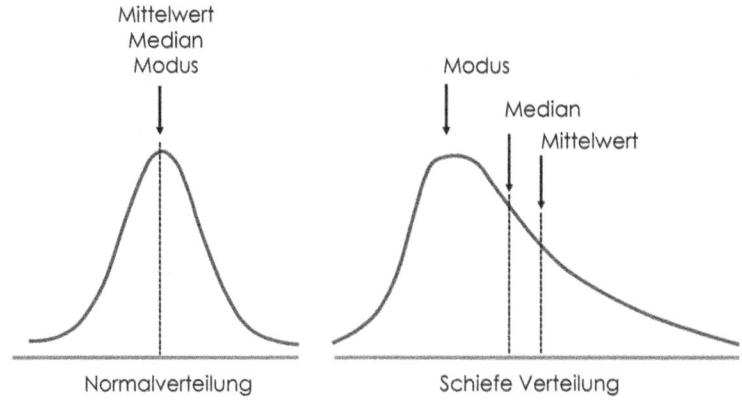

Abb. 4.9 Normalverteilung versus Schiefe

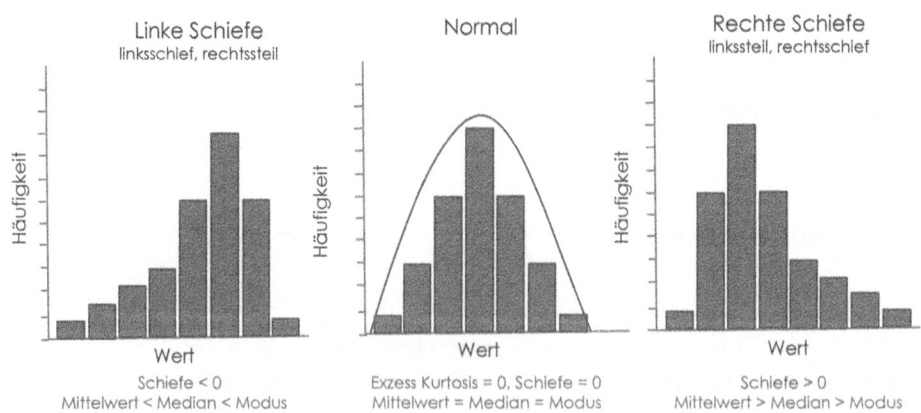

Abb. 4.10 Verteilungen ohne und mit Schiefe

- Wölbung (engl. Kurtosis) ist eine Maßzahl für die Steilheit bzw. „Spitzigkeit" einer Verteilung (siehe Abb. 4.11)
  - Steilgipflig, supergaußförmig oder leptokurtisch
  - Flachgipflig, subgaußförmig oder platykurtisch

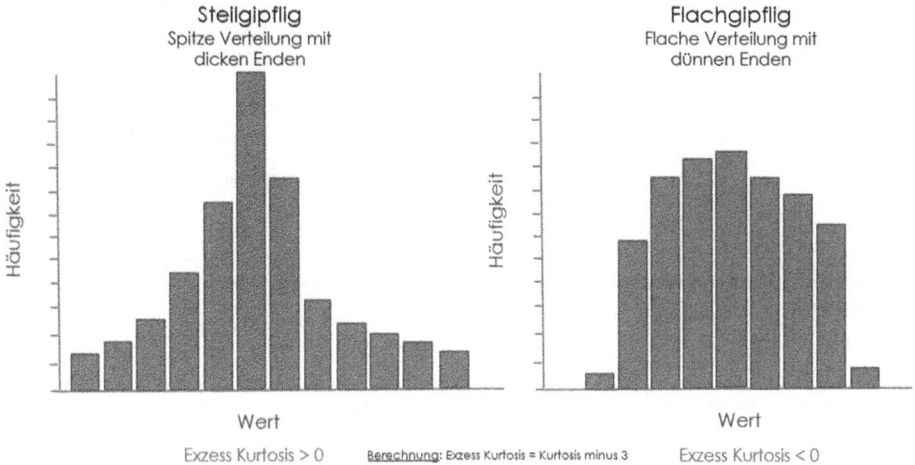

Abb. 4.11 Wölbung

Ob eine Verteilung schief ist, lässt sich auf Basis der Lagemaße Modus, Median und Mittelwert erkennen. Die Funktion `skewness()` aus dem Paket e1071 berechnet die Schiefe in R.

Der Wert für die Wölbung beträgt im Falle der Normalverteilung 3. Liegt der Wert der Wölbung über 3, dann handelt es sich um eine schmalgipflige, spitze Verteilung und bei Werten kleiner als 3 um eine breitgipflige, flache Verteilung mit Beobachtungen nahe dem Mittelwert.

Um das Ausmaß der Wölbung besser einschätzen zu können, wird die Wölbung einer Verteilung mit der Wölbung einer Normalverteilung verglichen. Für diesen Zweck berechnet man den Exzess als Wölbung minus 3 der Wölbung einer Normalverteilung. Liegt der Wert des Exzesses bei Null, so handelt es sich um eine näherungsweise Normalverteilung. Liegt der Wert über Null, dann handelt es sich um eine schmalgipflige, spitze Verteilung und bei Werten kleiner als Null um eine breitgipflige, flache Verteilung mit Beobachtungen nahe dem Mittelwert.

In R kann die Wölbung mit der Funktion `kurtosis()` aus dem Paket e1071 berechnet werden.

Deskriptive Statistik: Verteilungen

```
#- Verteilungen------------------------------------------------------------
require(e1071)                                          # Paket erforderlich

## Loading required package: e1071

sp2.modus                                              # Modus Stichprobe 2

## [1] 165

sp2.median                                             # Median

## [1] 170.5

sp2.mean                                               # Mittelwert

## [1] 174.375

#- Schiefe-----------------------------------------------------------------
sp2.skewness <- skewness(sp2$Größe)                    # Schiefe
sp2.skewness

## [1] 0.4338368

#- Histogramm--------------------------------------------------------------
linien=data.frame(name=c("Median","Mittelwert","Modus"),
                  wert=c(sp2.median,sp2.mean,sp2.modus),
                  farbe=c("blue","green","red"),
                  linie=c(2,1,3),
                  gross=c(1,2,2))
ggplot(sp2)+                                           # Histogramm
  aes(x=Größe)+
  labs(title="Histogramm",subtitle="Stichprobe 2: Positive Schiefe",
       x="Größe in cm", y="Häufigkeit")+
  geom_histogram(binwidth=3)+
  scale_color_manual(name="Kennzahl",labels=linien$name,values=linien$farbe)+
  geom_vline(data=linien,aes(xintercept=wert,colour=farbe,alpha=0.5),
             linetype=linien$linie,size=linien$gross,show.legend=F)
```

Histogramm
Stichprobe 2: Positive Schiefe

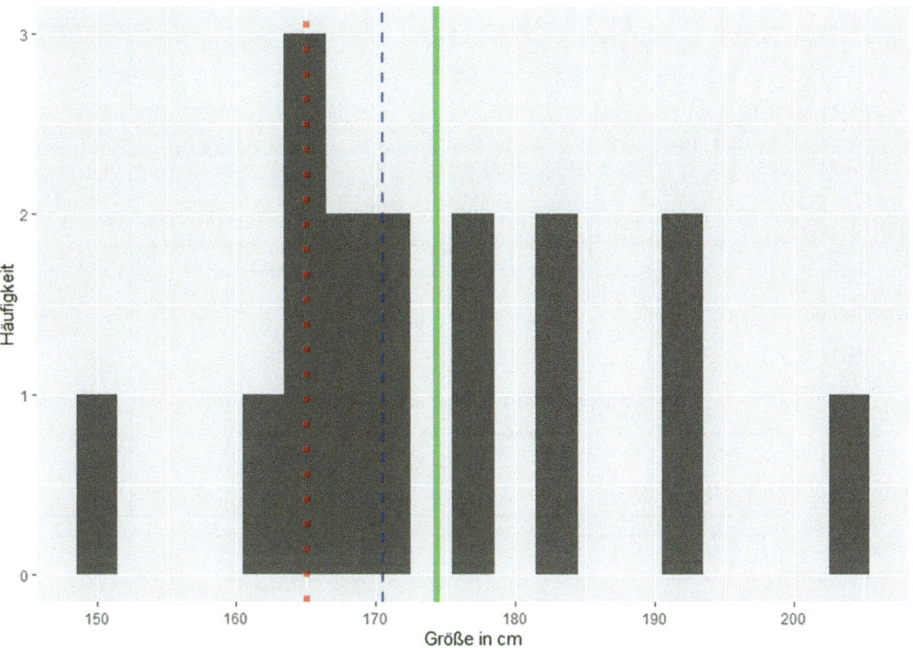

```r
if (sp2.modus>sp2.median & sp2.median<sp2.mean) {
  if (sp2.skewness<0)
    print("Schiefe < 0, negative Schiefe, linksschief, rechtssteil")
} else if (sp2.modus<sp2.median & sp2.median<sp2.mean) {
    if (sp2.skewness>0)
      print("Schiefe > 0, positive Schiefe, linkssteil, rechtsschief")
} else {
  print("Näherungsweise Normalverteilt")
}

## [1] "Schiefe > 0, positive Schiefe, linkssteil, rechtsschief"

#- Kurtosis-------------------------------------------------------------------
sp2.kurtosis <- kurtosis(sp2$Größe)
sp2.kurtosis

## [1] -0.5894822

if (sp2.kurtosis<0) { print("Exzess Kurtosis < 0, flachgipflig")
} else if (sp2.kurtosis>0) { print("Exzess Kurtosis > 0, steilgipflig")
} else { print("Näherungsweise Normalverteilt")
}

## [1] "Exzess Kurtosis < 0, flachgipflig"

#- Beispiel 2 für Schiefe und Kurtosis----------------------------------------
daten<-c(88,95,92,97,96,97,96,97,94,86,91,95,97,88,85,76,68)
hist(daten)
```

Histogram of daten

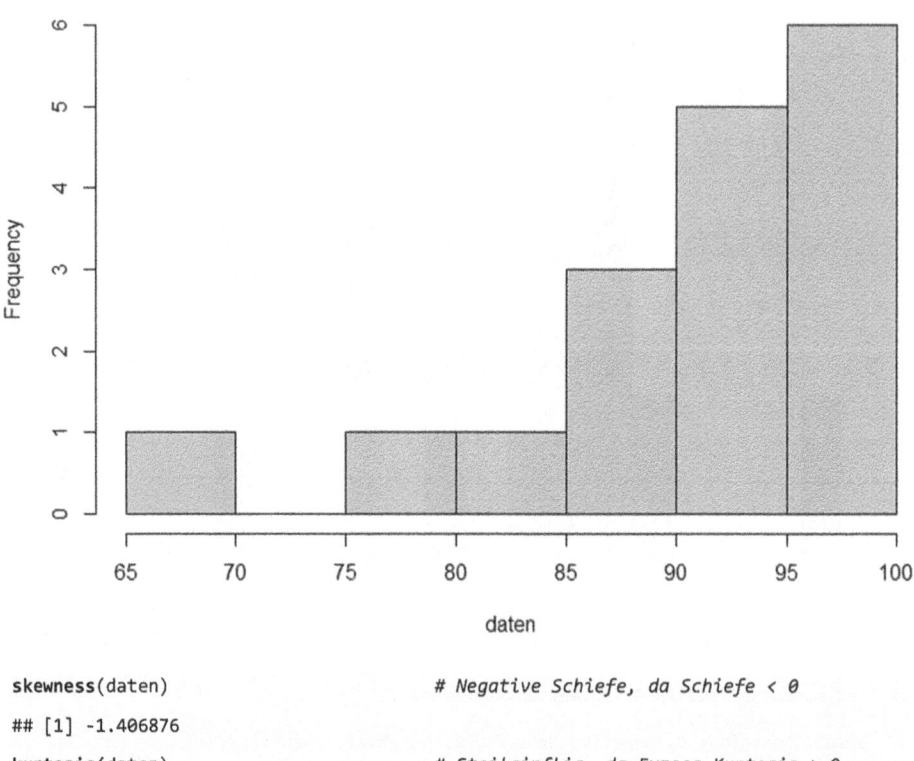

```
skewness(daten)                    # Negative Schiefe, da Schiefe < 0
## [1] -1.406876
kurtosis(daten)                    # Steilgipflig, da Exzess Kurtosis > 0
## [1] 1.125847
```

4.1.4   Bivariate und multivariate Statistik

Die bivariate Statistik beschäftigt sich mit zwei Variablen und den Zusammenhängen, die zwischen den beiden Variablen existieren. Die multivariate Statistik untersucht Zusammenhänge von mehr als zwei Variablen.

Während bei der univariaten Statistik eine Häufigkeitsverteilung betrachtet wird, werden bei der bivariaten Statistik Kontingenztabellen verwendet, um die bedingten Häufigkeiten für jede Wertkombination der Variablen anzuzeigen. Üblich ist die unabhängige Variable in den Spalten und die abhängige Variable in den Zeilen anzuzeigen. In R eignet sich die Funktion `table()`, um eine Kontingenztabelle zu erstellen, z. B. `table(sp3$Geschlecht, sp3$Größe)`. Um die relativen Häufigkeiten anzeigen zu lassen, kann auch hier wieder die Funktion `prop.table()` verwendet werden. Mit dem Parameter `margin=1` können auch die Häufigkeiten je Zeile oder mit `margin=2` die Häufigkeiten je Spalte ermittelt werden. Um die Summen je Zeile und Spalte hinzuzufügen (Randverteilungen), kann auf eine Kontingenztabelle die Funktion `addmargins()` angewendet werden. Über den Parameter `margin=1` werden die Summen nur für Zeilen und mit `margin=2` nur für Spalten hinzugefügt. Um ausschließlich die Randverteilungen angezeigt zu bekommen, ist die Funktion `margin.table()` geeignet.

Oft ist es auch interessant eine Funktion auf Gruppierungen anzuwenden, z. B. die durchschnittliche Körpergröße in Abhängigkeit vom Geschlecht. Dafür ist die Funktion `tapply()` geeignet. Das erste Argument bei dem Funktionsaufruf ist die abhängige Variable, hier Körpergröße, das zweite Argument die Gruppierungsvariable, hier Geschlecht, und die dritte Variable ist die auszuführende Funktion, hier mean. Die Anweisung sieht dann wie folgt aus: `tapply(sp3$Größe,sp3$Geschlecht,mean)`. Auch eine multivariate Statistik (mehr als zwei Variablen) lässt sich mit der Funktion `tapply()` erstellen, z. B. `tapply(sp3$Größe,list(sp3$Geschlecht,sp3$Alter),mean)`, um die Durchschnittsgröße in Abhängigkeit von Geschlecht und Alter zu ermitteln.

Deskriptive Statistik: Kontingenztabellen

```
#- Kontingenztabellen--------------------------------------------------------------
sp3 <- as_tibble(studierende[35:60,c(2,3,5)])     # Stichprobe 3 (sp3)
abs<-table(sp3$Geschlecht, sp3$Größe)             # Absolute Häufigkeit
abs

##
##       160 163 164 165 166 170 173 175 178 179 180 183 187
##  Frau   4   1   1   1   1   5   3   2   1   0   1   0   0
##  Mann   0   0   0   0   0   0   0   2   1   1   0   1   1

rel<-100*prop.table(abs)                          # Relative Häufigkeit in %
rel

##
##              160        163        164        165        166        170        173
##  Frau 15.384615   3.846154   3.846154   3.846154   3.846154  19.230769  11.538462
##  Mann  0.000000   0.000000   0.000000   0.000000   0.000000   0.000000   0.000000
##
##              175        178        179        180        183        187
##  Frau  7.692308   3.846154   0.000000   3.846154   0.000000   0.000000
##  Mann  7.692308   3.846154   3.846154   0.000000   3.846154   3.846154

round(100*prop.table(abs,margin=1),2)             # Relative Häufigkeit je Zeile

##
##          160   163   164   165   166   170   173   175   178   179   180   183
##  Frau  20.00  5.00  5.00  5.00  5.00 25.00 15.00 10.00  5.00  0.00  5.00  0.00
##  Mann   0.00  0.00  0.00  0.00  0.00  0.00  0.00 33.33 16.67 16.67  0.00 16.67
##
##          187
##  Frau   0.00
##  Mann  16.67

round(100*prop.table(abs,margin=2),2)             # Relative Häufigkeit je Spalte

##
##       160 163 164 165 166 170 173 175 178 179 180 183 187
##  Frau 100 100 100 100 100 100 100  50  50   0 100   0   0
##  Mann   0   0   0   0   0   0   0  50  50 100   0 100 100

addmargins(abs)                                   # Randverteilungen hinzufügen

##
##       160 163 164 165 166 170 173 175 178 179 180 183 187 Sum
##  Frau   4   1   1   1   1   5   3   2   1   0   1   0   0  20
##  Mann   0   0   0   0   0   0   0   2   1   1   0   1   1   6
##  Sum    4   1   1   1   1   5   3   4   2   1   1   1   1  26

addmargins(rel)

##
##              160        163        164        165        166        170
##  Frau 15.384615   3.846154   3.846154   3.846154   3.846154  19.230769
##  Mann  0.000000   0.000000   0.000000   0.000000   0.000000   0.000000
##  Sum  15.384615   3.846154   3.846154   3.846154   3.846154  19.230769
##
##              173        175        178        179        180        183
##  Frau 11.538462   7.692308   3.846154   0.000000   3.846154   0.000000
##  Mann  0.000000   7.692308   3.846154   3.846154   0.000000   3.846154
##  Sum  11.538462  15.384615   7.692308   3.846154   3.846154   3.846154
##
##              187        Sum
```

```
##    Frau   0.000000   76.923077
##    Mann   3.846154   23.076923
##    Sum    3.846154  100.000000
```

addmargins(abs)

```
##
##         160 163 164 165 166 170 173 175 178 179 180 183 187 Sum
##    Frau   4   1   1   1   1   5   3   2   1   0   1   0   0  20
##    Mann   0   0   0   0   0   0   0   2   1   1   0   1   1   6
##    Sum    4   1   1   1   1   5   3   4   2   1   1   1   1  26
```

addmargins(abs,margin=1)   *# Randv. hinzufügen für Zeilen*

```
##
##         160 163 164 165 166 170 173 175 178 179 180 183 187
##    Frau   4   1   1   1   1   5   3   2   1   0   1   0   0
##    Mann   0   0   0   0   0   0   0   2   1   1   0   1   1
##    Sum    4   1   1   1   1   5   3   4   2   1   1   1   1
```

addmargins(abs,margin=2)   *# Randv. hinzufügen für Spalten*

```
##
##         160 163 164 165 166 170 173 175 178 179 180 183 187 Sum
##    Frau   4   1   1   1   1   5   3   2   1   0   1   0   0  20
##    Mann   0   0   0   0   0   0   0   2   1   1   0   1   1   6
```

margin.table(abs)   *# Nur Randverteilung*

```
## [1] 26
```

margin.table(abs,1)   *# Randv. nur Zeilen*

```
##
## Frau Mann
##   20    6
```

margin.table(abs,2)   *# Randv. nur Spalten*

```
##
## 160 163 164 165 166 170 173 175 178 179 180 183 187
##   4   1   1   1   1   5   3   4   2   1   1   1   1
```

tapply(sp3$Größe,sp3$Geschlecht,mean)   *# Gruppenauswertungen 1 unabh.V.*

```
##    Frau    Mann
## 168.75 179.50
```

tapply(sp3$Größe,sp3$Geschlecht,summary)

```
## $Frau
##    Min. 1st Qu.  Median    Mean 3rd Qu.    Max.
##   160.0   163.8   170.0   168.8   173.0   180.0
##
## $Mann
##    Min. 1st Qu.  Median    Mean 3rd Qu.    Max.
##   175.0   175.8   178.5   179.5   182.0   187.0
```

head(sp3,3)

```
## # A tibble: 3 x 3
##   Geschlecht Geburtsjahr Größe
##   <fct>            <dbl> <dbl>
## 1 Frau              1998   173
```

4.1.4.1 Abhängigkeiten zwischen Variablen

Eine weit verbreitete Maßzahl, die jedoch nur für 2x2-Kreuztabellen geeignet ist, ist der Phi-Wert, der sich durch das Teilen des Chi-Quadrat-Wertes durch die Anzahl der Werte ergibt und Werte zwischen -1 und 1 annehmen kann. Ein kleiner Phi-Wert bedeutet, dass nur eine geringe Abhängigkeit zwischen den Variablen besteht. Die Funktion `phi()` aus dem Paket psych ermöglicht die Berechnung des Phi-Wertes. Bei der Betrachtung der Gebrauchtwagen ergibt sich ein Phi von 0,14, was für eine geringe Abhängigkeit der Variablen Motor (Benzin, Diesel) und Getriebe (manuell, automatik) spricht (siehe folgender Code).

Eine weitere Maßzahl der Abhängigkeit ist die Odds Ratio (OR), die jedoch nur auf zwei nominale oder ordinale Variablen anwendbar ist. Ein Wert von 1 bedeutet keine Abhängigkeit und umso mehr die Odds Ratio von 1 abweicht, desto stärker ist die Abhängigkeit der Variablen. Die Odds Ratio kann mit der Funktion `oddsratio()` aus dem Paket vcd berechnet werden. Aus der Odds Ratio lässt sich über die Formel $Q = \frac{OR-1}{OR+1}$ der Yules-Koeffizient Q berechnen, der leichter zu interpretieren ist, da Null bedeutet, dass keine Abhängigkeit besteht und die Abweichung von Null nach oben oder unten die Stärke und Richtung einer Abhängigkeit anzeigt. Der Yules-Koeffizient Q kann mit der Funktion `Yule()` aus dem Paket psych berechnet werden. Der Wert der Odds Ratio von 1,99 bestätigt eine Abhängigkeit (Wert von Variable 1 hat einen positiven Einfluss auf Variable 2) und besagt, dass Dieselfahrzeuge relativ häufiger ein Automatik-Getriebe haben als Autos, die mit Benzin fahren. Der Yules-Koeffizient von 0,33 bestätigt die positive Abhängigkeit (siehe folgender Code).

Deskriptive Statistik: Bivariate Zusammenhänge

```
#- Bivariate Zusammenh#nge------------------------------------------------
autos.bd <- filter(autos,autos$Motor=="benzin"    # Dataframe mit Binärer Var
                   |autos$Motor=="diesel")         # für Motor
autos.bd <- droplevels(autos.bd)                   # Nicht verwendete Levels entf.
tab <- table(autos.bd$Motor,autos.bd$Getriebe)     # Kreuztabelle
tab

##
##           manuell automatik
##   benzin      473        99
##   diesel      196        82

require(psych)                                      # Paket erforderlich

## Loading required package: psych

##
## Attaching package: 'psych'

phi(tab,digits=2)                                  # Phi berechnen

## [1] 0.14

require(vcd)                                        # Paket erforderlich

## Loading required package: vcd

## Loading required package: grid

oddsratio(tab,log=F)                               # Odds Ratio berechnen

## odds ratios for  and
##
## [1] 1.998866

Yule(tab)                                          # Yule berechnen

## [1] 0.3330813
```

4.1.4.2 Korrelation

Um die Abhängigkeit zweier Variablen weiter zu untersuchen, eignet sich die Berechnung der Korrelation. Eine Korrelation gibt die Richtung (positiv bzw. negativ) und Stärke einer linearen Abhängigkeit zwischen zwei Variablen an. Eine positive Korrelation liegt vor, wenn hohe Werte der Variablen A mit hohen Werten der Variablen B einhergehen (siehe Abb. 4.12). Eine negative Korrelation besteht, wenn hohe Werte der Variablen A mit niedrigen Werten der Variablen B einhergehen (siehe Abb. 4.13). Die Stärke einer Korrelation wird über den Korrelationskoeffizienten ausgedrückt, der zwischen -1 (starke negative Korrelation) und $+1$ (starke positive Korrelation) liegt. Eine Korrelation ist dann stärker, wenn die Steigung der Korrelationsfunktion sich der -1 bzw. $+1$ annähert.

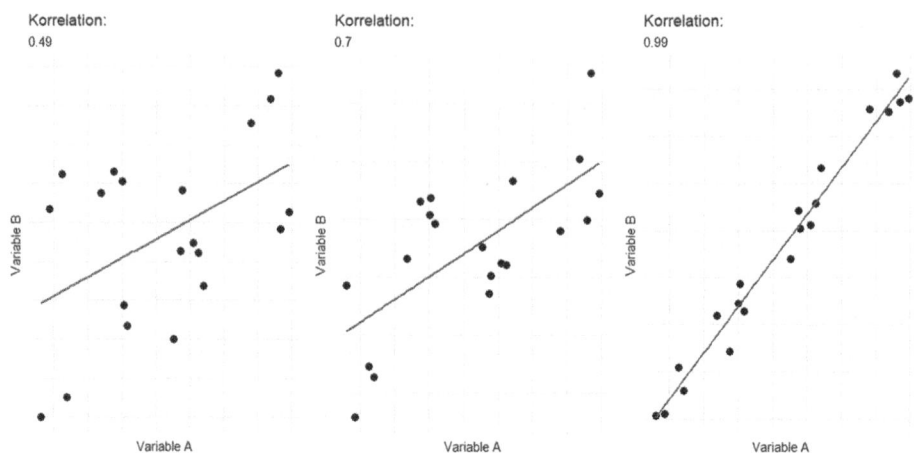

Abb. 4.12 Positive Korrelation

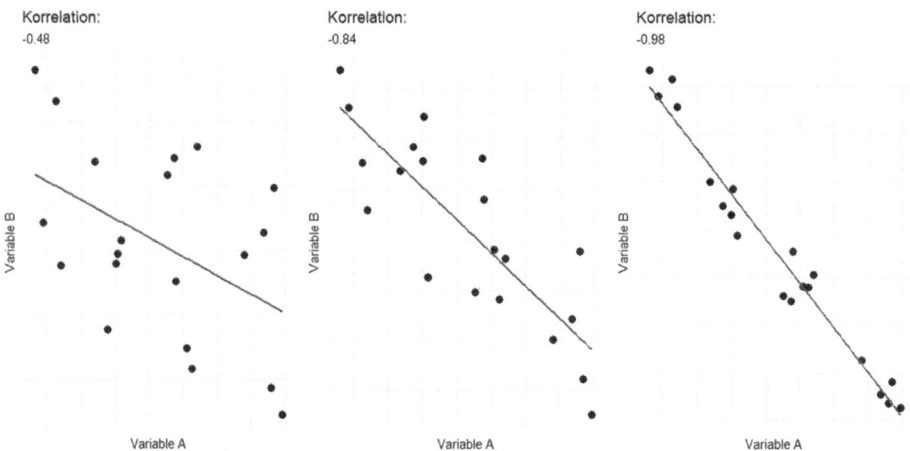

Abb. 4.13 Negative Korrelation

Ein Wert von 0 bedeutet, dass keine Korrelation besteht und je weiter ein Wert nach oben oder unten von 0 abweicht, umso stärker ist die Korrelation (siehe Abb. 4.14).

Ein Korrelationskoeffizient sollte jedoch nicht isoliert betrachtet werden, denn Ausreißer oder auch die Verteilung können die Berechnung stark beeinflussen (siehe Abb. 4.15). Daher sollte der Korrelationskoeffizient immer gemeinsam mit dem zugehörigen Plot betrachtet werden. Im Plot oben links scheinen die Variablen normalverteilt zu sein. Der Plot oben rechts zeigt auch einen Zusammenhang der Variablen, jedoch keinen linearen. Der Plot unten links zeigt eine perfekte lineare Korrelation der beiden Variablen an, die Berechnung wird jedoch durch den Ausreißer stark beeinflusst. Der Plot unten rechts zeigt, wie bereits ein einzelner extremer Ausreißer einen

Abb. 4.14 Keine Korrelation

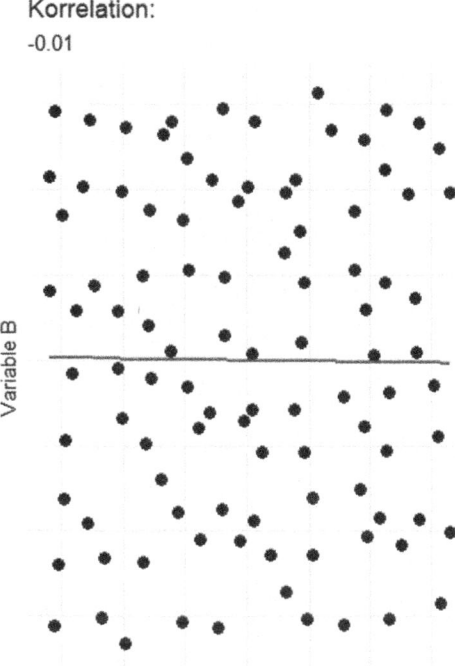

Abb. 4.15 Anscombe-Quartett

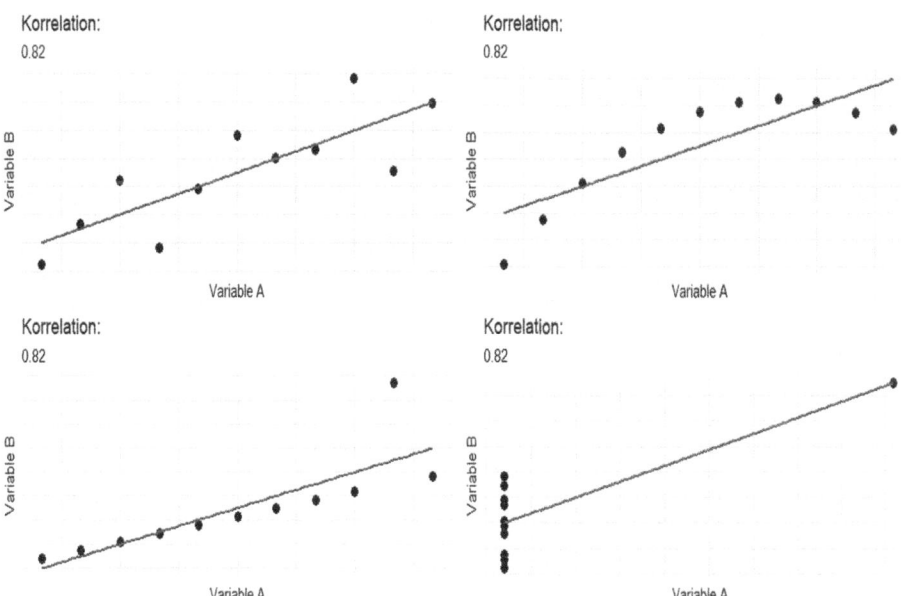

Korrelationskoeffizienten ergibt, der ungeeignet erscheint. Daher sollte der Korrelationskoeffizient immer gemeinsam mit dem zugehörigen Plot betrachtet werden, um Fehlinterpretationen zu vermeiden.

Eine Voraussetzung für die Signifikanz eines Pearson Korrelationskoeffizienten ist die Erfüllung folgender Bedingungen:

- Bivariate Normalverteilung: Die bivariate Normalverteilung (auch zweidimensionale Normalverteilung) beschreibt eine Normalverteilung der einen Variable für jeden Wert der anderen Variable.
- Homoskedastizität (gleichmäßige Streuung beider Variablen)
- Keine Ausreißer
- Keine Cluster

Die Abb. 4.16 zeigt die Berechnung der Korrelationskoeffizienten basierend auf Informationen zu zweitausend Gebrauchtwagen. Eine negative Korrelation zwischen Kilometerstand und Preis bringt zum Ausdruck, dass der Preis mit steigendem Kilometerstand sinkt. Eine ebenfalls negative Korrelation zwischen dem Alter eines Gebrauchtwagens und dem Preis bringt zum Ausdruck, dass der Preis mit steigendem Alter sinkt. Eine positive Korrelation zwischen PS und Preis drückt aus, dass Gebrauchtwagen mit mehr PS einen höheren Preis erzielen.

In Abhängigkeit vom Typ der Variablen werden die Maßzahlen der Korrelation unterschiedlich berechnet (siehe Abb. 4.17).

Wichtig ist grundsätzlich zu verstehen, dass eine statistisch signifikante Korrelation niemals ein Beleg für eine Kausalität, also einen Ursache-Wirkungs-Zusammenhang, feststellt. Eine statistisch signifikante Korrelation bestätigt jedoch eine Abhängigkeit der Variablen und diese zu kennen, kann sehr wertvoll sein.

In R kann für Intervallvariablen der Pearson-Korrelationskoeffizient r mithilfe der Funktion cor() berechnet werden. Eine geschicktere Berechnung und Ausgabe erfolgt jedoch durch die Funktion correlate() aus dem Paket corrr. Für ordinalskalierte

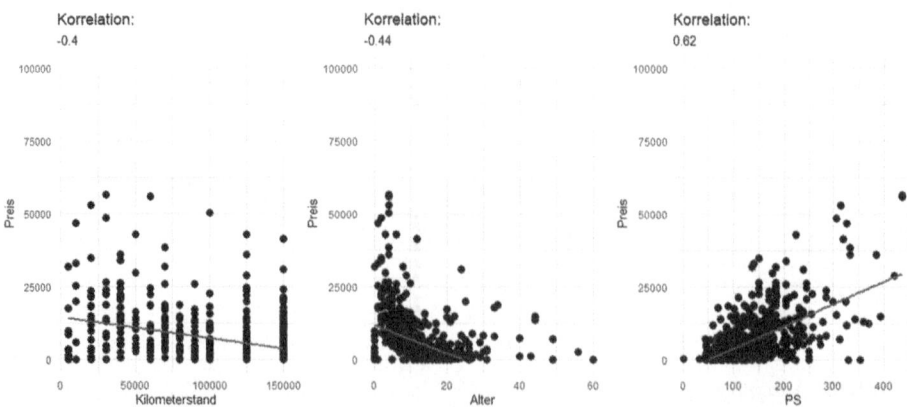

Abb. 4.16 Korrelationskoeffizienten

	Verhältnis-Variable	Ordinale Variable	Nominale Variable
Verhältnis-Variable	• Pearson Produkt-Moment-Korrelation	• Spearman's Rho • Kendall's Tau • Polychorische Korrelation	• Punktseriale Korrelation • Biseriale Korrelation
Ordinale Variable		• Spearman's Rho • Kendall's Tau • Polychorische Korrelation	• Biseriale Rangkorrelation • Polychorische Korrelation
Nominale Variable			• Punkttetrachorische Korrelation • Tetrachorische Korrelation

Abb. 4.17 Korrelationsberechnung nach Variablentypen

Variablen wird entweder der Spearman-Rangkorrelationskoeffizient r_s (Spearman's Rho) oder der Kendall-Rangkorrelationskoeffizient T (Kendall's Tau) berechnet. Die Korrelationen nach Spearman und Kendall können ebenfalls mit der Funktion cor() bzw. correlate() berechnet werden, wenn der Parameter method="spearman" bzw. method="kendall" verwendet wird.

Auch für eine Vielzahl an Variablen, die in Form einer Matrix vorliegen, kann die Funktion correlate() angewendet werden, um eine Korrelationsmatrix zu berechnen, die den Korrelationskoeffizienten zwischen allen Variablen ermittelt. Am Beispiel des Dataframes mtcars kann dies gut demonstriert werden. Der Dataframe beinhaltet Spalten mit Angaben zum Verbrauch (mpg, Meilen pro Gallone), der Anzahl Zylinder (cyl), des Hubraums in Kubik-cm (disp), der PS (hp), des Gewichts in kg (wt), der Beschleunigung in Sekunden für ¼ Meile (qsec), der Übertragung (am, 1 = Automatik, 2 = Schaltgetriebe) und der Anzahl der Gänge (gear). Ergänzend zu der Funktion correlate() können die Ergebnisse der Korrelationsmatrix mit der Funktion rearrange() so angeordnet werden, dass ähnlich korrelierte Variablen in Clustern angezeigt werden. Da eine Korrelationsmatrix alle Koeffizienten im Spiegelbild doppelt anzeigt, eignet sich die Funktion shave() dazu die gespiegelten, redundanten Werte mit NA anzuzeigen. Wird anschließend die Funktion fashion() auf das Ergebnis der Funktion shave() angewendet, so werden die NAs komplett entfernt. Die graphische Ausgabe der Korrelationsmatrix kann mithilfe der Funktion rplot() erfolgen (siehe Abb. 4.18).

Offensichtlich ist der Verbrauch in Litern je 100 km (l100km) positiv korreliert mit dem Hubraum (disp), der Anzahl der Zylinder (cyl), dem Gewicht (wt) und den PS (hp). Mit größerem Hubraum, Gewicht und steigender Anzahl der Zylinder und PS steigt offensichtlich der Literverbrauch je 100 km. Eine negative Korrelation existiert z. B. zwischen den PS (hp) und der Beschleunigung (qsec). Mehr PS führen also zu einer geringeren Anzahl an Sekunden, um eine Viertelmeile zu fahren. Eine vernachlässigbare Korrelation existiert offenbar zwischen der Beschleunigung (qsec) und dem Gewicht

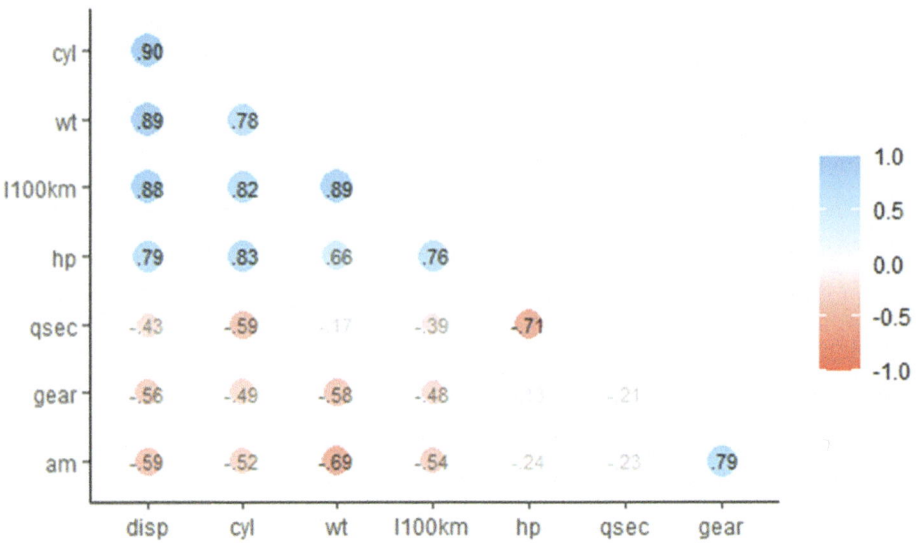

Abb. 4.18 Korrelationsmatrix

(wt) oder der Anzahl Gänge (gear) und den PS (hp). Eine Korrelationsmatrix ermöglicht eine schnelle Übersicht über die Korrelationen der betrachteten Variablen.

Eine weitere Möglichkeit die Beziehung zwischen Variablen zu analysieren ist eine Plotmatrix, die neben dem Korrelationskoeffizienten bei mindestens einer numerischen Variablen noch zwei weitere Plots abhängig vom Variablentyp anzeigt, z. B. einen Scatterplot und eine Verteilungsfunktion. Dies wird durch die Funktion `ggpairs()` aus dem Paket GGally unterstützt.

Weiter oben wurde die Funktion `cor()` vorgestellt. Wenn man neben der Korrelation auch noch deren Signifikanz ermitteln möchte, dann kann man die Funktion `cor.test()` verwenden, welche sowohl die Korrelation berechnet als auch deren Signifikanz. Um einen ersten Eindruck zu bekommen ist oft ein Plot der betrachteten Variablen hilfreich. Angenommen die Variablen mpg (Miles per Gallon) und wt (Gewicht) aus dem Dataframe mtcars sollen betrachtet werden. Einen Plot erstellt man mit der Anweisung `plot(mtcars$wt, mtcars$mpg)`. Aus dem Plot ist erkennbar, dass mit zunehmendem Gewicht die Miles per Gallon abnehmen, was für eine negative Korrelation spricht. Berechnet man den Korrelationskoeffizienten nach Pearson, so ergibt sich $-0,86$ als Wert. Die Signifikanz ist mit p = 1,29e-10 sehr klein und sehr viel kleiner als die übliche Verwerfungsgrenze von 0,05. Die Null-Hypothese keines Zusammenhanges kann daher verworfen werden. Folglich wird die Alternativhypothese einer Korrelation zwischen Gewicht und Verbrauch angenommen.

Die Effektstärke einer Korrelation wird erst ab 0,1 relevant und als schwach betrachtet, ab 0,3 mittel und ab 0,5 als stark.

Deskriptive Statistik: Korrelationen

```
#- Korrelation 2 Variablen--------------------------------------------------
require(corrr)                                          # Paket erforderlich

## Loading required package: corrr

cor(autos[,c("Kilometer","Preis")],use="na.or.complete")   # Pearson

##             Kilometer     Preis
## Kilometer   1.0000000 -0.3934809
## Preis      -0.3934809  1.0000000

correlate(autos[,c("Kilometer","Preis")])                  # Pearson

##
## Correlation method: 'pearson'
## Missing treated using: 'pairwise.complete.obs'

## # A tibble: 2 x 3
##   term        Kilometer Preis
##   <chr>           <dbl> <dbl>
## 1 Kilometer      NA    -0.393
## 2 Preis          -0.393 NA

correlate(autos[,c("PS","Kategorie")],method="spearman")# Spearman

## Error in stats::cor(x = x, y = y, use = use, method = method): 'x' must be numeri
c

autos$Kategorie.n <- as.numeric(autos$Kategorie)           # Faktor->Numerisch
correlate(autos[,c("PS","Kategorie.n")],method="spearman")# Spearman

##
## Correlation method: 'spearman'
## Missing treated using: 'pairwise.complete.obs'

## # A tibble: 2 x 3
##   term            PS Kategorie.n
##   <chr>        <dbl>       <dbl>
## 1 PS           NA         -0.223
## 2 Kategorie.n -0.223       NA

correlate(autos[,c("PS","Kategorie.n")],method="kendall") # Kendall

##
## Correlation method: 'kendall'
## Missing treated using: 'pairwise.complete.obs'

## # A tibble: 2 x 3
##   term            PS Kategorie.n
##   <chr>        <dbl>       <dbl>
## 1 PS           NA         -0.178
## 2 Kategorie.n -0.178       NA

#- Korrelation n Variablen--------------------------------------------------
require(MASS)                                   # Paket erforderlich

## Loading required package: MASS

##
## Attaching package: 'MASS'

## The following object is masked from 'package:dplyr':
##
##     select
```

```
data(mtcars)                                    # Daten importieren aus MASS
mtcars$l100km <-round(235.215/mtcars$mpg,1)     # Verbrauch mpg -> L/100km
mtcars$disp <- round(16.387*mtcars$disp,0)      # Hubraum Kubik-Inch -> ccm
mtcars$wt <- round(0.453592*mtcars$wt*1000,0)   # Gewicht Pfund -> kg
mtcars<-dplyr::select(mtcars,-mpg,-drat,-vs,-carb) # Spalten entfernen
mtcars[14:21,]                                  # Anzeige

##                      cyl disagp  hp   wt qsec am gear l100km
## Merc 450SLC            8   4520 180 1715 18.00  0    3   15.5
## Cadillac Fleetwood     8   7735 205 2381 17.98  0    3   22.6
## Lincoln Continental    8   7538 215 2460 17.82  0    3   22.6
## Chrysler Imperial      8   7210 230 2424 17.42  0    3   16.0
## Fiat 128               4   1290  66  998 19.47  1    4    7.3
## Honda Civic            4   1240  52  733 18.52  1    4    7.7
## Toyota Corolla         4   1165  65  832 19.90  1    4    6.9
## Toyota Corona          4   1968  97 1118 20.01  0    3   10.9

cor(mtcars)                                     # Korrelationsmatrix cor()

##                 cyl        disp         hp          wt       qsec         am
## cyl       1.0000000   0.9020411  0.8324475   0.7825300 -0.5912421 -0.5226070
## disp      0.9020411   1.0000000  0.7909211   0.8880114 -0.4336736 -0.5912239
## hp        0.8324475   0.7909211  1.0000000   0.6587227 -0.7082234 -0.2432043
## wt        0.7825300   0.8880114  0.6587227   1.0000000 -0.1746919 -0.6925583
## qsec     -0.5912421  -0.4336736 -0.7082234  -0.1746919  1.0000000 -0.2298609
## am       -0.5226070  -0.5912239 -0.2432043  -0.6925583 -0.2298609  1.0000000
## gear     -0.4926866  -0.5556111 -0.1257043  -0.5833703 -0.2126822  0.7940588
## l100km    0.8156956   0.8809961  0.7636462   0.8906788 -0.3863496 -0.5406040
##                gear     l100km
## cyl      -0.4926866  0.8156956
## disp     -0.5556111  0.8809961
## hp       -0.1257043  0.7636462
## wt       -0.5833703  0.8906788
## qsec     -0.2126822 -0.3863496
## am        0.7940588 -0.5406040
## gear      1.0000000 -0.4803364
## l100km   -0.4803364  1.0000000

correlate(mtcars)                               # Korrelationsmatrix correlate()

##
## Correlation method: 'pearson'
## Missing treated using: 'pairwise.complete.obs'

## # A tibble: 8 x 9
##   term      cyl   disp     hp     wt   qsec     am   gear l100km
##   <chr>   <dbl>  <dbl>  <dbl>  <dbl>  <dbl>  <dbl>  <dbl>  <dbl>
## 1 cyl    NA      0.902  0.832  0.783 -0.591 -0.523 -0.493  0.816
## 2 disp    0.902 NA      0.791  0.888 -0.434 -0.591 -0.556  0.881
## 3 hp      0.832  0.791 NA      0.659 -0.708 -0.243 -0.126  0.764
## 4 wt      0.783  0.888  0.659 NA     -0.175 -0.693 -0.583  0.891
## 5 qsec   -0.591 -0.434 -0.708 -0.175 NA     -0.230 -0.213 -0.386
## 6 am     -0.523 -0.591 -0.243 -0.693 -0.230 NA      0.794 -0.541
## 7 gear   -0.493 -0.556 -0.126 -0.583 -0.213  0.794 NA     -0.480
## 8 l100km  0.816  0.881  0.764  0.891 -0.386 -0.541 -0.480 NA

rearrange(correlate(mtcars))                    # Clustern ähnlicher Werte

##
## Correlation method: 'pearson'
## Missing treated using: 'pairwise.complete.obs'
```

```
## # A tibble: 8 x 9
##   term     disp   cyl    wt 1100km    hp   qsec   gear     am
##   <chr>   <dbl> <dbl> <dbl>  <dbl> <dbl>  <dbl>  <dbl>  <dbl>
## 1 disp    NA    0.902 0.888  0.881 0.791 -0.434 -0.556 -0.591
## 2 cyl     0.902 NA    0.783  0.816 0.832 -0.591 -0.493 -0.523
## 3 wt      0.888 0.783 NA     0.891 0.659 -0.175 -0.583 -0.693
## 4 1100km  0.881 0.816 0.891 NA     0.764 -0.386 -0.480 -0.541
## 5 hp      0.791 0.832 0.659  0.764 NA    -0.708 -0.126 -0.243
## 6 qsec   -0.434 -0.591 -0.175 -0.386 -0.708 NA    -0.213 -0.230
## 7 gear   -0.556 -0.493 -0.583 -0.480 -0.126 -0.213 NA     0.794
## 8 am     -0.591 -0.523 -0.693 -0.541 -0.243 -0.230 0.794 NA
```

`r<-shave(rearrange(correlate(mtcars)))`   # Auf Dreieck reduzieren

```
##
## Correlation method: 'pearson'
## Missing treated using: 'pairwise.complete.obs'
```

`r`   # Ausgabe

```
## # A tibble: 8 x 9
##   term     disp   cyl    wt 1100km    hp  qsec  gear    am
##   <chr>   <dbl> <dbl> <dbl>  <dbl> <dbl> <dbl> <dbl> <dbl>
## 1 disp    NA    NA    NA     NA    NA    NA    NA    NA
## 2 cyl     0.902 NA    NA     NA    NA    NA    NA    NA
## 3 wt      0.888 0.783 NA     NA    NA    NA    NA    NA
## 4 1100km  0.881 0.816 0.891 NA     NA    NA    NA    NA
## 5 hp      0.791 0.832 0.659  0.764 NA    NA    NA    NA
## 6 qsec   -0.434 -0.591 -0.175 -0.386 -0.708 NA    NA    NA
## 7 gear   -0.556 -0.493 -0.583 -0.480 -0.126 -0.213 NA    NA
## 8 am     -0.591 -0.523 -0.693 -0.541 -0.243 -0.230 0.794 NA
```

`fashion(shave(rearrange(correlate(mtcars))))`   # Anzeige 2 Nachkommastellen

```
##
## Correlation method: 'pearson'
## Missing treated using: 'pairwise.complete.obs'
```

```
##     term disp  cyl   wt 1100km   hp qsec gear am
## 1   disp
## 2    cyl  .90
## 3     wt  .89  .78
## 4 1100km  .88  .82  .89
## 5     hp  .79  .83  .66    .76
## 6   qsec -.43 -.59 -.17   -.39 -.71
## 7   gear -.56 -.49 -.58   -.48 -.13 -.21
## 8     am -.59 -.52 -.69   -.54 -.24 -.23 .79
```

`rplot(r,print_cor = TRUE)`   # Ausgabe als Grafik

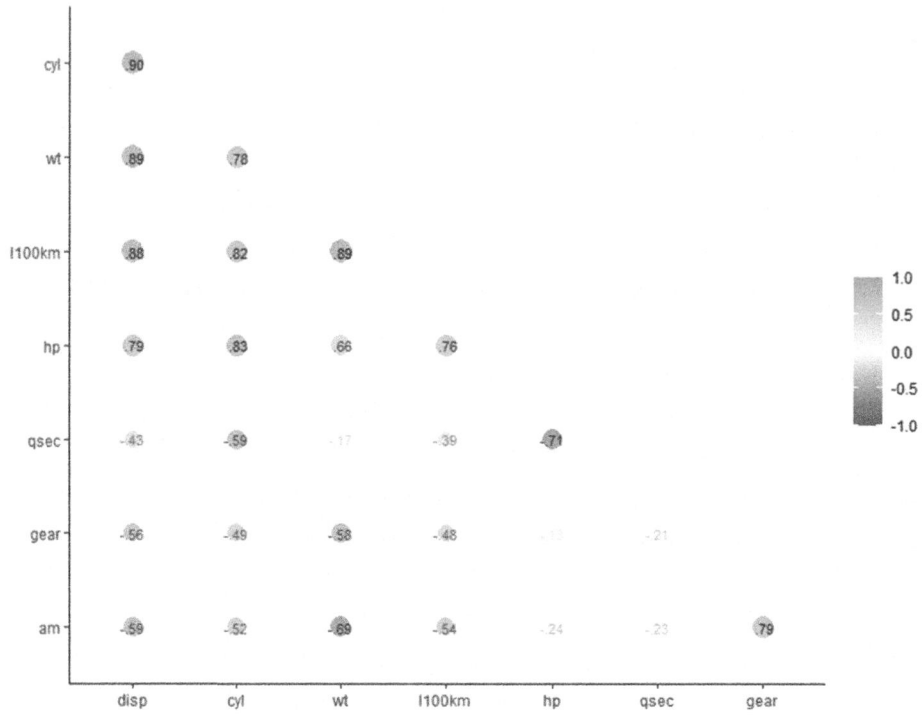

```
#- Korrelation und Plots n Variablen------------------------------------------------
library(GGally)                                          # Paket erforderlich

## Registered S3 method overwritten by 'GGally':
##   method from
##   +.gg   ggplot2

ggpairs(mtcars,columns=c("l100km","am","hp"))            # Cor für numerische Variablen
```

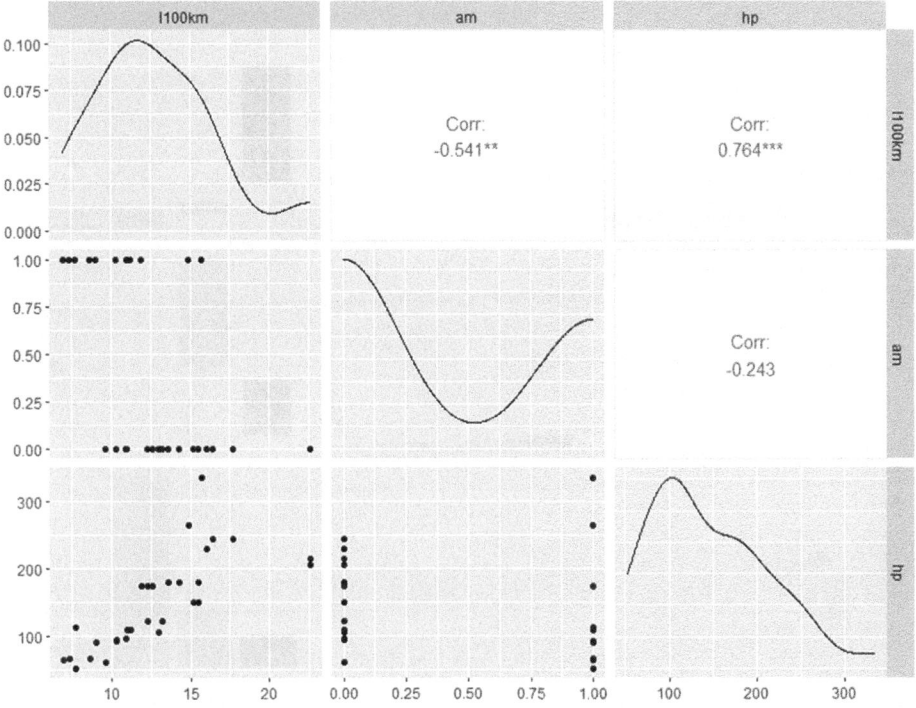

```
autos <- autos[1:50,]                          # Reduktion auf 50 Datensätze
ggpairs(autos, columns = c("Preis","Kilometer","Kategorie"), aes(fill=Kategorie))
## `stat_bin()` using `bins = 30`. Pick better value with `binwidth`.
## `stat_bin()` using `bins = 30`. Pick better value with `binwidth`.
```

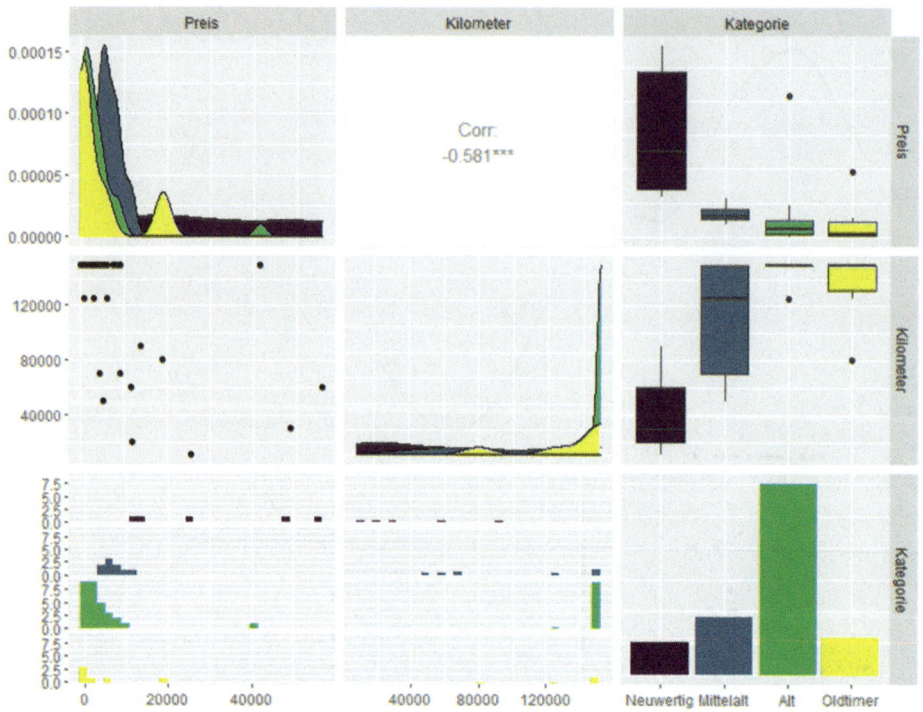

```
plot(mtcars$wt, mtcars$mpg)                                    # Plot
```

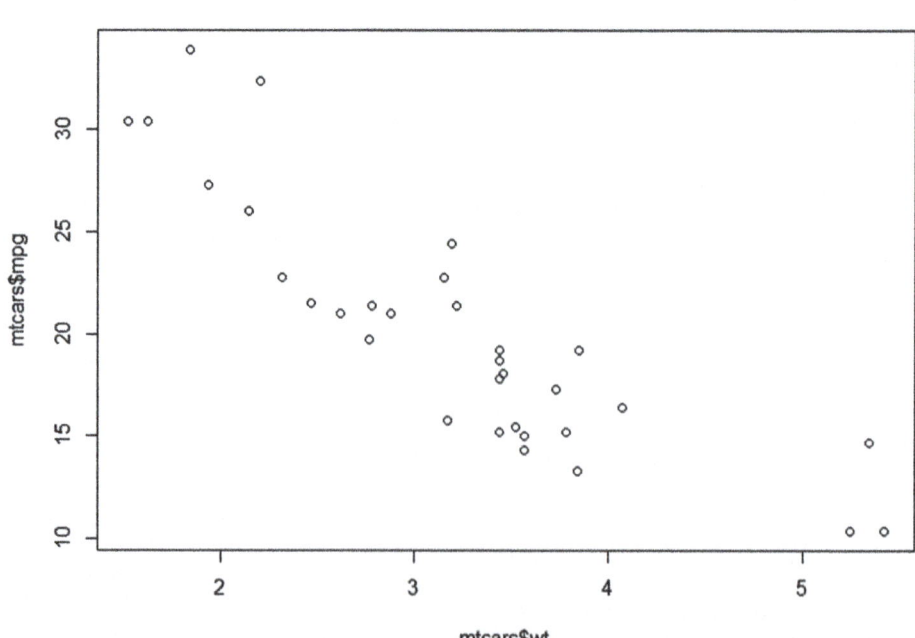

```
cor(mtcars$wt, mtcars$mpg)                         # Pearson

## [1] -0.8676594

cor.test(mtcars$wt, mtcars$mpg)                    # Pearson mit Signifikanz

##
##  Pearson's product-moment correlation
##
## data:  mtcars$wt and mtcars$mpg
## t = -9.559, df = 30, p-value = 1.294e-10
## alternative hypothesis: true correlation is not equal to 0
## 95 percent confidence interval:
##  -0.9338264 -0.7440872
## sample estimates:
##        cor
## -0.8676594
```

4.1.5 Visualisierung

In den vorangegangenen Kapiteln wurden wesentliche Maßzahlen der Statistik vorgestellt. Diese sind tatsächlich sehr wertvoll, um ein gutes Verständnis der Verteilungen und Abhängigkeiten der Variablen besser zu verstehen. Im letzten Kapitel wurde bereits das Anscombe-Quartett (siehe Abb. 4.15) als Beispiel angeführt, weshalb ein Korrelationskoeffizient alleine nicht ausreichend ist, um eine Beziehung zweier Variablen korrekt zu verstehen. Die graphische Darstellung ergänzt die Kenntnis der Kennzahlen, um die Zusammenhänge deutlich besser zu verstehen. Auch die nachfolgenden Beispiele aus dem Paket datasauRus zeigen 12 Datasets, die den gleichen Mittelwert, die gleiche Standardabweichung und den gleichen Pearson-Korrelationskoeffizienten haben und trotzdem ganz unterschiedlich Anordnungen besitzen. Ebenfalls werden 12 weitere Datasets mit gleichem Median, IQR und Spearman's Rang vorgestellt, die sehr unterschiedlich aussehen. Diese Beispiele demonstrieren, dass man sich nicht alleine auf die Kennzahlen verlassen kann, wenn man die Daten verstehen und interpretieren möchte. Die Visualisierung trägt essenziell dazu bei, die Daten korrekt zu interpretieren.

Visualisierung in der Statistik

```
#- Bedeutung der Visualisierung in der Statistik----------------------------------
require(datasauRus)                                # Paket erforderlich

## Loading required package: datasauRus

# 12 Datasets mit gleichem Mittelwert, gleicher Standardabweichung und gleichem
# Pearson Korrelationskoeffizienten
ggplot(datasaurus_dozen, aes(x=x, y=y, colour=dataset))+
  geom_point()+
  theme_void()+
  theme(legend.position = "none")+
  facet_wrap(~dataset, ncol=3)
```

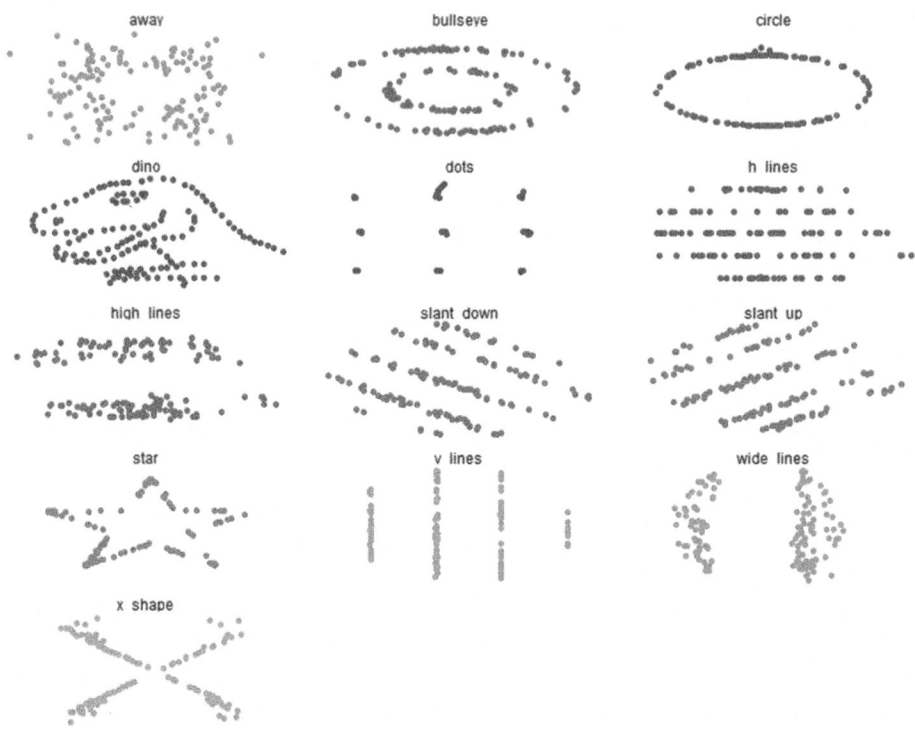

```
# 12 Datasets mit gleichem Median, IQR und Spearman's Rang
ggplot(twelve_from_slant_long, aes(x=x, y=y, colour=dataset))+
  geom_point()+
  theme_void()+
  theme(legend.position = "none")+
  facet_wrap(~dataset, ncol=3)
```

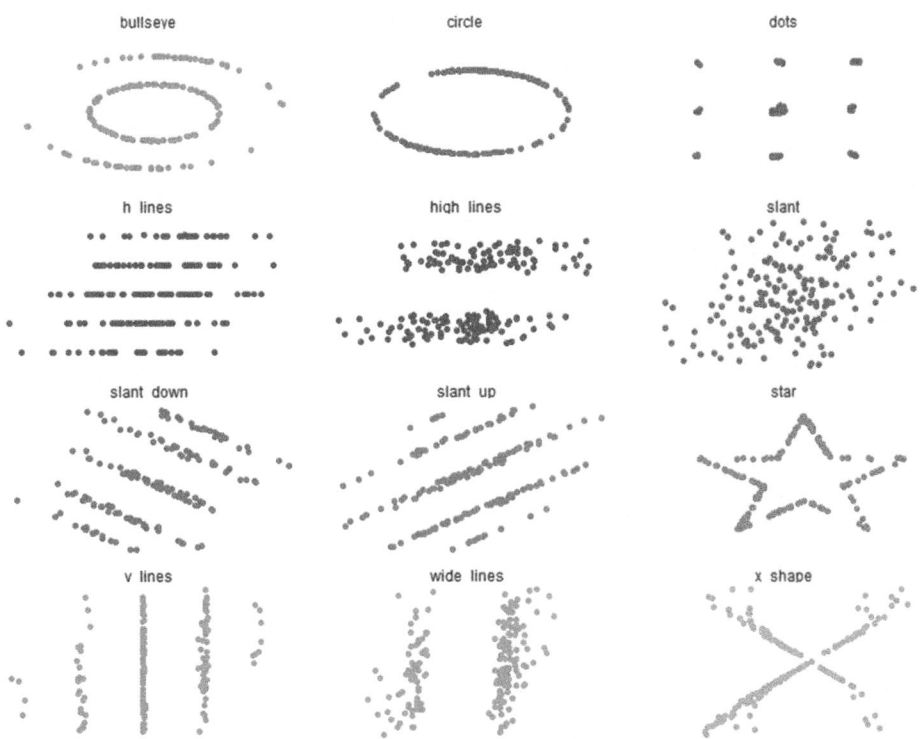

Daten zu visualisieren ist sehr wertvoll. Zu den häufig verwendeten Diagrammen der Statistik gehören u. a. der Dot-Plot (Punktediagramm), das Histogramm, das Bar-Chart (Balkendiagramm), der Scatter-Plot (Streudiagramm) und der Box-Plot (Kastengrafik), die nachfolgend vorgestellt werden.

4.1.5.1 Dot-Plot

Eine der einfachsten Darstellungsarten ist der Dot-Plot (Punktediagramm), in dem auf der x-Achse alle Datensätze nebeneinander abgebildet werden.

In R wird das Geom `geom_dotplot()` in der Funktion `ggplot()` für die Darstellung von Dot-Plots verwendet. In dem nachfolgenden Dot-Plot wird die Körpergröße von 10 Erstsemesterstudierenden dargestellt.

Dot-Plot

```
studierende.gruppe<-studierende[1:10,]          # Dataframe mit 10 Studierenden
studierende.gruppe$Größe                        # Größe der 10 Studierenden

## [1] 178 160 183 160 175 180 165 162 175 168

ggplot(studierende.gruppe,aes(x=Größe)) +       # Dataframe
  geom_dotplot(fill="White",stackdir="center",  # Dot-Plot
               binwidth=0.5) +
  labs(title="Dot-Plot",ylab="",
       subtitle="Körpergröße der Studierenden",
       y="Studierende/r",x="Körpergröße in cm") +
  theme(axis.title.y=element_blank(),           # y-Achse ohne Beschriftung
        axis.text.y=element_blank(),
        axis.ticks.y=element_blank())
```

Dot-Plot
Körpergröße der Studierenden

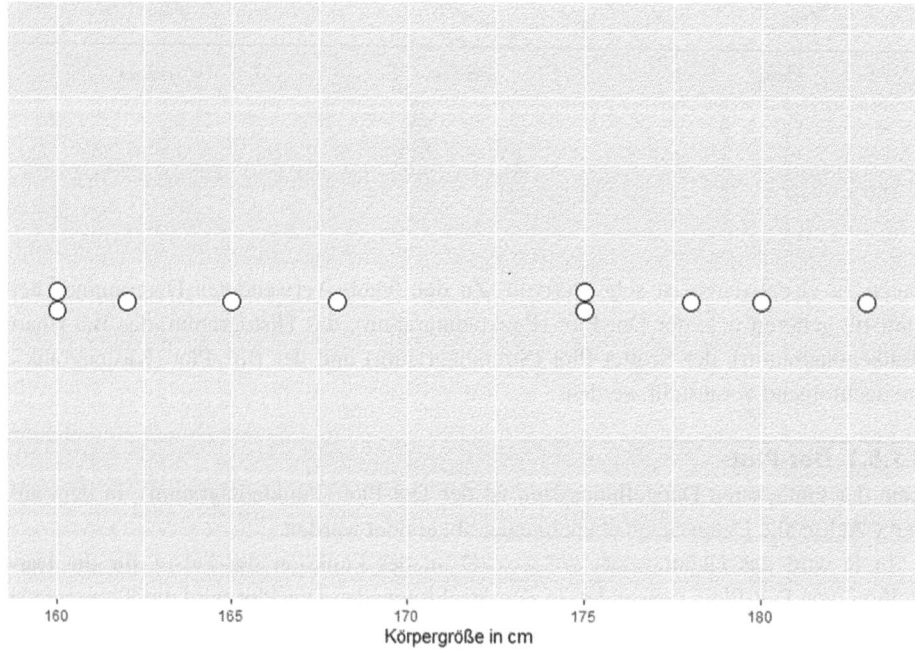

Körpergröße in cm

4.1.5.2 Histogramm

Sie haben im Abschn. 4.1.2 Streuungsmaße kennengelernt. Neben der Streuung interessiert einen Analysten oft auch die Form der Verteilung. Die Verteilung lässt sich gut in einem Histogramm darstellen. Histogramme können entweder normalverteilt (nicht schief) sein oder aber eine linke oder rechte Schiefe besitzen, wenn die Daten mehr zu hohen oder niedrigen Werten neigen. Die Schiefe einer Verteilung beschreibt die Art und Stärke der Asymmetrie. Sie zeigt an, ob und wie stark die Verteilung nach rechts (rechtssteil, linksschief, negative Schiefe) oder nach links (linkssteil, rechtsschief, positive Schiefe) geneigt ist.

Bei negativer Schiefe (Schiefe < 0) spricht man von einer linksschiefen oder rechtssteilen Verteilung; sie fällt in typischen Fällen auf der linken Seite flacher ab als auf der rechten. Die Mehrheit der Werte liegt dann rechts vom Mittelwert. Daher ist bei negativer Schiefe der Mittelwert (rote Linie) kleiner (weiter links) als der Median (blaue Linie).

Bei positiver Schiefe (Schiefe > 0) spricht man von einer rechtsschiefen oder linkssteilen Verteilung; sie fällt auf der rechten Seite flacher ab als auf der linken. Die Mehrheit der Werte liegt dann links vom Mittelwert. Daher ist bei positiver Schiefe der Mittelwert (rote Linie) größer (weiter rechts) als der Median (blaue Linie).

Eine Verteilung ohne Schiefe bezeichnet man als ungefähr normalverteilt, da die Werte sich in etwa symmetrisch auf beiden Seiten verteilen. In diesem Fall sind Mittelwert (rote Linie) und Median (blaue Linie) in etwa identisch. In dieser Abbildung ist eventuell nur eine Linie sichtbar, da die beiden Linien sich überlagern.

In R wird das Geom `geom_histogram()` in der Funktion `ggplot()` für die Darstellung von Histogrammen verwendet.

Histogramm

```
#- Eigene Funktionen zur Erleichterung----------------------------------------
modus <- function(daten){                         # Funktion: Berechnung von Modus
  werte<-data.frame(daten)
  var<-as.data.frame(table(werte$daten))
  var.maxanzahl<-max(var$Freq)
  var.suche<-filter(var,var$Freq==var.maxanzahl)
  modus<-as.numeric(as.character(var.suche$Var1))
  return(modus)
}
abbildung.hist <- function(daten,untertitel=""){  # Funktion: Histogramm ausgeben
  median<-median(daten)
  mean<-mean(daten)
  modus<-modus(daten)
  linien=data.frame(name=c("Median","Mittelwert","Modus"),
                    wert=c(median,mean,modus),
                    farbe=c("blue","green","red"),
                    linie=c(2,1,3),
                    gross=c(1,2,2))
  werte<-data.frame(daten)
  p0<-ggplot(werte)+
    aes(x=daten)+
    labs(title="Histogramm",subtitle=untertitel,x="Wert", y="Häufigkeit")+
    geom_histogram(binwidth=0.3)+
    scale_color_manual(name="Kennzahl",labels=linien$name,values=linien$farbe)+
    geom_vline(data=linien,aes(xintercept=wert,colour=farbe,alpha=0.5),linetype=lini
en$linie,size=linien$gross,show.legend=F)
  return(p0)
}
# Histogramm-------------------------------------------------------------------
#   mit Mittelwert:Linie grün, Median:Gestrichelt blau, Modus:Punkte rot
set.seed(1008)                                    # Reproduzierbare Zufallszahlen
zahlen<- 1-abs(round(rnorm(1000),1))
p1<-abbildung.hist(zahlen,"Linke Schiefe")
zahlen<- round(rnorm(1000),1)
p2<-abbildung.hist(zahlen,"Normalverteilt")
zahlen<- -1+abs(round(rnorm(1000),1))
p3<-abbildung.hist(zahlen,"Rechte Schiefe")
grid.arrange(p1,p2,p3,ncol=3)                     # Ausgabe
```

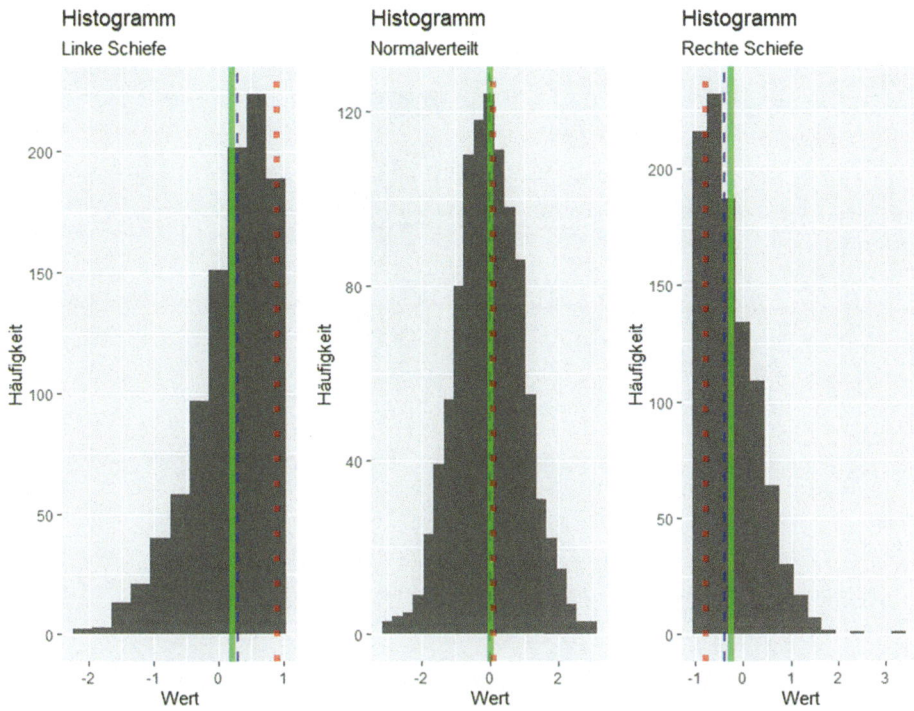

4.1.5.3 Bar-Chart

Eine weitere einfache Darstellungsart ist das Bar-Chart (Balkendiagramm), in dem auf der x-Achse alle Datensätze nacheinander abgebildet werden, während die y-Achse den Wert der Variablen anzeigt.

In R wird das Geom `geom_bar()` in der Funktion `ggplot()` für die Darstellung von Bar-Charts verwendet. In dem nachfolgenden Balkendiagramm wird die Entfernung der Wohnung von der Hochschule für 10 Erstsemester dargestellt.

Bar-Chart

```
# Bar-Chart--------------------------------------------------------------
studierende.gruppe<-studierende[1:10,]          # Dataframe mit 10 Studierenden
studierende.gruppe$Distanz                       # Distanz der 10 Studierenden

## [1]  10   1   0  40  66 122  40  54  45  50

ggplot(studierende.gruppe,aes(x=1:10,y=Distanz))+ # Bar-Chart
  geom_bar(stat="identity",width=1,color="white",fill=c("gray","gray","gray",
          "gray","gray","blue","gray","gray","gray","gray"))+
  labs(title="Bar-Chart",
      subtitle="Distanz eigene Wohnung zur Hochschule",
      x="Studierende/r",y="Entfernung in km") +
  scale_x_continuous(breaks=c(1:10))
```

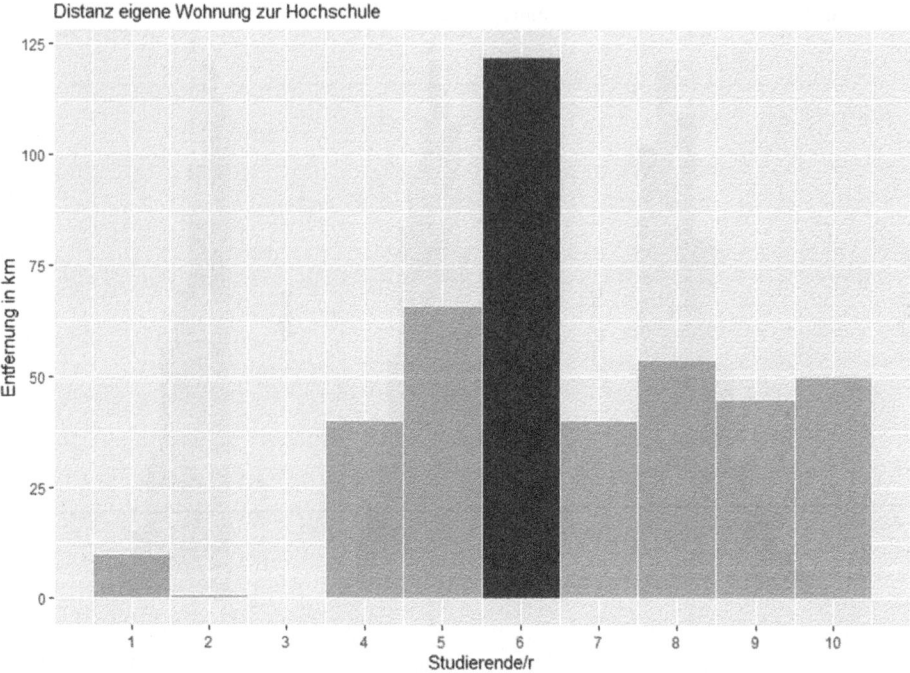

Bar-Chart
Distanz eigene Wohnung zur Hochschule

4.1.5.4 Scatter-Plot

Die bisher in diesem Kapitel vorgestellten Abbildungstypen haben nur eine Variable dargestellt. Ein Scatter-Plot (Streudiagramm) kann jedoch zwei numerische Variablen abbilden. Der Vorteil ist, dass so sichtbar wird, wie die eine Variable ggfs. von einer anderen Variablen abhängt.

In R wird das Geom `geom_point()` in der Funktion `ggplot()` für die Darstellung von Scatter-Plots verwendet. Nachfolgend wird die Entfernung der Wohnung der Studierenden vom Elternhaus anzeigt. Offensichtlich wohnen sehr wenige der Studierenden im Elternhaus.

Scatter-Plot

```
ggplot(studierende,                                      # Dataframe
   mapping = aes(x=DistanzElternhaus,y=2020-Geburtsjahr)) +   # x+y-Achsen
   labs(title="Scatter-Plot",
        subtitle="Entfernung eigene Wohnung vom Elternhaus",
        x="Entfernung in km", y="Alter")+
   geom_point(size=1.5)                                  # Scatter-Plot
```

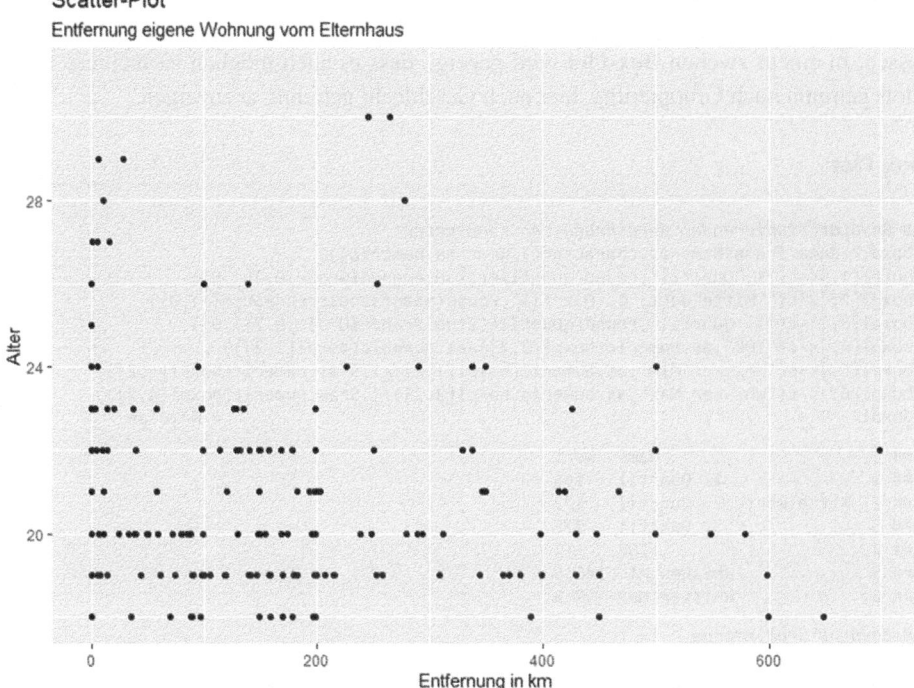

4.1.5.5 Box-Plot

Ein Box-Plot oder auch Box-Whisker-Plot (Kastendiagramm) ist ein Diagramm, das zur grafischen Darstellung der Verteilung einer metrischen Variablen verwendet wird. Es fasst verschiedene Lage- und Streuungsmaße in einer Darstellung zusammen und vermittelt so schnell einen Eindruck darüber, in welchem Bereich die Daten liegen und wie sie sich über diesen Bereich verteilen. Die Box oder der Kasten wird beschrieben durch drei Linien. Die obere Grenze der Box beschreibt das 0.75-Quantil bzw. das 3. Quartil, die Linie in der Mitte der Box beschreibt das 0.5.-Quantil, 2. Quartil bzw. den Mittelwert und die untere Grenze der Box beschreibt das 0.25-Quantil bzw. das 1. Quartil. Auf diese Art wird dargestellt, in welchem Bereich 50 % der in der Mitte liegenden Werte verteilt sind. Ergänzt wird die Box noch um Antennen oder Whisker, die in der Regel nicht weiter nach oben bzw. unten reichen als 1,5 mal der IQR (Interquartilsabstand = 3. Quartil – 1. Quartil). Die Antennen werden so angezeigt, dass sie bis zu dem letzten realen Datenpunkt reichen, der aber nicht weiter als 1,5 mal den IQR von dem oberen oder unteren Rand der Box entfernt sind. Datenpunkte, die noch weiter entfernt sind, werden als Punkte dargestellt und beschreiben Ausreißer, also extreme Werte.

In R wird das Geom `geom_boxplot()` in der Funktion `ggplot()` für die Darstellung von Box-Plots verwendet. Nachfolgend wird die Größe der Studierenden in einem Boxplot anzeigt. Bevor die Ausgabe des Box-Plots erfolgt, werden mithilfe der

Funktionen `mean()` und `quantile()` die Quartile, der IQR und die maximalen End-
punkte der Whisker berechnet, welche sich auch visuell aus der Abbildung ablesen
lassen. In einem zweiten Box-Plot wird gezeigt, dass es auch möglich ist mehrere Box-
Plots getrennt nach Gruppierung, hier nach Geschlecht getrennt, anzuzeigen.

Box-Plot

```
# Boxplot Studierende: Berechnung der Kennzahlen
boxpl<-data.frame(Name=as.character(),Wert=as.numeric())
boxpl[1,]<-c("1. Quartil",round(quantile(studierende$Größe,0.25),0))
boxpl[2,]<-c(" Mittelwert, 2. Quartil",round(mean(studierende$Größe),0))
boxpl[3,]<-c("3. Quartil",round(quantile(studierende$Größe,0.75),0))
boxpl[4,]<-c("IQR",as.numeric(boxpl[3,2])-as.numeric(boxpl[1,2]))
boxpl[5,]<-c("Whisker Min",as.numeric(boxpl[1,2])-1.5*as.numeric(boxpl[4,2]))
boxpl[6,]<-c("Whisker Max",as.numeric(boxpl[3,2])+1.5*as.numeric(boxpl[4,2]))
boxpl                                                        # Anzeige
```

```
##                       Name   Wert
## 1            1. Quartil   165
## 2  Mittelwert, 2. Quartil   172
## 3            3. Quartil   178
## 4                   IQR    13
## 5          Whisker Min 145.5
## 6          Whisker Max 197.5
```

```
# Boxplot Studierende
ggplot(studierende,                                          # Dataframe
   mapping = aes(y=Größe)) +        # x+y-Achsen
   labs(title="Box-Plot",
        subtitle="Größe der Studierenden",y="Körpergröße") +
   geom_boxplot() +                                          # Box-Plot
   theme(axis.title.x=element_blank(),                       # x-Achse ohne
         axis.text.x=element_blank(),                        # Beschriftung
         axis.ticks.x=element_blank())
```

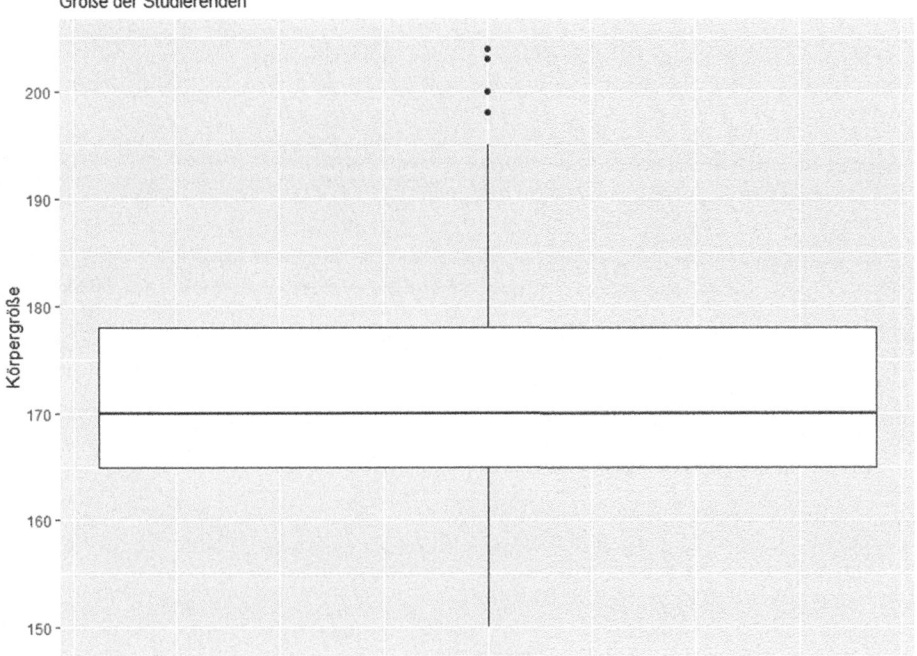

```
# Boxplot Studierende getrennt nach Geschlecht
ggplot(studierende,                                  # Dataframe
  mapping = aes(x=Geschlecht,y=Größe,color=Geschlecht)) +    # x+y-Achsen
  labs(title="Box-Plot",
       subtitle="Größe der Studierenden nach Geschlecht",
       x="Geschlecht", y="Körpergröße")+
  geom_boxplot()                                     # Box-Plot
```

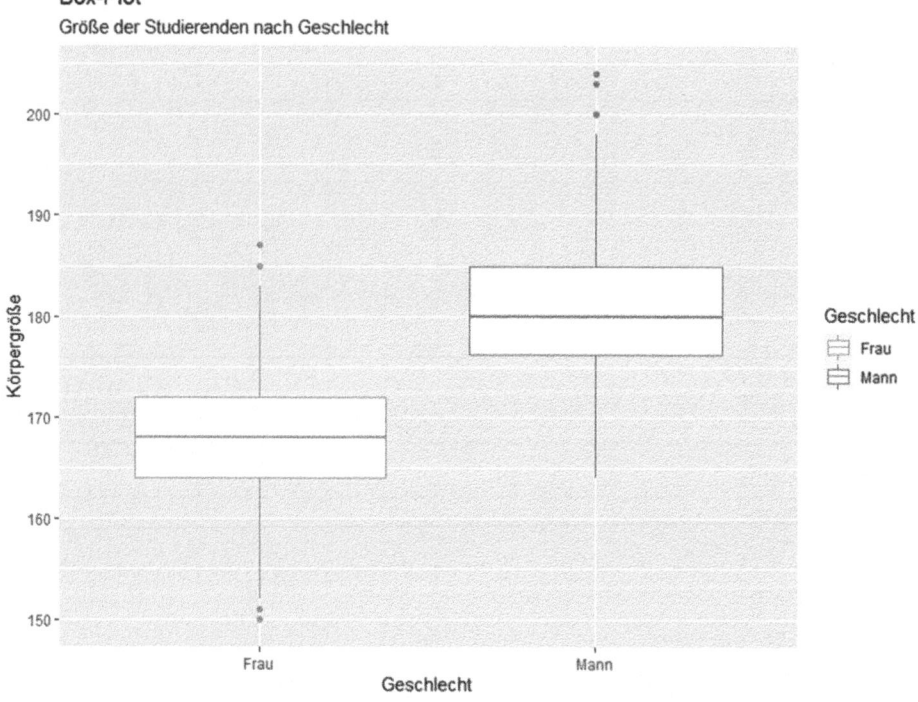

Box-Plot
Größe der Studierenden nach Geschlecht

4.2   Wahrscheinlichkeitsrechnung

Wahrscheinlichkeit ist ein Begriff, mit dem wohl jeder etwas anfangen kann und der sich auch auf jeden auswirkt, z. B. die Wahrscheinlichkeit Corona zu bekommen oder daran im Falle einer Infektion zu versterben und die Wahrscheinlichkeit im Lotto zu gewinnen. Die Kenntnis einer Wahrscheinlichkeit hilft uns Risiken und Chancen abzuschätzen, um darauf basierend für uns bessere Entscheidungen treffen zu können. Die Wissenschaft der Wahrscheinlichkeitsrechnung, die auch als Stochastik bezeichnet wird, ist daher von großer Bedeutung.

Zur Erklärung der Wahrscheinlichkeiten eignen sich u. a. Glücksspiele wie Würfeln, Münzwurf, Kugeln oder Karten ziehen oder Roulette besonders, weil sie sich einfach als Experiment ausführen lassen.

Eine Wahrscheinlichkeit kann berechnet werden, indem man die relativen Häufigkeiten eines Ereignisses beobachtet, welches in der Vergangenheit aufgetreten ist. Diese Beobachtung der Vergangenheit kann uns dabei helfen die Wahrscheinlichkeiten für die Zukunft zu schätzen, obwohl dies immer mit einer gewissen Ungenauigkeit verbunden ist, denn die Rahmenbedingungen könnten sich geändert haben. Derartige Schätzungen und Voraussagen für die Zukunft sind Bestandteil der induktiven Statistik.

Betrachtet man den Wurf einer Münze, so erwartet man bei einer nicht gezinkten Münze eine Wahrscheinlichkeit von jeweils 50 % für Kopf und Zahl. Diese Wahrscheinlichkeit wird aber nicht identisch sein mit dem Ergebnis, wenn wir die Münze werfen. Nehmen wir an, dass die Münze einmal geworfen wird, so wird es entweder Kopf oder Zahl sein. Fällt die Münze so, dass Kopf angezeigt wird, so ergibt sich die relative Häufigkeit konkret mit 1 für Kopf und 0 für Zahl bzw. in Prozent ausgedrückt als 100 % für Kopf und 0 % für Zahl. Wird die Münze 3x geworfen, so ergibt sich bei 2x Kopf und 1x Zahl als relative Häufigkeit 66 % für Kopf und 33 % für Zahl. In all diesen Fällen unterscheidet sich also die Wahrscheinlichkeit von der relativen Häufigkeit.

Wiederholt man den Münzwurf 100x oder sogar 1000x, so nähert sich die relative Häufigkeit immer mehr der Wahrscheinlichkeit für Kopf und Zahl von jeweils 50 % an. Dies gilt für eine unendliche Wiederholung des Zufallsexperiments erst recht. Das **Gesetz der großen Zahl** besagt, dass die beobachteten relativen Häufigkeiten mit zunehmender Anzahl an Beobachtungen in Richtung der Wahrscheinlichkeiten konvergieren. In den Beispielen im folgenden Code ist erkennbar, dass die Größe einer Stichprobe Einfluss auf die Verteilung hat.

Folgende Schreibweise bzw. Notation ist in der Wahrscheinlichkeitsrechnung üblich und beschreibt die zugehörigen Berechnungsformeln:

- Wahrscheinlichkeit
  - $P(X \in A)$ beschreibt die Wahrscheinlichkeit, dass die Zufallsvariable X einen Wert annimmt, der in der Menge A enthalten ist.
  - $P(X = x)$ beschreibt die Wahrscheinlichkeit, dass die Zufallsvariable X den Wert x annimmt.
  - $P(X \notin A) = 1 - P(X \in A)$ beschreibt die Wahrscheinlichkeit, dass die Zufallsvariable X NICHT einen Wert annimmt, der in der Menge A enthalten ist.
  - $P(X \in x \cup y) = P(X = x) + P(X = y) - P(X \in x \cap y)$ beschreibt die Wahrscheinlichkeit, dass die Zufallsvariable X den Wert x oder y annimmt.
- Verteilungsfunktion bzw. kumulierte Verteilung
  - $F(x) = P(X > x)$ beschreibt die Wahrscheinlichkeit, dass die Zufallsvariable X einen Wert einnimmt, der größer als x ist. Äquivalent kann auch $<, \geq$, und $\leq$ verwendet werden. Dies bedeutet, dass alle Wahrscheinlichkeiten kumuliert werden, die Ereignisse beschreiben, bei denen die Bedingung erfüllt ist.

4.2.1 Zufallsvariablen

Die Wahrscheinlichkeitsrechnung verwendet Zufallsvariablen als Basis der Berechnung von Wahrscheinlichkeiten. Hierbei werden diskrete und stetige Zufallsvariablen unterschieden.

4.2.1.1 Diskrete Zufallsvariablen

Diskrete Zufallsvariablen zeichnen sich wie diskrete Variablen dadurch aus, dass sie diskrete Werte annehmen. Ein Würfel kann z. B. die konkreten Werte von 1 bis 6 annehmen und insofern ist das Würfelergebnis eine diskrete Zufallsvariable. Im Fall eines Würfels ist die Wahrscheinlichkeit für jeden der Werte 1/6.

Für eine diskrete Zufallsvariable lässt sich mit folgender Formel ein Erwartungswert berechnen:

– Erwartungswert
  • $E[X] = \mu = \sum_{i=1}^{n} x_i * P(X = x_i)$ beschreibt den Wert, der sich als Durchschnittswert ergibt.

Im Fall des Würfels würde sich der Erwartungswert wie folgt errechnen als

$$E[X] = \mu = \sum_{i=1}^{6} x_i * P(X = x_i) = 1 * P(X = 1) + 2 * P(X = 2) + 3 * P(X = 3)$$
$$+ 4 * P(X = 4) + 5 * P(X = 5) + 6 * P(X = 6) = 3,5.$$

4.2.1.2 Stetige Zufallsvariablen

Stetige Zufallsvariablen können beliebige Werte annehmen und sind nicht wie im Falle eines Würfels beschränkt auf eine Liste diskreter Werte. Ein Beispiel für eine stetige Zufallsvariable wäre z. B. die Zeit zur Fertigung eines Produkts. Beobachtet man 10.000 Produktionsvorgänge, so ergibt sich als schnellste Zeit eventuell 45 min 55 s und als längste Zeit 80 min 13 s. Betrachtet man die aufsteigend sortierten Fertigungszeiten und betrachtet den Wert 7501, der 64 min 43 s beträgt, so kann man sagen, dass mit einer Wahrscheinlichkeit von 75 % (75% − $Quantil = x_{0,75}$) zu erwarten ist, dass die Fertigungszeit geringer als 64 min 43 s sein wird. Die kumulierte Verteilungsfunktion einer stetigen Zufallsvariablen ist eine stetige, nicht fallende Funktion, die sich von 0 bis 1 bzw. 0 % bis 100 % auf der Y-Achse abbilden lässt. Bei Kenntnis von deren Formel lässt sich mithilfe der Integralrechnung die kumulierte Verteilung berechnen.

Für eine stetige Zufallsvariable lässt sich mit folgender Formel ein Erwartungswert berechnen:

• Erwartungswert
  – $E[X] = \mu = \int_{-\infty}^{\infty} x * f(x)dx$ beschreibt den Wert, der sich als Durchschnittswert ergibt.
• Wahrscheinlichkeit
  – Die Wahrscheinlichkeit entspricht der Fläche unter der Dichtefunktion.
  – Für einen spezifischen Wert gilt $P(X = x) = 0$, da sich ein solches Integral zu einem Strich reduziert und daher keinen Flächeninhalt besitzt. Aus diesem Grund ist auch die Berechnung der Wahrscheinlichkeiten identisch, egal ob mit $P(X > x)$ oder $P(X \geq x)$ gearbeitet wird.

– Für $P(X < x)$ ergibt sich die Wahrscheinlichkeit als die Fläche unter der Dichtefunktion links von x. Für $P(X > x)$ ergibt sich die Wahrscheinlichkeit als die Fläche unter der Dichtefunktion rechts von x.

Ermittelt man die Wahrscheinlichkeit $P(X < 63 \; min \; 43 \; s)$, so ergibt sich diese mit 75 %.

In dem nachfolgenden Code werden neue Funktionen von R verwendet. Zur identischen Erzeugung von Zufallszahlen wird im Vorfeld die Funktion `set.seed()` ausgeführt, die im Abschn. 4.2.3 noch näher vorgestellt wird. Die Funktion `rnorm()` generiert normalverteilte Zufallszahlen. Dabei kann über den Parameter `mean` der Mittelwert und über den Parameter `sd` die Standardabweichung festgelegt werden, z. B. erzeugt `rnorm(1000,mean=2,sd=4)` 1000 normalverteilte Zufallszahlen mit dem Mittelwert 2 und der Standardabweichung 4. Die Funktion `sample()` erzeugt Stichproben aus einer Menge von Werten. Der Parameter `size` gibt die Anzahl der erzeugten Werte an, der Parameter `replace` bestimmt, ob die gezogenen Werte wieder zurückgelegt werden. Für die Erzeugung von 5 Würfelergebnissen kann z. B. die Funktion `sample(1:6,size=5,replace=TRUE)` ausgeführt werden. Die Funktion `ddply()` aus dem Paket plyr kann verwendet werden, um Funktionen auf einen Dataframe anzuwenden, der nach einem Attribut gesplittet wird. Die Anweisung `ddply(daten,"geschlecht", summarise, grpmw=mean(gewicht))` wendet die Funktion summarise auf den Dataframe daten an und differenziert dabei nach dem Geschlecht.

Zufallsvariablen

```
#- Zufallsvariablen---------------------------------------------------------------
require(plyr)                              # Paket erforderlich

## Loading required package: plyr

require(tidyverse)                         # Paket erforderlich
require(gridExtra)                         # Paket erforderlich
zahl <- seq(1,6)
wahrscheinlichkeit <- as.data.frame(table(zahl))$Freq/length(zahl)
titel<-"Relative Wahrscheinlichkeit"
p1<-ggplot(NULL,aes(x=zahl,y=wahrscheinlichkeit))+
    geom_bar(stat="identity",width=1,color="white")+
    ylim(0,1) + labs(title=titel, x="Zahl",y="Wahrscheinlichkeit") +
    scale_x_continuous(breaks=c(0,1,2,3,4,5,6,7))
kumulativ<-zahl*wahrscheinlichkeit
titel<-"Kumulative Wahrscheinlichkeit"
p2<-ggplot(NULL,aes(x=zahl,y=kumulativ))+
    geom_step()+
    ylim(0,1) + xlim(0,6) +
    labs(title=paste(titel),x="Zahl",y="Wahrscheinlichkeit") +
    scale_x_continuous(breaks=c(0,1,2,3,4,5,6,7))

gridExtra::grid.arrange(p1,p2,ncol=2)
```

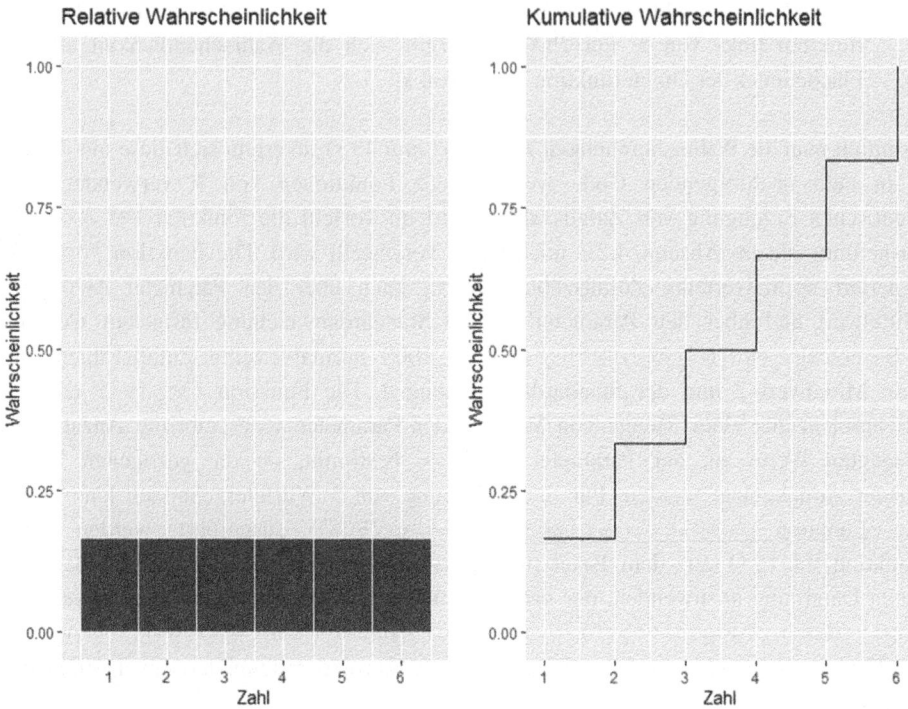

```
# Funktion für Würfelexperiment: Diskrete Zufallszahl 1:6
experiment.diskret <- function (anzahl) {
  set.seed(1008)
  wuerfel <- sample(1:6,size=anzahl,replace=TRUE)
  wahrscheinlichkeit <- as.data.frame(table(wuerfel))$Freq/anzahl
  titel<-paste("Relative Wahrscheinlichkeit",anzahl,"Würfe")
  p1<-ggplot(NULL,aes(x=zahl,y=wahrscheinlichkeit))+
    geom_bar(stat="identity",width=1,color="white")+
    ylim(0,1) + labs(title=titel, x="Zahl",y="Wahrscheinlichkeit") +
    scale_x_continuous(breaks=c(0,1,2,3,4,5,6,7))
  kumulativ[0]<-0
  kumulativ[1]<-wahrscheinlichkeit[1]
  for (i in 2:6) {         # For-Schleife von 1 bis 6
    kumulativ[i]<-kumulativ[i-1]+wahrscheinlichkeit[i]
  }
  titel<-paste("Kumulative Wahrscheinlichkeit",anzahl,"Würfe")
  p2<-ggplot(NULL,aes(x=zahl,y=kumulativ))+
    geom_step()+
    ylim(0,1) + xlim(0,6) +
    labs(title=paste(titel),x="Zahl",y="Wahrscheinlichkeit") +
    scale_x_continuous(breaks=c(0,1,2,3,4,5,6,7)) +
    geom_line(col=2)
  gridExtra::grid.arrange(p1,p2,nrow=2)
}
# Ausführung des Würfelexperiments: Diskrete Zufallszahl
experiment.diskret(15)
```

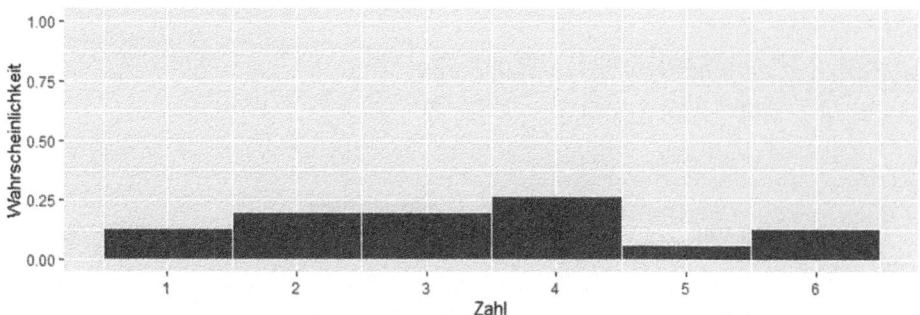

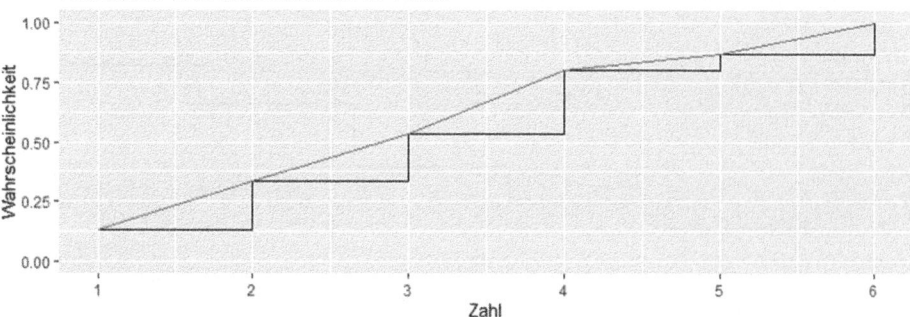

```
experiment.diskret(100)
```

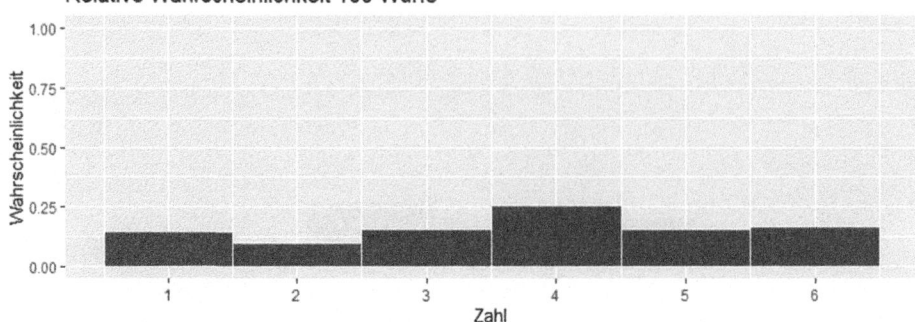

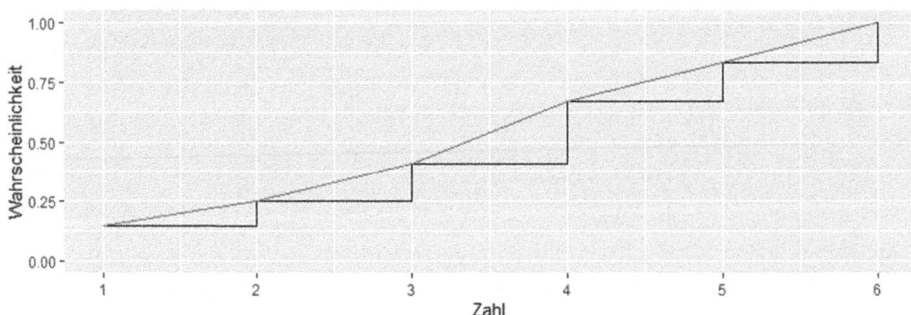

```
experiment.diskret(10000)
```

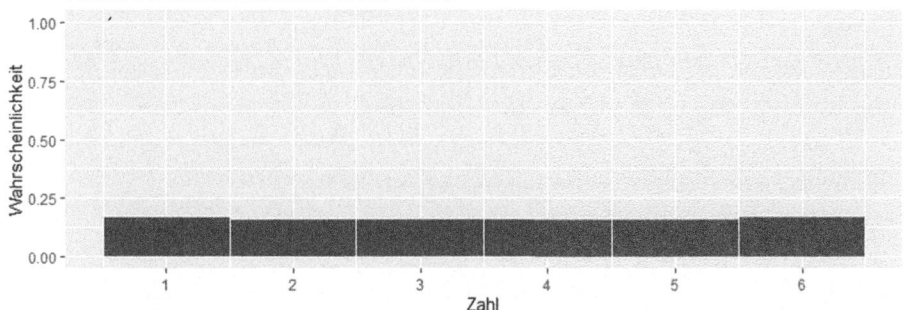

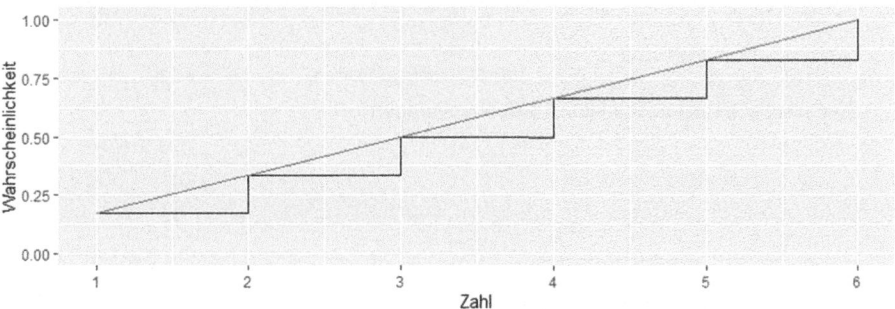

```
# Funktion für Fertigungszeit-Experiment: Eine stetige Zufallszahl
experiment.stetig <- function (anzahl) {
  set.seed(1008)
  daten <- data.frame(maschine=factor(rep(c("Drohne 4-Rotoren")),anzahl),
                  fertigungszeit=round(c(rnorm(anzahl,mean=60,sd=4))))
  head(daten)
  titel<-paste("Histogramm + Mittelwert",anzahl,"Beobachtungen")
  p1<-ggplot(daten, aes(x=fertigungszeit)) +
    geom_histogram(color="black", fill="white",bins = 30) +
    labs(title=titel, x="Fertigungszeit in Minuten",y="Anzahl") +
    geom_vline(aes(xintercept=mean(fertigungszeit)),color="red",
            linetype="dashed",size=1)
  titel<-paste("Dichtefunktion",anzahl,"Beobachtungen")
  p2<-ggplot(daten, aes(x=fertigungszeit)) +
    labs(title=titel, x="Fertigungszeit in Minuten",y="Wahrscheinlichkeit") +
    geom_density(alpha=.2, fill="#FF6666")
  titel<-paste("Kumulierte Verteilungsfunktion",anzahl,"Beobachtungen")
  p3<-ggplot(daten, aes(x=fertigungszeit)) +
    labs(title=titel, x="Fertigungszeit in Minuten",y="Wahrscheinlichkeit") +
    stat_ecdf(geom = "step")
  gridExtra::grid.arrange(p1,p2,p3,nrow=3)
}
# Ausführung des Fertigungszeit-Experiments: Eine stetige Zufallszahl
experiment.stetig(15)
```

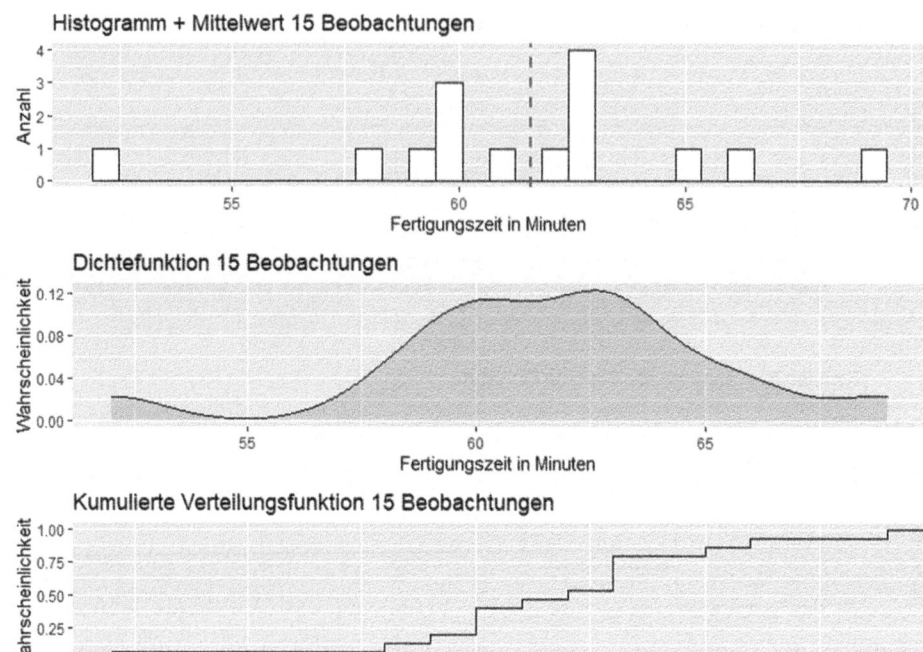

`experiment.stetig(100)`

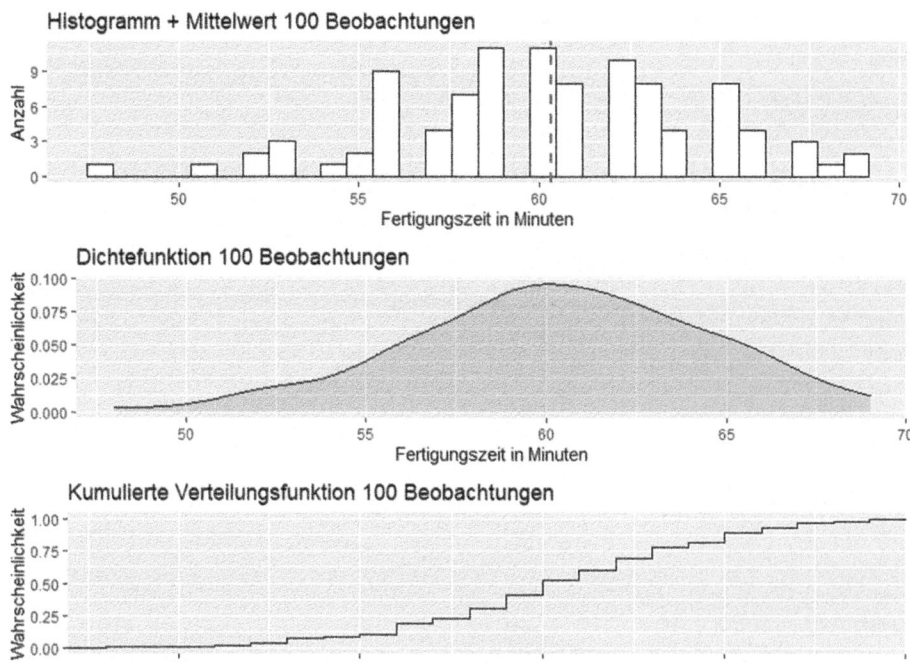

```
experiment.stetig(10000)
```

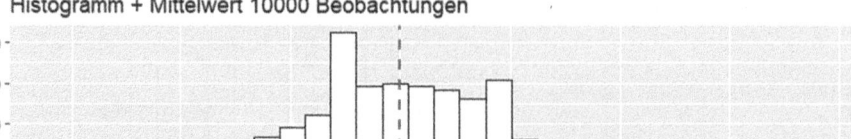

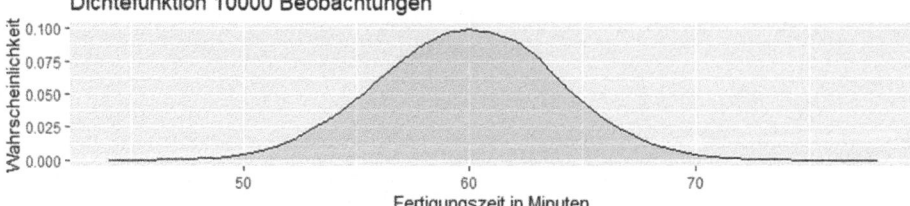

```
# Funktion für Körpergrößen-Experiment: Zwei stetige Zufallszahlen
experiment.stetig2 <- function (anzahl) {
  set.seed(1008)
  daten <- data.frame(geschlecht=factor(rep(c("Frau","Mann"), each=anzahl)),
                      gewicht=round(c(rnorm(anzahl,mean=55,sd=5),
                                      rnorm(anzahl,mean=80,sd=5))))
  head(daten)
  mw <- ddply(daten,"geschlecht", summarise, grpmw=mean(gewicht))
  titel<-paste("Histogramm + Mittelwert",anzahl,"Beobachtungen")
  p1<-ggplot(daten, aes(x=gewicht,fill=geschlecht)) +
    geom_histogram(color="black", fill="white",bins = 30) +
    labs(title=titel,x="Körpergewicht in kg",y="Anzahl") +
    geom_vline(data=mw,aes(xintercept=grpmw,color=geschlecht),linetype="dashed") +
    scale_color_manual(name="Geschlecht",values=c("Red","Blue"))
  titel<-paste("Dichtefunktion",anzahl,"Beobachtungen")
  p2<-ggplot(daten, aes(x=gewicht, fill=geschlecht)) +
    labs(title=titel, x="Körpergewicht in kg",y="Wahrscheinlichkeit") +
    geom_histogram(aes(y=..density..), colour="black", fill="white",bins = 30)+
    geom_density(alpha=.3) +
    scale_fill_manual(name="Geschlecht",values=c("Red","Blue"))
  gridExtra::grid.arrange(p1,p2,nrow=2)
}
# Ausführung des Körpergrößen-Experiments: Zwei stetige Zufallszahlen
experiment.stetig2(15)
```

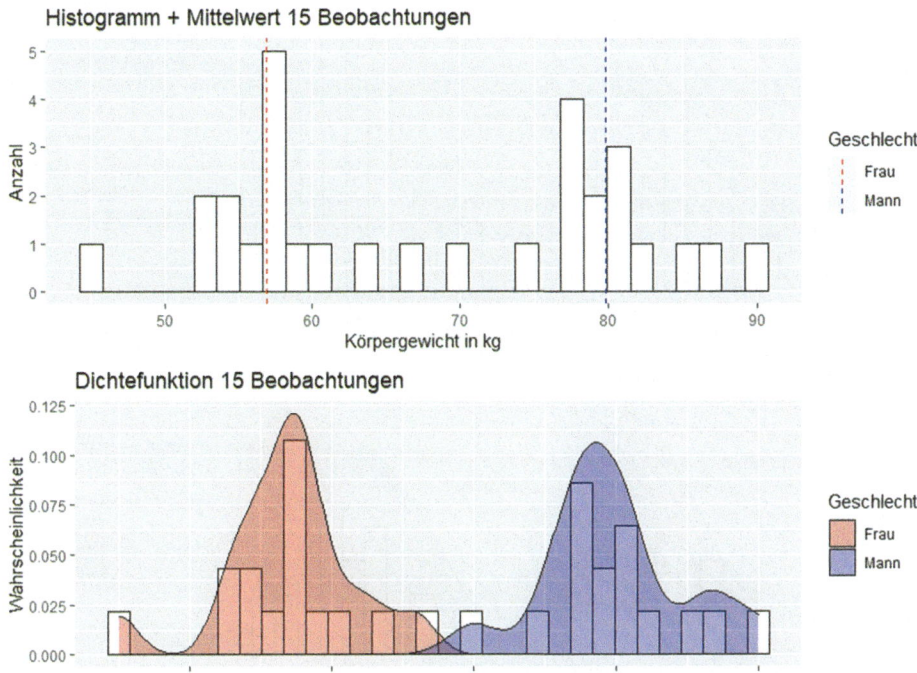

```
experiment.stetig2(100)
```

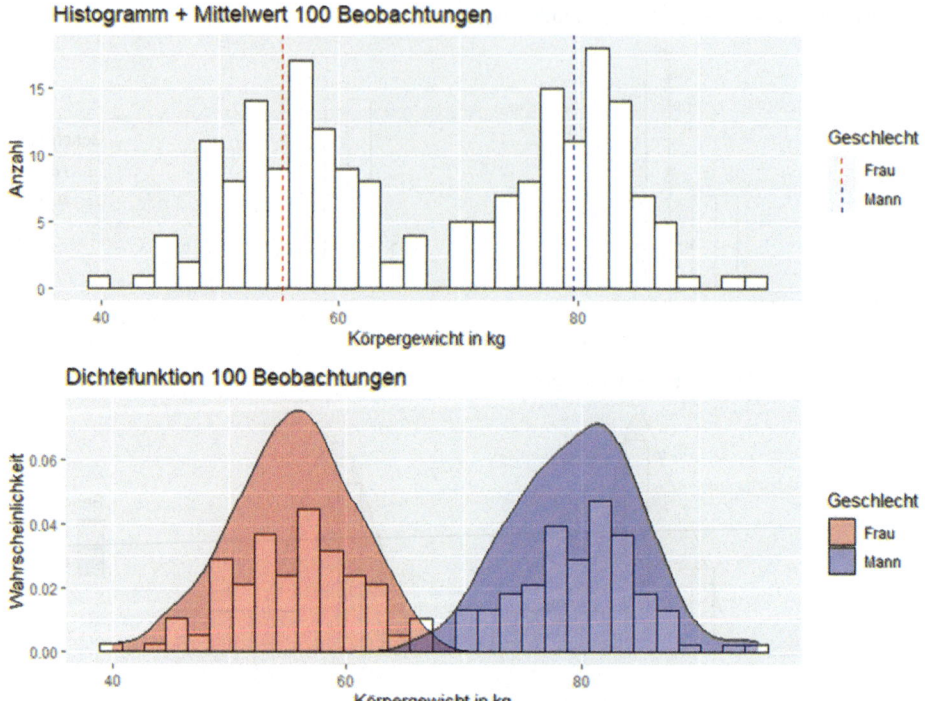

```
experiment.stetig2(100)
```

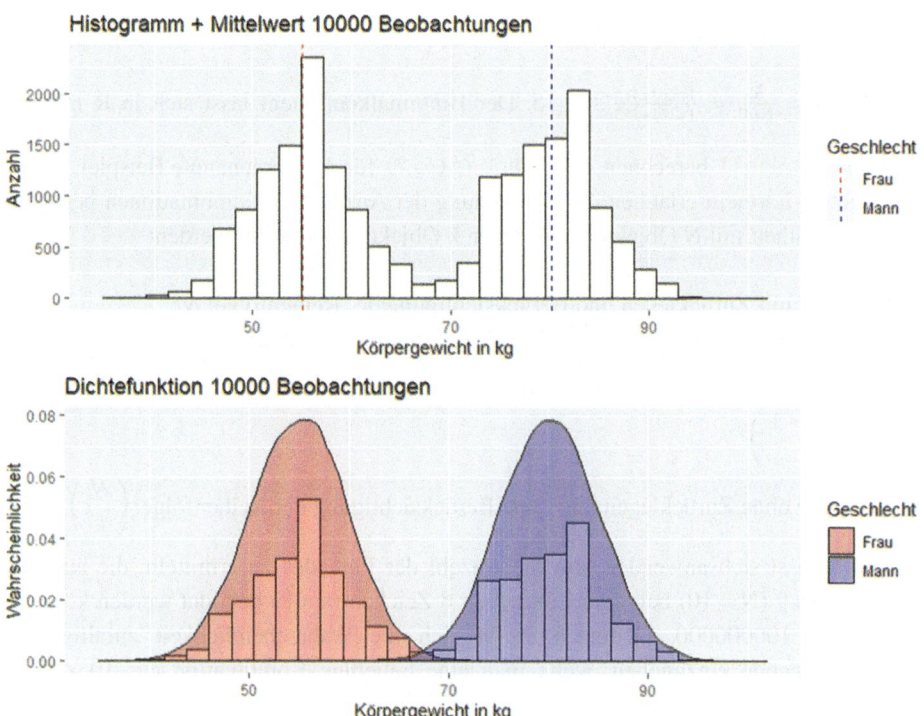

4.2.2 Kombinationen

Wahrscheinlichkeiten können auch von der Anzahl an Kombinationsmöglichkeiten abhängen, so z. B. beim Glücksspiel oder bei der Berücksichtigung mehrerer Ereignisse. Um die Anzahl der Kombinationsmöglichkeiten zu berechnen, werden für die Wahrscheinlichkeitsrechnung oft Mengen von Objekten betrachtet, die in einer spezifischen Art kombiniert werden können, z. B. die Auswahl von 6 aus 49 Lottozahlen oder von 3 aus 10 Bewerbern. Dabei hängt die Wahrscheinlichkeit für das Eintreten einer spezifischen Kombination in der Regel davon ab, wie viele Kombinationen möglich sind.

Die Anzahl der Kombinationen kann in Abhängigkeit davon berechnet werden, ob ein Objekt der Menge wiederholt (mit Zurücklegen) ausgewählt werden kann (z. B. beim Würfeln) oder nicht (z. B. beim Ziehen der Lottozahlen) und ob die Reihenfolge, in welcher die Objekte ausgewählt werden, eine Rolle spielt (z. B. Buchstaben in einem Passwort) oder nicht (z. B. Fußballspieler in einer Mannschaftsaufstellung).

Die nachfolgenden Formeln verwenden die Berechnungsmethoden der Fakultät und des Binomialkoeffizienten und werden daher kurz vorgestellt. Eine Fakultät, geschrieben n! steht für das Produkt der ersten n aufeinander folgenden Zahlen, z. B. $3! = 1 * 2 * 3$. In R kann die Fakultät mit der Funktion `factorial()` berechnet werden.

Der Binomialkoeffizient $\binom{N}{k}$, gesprochen N über k, beschreibt die Formel $\frac{N!}{k!*(N-k)!}$,

z. B. $\binom{6}{2} = \frac{6!}{2!*4!} = \frac{1*2*3*4*5*6}{1*2*1*2*3*4} = 15$. Der Binomialkoeffizient lässt sich in R mit der

Funktion `choose()` berechnen, z. B. `choose(6,2)` für das vorgenannte Beispiel.

Folgende Formeln erlauben die Berechnung der Anzahl der Kombinationen bei einer Grundgesamtheit mit N Objekten, aus denen k Objekte ausgewählt werden:

- Modell A mit Zurücklegen und Berücksichtigung der Reihenfolge: N^k
- Modell B ohne Zurücklegen und Berücksichtigung der Reihenfolge: $\frac{N!}{(N-k)!}$
- Modell C mit Zurücklegen und ohne Berücksichtigung der Reihenfolge: $\binom{N+k-1}{k}$

- Modell D ohne Zurücklegen und ohne Berücksichtigung der Reihenfolge: $\binom{N}{k}$

Modell A lässt sich anwenden, um die Anzahl der Pincodes zu ermitteln, die aus den Ziffern 0 bis 9 (N = 10) bei einer Länge von 8 Zeichen (k = 8) gebildet werden können: $N^k = 10^8 = 100000000$. Demnach ergibt sich die Wahrscheinlichkeit zufällig den richtigen Pincode einzugeben, wenn man eine beliebige Kombination aus 10 Ziffern wählt, als $1/10^8 = 0{,}00000001$.

Modell B ermöglicht die Berechnung der Kombinationen, die bei der Auslosung des ersten Spiels (k = 2 Mannschaften) der Champions-League-Viertelfinalpartie (N = 8 Mannschaften) eintreten können. Dabei spielt die Reihenfolge eine Rolle, wenn das zuerst gezogene Team das Heimrecht besitzt: $\frac{N!}{(N-k)!} = \frac{8!}{6!} = 56$. Demnach beträgt die Wahrscheinlichkeit, dass die erste gezogene Partie von zwei Mannschaften eine spezifische Partie ist $1/56 = 0.01785714$.

Modell C erlaubt die Anzahl der Permutationen zu berechnen, die bei der Auswahl von zwei Kugeln (k = 2) aus einer Urne mit drei unterschiedlich gefärbten Kugeln (N = 3) möglich sind: $\binom{N+k-1}{k} = \binom{4}{2} = 6$. Die Wahrscheinlichkeit für das Eintreten dieser sechs Permutationen beträgt jedoch nicht $1/6 = 0.1666667$. Ein Permutationsbaum kann hilfreich sein, um die Wahrscheinlichkeiten zu berechnen. Je Ziehungsvorgang gibt es hier drei Möglichkeiten, sodass sich in dem Baum auf der ersten Ebene drei Ergebnisse ergeben und auf der zweiten Ebene für jedes der drei Ergebnisse weitere drei Möglichkeiten. Am Ende ergeben sich somit neun Ergebnisse, die jedoch nur sechs Permutationen repräsentieren (siehe Abb. 4.19). Da sich die Kombination Rot+Rot nur einmal als Permutation der neun Ergebnisse einstellt, beträgt dessen Wahrscheinlichkeit $1/9 = 0.1111111$, während die Wahrscheinlichkeit der Permutation Rot+Blau $2/9 = 0.2222222$ beträgt, da diese Kombination sich zweimal als Ergebnis ergibt.

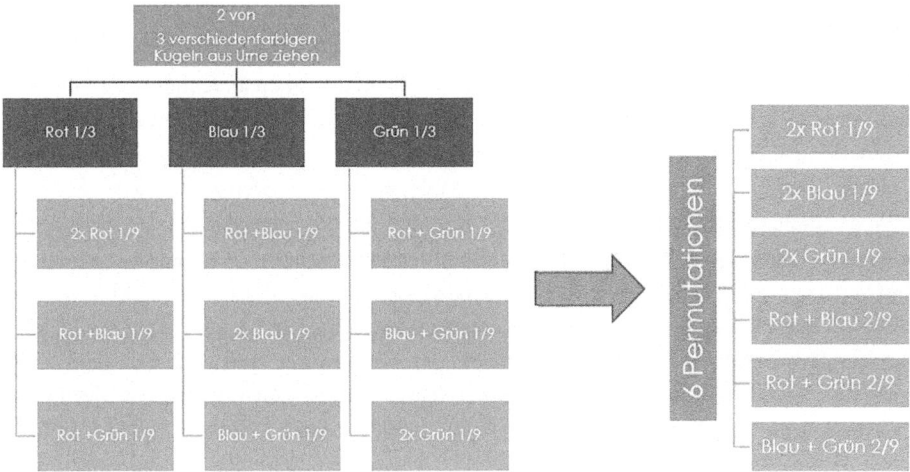

Abb. 4.19 Permutationen

Modell D ermöglicht die Berechnung der Kombinationen der 6 aus 49 beim Lotto:$\binom{N}{k} = \binom{49}{6} = 13983816$. Demnach ergibt sich die Wahrscheinlichkeit zufällig die richtigen Zahlen zu wählen als $1/\binom{49}{6} = 0{,}00000007151124$.

Kombinationen

```
#- Kombinationen--------------------------------------------------------------
# Modell A: Grundgesamtheit 10, 8 Auswahlen mit Zurücklegen, Reihenfolge wichtig
10^8                      # Kombinationsmöglichkeiten

## [1] 1e+08

1/10^8                    # Wahrscheinlichkeit einer bestimmten Kombination

## [1] 1e-08

# Modell B: Grundgesamtheit 8, 2 Auswahlen ohne Zurücklegen, Reihenfolge wichtig
factorial(8)/factorial(6)    # Kombinationsmöglichkeiten

## [1] 56

1/(factorial(8)/factorial(6)) # Wahrscheinlichkeit einer bestimmten Kombination

## [1] 0.01785714

# Modell C: Gundgesamtheit 3, 2 Auwahlen mit Zurücklegen ohne Reihenfolge
choose(4,2)               # Kombinationsmöglichkeiten

## [1] 6

# Modell D: Grundgesamtheit 49, 6 Auswahlen ohne Zurücklegen ohne Reihenfolge
choose(49,6)              # Kombinationsmöglichkeiten

## [1] 13983816

1/choose(49,6)            # Wahrscheinlichkeit einer bestimmten Kombination

## [1] 7.151124e-08
```

4.2.3 Zufallszahlen und Zufallswerte

Zufallszahlen sind bei der Simulation von Wahrscheinlichkeitsberechnungen oft hilfreich. In R können Zufallszahlen mit der Funktion `runif()` erzeugt werden, wobei als
Parameter u. a. die Anzahl der Zufallszahlen und mit den Parametern min und max auch
die Unter- und Obergrenzen der generierten Zahlen angegeben werden können.

Wenn man immer wieder verlässlich mit den identischen Zufallszahlen arbeiten
möchte, so kann man eine Folge von Zufallszahlen erzeugen, die auf einem sogenannten
Startwert, der als Seed bezeichnet wird, basieren. Der Seed ist eine Zahl zwischen
$-(2^{31} - 1)$ und $2^{31} - 1$. Dies führt dazu, dass unabhängig von der ausführenden Person,
dem zur Ausführung verwendeten Rechner, der Version der Software und dem Zeit-
punkt der Ausführung immer die identischen Zufallszahlen generiert werden, wenn vor
der Ausführung der Funktion `runif()` oder einer anderen Funktion zur Erzeugung
von Zufallswerten die Funktion `set.seed()` verwendet wird und die Version des in
R verwendeten Zufallszahlengenerators identisch ist. Es ist daher empfehlenswert die
Funktion `RNGversion()` zu verwenden, um die Version des Zufallszahlengenerators
einzustellen. Mit dem Parameter `vstr` lässt sich bei der Funktion `RNGversion()` die
Version des Zufallszahlengenerators von R festlegen. Dies ist im wissenschaftlichen
Bereich bedeutsam, um simulierte Ergebnisse immer wieder rekonstruieren zu können.

Eine weitere Funktion zum Erzeugen von Zufallszahlen ist die Funktion `rnorm()`,
welche normalverteilte Zahlen generiert. Über den Parameter `mean` kann man den
Mittelwert und über den Parameter `sd` die Standardabweichung festlegen, z. B. erzeugt
`rnorm(1000,mean=2,sd=4)` 1000 normalverteilte Zufallszahlen mit dem Mittelwert 2
und der Standardabweichung 4.

Weitere Funktionen, um Zufallszahlen zu erzeugen, sind u. a. die Funktionen
`rpois()` für poissionverteilte Zahlen, `rbinom()` für binomialverteilte Zahlen,
`rchisq()` für Chi-Square-verteilte Zahlen und `rt()` für Student-t-verteilte Zahlen.

Zufallswerte, die nicht notwendigerweise Zahlenwerte sein müssen, können ebenfalls mit R erzeugt werden. Hierfür dient die Funktion `sample()` zum Ziehen von
Stichproben aus einer Menge von Werten. Der Parameter `size` gibt die Anzahl der
erzeugten Werte an, der Parameter `replace` bestimmt, ob die gezogenen Werte wieder
zurückgelegt werden `replace=TRUE` oder nicht `replace=FALSE`. Ohne Angabe des
Parameters `replace` wird dieser mit FALSE vorbestimmt. Für die Erzeugung von 5
Würfelergebnissen kann z. B. die Funktion `sample(1:6,size=5,replace=TRUE)`
ausgeführt werden. Auch für die Funktion `sample()` gilt, dass bei vorheriger Ausführung der Funktion `set.seed()` sichergestellt werden kann, dass die erzeugten Werte
reproduzierbar sind.

Sollen spezifische Werte erzeugt werden, z. B. Kopf und Zahl
für einen Münzwurf, so ist dies mit folgendem Kommando möglich, bei dem auch der Parameter `prob` verwendet wird, um die jeweiligen
zugrunde liegenden Wahrscheinlichkeiten für Kopf und Zahl anzugeben:
`sample(c("Kopf","Zahl"),size=8,replace=TRUE,prob=c(4,5))`. In diesem
Fall handelt es sich um eine nicht faire Münze, denn die Wahrscheinlichkeit von Kopf

und Zahl wird im Verhältnis von 4 zu 5 angegeben. Vergleichbar kann die Funktion `sample()` auch genutzt werden, um 3x10 Skatkarten aus einem Kartensatz auszuwählen, ohne dass eine Karte mehrfach ausgegeben wird `replace=FALSE`, wie im nachfolgenden Code vorgestellt wird.

Zufallszahlen und Zufallswerte

```
#- Zufallszahlen und Zufallswerte---------------------------------------------
# Zufallszahlen generieren
x<-runif(5,min=-1,max=1)      # 5 gleichverteilt zwischen -1 und 1
x

## [1]  0.4009545 -0.6563426  0.4069592  0.7421707  0.5026884

x<-runif(5,min=-1,max=1)
x

## [1]  0.8660362  0.6194527  0.6387258 -0.5177807 -0.5551074

RNGversion(vstr = "4.0.5")
set.seed(123)
x<-runif(5,min=-1,max=1)      # 5 gleichverteilt zwischen -1 und 1 nach set.seed
x

## [1] -0.4248450  0.5766103 -0.1820462  0.7660348  0.8809346

set.seed(123)
x<-runif(5,min=-1,max=1)
x

## [1] -0.4248450  0.5766103 -0.1820462  0.7660348  0.8809346

x<-rnorm(5,mean=2,sd=4)       # 5 normalverteilt Mittelwert 2, Standardabweichung 4

rpois(5,lambda=2)             # 5 exponentialverteilt Mittelwert 2

## [1] 4 1 0 1 5

rbinom(5,size=3,prob=0.75)    # 5 binomialverteilt mit 3 Wiederholungen mit p=0.75

## [1] 1 2 2 0 2

rchisq(5,df=1)                # 5 Chi-Square verteilt mit degree of freedom 1

## [1] 0.98962285 0.06067295 1.77391975 0.63999141 0.13129118

rt(5, df=1)                   # 5 Student T verteilt mit degree of freedom 1

## [1] -1.056779 -1.441049  1.445999 -3.370531  1.092438

# Zufallswerte generieren - Stichproben ziehen
sample(1:6,size=5,replace=TRUE)                        # Würfel

## [1] 4 5 2 1 1

sample(1:6,size=5,replace=TRUE)

## [1] 3 1 6 5 1

set.seed(123)
sample(1:6,size=5,replace=TRUE)

## [1] 3 6 3 2 2

set.seed(123)
sample(1:6,size=5,replace=TRUE)

## [1] 3 6 3 2 2

sample(c("Kopf","Zahl"),size=8,replace=TRUE)           # Münzwurf

## [1] "Zahl" "Kopf" "Kopf" "Zahl" "Zahl" "Zahl" "Kopf" "Zahl"

sample(c("Kopf","Zahl"),size=8,replace=TRUE,prob=c(4,5))   # Wahrscheinlichkeiten
```

```
## [1] "Kopf" "Zahl" "Zahl" "Zahl" "Kopf" "Kopf" "Kopf" "Kopf"

werte <- c(as.character(2:10),"Junge","Dame","König","Ass") # Karten
farbe <- c("Karo","Herz","Schippe","Kreuz")
karten <- sapply(werte, function(werte)paste(farbe,werte,sep=":")) # Kartensatz
karten

##      2           3           4           5           6           7
## [1,] "Karo:2"    "Karo:3"    "Karo:4"    "Karo:5"    "Karo:6"    "Karo:7"
## [2,] "Herz:2"    "Herz:3"    "Herz:4"    "Herz:5"    "Herz:6"    "Herz:7"
## [3,] "Schippe:2" "Schippe:3" "Schippe:4" "Schippe:5" "Schippe:6" "Schippe:7"
## [4,] "Kreuz:2"   "Kreuz:3"   "Kreuz:4"   "Kreuz:5"   "Kreuz:6"   "Kreuz:7"
##      8           9           10          Junge           Dame
## [1,] "Karo:8"    "Karo:9"    "Karo:10"   "Karo:Junge"    "Karo:Dame"
## [2,] "Herz:8"    "Herz:9"    "Herz:10"   "Herz:Junge"    "Herz:Dame"
## [3,] "Schippe:8" "Schippe:9" "Schippe:10" "Schippe:Junge" "Schippe:Dame"
## [4,] "Kreuz:8"   "Kreuz:9"   "Kreuz:10"  "Kreuz:Junge"   "Kreuz:Dame"
##      König           Ass
## [1,] "Karo:König"    "Karo:Ass"
## [2,] "Herz:König"    "Herz:Ass"
## [3,] "Schippe:König" "Schippe:Ass"
## [4,] "Kreuz:König"   "Kreuz:Ass"

# Funktion austeilen
austeilen <- function(x, n, kartenset){ # x=Anzahl Spieler, n=Anzahl Karten
  return(matrix(sample(kartenset,x*n,replace=FALSE), n, x))
}
skat<-austeilen(3,10,karten)# Karten austeilen für 3 Spieler mit jeweils 10 Karten
skat

##       [,1]           [,2]            [,3]
## [1,] "Karo:4"        "Herz:5"        "Schippe:8"
## [2,] "Karo:9"        "Karo:6"        "Kreuz:8"
## [3,] "Schippe:10"    "Schippe:Junge" "Karo:7"
## [4,] "Kreuz:3"       "Kreuz:4"       "Schippe:Dame"
## [5,] "Herz:8"        "Schippe:5"     "Herz:9"
## [6,] "Schippe:3"     "Kreuz:9"       "Karo:Junge"
## [7,] "Herz:Dame"     "Schippe:König" "Herz:3"
## [8,] "Kreuz:Ass"     "Karo:König"    "Karo:8"
## [9,] "Schippe:6"     "Herz:4"        "Herz:2"
## [10,] "Kreuz:10"     "Schippe:7"     "Karo:3"
```

4.2.4   Wahrscheinlichkeitsverteilungen

Für viele bekannte Wahrscheinlichkeitsverteilungen wie u. a. die Normalverteilung, die Binomialverteilung oder die Chi-Quadrat-Verteilung gibt es vier grundlegende Funktionen in R, nämlich die Dichtefunktion (Zähldichte für diskrete Zufallsvariablen bzw. Wahrscheinlichkeitsdichte für stetige Zufallsvariablen), die Verteilungsfunktion, die Quantilsfunktion und die Funktion für die Erzeugung von Zufallswerten (Zufallswerte für diskrete Zufallsvariablen bzw. Zufallszahlen für stetige Zufallsvariablen). Die Verteilungsfunktion bestimmt für eine Zufallsvariable X die Wahrscheinlichkeit, dass ein Wert kleiner oder gleich x ist: $F(x) = P(X \leq x)$. Die Quantilsfunktion stellt die Inverse der Verteilungsfunktion dar und bestimmt für jede Wahrscheinlichkeit zwischen 0 und

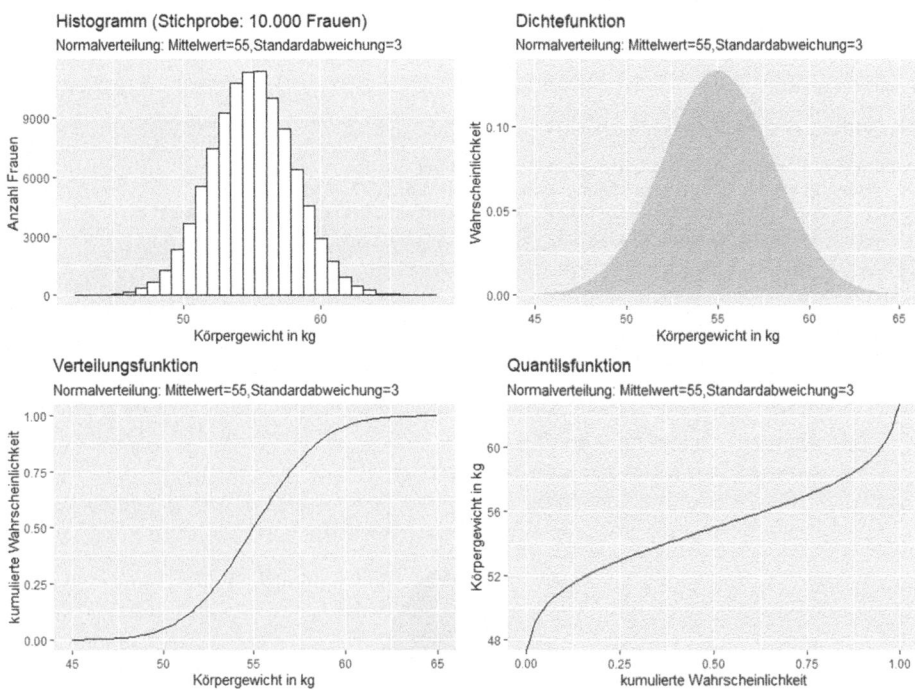

Abb. 4.20 Funktionen

1 (die Gesamtwahrscheinlichkeit ist immer 1) den Quantilswert für den Wert x, sodass $p = P(X \leq x)$ gilt. So gilt in Abb. 4.20, dass aus der Verteilungsfunktion ablesbar ist, dass für x = 57,5 kg gilt, dass etwa 80 % aller Frauen weniger wiegen, weil die Schnittstelle der Verteilungsfunktion für 57,5 bei etwa 0,8 liegt. Aus der Quantilsfunktion ist ablesbar, dass etwa 25 % aller Frauen weniger als 53 kg wiegen, weil die Schnittstelle der Quantilsfunktion für 0,25 bei etwa 53 kg liegt. Exakt lassen sich die Schnittstellen mit den Funktionen `pnorm()` und `qnorm()` aus dem Paket mosaic durch folgende Anweisungen berechnen: `prozent<-pnorm(57.5,mean=55,sd=3)` und `quantil<-qnorm(0.25,mean=55,sd=3)`.

Alternativ lässt sich der Wert für das 0,8-Quantil auch durch die Funktion `xqnorm(0.8, mean = 55, sd = 3)` ermitteln, welche gleichzeitig eine Abbildung erstellt (siehe folgender Code) und auch den standardisierten Z-Wert angibt. Die Funktion `xpnorm(57.5, mean = 55, sd = 3)` erlaubt als Gegenstück zu der Funktion `xqnorm()` nach Angabe eines Wertes dessen Quantil zu bestimmen. Im Fall von 57,5 kg ist dies das 0,7977-Quantil. Der Z-Wert gibt jeweils an, wie viele Standardabweichungen der Wert vom Mittelwert divergiert.

Quantilsfunktion

```
require(mosaic)
```

```
## Loading required package: mosaic
```

```
xpnorm(57.5, mean = 55, sd = 3, return="plot")+
    labs(title = "Dichtefunktion, Quantil für Wert 57.5 kg",
         subtitle="Normalverteilung: Mittelwert=55,Standardabweichung=3",
         x="Körpergewicht in kg",y="Wahrscheinlichkeit")
```

```
## If X ~ N(55, 3), then
```

```
##  P(X <= 57.5) = P(Z <= 0.8333) = 0.7977
```

```
##  P(X >  57.5) = P(Z >  0.8333) = 0.2023
```

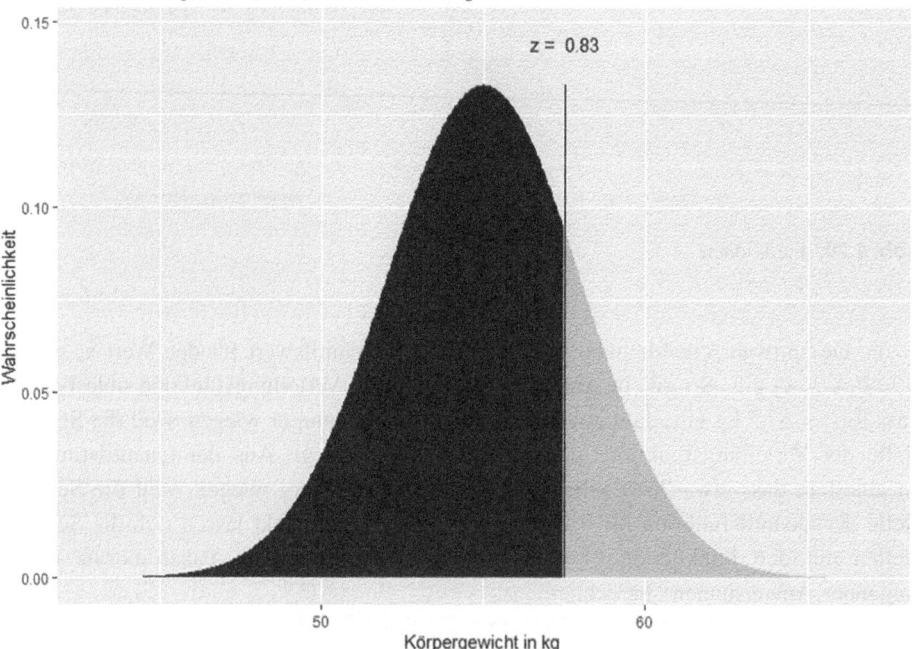

```
xqnorm(0.8, mean = 55, sd = 3, return="plot") +
    labs(title = "Dichtefunktion: 0,8-Quantil",
         subtitle="Normalverteilung: Mittelwert=55,Standardabweichung=3",
         x="Körpergewicht in kg",y="Wahrscheinlichkeit")
```

```
## If X ~ N(55, 3), then
```

```
##  P(X <= 57.52486) = 0.8
```

```
##  P(X >  57.52486) = 0.2
```

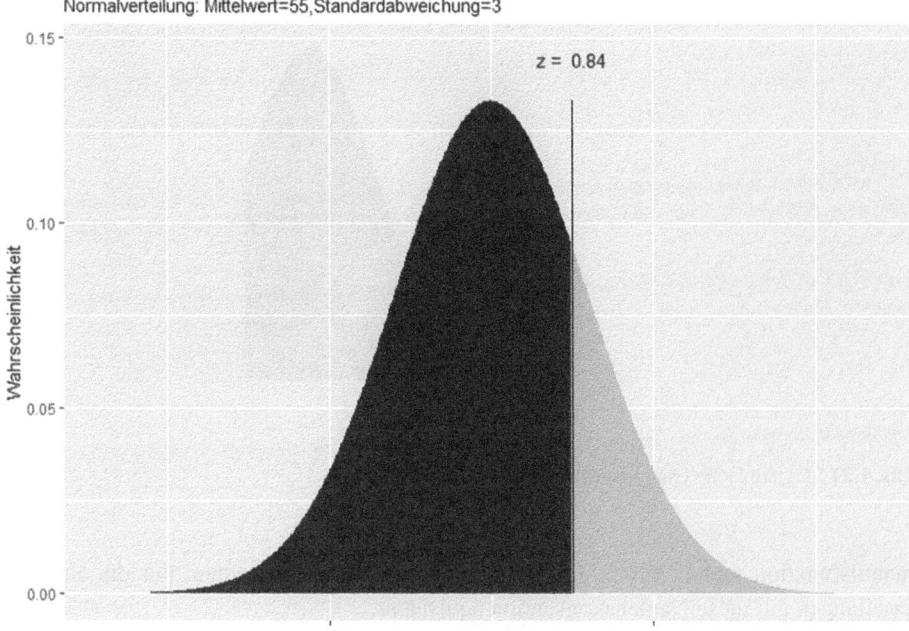

Dichtefunktion: 0,8-Quantil
Normalverteilung: Mittelwert=55,Standardabweichung=3

Eine dynamische Ermittlung des Quantils kann darüber hinaus mit der Funktion

```
manipulate(xpnorm(score,55,3,verbose=verbose),score = slider
(45,65),verbose = checkbox(TRUE, label="Quantilsberechnung"))
```

aus dem Paket manipulate erfolgen. Durch Klicken auf das Zahnrad oben links in der Abbildung öffnet sich ein Fenster zur Veränderung des Wertes mithilfe eines Sliders. Ob die Quantilsberechnung mit zusätzlicher Angabe der Wahrscheinlichkeiten für beide Seiten bzw. farbig differenzierten Flächen ermittelt werden soll, kann über eine Checkbox bestimmt werden (siehe Abb. 4.21).

Die Namen der zuvor angesprochenen Funktionen für die Dichtefunktion, die Verteilungsfunktion, die Quantilsfunktion und die Funktion zur Erzeugung von Zufallswerten beginnen jeweils mit den Buchstaben d (density function) für die Dichtefunktion, p (probability distribution) für die Verteilungsfunktion, q (quantile function) für die Quantilsfunktion und r (random number) für die Funktion zur Generierung von Zufallszahlen. Die Namen werden dann ergänzt um die Bezeichnung der Verteilung, z. B. norm für die Normalverteilung, binom für die Binomialverteilung oder chisq für die Chi-Quadrat-Verteilung. Für die Normalverteilung gibt es daher die Funktionen dnorm() für die Dichtefunktion, pnorm() für die Verteilungsfunktion, qnorm() für die

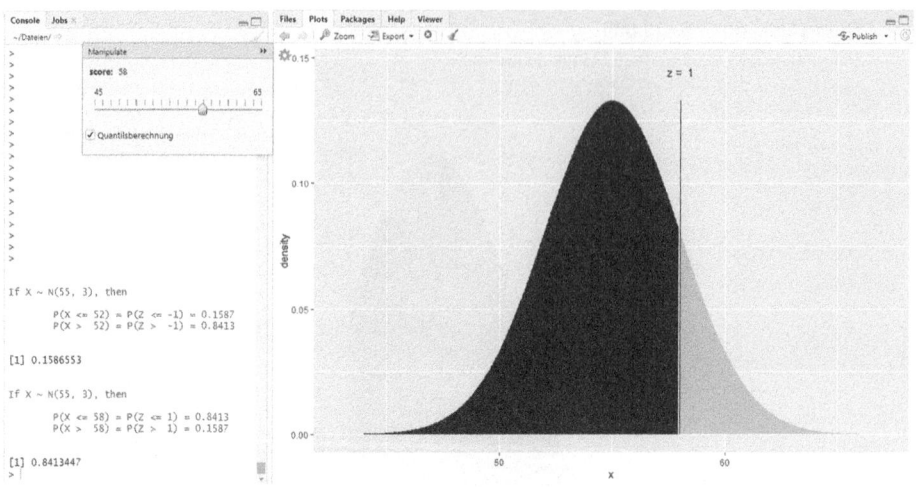

Abb. 4.21 Dynamische Quantilsermittlung

Quantilsfunktion und `rnorm()` für die Erzeugung von Zufallszahlen. Für die anderen Verteilungen gilt diese Namenskonvention äquivalent.

Die Funktionen für die Normalverteilung verwenden gemeinsam den Parameter `mean` für den Mittelwert und `sd` für die Standardabweichung. Darüber hinaus verwenden die Funktionen folgende unterschiedliche Parameter:

- Die Dichtefunktion (d) verwendet den Parameter x für einen Vektor von Zahlen, bei diskreten Verteilungen ganze Zahlen und bei stetigen Verteilungen reelle Zahlen. Für jede Zahl x_i berechnet die Funktion den entsprechenden Wert der Wahrscheinlichkeitsfunktion (also $P(X = x_i)$) bzw. den entsprechenden Wert der Wahrscheinlichkeitsdichte und gibt einen Vektor der Ergebnisse zurück.
- Die Verteilungsfunktion (p) verwendet den Parameter q als einen Vektor von Werten (in diesem Zusammenhang heißen die Werte Quantile) x_i aus der Verteilung und die Funktion berechnet die entsprechenden Wahrscheinlichkeiten gemäß dem Wert von `lower.tail` und gibt einen Vektor der Ergebnisse zurück. Der optionale Parameter `lower.tail` bestimmt, dass bei dem Wert TRUE oder bei Weglassung des Parameters das $P(X \leq x_i)$ (also die Wahrscheinlichkeiten am unteren Ende der Verteilung), oder bei dem Wert FALSE das $P(X > x_i)$ (also die Wahrscheinlichkeiten am oberen Ende der Verteilung) berechnet werden.
- Die Quantilsfunktion (q) verwendet den Parameter p als einen Vektor von Wahrscheinlichkeiten p_i und die Funktion berechnet die entsprechenden Quantile gemäß dem Wert von `lower.tail` und gibt einen Vektor der Ergebnisse zurück.
- Für die Erzeugung der Zufallszahlen bzw. Zufallswerte (r) gibt der Parameter n die Anzahl der simulierten Zufallswerte bzw. die Anzahl der Zufallszahlen an. Die Funktion erzeugt diese Zufallswerte und gibt sie in einem Vektor zurück.

Die Funktionen für die Binomialverteilung verwenden gemeinsam den Parameter `size` für die Anzahl der Stufen des Zufallsexperiments und `prob` für die Wahrscheinlichkeit des Erfolgs. Darüber hinaus verwenden die Funktionen folgende weiteren Parameter:

- Die Dichtefunktion (d) verwendet den Parameter x für einen Vektor von Zahlen. Für jede Zahl x_i berechnet die Funktion den entsprechenden Wert der Wahrscheinlichkeitsfunktion (also $P(X = x_i)$) bzw. der entsprechende Wert der Wahrscheinlichkeitsdichte und gibt einen Vektor der Ergebnisse zurück. Insbesondere steht bei `dbinom()` jede Zahl x_i für die Anzahl der „Erfolge" in einem Zufallsexperiment und der Rückgabewert ist die entsprechende Wahrscheinlichkeit.

Wahrscheinlichkeitsverteilungen

```
#- Wahrscheinlichkeitsverteilungen--------------------------------------------
set.seed(1008)
anzahl<-100000
daten <- data.frame(geschlecht="Frau",
                    gewicht=rnorm(anzahl,mean=55,sd=3))
p1<-ggplot(daten, aes(x=gewicht,fill=geschlecht)) +
  geom_histogram(color="black", fill="white",bins = 30) +
  labs(title="Histogramm (Stichprobe: 10.000 Frauen)") +
  labs(subtitle="Normalverteilung: Mittelwert=55,Standardabweichung=3") +
  labs(x="Körpergewicht in kg",y="Anzahl Frauen")
p2<-ggplot(NULL, aes(c(45,65))) +
  labs(title = "Dichtefunktion",
       subtitle="Normalverteilung: Mittelwert=55,Standardabweichung=3") +
  labs(x="Körpergewicht in kg",y="Wahrscheinlichkeit") +
  geom_area(stat="function",fun=dnorm,args=list(mean=55,sd=3),
            fill="lightgrey",xlim=c(45,65))
p3<-ggplot(NULL, aes(c(45,65))) +
  labs(title = "Verteilungsfunktion",
       subtitle="Normalverteilung: Mittelwert=55,Standardabweichung=3") +
  labs(x="Körpergewicht in kg",y="kumulierte Wahrscheinlichkeit") +
  geom_line(stat="function",fun=pnorm,args=list(mean=55,sd=3),
            color="black",xlim=c(45,65))
p4<-ggplot(NULL, aes(c(0,1))) +
  labs(title = "Quantilsfunktion",
       subtitle="Normalverteilung: Mittelwert=55,Standardabweichung=3") +
  labs(y="Körpergewicht in kg",x="kumulierte Wahrscheinlichkeit") +
  geom_line(stat="function",fun=qnorm,args=list(mean=55,sd=3),color="black")
gridExtra::grid.arrange(p1,p2,p3,p4,ncol=2)
```

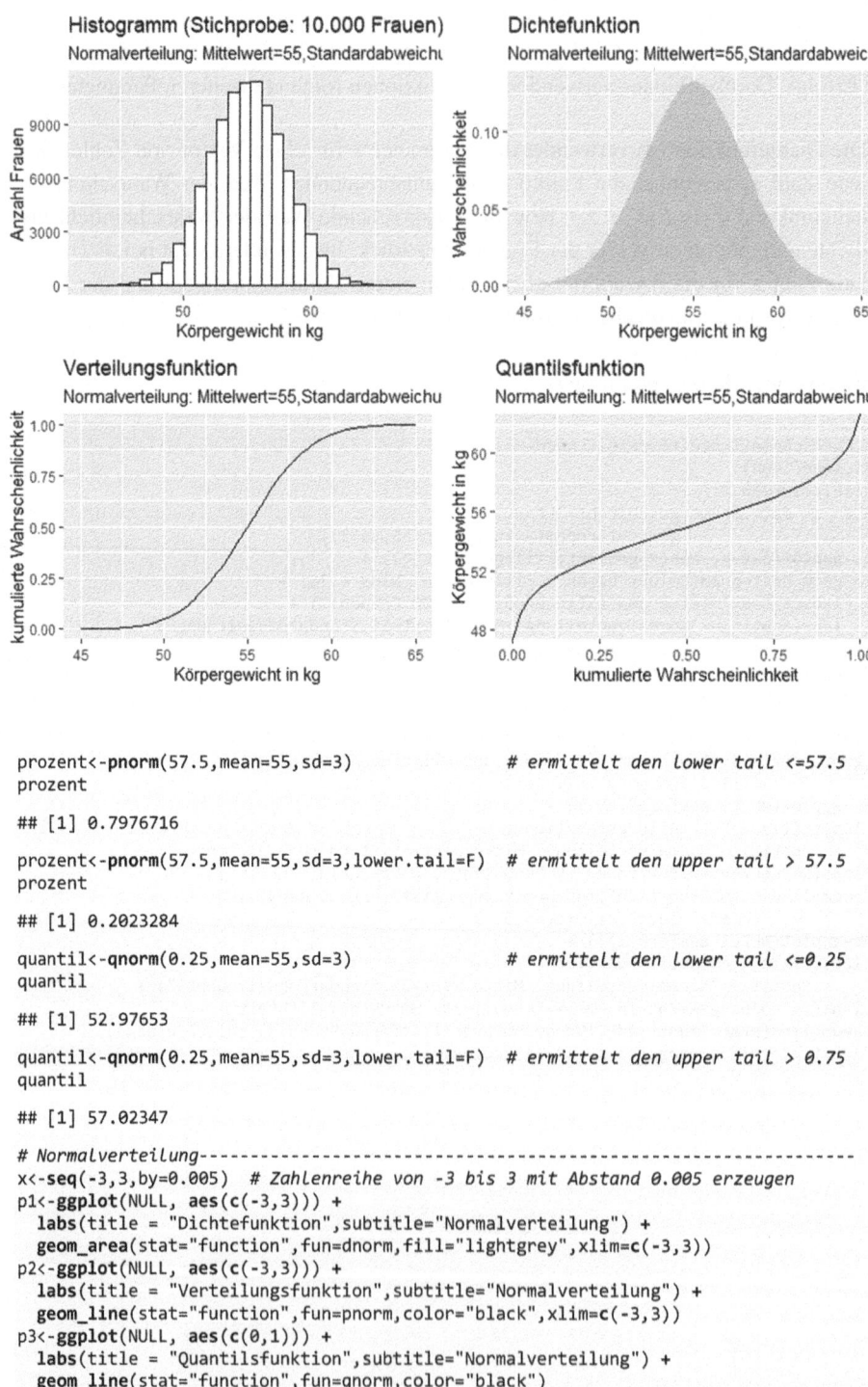

```
prozent<-pnorm(57.5,mean=55,sd=3)              # ermittelt den lower tail <=57.5
prozent

## [1] 0.7976716

prozent<-pnorm(57.5,mean=55,sd=3,lower.tail=F) # ermittelt den upper tail > 57.5
prozent

## [1] 0.2023284

quantil<-qnorm(0.25,mean=55,sd=3)              # ermittelt den lower tail <=0.25
quantil

## [1] 52.97653

quantil<-qnorm(0.25,mean=55,sd=3,lower.tail=F) # ermittelt den upper tail > 0.75
quantil

## [1] 57.02347

# Normalverteilung------------------------------------------------------------
x<-seq(-3,3,by=0.005)  # Zahlenreihe von -3 bis 3 mit Abstand 0.005 erzeugen
p1<-ggplot(NULL, aes(c(-3,3))) +
  labs(title = "Dichtefunktion",subtitle="Normalverteilung") +
  geom_area(stat="function",fun=dnorm,fill="lightgrey",xlim=c(-3,3))
p2<-ggplot(NULL, aes(c(-3,3))) +
  labs(title = "Verteilungsfunktion",subtitle="Normalverteilung") +
  geom_line(stat="function",fun=pnorm,color="black",xlim=c(-3,3))
p3<-ggplot(NULL, aes(c(0,1))) +
  labs(title = "Quantilsfunktion",subtitle="Normalverteilung") +
  geom_line(stat="function",fun=qnorm,color="black")
gridExtra::grid.arrange(p1,p2,p3,ncol=3)
```

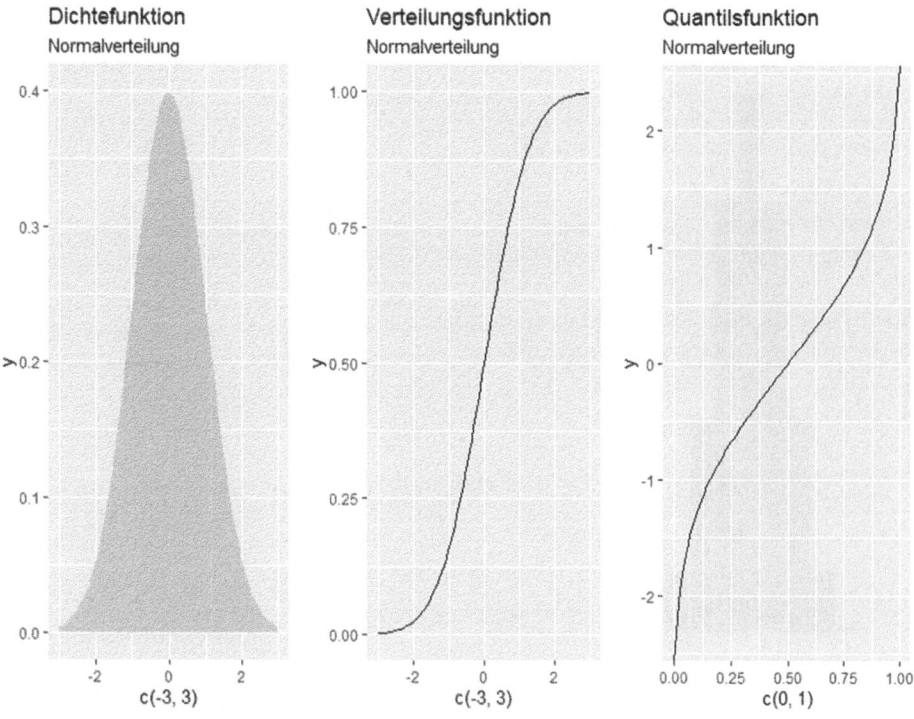

```
# Binomialverteilung------------------------------------------------------------
rep<-8      # Anzahl Wiederholungen
prob<-0.5 # Wahrscheinlichkeit für Ereignis 50%
ereignis<-seq(0,rep)
wahrsch<-dbinom(ereignis,size=rep,prob=prob)
binom1<-data.frame(ereignis1<-ereignis,wahrsch1<-wahrsch)
p1<-ggplot(binom1) + aes(x=ereignis1,y=wahrsch1) +
  labs(title = "Dichtefunktion",subtitle="Binomialverteilung",
      x="Ereignis",y="Wahrscheinlichkeit") +
  geom_bar(stat="identity")
wahrsch.kum<-pbinom(ereignis,size=rep,prob=prob)
binom2<-data.frame(ereignis2<-ereignis,wahrsch2<-wahrsch.kum)
p2<-ggplot(binom2) + aes(x=ereignis2,y=wahrsch2) +
  labs(title = "Verteilungsfunktion",subtitle="Binomialverteilung",
      x="Ereignis",y="Wahrscheinlichkeit") +
  geom_point(stat="identity")
quantile<-seq(0,1,by=1/1000)
ereignis<-qbinom(quantile,size=rep,prob=prob)
binom3<-data.frame(quantile3<-quantile,ereignis3<-ereignis)
p3<-ggplot(binom3) + aes(x=quantile3,y=ereignis3) +
  labs(title = "Quantilsfunktion",subtitle="Binomialverteilung",
      x="Wahrscheinlichkeit",y="Ereignis") +
  geom_point(stat="identity",size=0.5)
gridExtra::grid.arrange(p1,p2,p3,ncol=3)
```

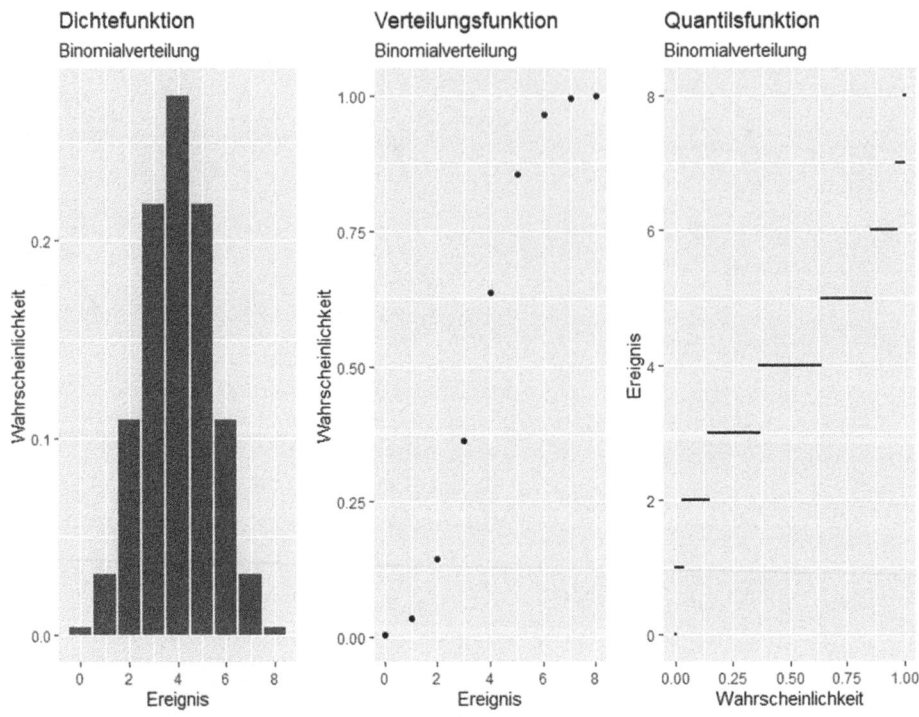

```
# Binomialverteilung--------------------------------------------------------------
rep<-8      # Anzahl Wiederholungen
prob<-0.75 # Wahrscheinlichkeit für Ereignis 75%
ereignis<-seq(0,rep)
wahrsch<-dbinom(ereignis,size=rep,prob=prob)
binom1<-data.frame(ereignis1<-ereignis,wahrsch1<-wahrsch)
p1<-ggplot(binom1) + aes(x=ereignis1,y=wahrsch1) +
  labs(title = "Dichtefunktion",subtitle="Binomialverteilung",
       x="Ereignis",y="Wahrscheinlichkeit") +
  geom_bar(stat="identity")
wahrsch.kum<-pbinom(ereignis,size=rep,prob=prob)
binom2<-data.frame(ereignis2<-ereignis,wahrsch2<-wahrsch.kum)
p2<-ggplot(binom2) + aes(x=ereignis2,y=wahrsch2) +
  labs(title = "Verteilungsfunktion",subtitle="Binomialverteilung",
       x="Ereignis",y="Wahrscheinlichkeit") +
  geom_point(stat="identity")
quantile<-seq(0,1,by=1/1000)
ereignis<-qbinom(quantile,size=rep,prob=prob)
binom3<-data.frame(quantile3<-quantile,ereignis3<-ereignis)
p3<-ggplot(binom3) + aes(x=quantile3,y=ereignis3) +
  labs(title = "Quantilsfunktion",subtitle="Binomialverteilung",
       x="Wahrscheinlichkeit",y="Ereignis") +
  geom_point(stat="identity",size=0.5)
gridExtra::grid.arrange(p1,p2,p3,ncol=3)
```

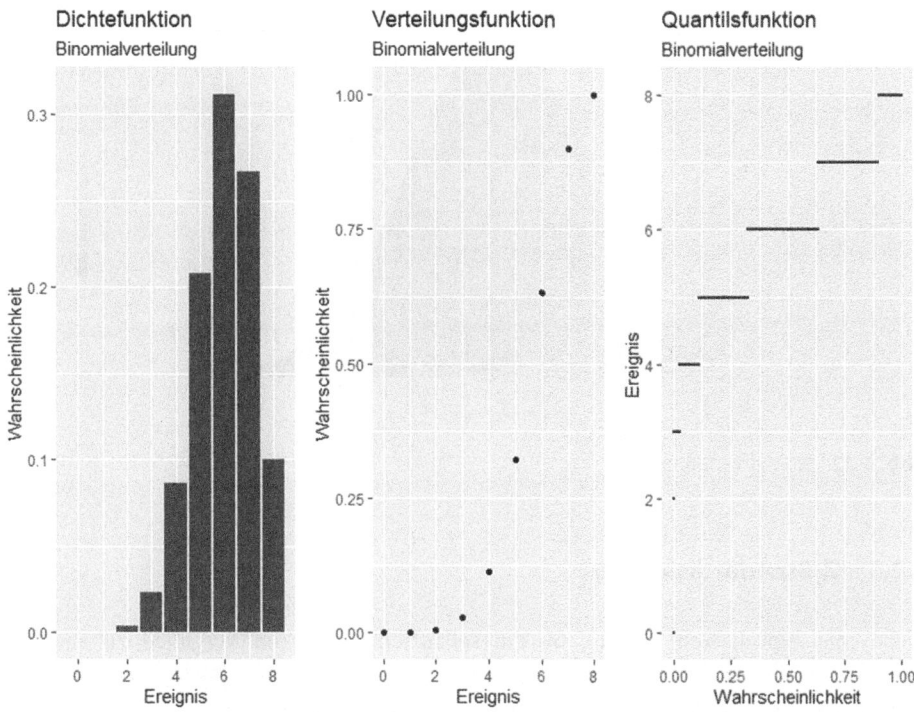

Eine Besonderheit der Wahrscheinlichkeitsverteilung im Falle einer Normalverteilung wird in der Dichtefunktion in Abb. 4.22 dargestellt. Die Konstruktion von Wahrscheinlichkeitsverteilungen über Wahrscheinlichkeitsdichtefunktionen beruht auf der Idee, dass die Fläche zwischen der Wahrscheinlichkeitsdichtefunktion und der x-Achse von einem Punkt a bis zu einem Punkt b der Wahrscheinlichkeit entspricht, einen Wert zwischen a und b zu erhalten. Nicht der Funktionswert der Wahrscheinlichkeitsdichtefunktion ist somit relevant, sondern die Fläche unter ihrem Funktionsgraph, also das Integral. So beträgt bei einer normalverteilten Variablen die Wahrscheinlichkeit, dass ein Wert zwischen dem Wert a = Mittelwert und dem Wert b = Mittelwert + eine Standardabweichung liegt, exakt 34,1 %.

Die meisten Werte liegen nahe an dem Mittelwert und 68,2 % aller Werte liegen weniger als eine Standardabweichung entfernt vom Mittelwert. Immerhin 95,4 % aller Werte liegen weniger als zwei Standardabweichungen entfernt vom Mittelwert und 99,8 % aller Werte liegen weniger als drei Standardabweichungen entfernt vom Mittelwert. Diese Besonderheit wird sich bei der induktiven Statistik noch als wertvoll erweisen.

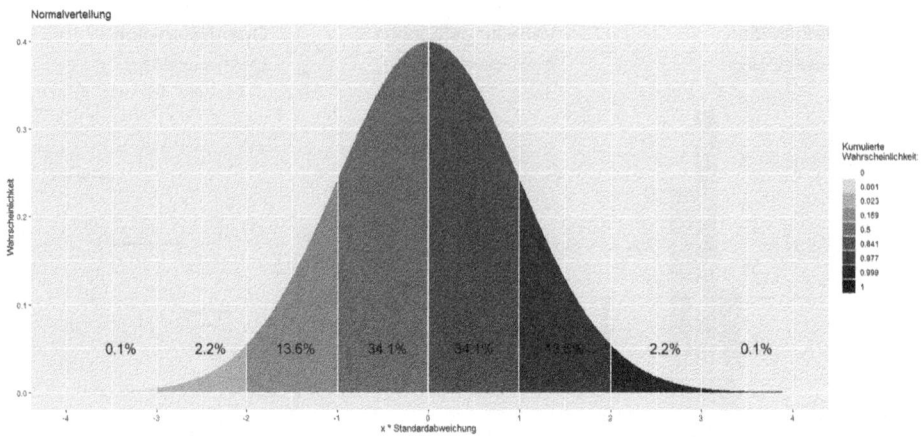

Abb. 4.22 Normalverteilung

4.2.5 Z-Standardisierung

Wenn man einschätzen möchte, ob ein spezifischer Wert im Vergleich zu anderen
Werten einer Variablen hoch oder niedrig ist, dann ist dies oft schwer, wenn man die
anderen Daten nicht kennt. Dazu kommt noch, dass unterschiedliche Maßeinheiten
und Skalierungen einen Vergleich von Variablen erschweren können. Bei einer
z-standardisierten Variable dagegen ist dies anders. Wenn man einen Wert kennt, kann
man einschätzen, ob dieser eher groß oder klein ist. Ein positiver Wert z_i spricht für
einen überdurchschnittlich großen Wert und ein negativer Wert für einen unterdurch-
schnittlichen Wert. Die im letzten Kapitel vorgestellten Wahrscheinlichkeitsverteilungen
können dabei hilfreich sein die Wahrscheinlichkeiten abzuschätzen, wie wahrscheinlich ein Wert höher oder niedriger liegt als ein spezifischer Wert. Die Z-Verteilung kann
darüber hinaus bei der Ermittlung der Wahrscheinlichkeiten unterstützen.

Um die Skalierung von Variablen zu vereinheitlichen, kann man die Variablen
z-standardisieren, was bedeutet, dass die Daten so transformiert werden, dass der Mittelwert bei 0 liegt und die Standardabweichung 1 beträgt. In R kann die Funktion `scale()`
verwendet werden, um eine Variable in eine z-standardisierte Variable umzuwandeln. Die
Funktion berechnet automatisch mit dem Attribut center auch den Mittelwert und mit
dem Attribut scale die Standardabweichung für die Variable.

In dem Paket fivethirtyeight ist das Dataset airline_safety enthalten, welches
Gefahrensituationen der Jahre 1985 bis 2014 im Flugverkehr, sogenannte incidents, je
Fluggesellschaft beschreibt. Diese Gefahrensitutationen haben in einzelnen Fällen auch

tödlich geendet. Ob nun eine Fluggesellschaft mit 5 bzw. 25 Gefahrensituation zu den sicheren zählt, das lässt sich auf Basis dieser Werte schwer sagen. Gleiches gilt, wenn man hört, dass eine Fluggesellschaft in diesen 30 Jahren 100 Tote auf ihren Flügen hatte. In dem Paket mosaic existiert die Funktionen xpnorm(), welche zu einem Wert den Z-Wert angibt und auch eine Abbildung erzeugt.

Sofern es sich um eine normalverteilte Variable handelt, sind die sich ergebenden Wahrscheinlichkeiten bekannt (siehe Abb. 4.22). Wenn man eine normalverteilte Variable z-transformiert hat, dann spricht man auch von einer sogenannten Standardnormalverteilung. Aus der Standardnormalverteilungstabelle (siehe Anlage) lassen sich dann Wahrscheinlichkeiten ablesen. Ist nun die Wahrscheinlichkeit für Werte von z im Intervall von 0 bis 4,09 gesucht, so steht z bis zum Zehntel in der linken Randzeile der Tabelle der Standardnormalverteilung und das Hundertstel findet sich in der Kopfzeile. Dort, wo sich die zugehörige Zeile und Spalte kreuzen, steht die Wahrscheinlichkeit. Ist die Wahrscheinlichkeit 0,90670 gegeben, so wird in der Tabelle der Wert 0,90658 (entspricht einem z von 1,32) gewählt, weil dieser weniger weit entfernt ist als der nächste mögliche Wert von 0,90824.

In statistischen Anwendungen, z. B. im Rahmen von Hypothesentests zum Auffinden kritischer Werte, stellt sich oft auch die Frage: Welchen Wert hat ein gewisses Quantil? Sucht man z. B. das 97,5 %-Quantil, dann findet man in der Standardnormalverteilungstabelle den Wert 1,96 für z. Für das 95 %-Quantil ergibt sich 1,64 für z und für das 99 %-Quantil der Wert 2,33 und für das 99,5 %-Quantil der Wert 2,58.

Unter der Annahme, dass die Variablen normalverteilt sind, könnte man dann in unserem Beispiel die Wahrscheinlichkeiten über die Standardnormalverteilungstabelle ermitteln. So wäre die Wahrscheinlichkeit, zufällig eine Fluggesellschaft mit 5 oder weniger Gefahrensituationen unter den Fluggesellschaften des Datasets auszuwählen, geringer als 32 % und eine mit mehr als 25 Gefahrensituationen zu wählen geringer als 16 %. Der Wert von 100 Toten liegt unterhalb des Durchschnitts. Mit der Funktion xqnorm() lässt sich auch ein Z-Wert für ein Quantil ermitteln, im Beispiel im folgenden Code liegt der Z-Wert für das 95 % Quantil bei 1,64. Diese Werte lassen sich auch der Standardverteilungstabelle entnehmen.

Eine dynamische Ermittlung des Z-Werts kann darüber hinaus mit der Funktion `manipulate(xpnorm(score, mw.Gefahr, sd.Gefahr, verbose = verbose), score = slider(25, 60), verbose = checkbox(TRUE, label = "Wahrscheinlichkeiten")` aus dem Paket manipulate erfolgen. Durch Klicken auf das Zahnrad oben links in der Abbildung öffnet sich ein Fenster zur Veränderung des Wertes mithilfe eines Sliders. Ob die Quantilsberechnung mit zusätzlicher Angabe der Wahrscheinlichkeiten für beide Seiten bzw. farbig differenzierten Flächen ermittelt werden soll, kann über eine Checkbox bestimmt werden (siehe Abb. 4.23).

Z-Standardisierung

```
#- Z-Standardisierung-------------------------------------------------------
require(fivethirtyeight)                        # Paket erforderlich

## Loading required package: fivethirtyeight

## Some larger datasets need to be installed separately, like senators and
## house_district_forecast. To install these, we recommend you install the
## fivethirtyeightdata package by running:
## install.packages('fivethirtyeightdata', repos =
## 'https://fivethirtyeightdata.github.io/drat/', type = 'source')

airsafety<-airline_safety[,c(1,4,6:7,9)]        # Erforderliche Variablen auswählen
airsafety$Gefahrensituationen<-airsafety$incidents_85_99+airsafety$incidents_00_14
airsafety$Tote<-airsafety$fatalities_85_99+airsafety$fatalities_00_14
airsafety<-airsafety[,-c(2:5)]                  # Unnötige Variablen entfernen
mw.Gefahr<-mean(airsafety$Gefahrensituationen)# Mittelwert
mw.Gefahr

## [1] 11.30357

sd.Gefahr<-sd(airsafety$Gefahrensituationen)  # Standardabweichung
sd.Gefahr

## [1] 13.52294

scale(airsafety$Gefahrensituationen)               # Z-Standardisieren

##                [,1]
## [1,] -0.68798457
## [2,]  5.22789039
## [3,] -0.31824238
##...
## [55,] -0.76193300
## [56,] -0.02244863
## attr(,"scaled:center")
## [1] 11.30357
## attr(,"scaled:scale")
## [1] 13.52294

airsafety$Z.Gefahrensituationen<-scale(airsafety$Gefahrensituationen)
p1<-ggplot(airsafety)+                                    # Histogramm
  aes(x=Gefahrensituationen)+
  labs(title="Histogramm",subtitle="Gefahrensituationen",x="Wert", y="Häufigkeit")+
  geom_histogram(binwidth=0.5)
p2<-ggplot(airsafety)+                                    # Histogramm
  aes(x=Z.Gefahrensituationen)+
  labs(title="Histogramm",subtitle="Gefahrensituationen",x="Z-Wert", y="Häufigkeit")
+
  geom_histogram(binwidth=0.1)
gridExtra::grid.arrange(p1,p2,ncol=2)
```

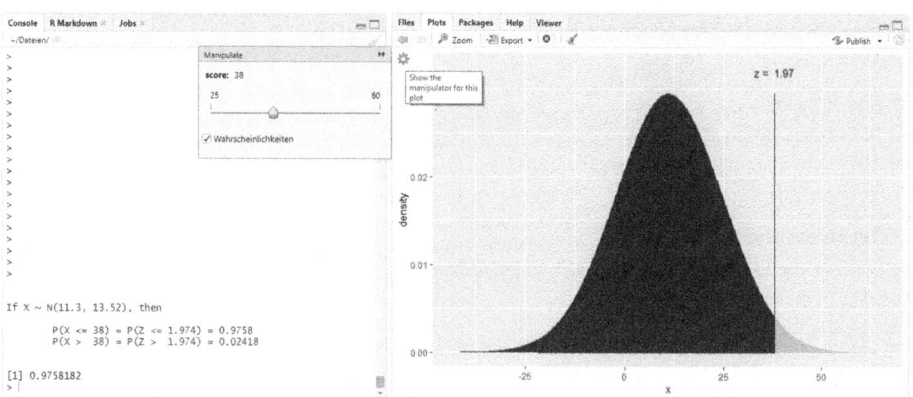

Abb. 4.23 Dynamische Ermittlung des Z-Werts

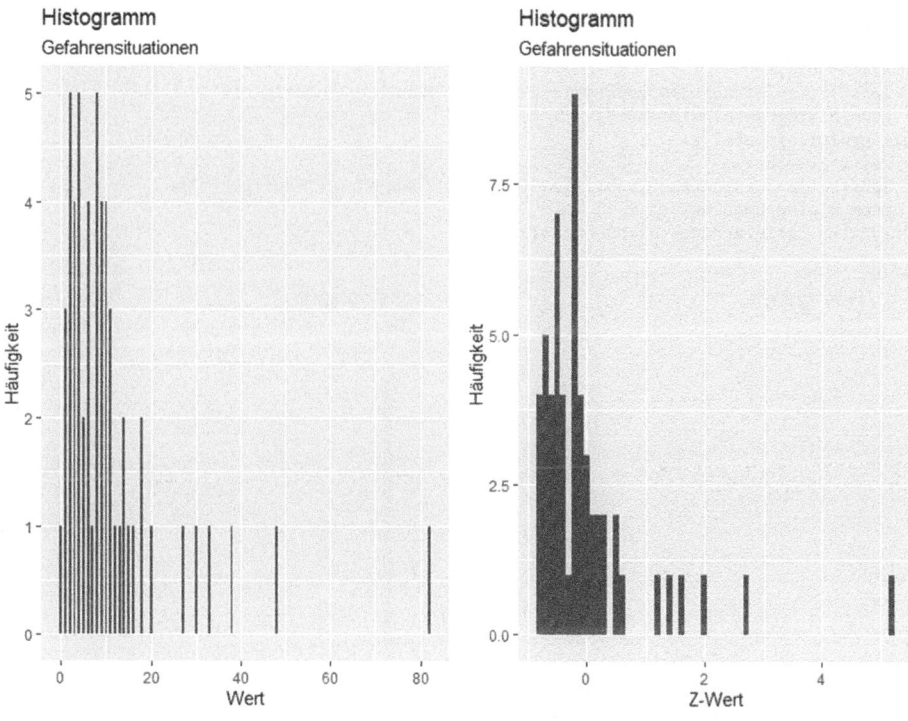

```
mw.Tote<-mean(airsafety$Tote)                    # Mittelwert Tote
mw.Tote
```

```
## [1] 167.9286
```

```
sd.Tote<-sd(airsafety$Tote)                      # Standardabweichung
sd.Tote
```

```
## [1] 188.2757
```

```
scale(airsafety$Tote)                            # Z-Standardisieren
```

```
##                  [,1]
##   [1,] -0.89192906
##   [2,]  0.25532465
##   [3,] -0.89192906
##...
##  [55,] -0.89192906
##  [56,] -0.45639756
## attr(,"scaled:center")
## [1] 167.9286
## attr(,"scaled:scale")
## [1] 188.2757
```

```
airsafety$Z.Tote<-scale(airsafety$Tote)
p1<-ggplot(airsafety)+                                          # Histogramm
  aes(x=Tote)+
  labs(title="Histogramm",subtitle="Tote",x="Wert", y="Häufigkeit")+
  geom_histogram(binwidth=0.5)
p2<-ggplot(airsafety)+                                          # Histogramm
  aes(x=Z.Tote)+
  labs(title="Histogramm",subtitle="Tote",x="Z-Wert", y="Häufigkeit")+
  geom_histogram(binwidth=0.1)
gridExtra::grid.arrange(p1,p2,ncol=2)
```

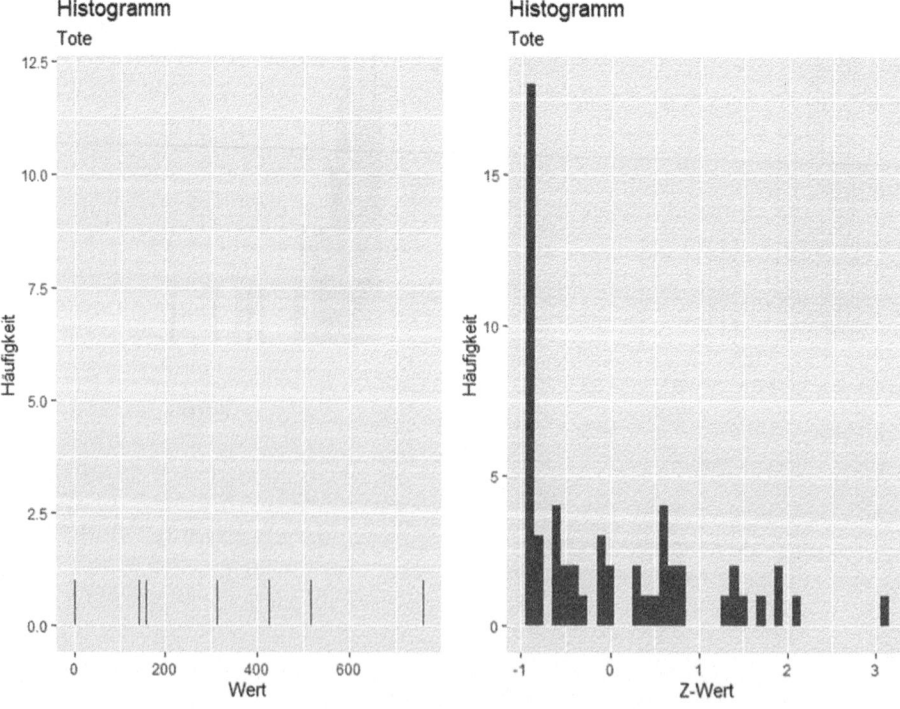

```
#- Verteilung anzeigen----------------------------------------------------------
require(mosaic)                            # Paket erforderlich

## Loading required package: mosaic

p1<-xpnorm(5, mean = mw.Gefahr, sd = sd.Gefahr, return="plot") +
    labs(title="5 Gefahrensituationen",subtitle="32 % links, 68 % rechts")

## If X ~ N(11.3, 13.52), then

##   P(X <= 5) = P(Z <= -0.4661) = 0.3206

##   P(X >  5) = P(Z >  -0.4661) = 0.6794

p2<-xpnorm(25, mean = mw.Gefahr, sd = sd.Gefahr, return="plot") +
    labs(title="25 Gefahrensituationen",subtitle="84 % links, 16 % rechts")

## If X ~ N(11.3, 13.52), then

##   P(X <= 25) = P(Z <= 1.013) = 0.8444

##   P(X >  25) = P(Z >  1.013) = 0.1556

gridExtra::grid.arrange(p1,p2,ncol=2)
```

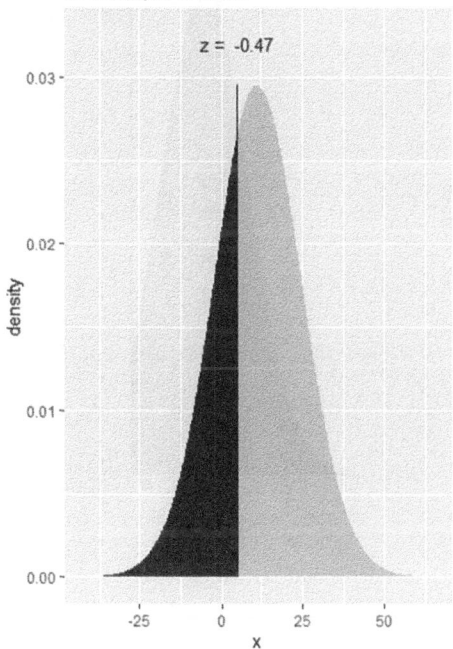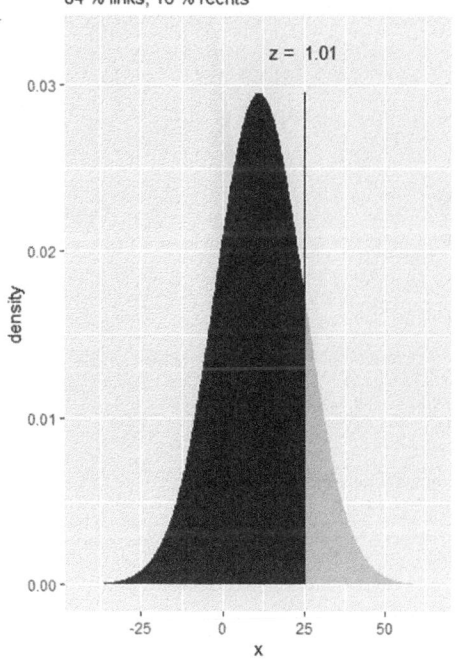

```
p1<-xpnorm(100, mean = mw.Tote, sd = sd.Tote, return="plot") +
    labs(title="100 Tote",subtitle="36 % links, 64 % rechts")
```

```
## If X ~ N(167.9, 188.3), then
```

```
##   P(X <= 100) = P(Z <= -0.3608) = 0.3591
```

```
##   P(X >  100) = P(Z >  -0.3608) = 0.6409
```

```
p2<-xqnorm(0.95, mean = mw.Gefahr, sd = sd.Gefahr, return="plot") +
    labs(title="95 % Quantil",subtitle="95 % links, 5 % rechts")
```

```
## If X ~ N(11.30357, 13.52294), then
```

```
##   P(X <= 33.54682) = 0.95
```

```
##   P(X >  33.54682) = 0.05
```

```
gridExtra::grid.arrange(p1,p2,ncol=2)
```

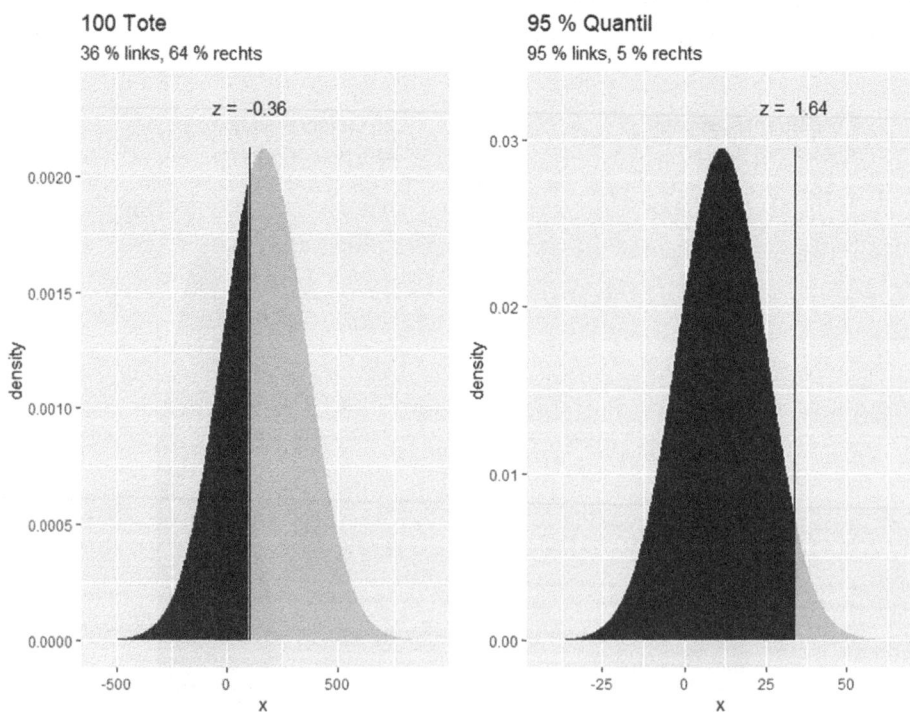

```
#require(manipulate)
#manipulate(xpnorm(score, mw.Gefahr, sd.Gefahr, verbose = verbose),
#  score = slider(25, 60),
#   verbose = checkbox(TRUE, label = "Wahrscheinlichkeiten"))
```

4.2.6 Bedingte Wahrscheinlichkeit

In der Einführung des Abschn. 4.2 wurde die Wahrscheinlichkeit dafür, dass die Zufallsvariable X den Wert x annimmt mit $P(X = x)$ beschrieben und im Abschn. 4.1.4 wurde vorgestellt, wie sich absolute und relative Häufigkeiten mit R berechnen lassen. Bei dem im folgenden Code beschriebenen Beispiel der Fußballbundesligatabelle nach 19 Spieltagen der Saison 2020/2021 zeigt sich u. a., dass drei Mannschaften (absolute Häufigkeit) 22 Punkte erreicht haben. Die relative Häufigkeit für das Ereignis $P(Punkte = 22) = 0.1667$ beträgt 16,67 %. Gleichermaßen gilt, dass zwei Mannschaften (absolute Häufigkeit) 9 Siege erreicht haben. Die relative Häufigkeit für das Ereignis $P(Siege = 9) = 0.1111$ beträgt 11,11 %. Dies ist somit die Wahrscheinlichkeit für das Eintreten dieses Ereignisses.

Die bedingte Wahrscheinlichkeit oder auch konditionale Wahrscheinlichkeit ist die Wahrscheinlichkeit des Eintretens eines Ereignisses A unter der Bedingung, dass das Eintreten eines anderen Ereignisses B bereits bekannt ist. Sie wird als $P(A|B)$ geschrieben.

Betrachtet man das Ereignis A, dass eine Mannschaft eine positive Tordifferenz hat, so beträgt $P(A) = P(Tordifferenz \geq 0) = 0.5558$, also 55,58 %. Betrachtet man das Ereignis B, dass eine Mannschaft nach 19 Spieltagen mehr als die Hälfte aller Spiele gewonnen hat, so beträgt $P(B) = P(Siege \geq 10) = 0.1668$, also 16,68 %. Die bedingte Wahrscheinlichkeit berechnet sich nicht als das Produkt der beiden Einzelwahrscheinlichkeiten, $P(A|B) \neq P(A) * P(B)$. Um die bedingte Wahrscheinlichkeit zu berechnen, werden nur die Beobachtungen, bei denen B eingetreten ist, bezüglich der Wahrscheinlichkeit evaluiert, dass auch A eingetreten ist. In diesem Fall haben alle Mannschaften mit mindestens 10 Siegen auch eine positive Tordifferenz, sodass die bedingte Wahrscheinlichkeit $P(A|B) = 1$, also 100 % beträgt.

Bedingte Wahrscheinlichkeit

```
#- Daten für Auswertung vorbereiten----------------------------------------------
bundesliga <- dplyr::select(bundesliga,-2,-3)              # Spalten entfernen
names(bundesliga) <- c('Rang','Team','Spiele','Siege',    # Spalten umbenennen
                  'Unentschieden','Niederlagen','Tore',
                  'Tordifferenz','Punkte','Qualifikation')
head(bundesliga,5)                                        # Anzeige 5 Zeilen

##   Rang                  Team Spiele Siege Unentschieden Niederlagen  Tore
## 1    1 Bayern München (M,P)     19    14             3           2 57:26
## 2    2          RB Leipzig     19    11             5           3 32:17
## 3    3        VfL Wolfsburg     19     9             8           2 30:19
## 4    4   Eintracht Frankfurt    19     8             9           2 38:28
## 5    5   Bayer 04 Leverkusen    19     9             5           5 32:19
##   Tordifferenz Punkte Qualifikation
## 1          +31     45            CL
## 2          +15     38            CL
## 3          +11     35            CL
## 4          +10     33            CL
## 5          +13     32            EL

bundesliga[c(3:6,8:9)]<-sapply(bundesliga[c(3:6,8:9)],     # Konvertierung num
                  as.numeric)                              # für Spalte 3-6 + 8-9
#- Relative Wahrscheinlichkeit---------------------------------------------------
abs.pkt <- table(bundesliga$Punkte)              # Absolute Häufigkeit
abs.pkt

##
##  8 10 17 18 22 25 27 29 32 33 35 38 45
##  1  1  2  1  3  1  1  1  3  1  1  1  1

rel.pkt <- round(100*prop.table(abs.pkt),2)      # Relative Häufigkeit in %
rel.pkt

##
##     8    10    17    18    22    25    27    29    32    33    35    38    45
##  5.56  5.56 11.11  5.56 16.67  5.56  5.56  5.56 16.67  5.56  5.56  5.56  5.56

abs.sieg <- table(bundesliga$Siege)              # Absolute Häufigkeit
abs.sieg

##
##  1  2  4  5  6  7  8  9 10 11 14
##  1  1  2  2  3  2  2  2  1  1  1

rel.sieg <- round(100*prop.table(abs.sieg),2)    # Relative Häufigkeit in %
rel.sieg

##
##     1     2     4     5     6     7     8     9    10    11    14
##  5.56  5.56 11.11 11.11 16.67 11.11 11.11 11.11  5.56  5.56  5.56

abs.tor <- table(bundesliga$Tordifferenz)        # Absolute Häufigkeit
abs.tor

##
## -34 -22 -17 -14 -10  -5  -3   1   6   7  10  11  13  15  31
##   1   1   1   1   2   1   1   1   1   1   2   2   1   1   1

rel.tor <- round(100*prop.table(abs.tor),2)      # Relative Häufigkeit in %
rel.tor

##
##   -34   -22   -17   -14   -10    -5    -3     1     6     7    10    11    13
```

```
## 5.56 5.56 5.56 5.56 11.11 5.56 5.56 5.56 5.56 5.56 11.11 11.11 5.56
## 15 31
## 5.56 5.56

#- Wahrscheinlichkeit Ereignis A: Positive Tordifferenz----------------------
rel.tor <- as.data.frame(rel.tor,stringsAsFactors = FALSE)
colnames(rel.tor) = c("Tordifferenz","Wahrscheinlichkeit")
rel.tor$Tordifferenz <- as.numeric(rel.tor$Tordifferenz)
rel.tor

##    Tordifferenz Wahrscheinlichkeit
## 1           -34               5.56
## 2           -22               5.56
## 3           -17               5.56
## 4           -14               5.56
## 5           -10              11.11
## 6            -5               5.56
## 7            -3               5.56
## 8             1               5.56
## 9             6               5.56
## 10            7               5.56
## 11           10              11.11
## 12           11              11.11
## 13           13               5.56
## 14           15               5.56
## 15           31               5.56

sum.tor <- sum(rel.tor$Wahrscheinlichkeit[rel.tor$Tordifferenz>=0])
sum.tor                                      # Wahrscheinlichkeit A

## [1] 55.58

#- Wahrscheinlichkeit Ereignis B: Mindestens 10 Siege-------------------------
rel.sieg <- as.data.frame(rel.sieg,stringsAsFactors = FALSE)
colnames(rel.sieg) = c("Siege","Wahrscheinlichkeit")
rel.sieg$Siege <- as.numeric(rel.sieg$Siege)
rel.sieg

##    Siege Wahrscheinlichkeit
## 1      1               5.56
## 2      2               5.56
## 3      4              11.11
## 4      5              11.11
## 5      6              16.67
## 6      7              11.11
## 7      8              11.11
## 8      9              11.11
## 9     10               5.56
## 10    11               5.56
## 11    14               5.56

sum.sieg <- sum(rel.sieg$Wahrscheinlichkeit[rel.sieg$Siege>=10])
sum.sieg                                      # Wahrscheinlichkeit B

## [1] 16.68

#- Bedingte Wahrscheinlichkeit A unter der Bedingung B------------------------
Bedingung.B <- filter(bundesliga,Siege>=10)   # B erfüllt
abs.AB <- table(Bedingung.B$Tordifferenz)     # Absolute Häufigkeit
abs.AB
```

```
##
## 11 15 31
##  1  1  1

rel.AB <- round(100*prop.table(abs.AB),2)        # Relative Häufigkeit in %
rel.AB

##
##    11    15    31
## 33.33 33.33 33.33

bed.AB <- as.data.frame(rel.AB,stringsAsFactors = FALSE)
colnames(bed.AB) = c("Tordifferenz","Wahrscheinlichkeit")
bed.AB$Tordifferenz <- as.numeric(bed.AB$Tordifferenz)
bed.AB

##   Tordifferenz Wahrscheinlichkeit
## 1           11              33.33
## 2           15              33.33
## 3           31              33.33

sum.AB <- sum(bed.AB$Wahrscheinlichkeit[bed.AB$Tordifferenz>=0])
round(sum.AB)                            # Wahrscheinlichkeit A unter B

## [1] 100
```

Eine hilfreiche Familie von Funktionen in R sind die apply-Funktionen. Diese lassen sich u. a. nachfolgend im Beispiel nutzen, um bedingte Kennzahlen zu berechnen, z. B. den bedingten Mittelwert oder das bedingte Maximum.

Die Funktion `sapply()` kann eine ganze Liste als Input verwenden und dann eine Funktion auf jedes Element dieser Liste anwenden. Als Ergebnis wird eine Liste der Ergebnisse zurückgegeben. Da ein Tibble oder ein Dataframe nichts anderes als eine Liste von Vektoren ist (prüfen Sie dies gerne mit der Funktion `as.list(bundesliga)`) lässt sich die Funktion `sapply()` auch verwenden, um die Funktion `mean()` auf jede Spalte des Dataframes bundesliga anzuwenden. Die Anweisung `sapply(bundesliga, mean)` wendet daher die Funktion `mean()` auf alle Spalten des Dataframes bundesliga an.

Oft möchten Sie eine Funktion auch auf Gruppierungen anwenden. Dies können Sie mit der Funktion `tapply()` erreichen. Wenn Sie sich die durchschnittliche Anzahl der erreichten Punkte in der Saison für jede Gruppierung anzeigen lassen möchten, die gleich viele Siege vorzuweisen haben, dann nutzen Sie die Funktion `tapply(bundesliga$Punkte, bundesliga$Siege, mean)`. Damit erhalten Sie den bedingten Mittelwert der Punkte je Gruppe von Teams mit gleicher Anzahl an Siegen. Der Mittelwert der erreichten Punkte für alle Mannschaften beträgt 25,77 Punkte, während der bedingte Mittelwert, wenn acht Siege errungen wurden, 32,50 Punkte beträgt. Unter der Bedingung, dass sechs Siege errungen wurden, beträgt der Mittelwert dagegen 23,00 Punkte. Das Maximum der erreichten Punkte für alle Mannschaften beträgt 45,00 Punkte. Unter der Bedingung, dass sechs Siege errungen wurden, beträgt das Maximum dagegen 25,00 Punkte.

Bedingte Kennzahlen

```
#- Bedingte Kennzahlen mit apply-Funktionen berechnen---------------------------
as.list(bundesliga)

## $Rang
##  [1] "1"  "2"  "3"  "4"  "5"  "6"  "7"  "8"  "9"  "10" "11" "12" "13" "14" "15"
## [16] "16" "17" "18"
##
## $Team
##  [1] "Bayern München (M,P)"      "RB Leipzig"
##  [3] "VfL Wolfsburg"             "Eintracht Frankfurt"
##  [5] "Bayer 04 Leverkusen"       "Borussia Dortmund"
##  [7] "Borussia Mönchengladbach"  "1. FC Union Berlin"
##  [9] "SC Freiburg"               "VfB Stuttgart (N)"
## [11] "Werder Bremen"             "1899 Hoffenheim"
## [13] "FC Augsburg"               "1. FC Köln"
## [15] "Hertha BSC"                "Arminia Bielefeld (N)"
## [17] "1. FSV Mainz 05"           "FC Schalke 04"
##
## $Spiele
##  [1] 19 19 19 19 19 19 19 19 19 19 19 19 19 19 19 19 19 19
##
## $Siege
##  [1] 14 11  9  8  9 10  8  7  7  6  5  6  6  4  4  5  2  1
##
## $Unentschieden
##  [1] 3 5 8 9 5 2 8 8 6 7 7 4 4 6 5 2 4 5
##
## $Niederlagen
##  [1]  2  3  2  2  5  7  3  4  6  6  7  9  9  9 10 12 13 13
##
## $Tore
##  [1] "57:26" "32:17" "30:19" "38:28" "32:19" "38:27" "36:29" "34:24" "33:32"
## [10] "35:29" "24:27" "29:34" "20:30" "18:32" "25:35" "15:32" "18:40" "15:49"
##
## $Tordifferenz
##  [1]  31  15  11  10  13  11   7  10   1   6  -3  -5 -10 -14 -10 -17 -22 -34
##
## $Punkte
##  [1] 45 38 35 33 32 32 32 29 27 25 22 22 22 18 17 17 10  8
##
## $Qualifikation
##  [1] "CL"  "CL"  "CL"  "CL"  "EL"  "ECO" ""    ""
##  [9] ""    ""    ""    ""    ""    ""    ""    "Ab-Rel"
## [17] "Ab"  "Ab"

sapply(bundesliga[c(3:6,8:9)], mean)        # Mittelw. für numerische Spalten

##         Spiele         Siege Unentschieden    Niederlagen   Tordifferenz
##      19.000000      6.777778      5.444444       6.777778       0.000000
##         Punkte
##      25.777778

table(bundesliga$Punkte)                    # Absolute Häufigkeit

##
##  8 10 17 18 22 25 27 29 32 33 35 38 45
##  1  1  2  1  3  1  1  1  3  1  1  1  1

table(bundesliga$Siege)                     # Absolute Häufigkeit
```

```
##
## 1 2 4 5 6 7 8 9 10 11 14
## 1 1 2 2 3 2 2 2 2 1 1 1
```

```
mean(bundesliga$Punkte)                        # Mittelwert
```

```
## [1] 25.77778
```

```
tapply(bundesliga$Punkte,bundesliga$Siege, mean) # Bedingter Mittelwert
```

```
##   1    2    4    5    6    7    8    9   10   11   14
## 8.0 10.0 17.5 19.5 23.0 28.0 32.5 33.5 32.0 38.0 45.0
```

```
max(bundesliga$Punkte)                         # Maximum
```

```
## [1] 45
```

```
tapply(bundesliga$Punkte,bundesliga$Siege, max) # Bedingtes Maximum
```

```
## 1 2 4 5 6 7 8 9 10 11 14
## 8 10 18 22 25 29 33 35 32 38 45
```

4.2.7 Bernoulli-Experiment

Auf Basis der Kenntnis von Wahrscheinlichkeiten können auch Experimente durchgeführt werden, um z. B. für den Ausgang eines Experiments eine Wahrscheinlichkeit zu berechnen. Ein sogenanntes Bernoulli-Experiment liegt vor, wenn man nur zwei Versuchsausgänge differenziert, z. B. Niete oder Gewinn bei einem Los, rot oder schwarz bei Roulette, Covid-Infektion oder nicht oder auch eine Fertigungszeit unterhalb von 63 min oder darüber.

Die Wahrscheinlichkeit für das Eintreten des Ereignisses wird mit p beschrieben und daher ist die Wahrscheinlichkeit des Nichteintretens 1-p.

Wenn man das Ereignis mehrfach ausführt und die Bedingungen identisch sind wie z. B. beim Wurf eines Würfels oder beim Ziehen eines Loses mit Zurücklegen des Loses, dann verbleiben die Wahrscheinlichkeiten unverändert bei p und $1 - p$. Wenn jedoch beim Ziehen eines Loses das Los anschließend nicht zurückgelegt wird und sich damit die Wahrscheinlichkeiten verändert haben, gilt dies nicht als ein Bernoulli-Experiment.

Wenn wir einen Würfel 3x werfen und das Ereignis prüfen wollen, dass entweder die Zahl 5 oder 6 gewürfelt wird, dann betrachten wir zunächst die Wahrscheinlichkeit bei einmaliger Ausführung. Es gilt die Wahrscheinlichkeit für das Eintreten des Ereignisses als 1/6 für den Wurf einer 5 und 1/6 für den Wurf einer 6 und somit die Wahrscheinlichkeit p = 2/6 bzw. 1/3 für das Eintreten des Ereignisses, dass entweder eine 5 oder 6 gewürfelt wird. Demnach ergibt sich die Wahrscheinlichkeit 1-p oder 2/3 für das Nichteintreten des Ereignisses, dass entweder eine 5 oder 6 gewürfelt wird.

Möchten wir nun die Wahrscheinlichkeit ermitteln, dass bei 3 Würfelvorgängen X mal das Ereignis einer 5 oder 6 eintritt, so ergibt sich dies wie folgt:

- $P(X = 0) = \frac{2}{3} * \frac{2}{3} * \frac{2}{3} = \left(\frac{2}{3}\right)^3 = 0{,}30$

- $P(X = 1) = \frac{1}{3} * \left(\frac{2}{3}\right)^2 + \frac{2}{3} * \frac{1}{3} * \frac{2}{3} + \left(\frac{2}{3}\right)^2 * \frac{1}{3} = 3 * \frac{1}{3} * \left(\frac{2}{3}\right)^2 = 0{,}44$

- $P(X = 2) = \frac{2}{3} * \left(\frac{1}{3}\right)^2 + \frac{1}{3} * \frac{2}{3} * \frac{1}{3} + \left(\frac{1}{3}\right)^2 * \frac{2}{3} = 3 * \left(\frac{1}{3}\right)^2 * \frac{2}{3} = 0{,}22$

- $P(X = 3) = \frac{1}{3} * \frac{1}{3} * \frac{1}{3} = \left(\frac{1}{3}\right)^3 = 0{,}04$

Der Faktor von 3 auf der rechten Seite der obigen Formeln für X = 1 und X = 2 ergibt sich, da es bei einer Abbildung der Permutationen in einem Baum drei Äste gibt, bei denen X diesen Wert erreicht. Verallgemeinert gilt, dass die Anzahl der Permutationen für ein X davon abhängt, wie viele Wiederholungen es gibt und wie häufig das Ereignis eintreten soll. Dieser Faktor wird auch als Binomialkoeffizient bezeichnet und gibt an, auf wie viele verschiedene Arten man k bestimmte Objekte aus einer Menge von n verschiedenen Objekten auswählen kann (ohne Zurücklegen und ohne Beachtung der Reihenfolge). In R lässt sich der Binomialkoeffizient mit der Funktion choose(n,k) berechnen.

Die Bernoulli-Formel, die sich zur Berechnung der Wahrscheinlichkeit für das Eintreten von Ereignissen bei Bernoulli-Experimenten anwenden lässt, lautet:

- $P(X = k) = \binom{n}{k} * p^k * (1 - p)^{n-k}$

Basierend auf der Bernoulli-Formel lässt sich dann z. B. die Wahrscheinlichkeit ermitteln, dass bei 10 Fertigungsvorgängen maximal ein Produktionsvorgang länger als 63 min und 43 s dauert, wenn bekannt ist, dass die Wahrscheinlichkeit $P(X < 63 \; min \; 43 \; s)$, 75 % beträgt. Die Berechnung kann wie folgt durchgeführt werden:

- $P(X = 0) = \binom{10}{0} * 0{,}75^0 * (0{,}25)^{10-0} = 1 * 1 * 9{,}53 * 10^{-7} = 9{,}53 * 10^{-7}$

- $P(X = 1) = \binom{10}{1} * 0{,}75^1 * (0{,}25)^{10-1} = 10 * 0{,}75 * 3{,}81 * 10^{-6} = 2{,}86 * 10^{-5}$

- $P(X \leq 1) = P(X = 0) + P(X = 1) = 2{,}96 * 10^{-5}$

Die Wahrscheinlichkeit, dass maximal ein Produktionsvorgang von den zehn Produktionsvorgängen länger als 63 min und 43 s dauert, beträgt daher 0,0000296 oder 0,00296 %. Umgekehrt ist die Wahrscheinlichkeit bei 0,9999704 oder 99,997 %, dass mehr als einer der zehn Produktionsvorgänge länger als 63 min und 43 s dauert. Diese Kalkulation lässt sich auf viele Situationen vergleichbar anwenden.

Bernoulli-Experiment

```
#- Bernoulli-Experiment-----------------------------------------------------------
# Funktion bernoulli zur Berechnung der Wahrscheinlichkeiten
bernoulli <- function (n,p) { # n=Anzahl Wiederholungen, p=Wahrscheinlichkeit
  binomial<- data.frame(Ereignis=as.integer(character()),
                        Koeffizient=as.integer(character()),
                        Wahrscheinlichkeit=as.numeric(character()))
  for (i in 0:n) {
    binomial[nrow(binomial) + 1,] = c(i, choose(n,i), choose(n,i)*p^i*(1-p)^(n-i))
  }
  return(binomial)
}
p<-1/3   # Wahrscheinlichkeit, dass entweder 5 oder 6 gewürfelt wird
n<-3     # 3 Wiederholungen
binomial<-bernoulli(n,p)   # Für n von 3 Wiederholungen des Experiments
binomial

##    Ereignis Koeffizient Wahrscheinlichkeit
## 1         0           1          0.29629630
## 2         1           3          0.44444444
## 3         2           3          0.22222222
## 4         3           1          0.03703704

p<-0.75 # Wahrscheinlichkeit, dass Fertigungszeit länger als 63:43 Minuten
n<-10    # 10 Wiederholungen
binomial<-bernoulli(n,p) # Für n von 10 Wiederholungen des Experiments
binomial

##    Ereignis Koeffizient Wahrscheinlichkeit
## 1         0           1       9.536743e-07
## 2         1          10       2.861023e-05
## 3         2          45       3.862381e-04
## 4         3         120       3.089905e-03
## 5         4         210       1.622200e-02
## 6         5         252       5.839920e-02
## 7         6         210       1.459980e-01
## 8         7         120       2.502823e-01
## 9         8          45       2.815676e-01
## 10        9          10       1.877117e-01
## 11       10           1       5.631351e-02

## Berechnung der Wahrscheinlichkeit, dass die Fertigungszeit
## bei 10 Wiederholungen 0 oder 1x > 63:43 Minuten
# Wahrscheinlichkeit, dass 0x > 63:43 Minuten
filter(binomial,Ereignis==0)$Wahrscheinlichkeit

## [1] 9.536743e-07

# Wahrscheinlichkeit, dass 1x > 63:43 Minuten
filter(binomial,Ereignis==1)$Wahrscheinlichkeit

## [1] 2.861023e-05

# Wahrscheinlichkeit, dass 0x oder 1x > 63:43 Minuten
ergebnis<- filter(binomial,Ereignis==0)$Wahrscheinlichkeit +
           filter(binomial,Ereignis==1)$Wahrscheinlichkeit
ergebnis

## [1] 2.95639e-05
```

4.3   Induktive Statistik

In den vorangegangenen Abschnitten wurde bereits die deskriptive Statistik und die Wahrscheinlichkeitsrechnung behandelt, welche eine wesentliche Grundlage für die induktive Statistik darstellen. In der deskriptiven Statistik liegen Daten vor, die mithilfe von statistischen Kennzahlen und Abbildungen beschrieben werden. Diese vorliegenden Informationen können quasi als eine Totalerhebung bezüglich der betrachteten Grundgesamtheit betrachtet werden, z. B. der 18 Mannschaften der Fußballbundesliga in der Saison 2020/2021, der befragten 357 Erstsemesterstudierenden einer Vorlesung oder der 78 Bürger, die zur Bundestagswahl befragt wurden. Die deskriptive Statistik erlaubt diese Daten mit statistischen Mitteln zu beschreiben. Die Wahrscheinlichkeitsrechnung erlaubt darüber hinaus auch Aussagen darüber, mit welcher Wahrscheinlichkeit eine ausgewählte Person der befragten Erstsemesterstudierenden männlich oder weiblich ist oder mit welcher Wahrscheinlichkeit ein ausgewählter männlicher Studierender dieser Gruppe größer als 1,80 m groß ist (bedingte Wahrscheinlichkeit, wenn Geschlecht männlich). Diese Aussagen sind hilfreich, beschränken sich aber ausschließlich auf die Personen oder Objekte, zu welchen Daten erhoben wurden, die sogenannte Grundgesamtheit. Die deskriptive Statistik erlaubt nicht, dass daraus geschlossen wird, dass dies auch für alle anderen Studierenden oder alle Bürger etc. Gültigkeit besitzt.

Genau da setzt die induktive Statistik an. Ihr Ziel ist es Aussagen zu machen, die weitreichender sind und für mehr als nur die Personen oder Objekte gelten, zu welchen Daten vorliegen. So kann es z. B. darum gehen abzuschätzen, wie hoch ein Risiko einer Erkrankung ist oder eine Vorhersage zu machen, wie viel Prozent der Bevölkerung eine Partei zu wählen beabsichtigen oder wie sich die Nachfrage nach einem Produkt verändert, wenn der Preis erhöht wird. Wettervorhersagen, Schätzungen der Ankunftszeit durch das Navigationssystem und viele weitere Funktionen sind Anwendungen der induktiven Statistik.

Natürlich sind Aussagen über die Zukunft mit Unsicherheit behaftet und gleiches gilt bei Aussagen über Grundgesamtheiten wie alle Studierenden, alle Bürger oder alle Fertigprodukte, da diese Aussagen auf unvollständigen Informationen beruhen. Unvollständig sind die Informationen u. a., wenn sie sich auf die Zukunft beziehen, weil die Daten ja überhaupt nicht vorliegen können. Unvollständig sind die Informationen auch, wenn sie sich auf eine Grundgesamtheit beziehen, weil es in der Realität oft unpraktikabel, zu aufwendig oder zu teuer ist eine Totalerhebung der Grundgesamtheit durchzuführen. In vielen Fällen ist es sogar unmöglich die vollständige Information über eine Grundgesamtheit zu erheben. Eine aktuelle Befragung aller Wahlberechtigten eines Wahlbezirks zu einem Stichtag würde bereits daran scheitern, dass einige Mitglieder dieser Personengruppe nicht erreichbar sind, z. B. im Urlaub, im Krankenhaus, kein Telefon besitzen oder keine Telekommunikationsverbindung haben.

Insofern begnügt man sich bei der induktiven Statistik mit unvollständigen Informationen. Die Ergebnisse der induktiven Statistik sind daher auch immer ungenau.

Das Schöne ist jedoch, dass man das Risiko quantifizieren kann und dadurch auch in der Lage ist, Ergebnisse der induktiven Statistik korrekt zu interpretieren und bei selbst angewandten Verfahren der induktiven Statistik festzulegen, welche Höhe des Risikos akzeptiert und toleriert wird.

Die Höhe des Risikos hängt davon ab, wie eine Stichprobe (siehe Abschn. 4.2.3) gezogen wird, dem sogenannten Ziehungsverfahren. Wenn dies nicht korrekt gewählt wurde, dann sind auch die mit statistischen Werkzeugen und Methoden ermittelten Ergebnisse oft ungeeignet, um die angestrebten Antworten auf Fragen zu finden. Die einfache Verfügbarkeit von Daten oder auch Big Data ist hier oft verführerisch. Achten Sie bei der Interpretation von Ergebnissen oder der eigenen Anwendung der induktiven Statistik daher immer genau auf den Ursprung und die Erhebungsmethode der Stichproben.

4.3.1 Stichproben

Stichproben stellen eine unvollständige Auswahl von Beobachtungen aus der Grundgesamtheit dar. Oft wird angenommen, dass eine große Stichprobe besser sei als eine kleinere. Es geht jedoch neben der Größe auch um die Repräsentativität einer Stichprobe. Eine Wahlprognose basierend auf einer Befragung einer großen Anzahl an Personen, die zwischen 10 und 11 Uhr an einem Wochentag in einem Einkaufszentrum stattgefunden hat, ist ein Beispiel für eine nichtrepräsentative Stichprobe. Es werden wahrscheinlich weniger Berufstätige in dieser Zeit im Einkaufszentrum sein und damit ist die Stichprobe nicht repräsentativ für die Population der Wahlberechtigten. Diese Stichprobe wäre verzerrt, was im englischsprachigen als biased bezeichnet wird und zum Ausdruck bringt, dass einige Personen bzw. Entitäten eine erhöhte Chance hatten in die Stichprobe aufgenommen zu werden, während andere Personen bzw. Entitäten eine geringere Chance hatten. Die Ergebnisse wären daher keine adäquate Grundlage für eine Wahlprognose. Eine Stichprobe wird dann als repräsentativ betrachtet, wenn die Verteilung aller untersuchungsrelevanten Merkmale denen der Grundgesamtheit entspricht.

Folgende Auswahlverfahren von Stichproben bestimmen, ob die Methoden der induktiven Statistik angewendet werden dürfen, wenn man beabsichtigt die Stichprobenergebnisse zu generalisieren, also basierend auf den Stichprobenergebnissen Aussagen über die gesamte Population abzuleiten (Cleff, 2019, S. 9):

- Bewusste Auswahl: Auswahl erfolgt nicht nach Zufallsprinzip, sondern durch Auswählenden. Dadurch ergibt sich eine subjektive Auswahl (z. B. was leicht erfassbar ist, was verfügbar ist, wen die auswählende Person kennt, willkürlich o. ä.), wodurch Ergebnisse vermindert oder überhaupt nicht generalisierbar sind. **Induktive Statistik ist nicht anwendbar!**

- Wahrscheinlichkeitsauswahl: Elemente werden nach Zufallsprinzip ausgewählt, wobei Auswahlwahrscheinlichkeiten vorher angegeben werden können. **Induktive Statistik ist anwendbar!**
  - Einfache Zufallsauswahl: Jedes Element der Population besitzt die gleiche Wahrscheinlichkeit und die Auswahl erfolgt über Zufallszahlen.
  - Geschichtete Auswahl: Die Population wird anhand bestimmter Merkmale in disjunkte Mengen (Schichten) zerlegt, aus denen jeweils Einzelstichproben gezogen werden. Werden die Einzelstichproben der disjunkten Mengen entsprechend deren Anteil an der Population gezogen, so handelt es sich um proportionale geschichtete Stichprobe, sonst um eine disproportionale geschichtete Stichprobe.
  - Klumpenauswahl: Population wird in Klumpen, z. B. nach Geografie, zerlegt. Klumpen werden per Zufall ausgewählt und deren Elemente vollständig untersucht. Es sind Klumpeneffekte möglich, wenn sich die Klumpen stark unterscheiden.
  - Mehrstufige Auswahl: Zufallsauswahl über eine serielle Anwendung mehrerer Verfahren der Wahrscheinlichkeitsauswahl.

Angenommen Sie wollen den Mittelwert der Population der Studierenden schätzen. Den realen Mittelwert können Sie mit der Funktion `mean()` ermitteln, wobei dies voraussetzt, dass Sie eine Totalerhebung der Population geleistet hätten. Eine Totalerhebung ist wie bereits erwähnt in der Realität selten möglich. In dem folgenden Beispiel (siehe folgender Code) soll der Mittelwert nur Ihnen dazu dienen, um zu erkennen, wie gut die gewählten Stichproben geeignet sind, den Mittelwert der Stichprobe auf die gesamte Population zu generalisieren. Sie können in R die Funktion `sample()` verwenden, um eine einfache Zufallsauswahl auszuführen. Der Mittelwert der Körpergröße der Population der Studierenden, die von mir im Oktober 2020 erhoben wurde, beträgt 172,04 cm. Bei einer Stichprobe von 5 Studierenden ergibt sich ein Mittelwert der Stichprobe von 176 cm. Würde man, basierend auf dem Mittelwert der Stichprobe auf die Durchschnittsgröße der Population schließen, so würde man um 4,96 cm falsch liegen. Der Fehler beträgt daher in diesem Fall 4,96 cm. Bei einer Stichprobe von 10 und 20 Studierenden kann der Fehler bereits mehr als halbiert werden. Ab einem Stichprobenumfang von 30 ist der Fehler bereits geringer als 0,5 cm. Dies zeigt, dass die Stichprobengröße einen wesentlichen Einfluss auf die Ergebnisse der induktiven Statistik hat.

In dem folgenden Beispiel wird auch gezeigt, dass eine subjektive Auswahl der Stich-
probenteilnehmer das Ergebnis verzerrt. In dem Beispiel (siehe folgender Code) wird
davon ausgegangen, dass der Auswählende selbst Fußball als Hobby hat und der Einfachheit halber die Stichprobe so bildet, dass er nur Studierende befragt, die er vom
Fußball her kennt, die also als Hobby auch Fußball angegeben haben. Aus den 357
Studierenden sind dies 23 Personen. Was dem Auswählenden nicht bekannt ist, ist,
dass der Mittelwert dieser 23 Studierenden 179,35 cm beträgt und damit mehr als 7 cm
von dem realen Mittelwert der Population abweicht. Wenn nun eine Stichprobe von 5
Studierenden gewählt wird, so ergibt sich ein Mittelwert der Stichprobe von 177,8 cm.
Würde man, basierend auf dem Mittelwert der Stichprobe auf die Durchschnittsgröße der
Population schließen, so würde man um 5,76 cm falsch liegen. Der Fehler beträgt daher
in diesem Fall 5,76 cm. Bei einer Stichprobe von 10 und 20 Studierenden verringert sich
der Fehler hier wegen der Verzerrung nicht. Bei einer Vergrößerung des Stichproben-
umfangs verfestigt sich der Fehler lediglich. Dies liegt wahrscheinlich darin begründet,
dass die Gruppe der Studierenden mit dem Hobby Fußball (74 % Männer + 26 % Frauen)
im Verhältnis zur Gesamtpopulation (30 % Männer + 70 % Frauen) mehr Männer als
Frauen beinhaltet und Männer im Durchschnitt größer sind als Frauen. Dieses Beispiel
zeigt auf, weshalb eine bewusste Auswahl selbst in Kombination mit einer Zufallsauswahl einer Stichprobe aus der Gruppe der Ausgewählten im Gegensatz zu einer reinen
Wahrscheinlichkeitsauswahl für die induktive Statistik nicht geeignet ist. Der Aspekt der
Repräsentativität einer Stichprobe ist bedeutend.

Stichproben

```
#- Mittelwert der Population ---------------------------------------------------
mw.alle<-round(mean(studierende$Größe),2)          # Mittelwert der Population
mw.alle
```

```
## [1] 172.04
```

```
fussball<-filter(studierende,studierende$Hobby       # Studierende Hobby Fußball
        %in% c("Fußball","fußball","fußball","fussball","Fussball"))
mw.fussball<-round(mean(fussball$Größe),2)          # Mittelwert Stud. Hobby Fußb.
mw.fussball
```

```
## [1] 179.35
```

```
# Funktion zur Berechnung des Mittelwerts einer Stichprobe
mw.stichprobe <- function (data,n,mw) { # data=Vektor mit Daten, n=Stichprobengröße
                                        # mw=korrekter Mittelwert
  set.seed(123)                         # Reproduzierbarkeit der Zufallsauswahl
  Stichprobe<-sample(data,size=n,replace=FALSE)
  Stichprobe
  Mittelwert<-round(mean(Stichprobe),2) # Mittelwert der Stichprobe
  Mittelwert
  Fehler<-round(abs(mw-Mittelwert),2)   # Fehler bei Schätzung des Mittelwerts
  Fehler
  var.gesamt <- paste("Stichprobenumfang:",n,", Mittelwert:",Mittelwert,", Fehler:",
Fehler)
  return(var.gesamt)
}
#- Stichproben von allen Studierenden
mw.stichprobe(studierende$Größe,5,mw.alle)    # Fehler groß
```

```
## [1] "Stichprobenumfang: 5 , Mittelwert: 176 , Fehler: 3.96"
```

```
mw.stichprobe(studierende$Größe,10,mw.alle)    # Fehler kleiner als 1.Stichprobe
```

```
## [1] "Stichprobenumfang: 10 , Mittelwert: 173 , Fehler: 0.96"
```

```
mw.stichprobe(studierende$Größe,20,mw.alle)    # Fehler kleiner als 1.Stichprobe
```

```
## [1] "Stichprobenumfang: 20 , Mittelwert: 173.5 , Fehler: 1.46"
```

```
mw.stichprobe(studierende$Größe,30,mw.alle)    # Fehler bereits optimal
```

```
## [1] "Stichprobenumfang: 30 , Mittelwert: 172.3 , Fehler: 0.26"
```

```
mw.stichprobe(studierende$Größe,50,mw.alle)    # Fehler bleibt optimal
```

```
## [1] "Stichprobenumfang: 50 , Mittelwert: 171.9 , Fehler: 0.14"
```

```
mw.stichprobe(studierende$Größe,150,mw.alle)   # Fehler bleibt optimal
```

```
## [1] "Stichprobenumfang: 150 , Mittelwert: 171.73 , Fehler: 0.31"
```

```
mw.stichprobe(studierende$Größe,300,mw.alle)   # Fehler bleibt optimal
```

```
## [1] "Stichprobenumfang: 300 , Mittelwert: 171.98 , Fehler: 0.06"
```

```
#- Stichproben von Studierenden mit dem Hobby Fußball
mw.stichprobe(fussball$Größe,5,mw.alle)        # Fehler sehr groß
```

```
## [1] "Stichprobenumfang: 5 , Mittelwert: 177.8 , Fehler: 5.76"
```

```
mw.stichprobe(fussball$Größe,10,mw.alle)        # Fehler bleibt sehr groß
```

```
## [1] "Stichprobenumfang: 10 , Mittelwert: 179 , Fehler: 6.96"
```

```
mw.stichprobe(fussball$Größe,20,mw.alle)        # Fehler bleibt sehr groß
```

```
## [1] "Stichprobenumfang: 20 , Mittelwert: 177.85 , Fehler: 5.81"
```

```
#- Anteil Frauen/Männer an der Population und der Gruppe mit Hobby Fußball
table(studierende$Geschlecht)                    # 30% Männer in Population
```

```
##
## Frau Mann
##  247  110
```

```
table(fussball$Geschlecht)                       # 74% Männer in Gruppe Fußball
```

```
##
## Frau Mann
##    6   17
```

```
#- Durchschnittliche Körpergröße nach Geschlecht
mean(studierende$Größe[studierende$Geschlecht=="Mann"]) # MW Größe von Männern
```

```
## [1] 181.6273
```

```
mean(studierende$Größe[studierende$Geschlecht=="Frau"]) # MW Größe von Frauen
```

```
## [1] 167.7692
```

In der induktiven Statistik wird häufig mit Stichproben gearbeitet und das Paket moderndive bietet hier unterstützende Funktionen an, um Stichproben zu erstellen und mit diesen zu arbeiten. Die Funktion rep_sample_n() erlaubt für einen Dataframe x Stichproben der Größe n zu erstellen, indem der Parameter reps=x (Anzahl der Stichproben) und size=n spezifiziert werden. Die Funktion stichproben.virtuell <- rep_sample_n(studierende,size=50,reps=1000) erstellt 1000 Stichproben mit jeweils 50 Datensätzen aus dem Dataframe studierende und speichert das Ergebnis in dem Dataframe stichproben.virtuell ab. In dem neuen Dataframe wird eine zusätzliche Spalte mit dem Namen replicate eingefügt, welche die Stichprobennummer enthält. Über diese Spalte lässt sich dann mit der Funktion group_by() jede Stichprobe auswerten. Die Anweisung stichproben. virtuell.mw <- stichproben.virtuell %>% group_by(replicate) %>% summarize(summe = sum(Größe)) %>% mutate(mittelwert = summe / n) erstellt den neuen Dataframe stichproben.virtuell.mw basierend auf den Inhalten des Dataframes stichproben.virtuell, welcher entsprechend der Stichprobennummer (replicate) gruppiert die Summe der Körpergrößen der Stichprobensätze ermittelt und durch die Stichprobengröße teilt, um so den Stichprobenmittelwert zu berechnen. Wie in dem nachfolgenden Beispiel (siehe folgender Code) ersichtlich ist, nimmt die Streuung von dem Mittelwert (Mittelwert der Körpergröße bei männlichen Studierenden von 181,63 cm) auch hier mit zunehmender Stichprobengröße ab. Mit der Funktion sd() lässt sich auch die durchschnittliche Abweichung der 1000 Stichproben von dem Mittelwert berechnen. Dieser beträgt bei der Stichprobengröße 10 noch mehr als 2 cm, bei einer Stichprobengröße von 30 nur noch 1,08 cm und bei einer Stichprobengröße von 100 nur noch 0,21 cm. Dies bestätigt auch bei 1000 Wiederholungen die Tatsache, dass eine größere Stichprobe zu weniger Variation bei dem Ergebnis beiträgt, den sogenannten Standardfehler reduziert (siehe Abb. 4.24).

Abb. 4.24 Standardfehler

Stichprobengröße	Standardfehler
10	2.103293
30	1.139641
100	0.2120337

Die Berechnung statistischer Kennzahlen, welche auf Stichproben basieren, sind insofern immer nur eine Schätzung der Populationswerte mit einer gewissen Ungenauigkeit oder einem gewissen Standardfehler. Manchmal wird der Schätzwert sehr nahe an dem realen Wert liegen und ein anderes Mal wird er weiter abweichen. Dies liegt dann an der Variation der Stichproben. Trotzdem wird die Schätzung im Durchschnitt um den realen Wert zentriert sein. Den Standardfehler zu ermitteln und möglichst gering zu halten ist bei diesem Vorgang von Bedeutung. Voraussetzung dafür ist eine Zufallsstichprobe und eine möglichst große Stichprobe.

Stichproben mit dem Paket moderndive

```
#- Stichproben mit dem Paket moderndive-------------------------------------------
require(moderndive)                         # Paket erforderlich

## Loading required package: moderndive

# Funktion zur Berechnung des Mittelwerts von n Stichproben
mw.stichproben <- function (data,n,w) {    # data=Dataframe mit Daten
                                           # n=Stichprobengröße, w=Wiederholungen
  stichproben.virtuell<-rep_sample_n(data,size=n,reps=w)
  stichproben.virtuell.mw <- stichproben.virtuell %>%
    group_by(replicate) %>%
    summarize(summe = sum(Größe)) %>%
    mutate(mittelwert = summe / n)
  sd<-sd(stichproben.virtuell.mw$mittelwert)
  plot<-ggplot(stichproben.virtuell.mw, aes(x = mittelwert)) +
    geom_histogram(binwidth = 0.25, color = "white") +
    scale_x_continuous(limits = c(175,190)) +
    scale_y_continuous(limits = c(0,500)) +
    labs(x="Mittlere Körpergröße in cm",y="Anzahl",
        title=paste("Stichprobenumfang:",n)) +
    geom_vline(aes(xintercept=181.62,colour="Red",alpha=0.5),show.legend=F) +
    geom_vline(aes(xintercept=181.62-sd,colour="Blue",linetype="dotted"),show.legen
d=F) +
    geom_vline(aes(xintercept=181.62+sd,colour="Blue",linetype="dotted"),show.legen
d=F)
  var.gesamt<-list(plot=plot,mw=stichproben.virtuell.mw)# Liste aus plot+mw
  return(var.gesamt)
}
studenten<-studierende[studierende$Geschlecht=="Mann",] # Dataframe nur männlich
mittelwert<-mean(studenten$Größe)                   # MW Größe von Männern
mittelwert

## [1] 181.6273

anzahl<-1000                                # Anzahl Wiederholungen
var1<-mw.stichproben(studenten,10,anzahl)   # 1000 Stichproben je 10
var2<-mw.stichproben(studenten,30,anzahl)   # 1000 Stichproben je 30
var3<-mw.stichproben(studenten,100,anzahl)  # 1000 Stichproben je 100
# Ausgabe der Verteilungen der 1000 Stichproben mit den vertikalen Linien in der
# Mitte der Mittelwert und links und rechts davon der Mittelwert +/- eine
# Standardabweichung
gridExtra::grid.arrange(var1$plot,var2$plot,var3$plot,ncol=3)
```

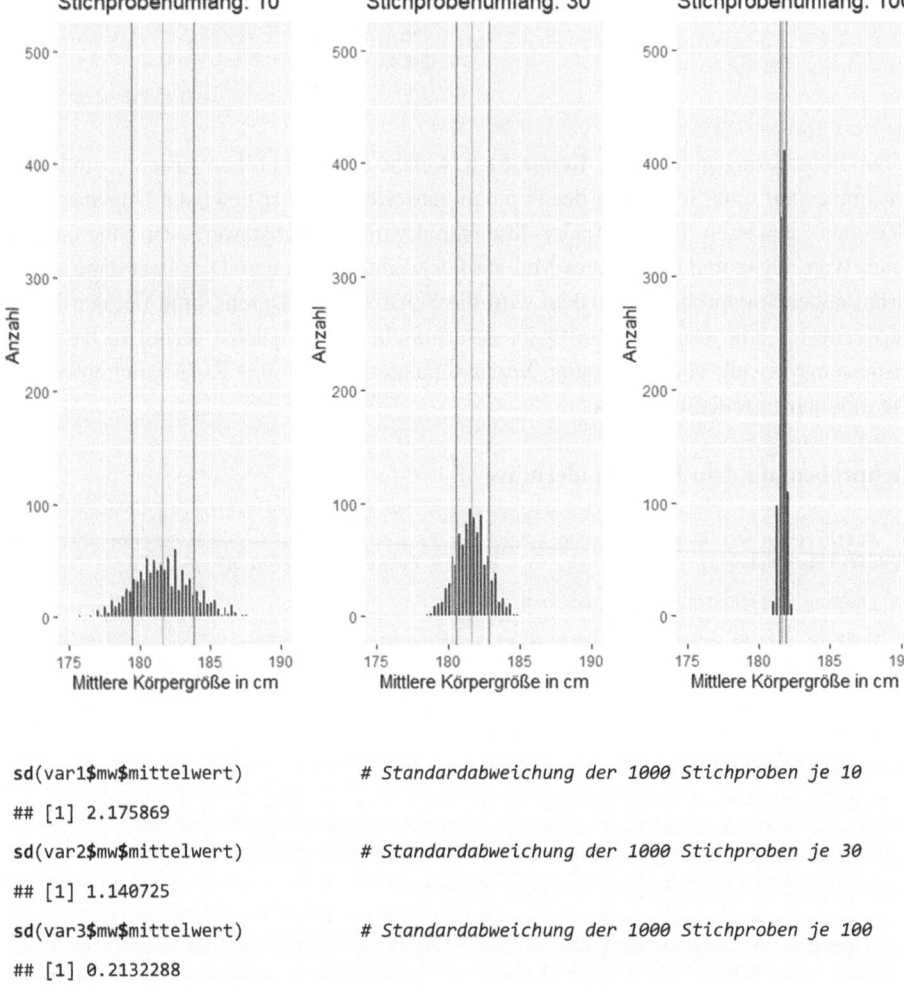

```
sd(var1$mw$mittelwert)        # Standardabweichung der 1000 Stichproben je 10
## [1] 2.175869
sd(var2$mw$mittelwert)        # Standardabweichung der 1000 Stichproben je 30
## [1] 1.140725
sd(var3$mw$mittelwert)        # Standardabweichung der 1000 Stichproben je 100
## [1] 0.2132288
```

Wie in den Abbildungen im vorigen Code erkennbar ist, wird mit zunehmender Stichprobengröße der Standardfehler kleiner und nähert sich die Verteilung einer Standardverteilung an. Dies besagt auch der sogenannte **Zentrale Grenzwertsatz** nach Lindeberg-Lévy (englisch: Central Limit Theorem).

In dem vorangegangenen Beispiel wurden je 1000 Stichproben mit einem Umfang von 10, 30 und 100 genommen, um die durchschnittliche Körpergröße der Population zu schätzen. In der Praxis wäre es zu aufwendig 1000 Stichproben zu nehmen, stattdessen arbeitet man hier in der Regel mit einer möglichst großen Stichprobe. In der Praxis wäre auch der exakte, korrekte Mittelwert einer Population unbekannt, denn wenn man alle Daten einer Population zur Verfügung hätte, wie bei dem konstruierten Beispiel mit den Studierenden, dann könnte man sich ja die Mühe ersparen mit Stichproben zu arbeiten. Das Beispiel diente vielmehr dem Verständnis, dass die Genauigkeit einer Schätzung und deren Standardfehler, wenn dies basierend auf einer Stichprobe ermittelt wird, von deren Umfang abhängt.

Wie ermittelt man aber nun den Standardfehler, wenn man nur eine einzige Stichprobe vorliegen hat? Hierfür eignet sich das **Bootstrap-Verfahren** oder auch Bootstrapping-Verfahren, bei dem wiederholt Statistiken auf der Grundlage lediglich einer einzigen Stichprobe berechnet werden. Dabei werden n Bootstrap-Stichproben mit Zurücklegen aus der gegebenen Stichprobe gezogen. Dies entspricht dem wiederholten zufälligen Ziehen aus einer Menge an Werten, wie dies zu Beginn des Kapitels bereits vorgestellt wurde und mithilfe der Funktion `sample()` in R realisiert werden kann.

Um die durchschnittliche Körpergröße der Population der Studierenden zu schätzen, wählt man zunächst per Zufall eine einzelne Stichprobe aus, z. B. mit einer Stichprobengröße von 50 (Stichprobe ohne Zurücklegen). Der Mittelwert beträgt im Beispiel (siehe folgender Code) 181,6 cm. Grundsätzlich könnte man immer wieder eine neue Stichprobe von 50 erheben. In der Realität ist dies jedoch oft sehr aufwendig, z. B. 50 Personen zu befragen. Da bietet sich das Bootstrap-Verfahren an, in dem aus der Ursprungsstichprobe 50 Werte per Zufall ausgewählt werden, wobei jeder Wert wieder zurückgelegt wird, um bei den nachfolgenden Auswahlen immer aus allen Werten per Zufall auswählen zu können. Würde der Wert bei einer Bootstrap-Stichprobe von 50 aus einer Ursprungsstichprobe von 50 nicht zurückgelegt werden, so würde man ja immer wieder die gleichen 50 Werte erhalten. Durch das Zurücklegen dagegen ergeben sich immer neue Stichprobenkonstellationen. In unserem Beispiel hat die erste Bootstrap-Stichprobe einen Mittelwert von 181,2 cm und liegt um 0,4 cm von der Ursprungsstichprobe entfernt.

Nun wird sich jedoch bei jeder neuen Bootstrap-Stichprobe eine neue Konstellation ergeben. Wenn man z. B. 30 Bootstrap-Stichproben mit einem Stichprobenumfang von 50 bildet, dann kann man schätzen, wie hoch der Standardfehler ist, also wie sehr die Schätzwerte des Mittelwerts variieren. Hierfür kann erneut die Funktion `rep_sample_n()` angewendet werden. Betrachtet man anschließend die 30 Mittelwerte der Bootstrap-Stichproben in einem Histogramm, so sieht man noch keine Normalverteilung. Eine Annäherung an eine Normalverteilung kann auch hier durch eine höhere Anzahl an Stichproben erreicht werden. Wiederholt man das Bootstrap-Verfahren mit 1000 Stichproben, so ist dies an der Verteilung im Histogramm erkennbar.

Berechnet man den Mittelwert der Mittelwerte von den 1000 Bootstrap-Stichproben, so ergibt sich 181,6003 cm, was fast exakt dem realen Mittelwert der Originalstichprobe von 181,6 entspricht. Dies zeigt, wie gut das Bootstrapping-Verfahren zur Schätzung geeignet ist.

Bootstrap-Stichproben

```
#- Basis-Stichprobe -------------------------------------------------------------
set.seed(123)                           # Reproduzierbarkeit der Zufallsauswahl
stichprobe<-sample(studenten$Größe,size=50,replace=FALSE)   # 1 Stichprobe mit 50
stichprobe<-data.frame(Nr=1:50,"Körpergröße"=stichprobe)
stichprobe$Körpergröße

## [1] 190 177 184 175 183 183 173 184 182 185 176 173 193 188 180 190 187 195 186
## [20] 193 180 178 176 180 181 187 177 170 179 175 185 191 175 185 185 203 170 185
## [39] 164 175 178 180 190 175 181 179 175 180 179 185

mw.orig<-round(mean(stichprobe$Körpergröße),2)  # Mittelwert der Stichprobe
mw.orig

## [1] 181.6

sd.orig<-sd(stichprobe$Körpergröße)             # Standardabweichung der Stichprobe
sd.orig

## [1] 7.219588

p1<-ggplot(stichprobe, aes(x=Körpergröße)) +
  geom_histogram(color = "white",boundary=180, binwidth=2)+
  scale_x_continuous(limits = c(160,210))+
  labs(y="Anzahl",title="Verteilung",subtitle="Original-Stichprobe:50") +
  geom_vline(aes(xintercept=mw.orig,colour="Red",alpha=0.5),show.legend=F) +
  geom_vline(aes(xintercept=mw.orig-sd.orig,colour="Blue",linetype="dotted"),
             show.legend=F)+
  geom_vline(aes(xintercept=mw.orig+sd.orig,colour="Blue",linetype="dotted"),
             show.legend=F)
#- Erste Bootstrap-Stichprobe ---------------------------------------------------
set.seed(981)                           # Reproduzierbarkeit
bs<-sample(stichprobe$Körpergröße,size=50,replace=TRUE)   # 1 BS-Stichprobe mit 50
bs<-data.frame(Nr=1:50,"Körpergröße"=bs)
bs$Körpergröße

## [1] 175 178 187 175 185 175 185 179 191 184 181 175 190 185 175 173 203 181 185
## [20] 184 186 175 170 177 185 193 183 178 180 177 175 185 188 184 173 182 173 181
## [39] 177 185 175 177 178 193 178 180 180 187 173 186

mw<-round(mean(bs$Körpergröße),2)               # Mittelwert der Bootstrap-Stichprobe
mw

## [1] 181.2

sd<-sd(bs$Körpergröße)                          # Standardabweichung der BS-Stichprobe
sd

## [1] 6.449173

p2<-ggplot(bs, aes(x=Körpergröße)) +
  geom_histogram(color = "white", boundary=180, binwidth=2)+
  scale_x_continuous(limits = c(160,210))+
  labs(y="Anzahl",title="Verteilung",subtitle="Bootstrap-Stichprobe:50")+
  geom_vline(aes(xintercept=mw,colour="Red",alpha=0.5),show.legend=F)+
  geom_vline(aes(xintercept=mw-sd,colour="Blue",linetype="dotted"),show.legend=F)+
  geom_vline(aes(xintercept=mw+sd,colour="Blue",linetype="dotted"),show.legend=F)
#- Vergleich von Original-Stichprobe und Bootstrap-Stichprobe --------------------
gridExtra::grid.arrange(p1,p2,ncol=2)
```

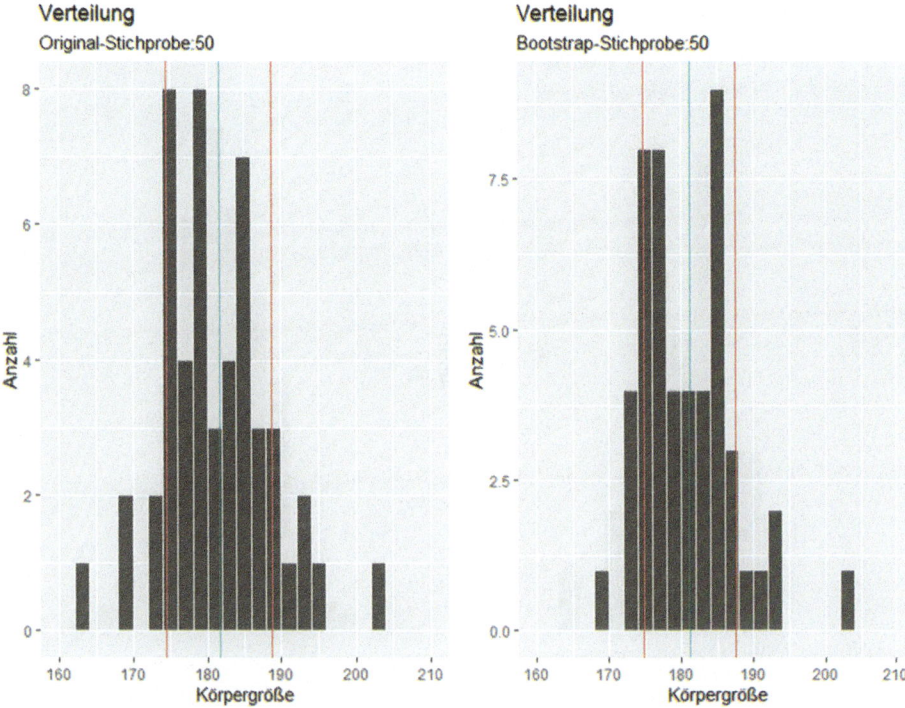

```
#- Mehrere Bootstrap-Stichproben ------------------------------------------------
set.seed(666)                                    # Reproduzierbarkeit
bs.n<-rep_sample_n(stichprobe,size=50,reps=30, replace = TRUE)
bs.n.mw <- bs.n %>%
  group_by(replicate) %>%
  summarize(summe = sum(Körpergröße)) %>%
  mutate(mittelwert = summe/50)
sd<-sd(bs.n.mw$mittelwert)
p1<-ggplot(bs.n.mw, aes(x = mittelwert)) +
 geom_histogram(color = "white", boundary=181, binwidth=0.5) +
 scale_x_continuous(limits = c(178,186)) +
 scale_y_continuous(limits = c(0,9)) +
 labs(x="Mittlere Körpergröße in cm",y="Anzahl",
     title="Bootstrap-Verteilung",subtitle=("30 Bootstrap-Stichproben:50"))
set.seed(666)                                    # Reproduzierbarkeit
bs.n<-rep_sample_n(stichprobe,size=50,reps=1000, replace = TRUE)
bs.n.mw <- bs.n %>%
  group_by(replicate) %>%
  summarize(summe = sum(Körpergröße)) %>%
  mutate(mittelwert = summe/50)
sd<-sd(bs.n.mw$mittelwert)
p2<-ggplot(bs.n.mw, aes(x = mittelwert)) +
 geom_histogram(color = "white", boundary=181, binwidth=0.5) +
 scale_x_continuous(limits = c(178,186)) +
 scale_y_continuous(limits = c(0,210)) +
 labs(x="Mittlere Körpergröße in cm",y="Anzahl",
     title="Bootstrap-Verteilung",subtitle=("1000 Bootstrap-Stichproben:50"))
#- Vergleich von 30 mit 1000 Bootstrap-Stichproben ------------------------------
gridExtra::grid.arrange(p1,p2,ncol=2)
```

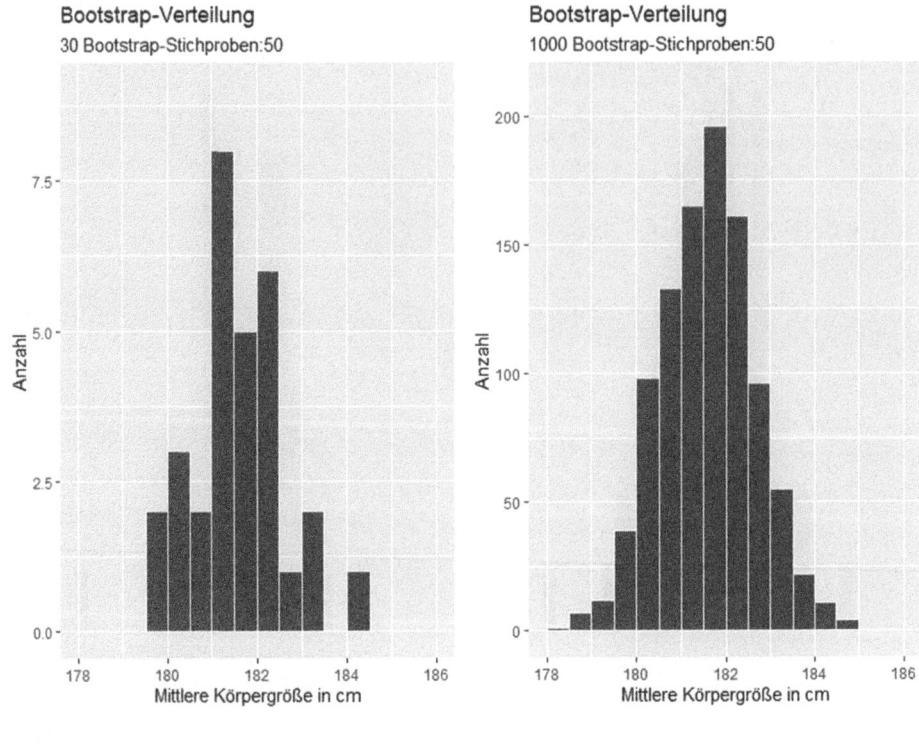

```
#- Mittelwert der Mittelwerte---------------------------------------------------
mw.mw<-mean(bs.n.mw$mittelwert)
mw.mw                                    # Mittelwert der 1000 BS-Stichproben

## [1] 181.6003

mw.orig                                  # Mittelwert der Originalstichprobe

## [1] 181.6
```

4.3.2 Konfidenzintervalle

Angenommen man möchte nicht nur den Mittelwert schätzen, sondern auch einen Bereich plausibler Werte, also einen Wertebereich, in dem eine sehr große Anzahl aller Werte zu erwarten ist. In diesem Fall kann man die sogenannte **Perzentil-Methode** oder die **Standardfehler-Methode** anwenden, die beide auf der Bootstrap-Methode aufbauen. Für beide Verfahren gilt es auch ein Konfidenzniveau festzulegen, welches üblicherweise bei 95 % oder 99 % liegt.

Bei der Perzentil-Methode mit einem Konfidenzniveau von 95 % bestimmt man das Intervall, in welches 95 % der Werte fallen. Dazu bestimmt man zunächst den

Wert des 2,5-Perzentils und des 97,5-Perzentils, die Grenzen des Intervalls. Die Funktionen `quantile(bs.n.mw$mittelwert, probs=0.025)` und `quantile(bs.n.mw$mittelwert, probs=0.975)` können genutzt werden, um die Unter- und Obergrenze des 95 %-Konfidenzintervalls zu bestimmen. In dem Beispiel aus dem vorigen Code fallen 95 % aller Werte in das Intervall von 180 cm bis 183 cm.

Der Prozess der Erzeugung von Bootstrapping-Stichproben, die Visualisierung der Verteilung der Mittelwerte und auch die Berechnung eines Konfidenzintervalls sind alternativ auch mithilfe der Funktionen des Pakets infer möglich. Die Funktion `specify()` dient dazu, die zu untersuchenden Variablen zu definieren; die Funktion `generate()` erzeugt die Bootstrap-Stichproben; die Funktion `calculate()` bestimmt die Statistikfunktion, z. B. mean, und legt die Ergebnisse in dem Ziel-Dataframe in der Spalte mit dem Namen stat ab; die Funktion `visualize()` stellt die Verteilung grafisch dar und die Funktion `get_confidence_interval()` mit dem Parameter `type="percentile"` bestimmt das Konfidenzintervall für das über den Parameter `level` festgelegte Konfidenzniveau. Die Funktion `shade_confidence_interval()` bzw. die funktionsgleiche Funktion `shade_ci()` erlauben in der Verteilungsabbildung auch das Konfidenzintervall abzubilden (siehe folgender Code).

Bei der Standardfehler-Methode macht man sich zunutze, dass bei einer Normalverteilung bekannt ist, dass in etwa 95 % aller Werte in dem Intervall liegen, welches 2 Standardabweichungen vom Mittelwert entfernt ist (siehe Abb. 4.22). Für das Konfidenzintervall von 95 % sind es exakt 1,96 Standardabweichungen. In dem Beispiel des letzten Kapitels betrug die durchschnittliche Körpergröße männlicher Studierender 181,63 cm und der Standardfehler bei einer Stichprobengröße von 30 betrug 1,14 (siehe Abb. 4.24). Darauf basierend kann das 95 % Konfidenzintervall mit Unter- und Obergrenze bestimmt werden als [181,63 − (1,96*1,14), 181,63+(1,96*1,14)]=[179,40, 183,86]. Auch hier kann alternativ die im Paket infer beinhaltete Funktion `get_confidence_interval()` mit dem Parameter `type="se"` verwendet werden, um das Konfidenzintervall für das über den Parameter level festgelegte Konfidenzniveau zu bestimmen. Zusätzlich muss der Mittelwert der Mittelwerte über den Parameter `point_estimate` an die Funktion übergeben werden. Wie man den Ergebnissen entnehmen kann, ergeben sich sehr ähnliche Ergebnisse bei beiden Methoden (siehe nachfolgender Code).

Konfidenzintervalle

```
#- Konfidenzintervalle---------------------------------------------------------
quantile(bs.n.mw$mittelwert, probs=0.025)  # Untergrenze des 95%-Konfidenzinterv.

##   2.5%
## 179.659

quantile(bs.n.mw$mittelwert, probs=0.975)  # Obergrenze des 95%-Konfidenzinterv.

##  97.5%
## 183.78

#- Konfidenzintervalle mit dem Paket infer-----------------------------------------
require(infer)

## Loading required package: infer

##
## Attaching package: 'infer'

## The following objects are masked from 'package:mosaic':
##
##     prop_test, t_test

bs.n.mw.infer <-                              # Ziel-Dataframe
  stichprobe %>%                              # Original-Stichprobe
  specify(response=Körpergröße) %>%           # Variable
  generate(reps=1000, type="bootstrap") %>%## Bootstrap-Stichproben
  calculate(stat="mean")                      # Mittelwert berechnen
visualize(bs.n.mw.infer)                      # Verteilung darstellen
```

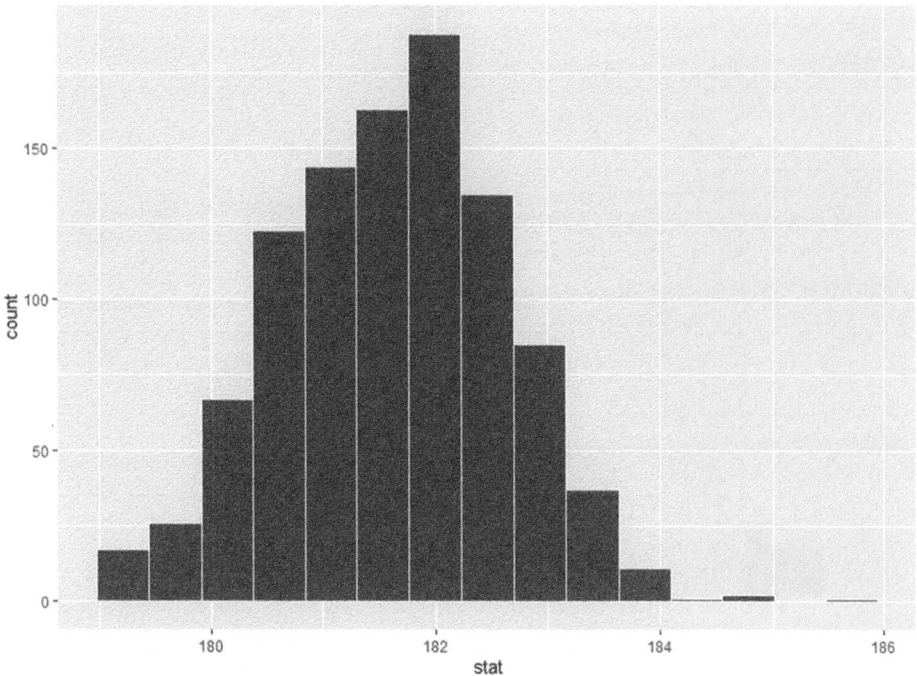

Simulation-Based Bootstrap Distribution

```
## Perzentil-Methode------------------------------------------------------------------
#- Konfidenzintervall ohne das Paket infer
quantile(bs.n.mw.infer$stat, probs=0.025)   # Untergrenze des 95%-Konf.interv.

##     2.5%
## 179.7185

quantile(bs.n.mw.infer$stat, probs=0.975)   # Obergrenze des 95%-Konf.interv.
##    97.5%
## 183.4805

#- Konfidenzintervalle mit dem Paket infer
bs.n.ci95<-get_confidence_interval(bs.n.mw.infer, level=0.95, type="percentile")
bs.n.ci95

## # A tibble: 1 x 2
##   lower_ci upper_ci
##      <dbl>    <dbl>
## 1    180.     183.

visualize(bs.n.mw.infer)+
  shade_confidence_interval(endpoints=bs.n.ci95)
```

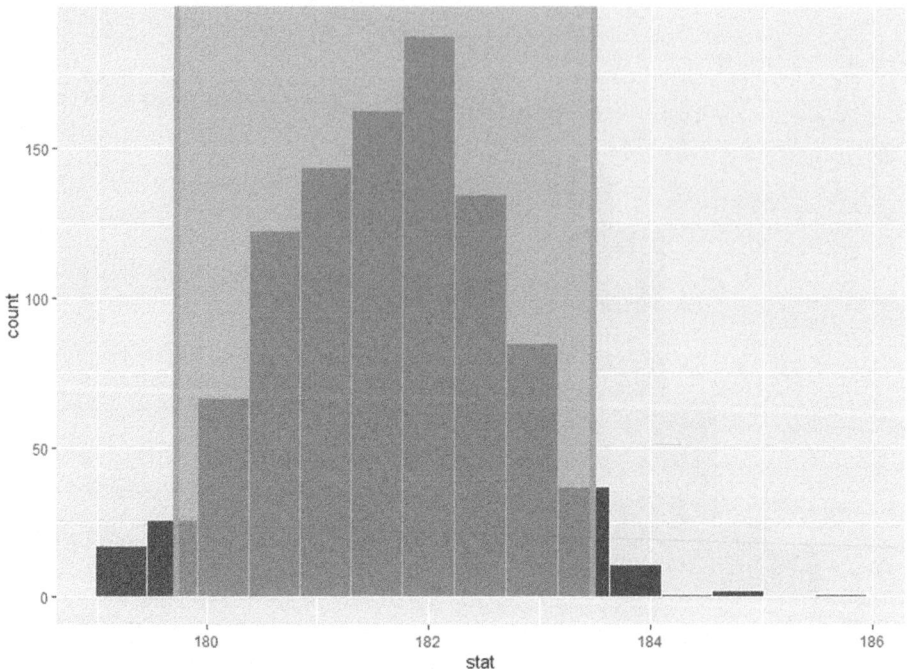

Simulation-Based Bootstrap Distribution

```
bs.n.ci99<-get_confidence_interval(bs.n.mw.infer, level=0.99, type="percentile")
bs.n.ci99

## # A tibble: 1 x 2
##   lower_ci upper_ci
##      <dbl>    <dbl>
## 1     179.     184.

visualize(bs.n.mw.infer)+
  shade_ci(endpoints=bs.n.ci99, color="Blue", fill="Blue")
```

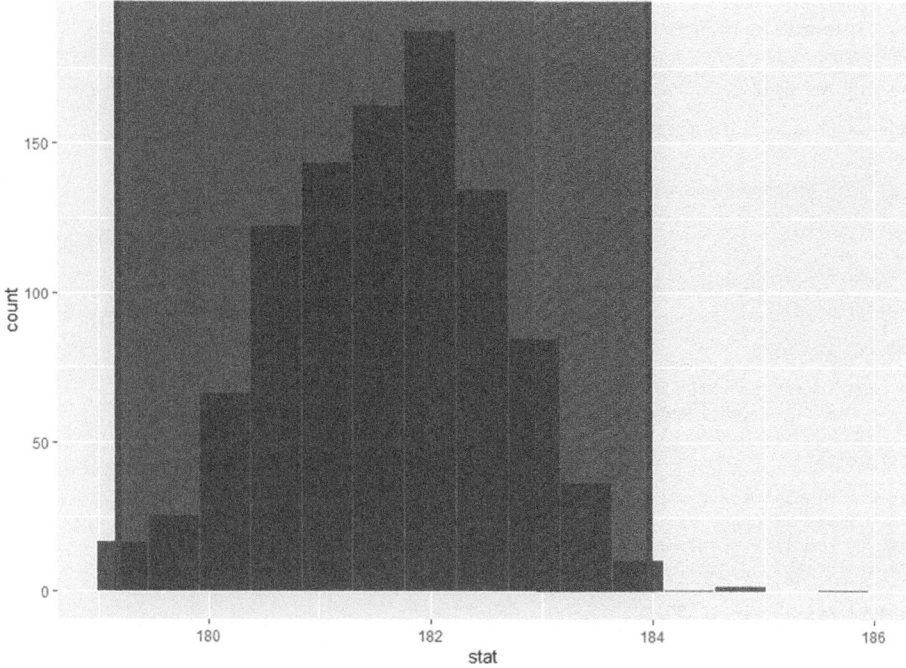

```
## Standardfehler-Methode------------------------------------------------------
#- Konfidenzintervall ohne das Paket infer
mw <- mean(bs.n.mw.infer$stat)              # Mittelwert der Mittelwerte
mw

## [1] 181.6073

sd<-sd(bs.n.mw.infer$stat)                  # Standardabweichung
sd

## [1] 0.9848222

mw-(1.96*sd)                                # Untergrenze des 95%-Konf.interv.

## [1] 179.6771

mw+(1.96*sd)                                # Obergrenze des 95%-Konf.interv.

## [1] 183.5376

#- Konfidenzintervalle mit dem Paket infer
bs.n.ci95<-get_confidence_interval(bs.n.mw.infer, level=0.95, type="se",
                                   point_estimate=mw)
bs.n.ci95

## # A tibble: 1 x 2
##   lower_ci upper_ci
##      <dbl>    <dbl>
## 1     180.     184.

visualize(bs.n.mw.infer)+
  shade_ci(endpoints=bs.n.ci95)
```

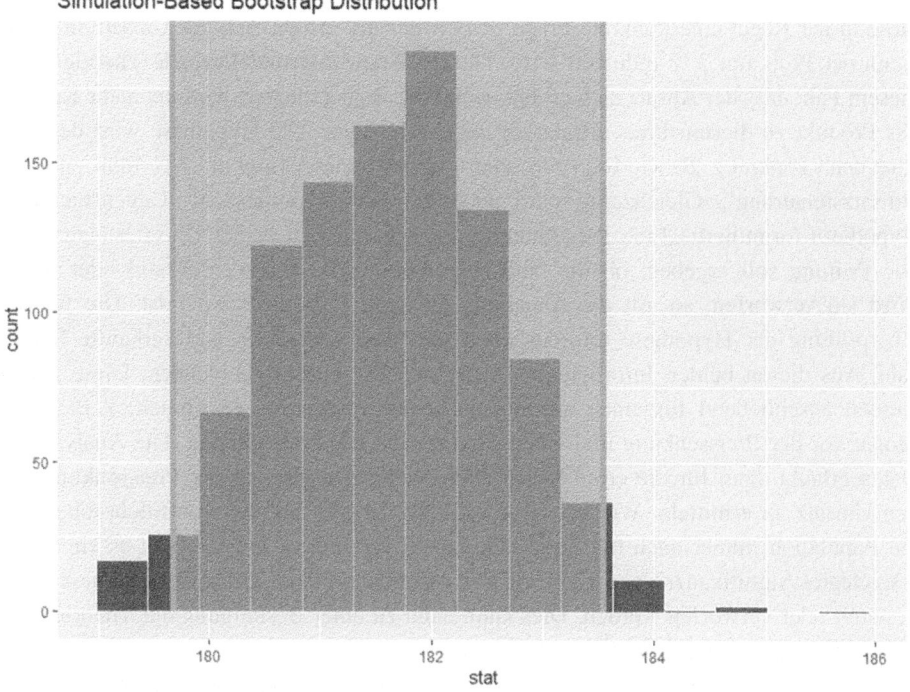

Simulation-Based Bootstrap Distribution

4.3.3 Hypothesentests

Wie in der Einleitung erwähnt, sind empirische Wissenschaften auf Beobachtung, Messung und Durchführung von Experimenten angewiesen, um das Untersuchungsobjekt besser verstehen zu können. Basierend auf den vorliegenden Daten können dann Hypothesen getestet werden, um neues Wissen zu generieren. In diesem Prozess ist es möglich herauszufinden, welche Hypothesen mit einer bestimmten Wahrscheinlichkeit falsch oder wahr sind.

Die von **Karl Popper** eingeführte Methode der **Falsifikation** geht davon aus, dass jede wissenschaftliche Aussage widerlegt werden kann (Lauth & Sareiter, 2005, S. 21). Eine Aussage oder Theorie gilt dann als widerlegt oder falsch, wenn neue Beobachtungen, Datenerhebungen oder Experimente gezeigt haben, dass sie nicht korrekt ist. Jegliches Wissen oder Aussagen, die noch nicht als falsch befunden wurden, gelten als **temporär gültiges Wissen.** Die ständige Überprüfung der Gültigkeit von Wissen durch Forschung trägt dazu bei, dieses sich ständig verändernde Wissen zu entwickeln und zu stärken. Insofern ist der Test von Hypothesen ein essenzieller Bestandteil der Wissensüberprüfung und der Gewinnung neuer Erkenntnisse.

Wie in Abb. 4.25 dargestellt, ist der Ausgangspunkt für die Überprüfung einer Hypothese in der Regel eine konkrete Frage, z. B. wie stark erhöht sich der Umsatz in Euro,
wenn der Preis um 3 % reduziert wird. Die der Frage zugrundeliegende Theorie ist in
diesem Fall, dass der Absatz sich erhöht, wenn der Preis reduziert wird, da mehr Kunden
das Produkt zu diesem Preis attraktiver finden als zuvor. Die Hypothese wird dement-
sprechend konkret z. B. wie folgt formuliert: „Eine Preissenkung um 3 % führt zu einer
Umsatzsteigerung". Gleichzeitig wird auch die Null-Hypothese als Gegenstück zur
Hypothese formuliert: „Eine Preissenkung um 3 % führt zu keiner Umsatzsteigerung".
Die Prüfung soll ergeben, ob die Null-Hypothese verworfen werden soll oder nicht.
Wird sie verworfen, so gilt die Annahme, dass die Hypothese wahr ist. Die für die
Überprüfung der Hypothese erforderlichen Variablen sind Preis und verkaufte Stück-
zahl. Aus diesen beiden Informationen lässt sich der Umsatz berechnen. Diese Daten
werden anschließend für einen ausreichend großen Zeitraum gesammelt, z. B. einen
Monat vor der Preissenkung und einen Monat nach der Preissenkung. Die Analyse der
Daten erlaubt dann für die erhobene Stichprobe die Auswirkung der Preissenkung auf
den Umsatz zu ermitteln. Wie bereits dargestellt, ist die Inferenz von Stichproben auf
die Population immer auch mit Ungenauigkeiten verbunden. Insofern gilt es ein selbst
festgelegtes Signifikanzniveau zu erfüllen. Anschließend kann die Null-Hypothese dann
bestätigt oder verworfen werden. Dies kann dann zu einer Bestätigung der Theorie oder
zu deren Korrektur beitragen.

Lassen Sie uns die Daten der Titanic verwenden, die im Dataframe titanic_train im
Paket titanic enthalten sind. Insgesamt überlebten 38,38 % der 891 Passagiere in dem
Dataset titanic_train.

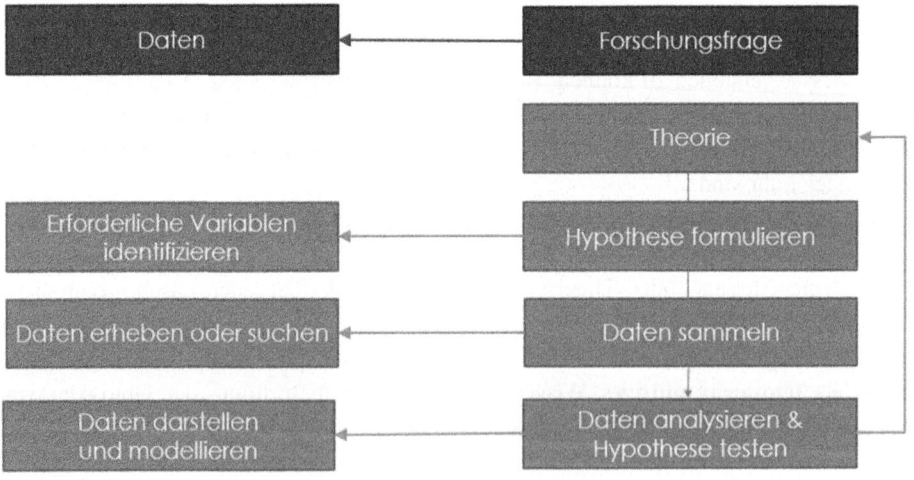

Abb. 4.25 Forschungsprozess

Grundsätzlich besteht ein Hypothesentest jeweils aus einer Null-Hypothese H_0 und einer Alternativ-Hypothese H_A. Die Null-Hypothese besagt immer, dass es keinen Effekt gibt, während die Alterativ-Hypothese die Formulierung der Vermutung der Wissenschaftler beschreibt, welche durch den Hypothesentest bestätigt werden soll. Sofern es mehrere Hypothesen gibt, erhalten die Hypothesen ergänzend eine Nummer. Es wird ferner unterschieden zwischen einseitigen und beidseitigen Hypothesen. Einseitige oder auch gerichtete Hypothesen betrachten nur eine Seite (besonders hohe oder besonders niedrige Werte) während beidseitige oder ungerichtete Hypothesen sowohl hohe als auch niedrige Werte betrachten und dazu den in der Abbildung schwarz markierten Bereich extremer Werte betrachten (siehe Abb. 4.26).

Die zu überprüfende Hypothese H_{A1} ist, dass männliche Passagiere eine wesentlich andere Überlebenschance hatten als weibliche Passagiere. Die Null-Hypothese H_{01} ist demnach, dass männliche Passagiere keine wesentlich andere Überlebenschance hatten als weibliche Passagiere. Es handelt sich hier um eine beidseitige Hypothese, da sowohl eine Abweichung nach oben (höher) als auch unten (niedriger) betrachtet wird. Die zu überprüfende Hypothese H_{A2} ist, dass weibliche Passagiere eine höhere Überlebenschance hatten. Die Null-Hypothese H_{02} ist demnach, dass weibliche Passagiere keine höhere Überlebenschance hatten. Es handelt sich hier um eine einseitige Hypothese, da nur eine Abweichung nach oben (höher) betrachtet wird anstatt eine Abweichung nach oben und unten. Die zu überprüfende Hypothese H_{A3} ist, dass Passagiere in der 1. Klasse eine bessere Überlebenschance hatten als die Passagiere der anderen Klassen. Die Null-Hypothese H_{03} ist demnach, dass Passagiere in der 1. Klasse keine bessere Überlebenschance hatten als die Passagiere der anderen Klassen. Es handelt sich hier um eine einseitige Hypothese, da nur eine Abweichung nach oben (besser) betrachtet wird. Die zu überprüfende Hypothese H_{A4} wird hier verwendet, um ein Beispiel zu zeigen, in dem die Nullhypothese nicht verworfen wird. Die zu überprüfende Hypothese H_{A4} ist, dass Passagiere in der 1. Klasse eine schlechtere Überlebenschance hatten als die Passagiere der anderen Klassen. Die Null-Hypothese H_{04} ist demnach, dass Passagiere in der 1. Klasse keine schlechtere Überlebenschance hatten als die Passagiere der

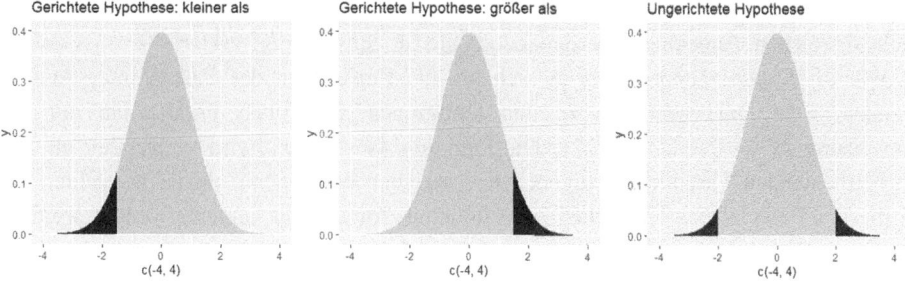

Abb. 4.26 Einseitige/gerichtete und beidseitige/ungerichtete Hypothesen

anderen Klassen. Es handelt sich hier erneut um eine einseitige Hypothese, da nur eine Abweichung nach unten (schlechter) betrachtet wird.

Prüft man, ob die Überlebenschance für Frauen oder Passagierte der ersten Klasse wesentlich von dem Mittelwert abweicht, so ist der Vergleich mit dem Durchschnittswert von 38,38 % sinnvoll. Wenn die Überlebenschancen wesentlich abweichen, dann spricht dies dafür, die jeweilige Null-Hypothese zu verwerfen.

Die Angaben zu den Passagieren im Dataframe titanic_train beinhalten u. a. die Passagiernummer (PassengerId), welche Klasse sie gereist sind (Pclass), deren Geschlecht (Sex) und ob sie überlebt haben (Survived). Darüber hinaus sind 8 weitere Variablen in dem Dataframe enthalten, die zur Überprüfung der Hypothesen jedoch nicht erforderlich sind und daher mit der Anweisung `titanic<-titanic_train[,c(1:3,5)]` nicht in den neu erstellten Dataframe titanic übernommen werden.

Schaut man sich die deskriptive Statistik in Form der Balkendiagramme und der bivariaten und multivariaten Tabellen der absoluten und relativen Häufigkeiten an, so sieht es auf den ersten Blick danach aus, als ob H_{01} verworfen, H_{02} verworfen, H_{03} verworfen und H_{04} nicht verworfen werden sollte. Männer haben danach eine Überlebenswahrscheinlichkeit von 18,89 %, Frauen eine Überlebenswahrscheinlichkeit von 74,20 %, also eine Differenz von 55,31 % zwischen den Geschlechtern. Passagiere der ersten Klasse haben eine Überlebenswahrscheinlichkeit von 62,96 % während die Passagiere der 2. und 3. Klasse gemeinsam betrachtet nur eine Überlebenswahrscheinlichkeit von 30,52 % hatten, also eine Differenz von 32,44 %. Zur Beantwortung der Hypothesen gilt es die Frage zu beantworten, ob diese Beobachtungen durch reinen Zufall zu erklären sind oder die Abweichung von dem Durchschnittswert nicht allein durch Zufall zu erklären sind.

Die Null-Hypothese wird in der Regel nicht abgelehnt, wenn der p-Wert größer ist als das festgelegte Signifikanzniveau alpha (α), welches üblicherweise mit 5 % definiert ist. Wenn der p-Wert kleiner ist als das festgelegte Signifikanzniveau alpha, wird die Null-Hypothese verworfen. Ist der p-Wert größer als alpha, so wird nicht gesagt, dass die Alternativ-Hypothese bestätigt wird, sondern dass die Nullhypothese nicht verworfen wird, eine Feinheit mit Bedeutung. Es ist damit begründet, dass man nur testet, ob die Null-Hypothese verworfen werden sollte. Dies ist vergleichbar mit einem Gericht, welches Angeklagte für „nicht schuldig" erklärt, wenn die Beweise für ein „schuldig" nicht ausreichen. Angeklagte werden jedoch nie für „unschuldig" erklärt.

Wie im Kapitel zuvor bietet es sich an, die Funktionen des Pakets infer zu verwenden. Eine Dokumentation zu den Funktionen des Pakets erhält man mit der Anweisung `vignette("infer")`. Die Funktion `specify()` wird verwendet, um die zu betrachtenden Variablen anzugeben und welcher Wert als Erfolg zu betrachten ist, in diesem Beispiel das Überleben. Die folgende Anweisung kann verwendet werden:

specify(titanic,formula=Survived ~ Sex, success="Survived"). Die
Funktion hypothesize() ist speziell für den Hypothesentest vorgesehen. Über den
Parameter null="independence" bzw. null="point" wird bestimmt, ob bei
independence zwei Stichproben miteinander verglichen werden, z. B. Männer und
Frauen, oder bei point, ob der Vergleich mit einem bestimmten Wert, z. B. dem Mittelwert, erfolgen soll. Die Anweisung generate(reps = 1000, type = "permute")
bestimmt dann, dass 1000 Permutation der 891 Passagiere gebildet werden sollen. Der
Parameter type="permute" ist hier im Unterschied zu dem im letzten Kapitel vorgestellten type="bootstrap" für den Hypothesentest zu wählen. Die Anweisung
calculate(stat = "diff in props", order=c("female", "male"))
berechnet für die 1000 Stichproben den Unterschied der Überlebenswahrscheinlichkeit
für die beiden Geschlechter und legt diese in der Variablen stat ab. Die Differenz der
Überlebenswahrscheinlichkeit, die wir ja zuvor schon ermittelt hatten, lässt sich alternativ auch mit der Anweisung specify(titanic,formula=Survived~Sex,s
uccess="Survived") %>% calculate(stat = "diff in props",
order=c("female", "male")) berechnen. Mit der Anweisung
visualize(titanic.null, bins = 10) berechnen. Mit der Anweisung
visualize(titanic.null, bins = 10) kann man sich die Verteilung der
simulierten Werte anzeigen lassen, wenn es in Bezug auf die Überlebenswahrscheinlichkeit keinen Unterschied zwischen den Geschlechtern geben würde. Mit der Anweisung
shade_p_value(obs_stat = titanic.diffprop, direction = " both ")
kann man sich zusätzlich eine vertikale Linie für die Prozentdifferenz der
Geschlechter anzeigen lassen, wobei der Parameter direction = "right" und
direction = "left" für eine einseitige Hypothese und direction = "both"
für eine beidseitige Hypothese angewendet wird. Um den P-Wert zu erhalten, kann die
Funktion get_p_value() verwendet werden, im speziellen Fall mit der Anweisung
get_p_value(titanic.null, obs_stat = titanic.diffprop, direction = "both").
Der P-Wert für diese Null-Hypothese H_{01}, dass männliche Passagiere keine wesentlich andere Überlebenschance hatten als weibliche Passagiere, beträgt 0. Da der P-Wert
kleiner ist als das Signifikanzniveau von 0,05 oder 5 %, wird die H_{01} verworfen. Es
gibt wohl einen signifikanten Unterschied der Überlebenswahrscheinlichkeit zwischen
Männern und Frauen, der nicht allein durch Zufall zu erklären ist.

Mit minimalen Änderungen des Codes ist es möglich auch das Konfidenzintervall
anzeigen zu lassen. Dies gelingt, wenn man die Zeile mit der Funktion hypothesize()
entfernt und bei der Funktion generate() den Parameter type="bootstrap" wählt.
Das Ergebnis ist, dass man mit einer 95-%igen Konfidenz sagen kann, dass die Differenz
der Überlebenswahrscheinlichkeit der Geschlechter zwischen 49,3 % und 61,1 % liegen

wird. Da die Null in dem Konfidenzintervall nicht enthalten ist, kann dies als weiterer Beleg betrachtet werden, dass die Überlebenswahrscheinlichkeiten wirklich unterschiedlich sind. Tatsächlich lag die Überlebenswahrscheinlichkeit für Frauen deutlich über denen der Männer.

Der P-Wert für diese Null-Hypothese H_{02}, dass weibliche Passagiere keine höhere Überlebenschance hatten, beträgt 0. Da der P-Wert kleiner ist als das Signifikanzniveau von 0,05 oder 5 %, wird die H_{02} verworfen. Es gab wohl eine höhere Überlebenswahrscheinlichkeit der Frauen, der nicht allein durch Zufall zu erklären ist. Das Konfidenzintervall bestätigt diese Erkenntnis, da die durchschnittliche Überlebenswahrscheinlichkeit von 38 % nicht in dem Konfidenzintervall enthalten ist.

Der P-Wert für diese Null-Hypothese H_{03}, dass Passagiere in der 1. Klasse keine bessere Überlebenschance hatten als die Passagiere der anderen Klassen, beträgt 0. Da der P-Wert kleiner ist als das Signifikanzniveau von 0,05 oder 5 %, wird die H_{03} verworfen. Es gab wohl eine höhere Überlebenswahrscheinlichkeit der Passagiere in der 1. Klasse, die nicht allein durch Zufall zu erklären ist. Da die Null in dem Konfidenzintervall nicht enthalten ist, kann dies als weiterer Beleg betrachtet werden, dass die Überlebenswahrscheinlichkeiten wirklich unterschiedlich sind.

Der P-Wert für diese Null-Hypothese H_{04}, dass Passagiere in der 1. Klasse keine schlechtere Überlebenschance hatten als die Passagiere der anderen Klassen, beträgt 1. In diesem Fall wurde der Parameter `direction = "left"` in der Funktion shade_p_value() angegeben, da es sich um eine einseitige Hypothese handelte, bei der eine Schlechterstellung (linke Seite, geringere Überlebenswahrscheinlichkeit) geprüft werden sollte. Da der P-Wert größer ist als das Signifikanzniveau von 0,05 oder 5 %, wird die H_{04} nicht verworfen. Es gab wohl keine schlechtere Überlebenswahrscheinlichkeit der Passagiere in der 1. Klasse, die nicht allein durch Zufall zu erklären ist.

Hypothesentests

```
#- Deskriptive Statistik---------------------------------------------------
require(titanic)                              # Paket erforderlich

## Loading required package: titanic

titanic<-titanic_train[,c(1:3,5)]             # Variablenanzahl reduzieren
head(titanic)                                 # Anzeige

##    PassengerId Survived Pclass    Sex
## 1            1        0      3   male
## 2            2        1      1 female
## 3            3        1      3 female
## 4            4        1      1 female
## 5            5        0      3   male
## 6            6        0      3   male

titanic$Pclass.1 <-                           # 1.Klasse=1, sonst=0
  case_when(titanic$Pclass == 1 ~ "1",
    between(titanic$Pclass,2,3) ~ "0")
titanic <- titanic %>%
  mutate(Survived.f=factor(Survived,levels=c(0,1),labels=c("Died","Survived")),
         Survived=as.numeric(Survived),
         Sex = factor(Sex),
         Pclass = factor(Pclass),
         Pclass.1=factor(Pclass.1,levels=c(0,1),labels=c("Class 2+3","Class 1")))
head(titanic)                                 # Anzeige

##    PassengerId Survived Pclass    Sex Pclass.1 Survived.f
## 1            1        0      3   male Class 2+3       Died
## 2            2        1      1 female   Class 1   Survived
## 3            3        1      3 female Class 2+3   Survived
## 4            4        1      1 female   Class 1   Survived
## 5            5        0      3   male Class 2+3       Died
## 6            6        0      3   male Class 2+3       Died

abs<-table(titanic$Survived)
addmargins(abs)

##
##   0   1 Sum
## 549 342 891

rel<-100*prop.table(abs)                      # Relative Häufigkeit
rel

##
##         0         1
## 61.61616 38.38384

mw<-rel[2]/100                                # Durchschnittliche
                                              # Überlebenswahrscheinlichkeit
titanic %>%                                   # Bar-Chart
  ggplot(aes(x = Sex, fill = Survived.f)) +
  geom_bar(width = 0.4) +
  theme_classic() +
  labs(title="Survival Rates",x=NULL,y="Passenger count")
```

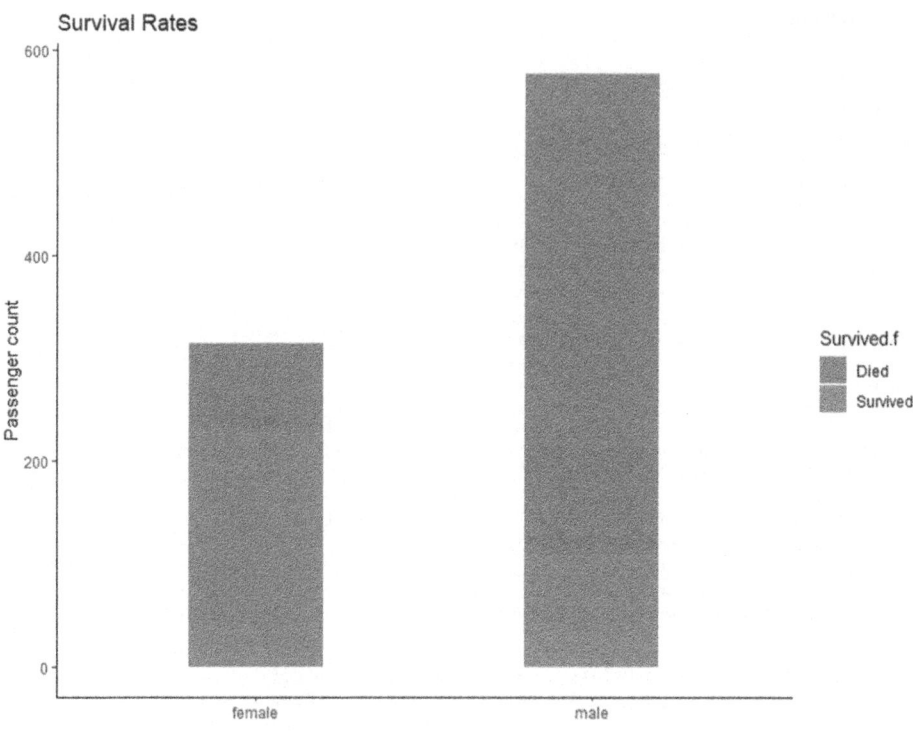

Survival Rates

```
abs<-table(titanic$Sex,titanic$Survived.f)        # Absolute Häufigkeit
addmargins(abs)

##
##           Died Survived Sum
##   female    81      233 314
##   male     468      109 577
##   Sum      549      342 891

rel<-100*prop.table(abs)                          # Relative Häufigkeit
addmargins(rel)

##
##               Died   Survived        Sum
##   female  9.090909  26.150393  35.241302
##   male   52.525253  12.233446  64.758698
##   Sum    61.616162  38.383838 100.000000

round(100*prop.table(abs,margin=1),2)             # Relative Häufigkeit je Zeile

##
##          Died Survived
##   female 25.80    74.20
##   male   81.11    18.89

titanic %>%
  ggplot(aes(x = Pclass, fill = Survived.f)) +
  geom_bar(width = 0.4) +
  theme_classic() +
  labs(title="Survival rates by Passenger Class",x=NULL,y="Passenger count")
```

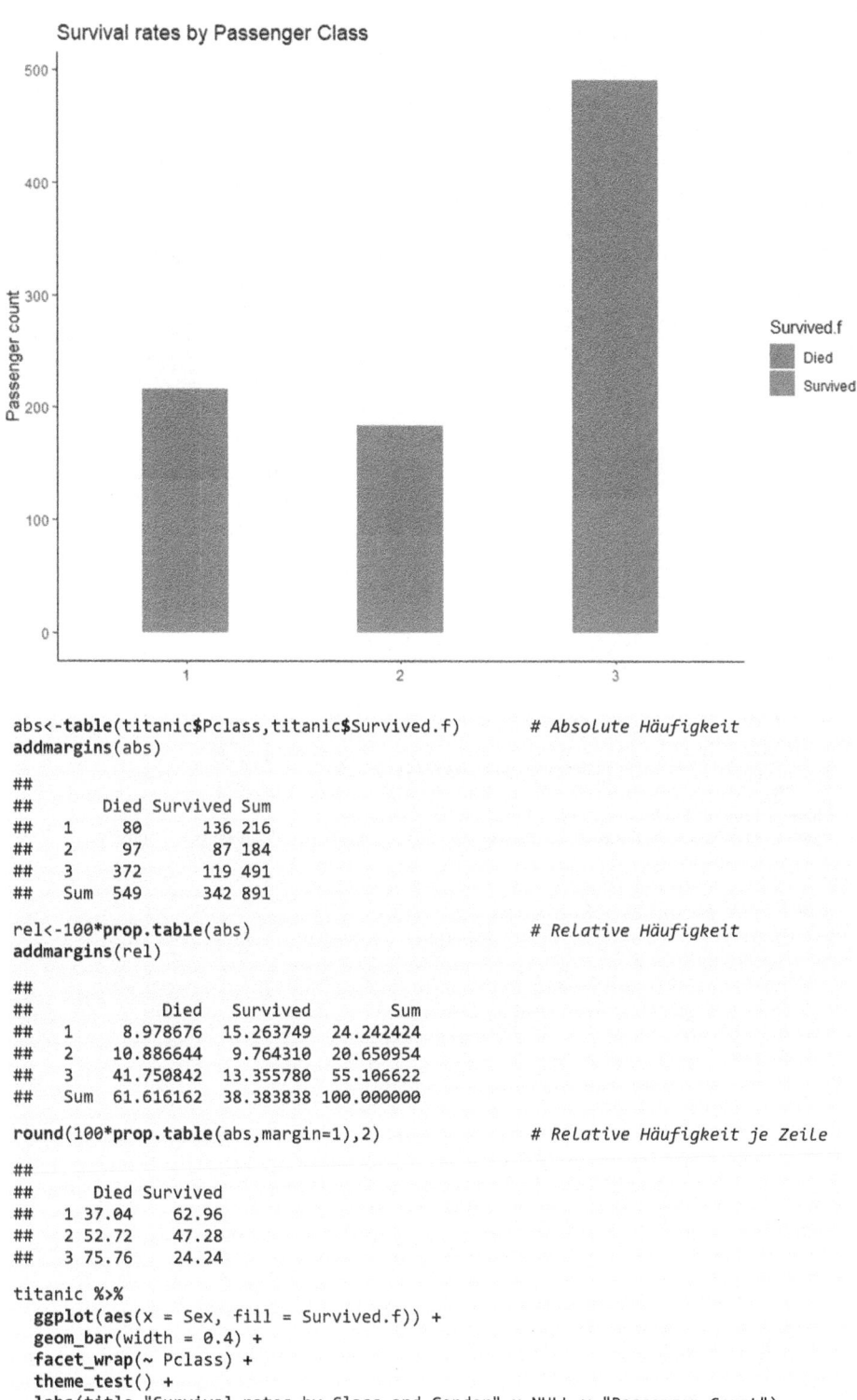

```
abs<-table(titanic$Pclass,titanic$Survived.f)      # Absolute Häufigkeit
addmargins(abs)

##
##       Died Survived Sum
## 1       80      136 216
## 2       97       87 184
## 3      372      119 491
## Sum    549      342 891

rel<-100*prop.table(abs)                           # Relative Häufigkeit
addmargins(rel)

##
##            Died   Survived        Sum
## 1      8.978676  15.263749  24.242424
## 2     10.886644   9.764310  20.650954
## 3     41.750842  13.355780  55.106622
## Sum   61.616162  38.383838 100.000000

round(100*prop.table(abs,margin=1),2)              # Relative Häufigkeit je Zeile

##
##       Died Survived
## 1 37.04      62.96
## 2 52.72      47.28
## 3 75.76      24.24

titanic %>%
  ggplot(aes(x = Sex, fill = Survived.f)) +
  geom_bar(width = 0.4) +
  facet_wrap(~ Pclass) +
  theme_test() +
  labs(title="Survival rates by Class and Gender",x=NULL,y="Passenger Count")
```

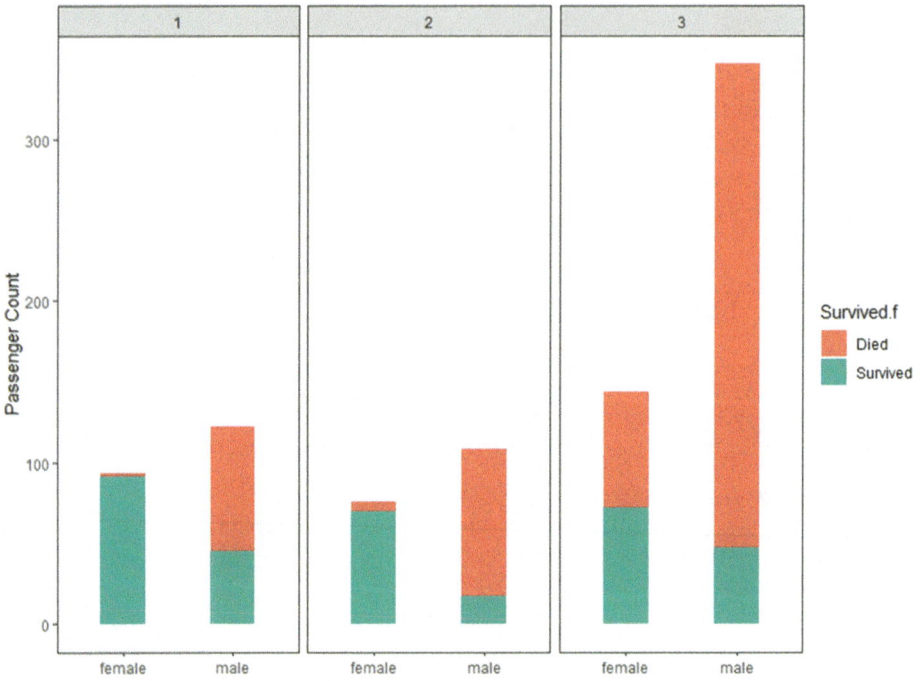

```
titanic %>%
  ggplot(aes(x = Pclass.1, fill = Survived.f)) +
  geom_bar(width = 0.4) +
  theme_classic() +
  labs(title="Survival rates by Passenger Class",x=NULL,y="Passenger count")
```

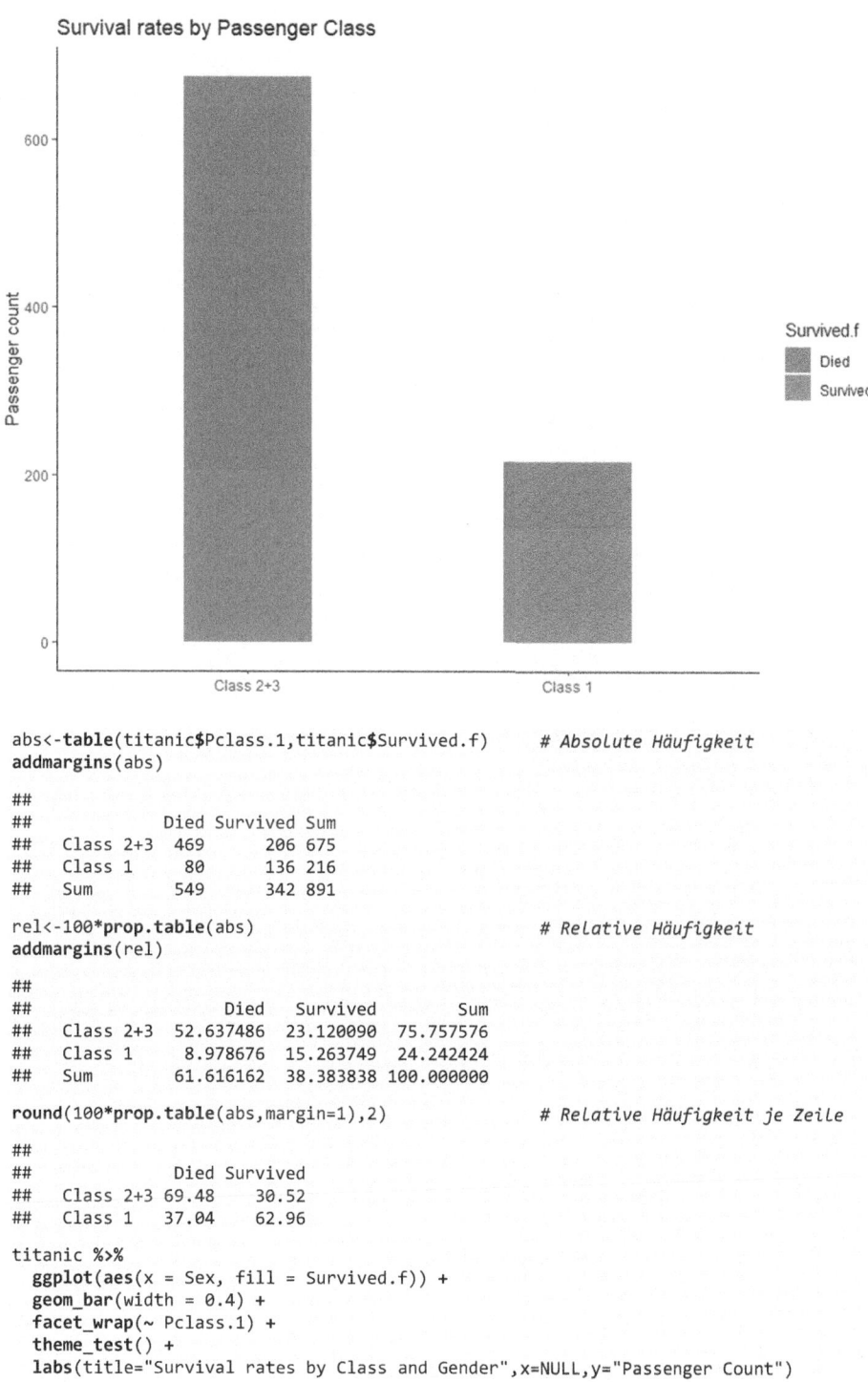

```
abs<-table(titanic$Pclass.1,titanic$Survived.f)    # Absolute Häufigkeit
addmargins(abs)

##
##              Died Survived Sum
##   Class 2+3   469      206 675
##   Class 1      80      136 216
##   Sum         549      342 891

rel<-100*prop.table(abs)                           # Relative Häufigkeit
addmargins(rel)

##
##                  Died   Survived        Sum
##   Class 2+3 52.637486  23.120090  75.757576
##   Class 1    8.978676  15.263749  24.242424
##   Sum       61.616162  38.383838 100.000000

round(100*prop.table(abs,margin=1),2)              # Relative Häufigkeit je Zeile

##
##              Died Survived
##   Class 2+3 69.48    30.52
##   Class 1   37.04    62.96

titanic %>%
  ggplot(aes(x = Sex, fill = Survived.f)) +
  geom_bar(width = 0.4) +
  facet_wrap(~ Pclass.1) +
  theme_test() +
  labs(title="Survival rates by Class and Gender",x=NULL,y="Passenger Count")
```

Survival rates by Class and Gender

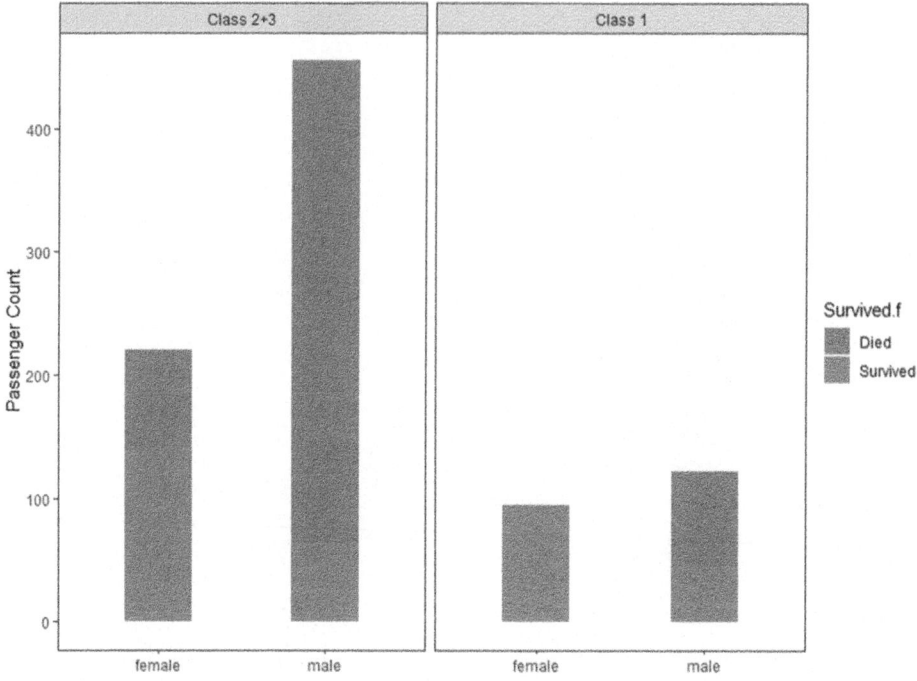

```
#- Hypothesentest 01----------------------------------------------------------------
require(infer)
titanic.infer<-specify(titanic,formula=Survived.f~Sex,success="Survived") %>%
  hypothesize(null = "independence") %>%
  generate(reps = 1000, type = "permute")
titanic.null<-specify(titanic,formula=Survived.f~Sex,success="Survived") %>%
  hypothesize(null = "independence") %>%
  generate(reps = 1000, type = "permute") %>%
  calculate(stat = "diff in props", order=c("female", "male"))
titanic.null
```

```
## # A tibble: 1,000 x 2
##    replicate      stat
##        <int>     <dbl>
## 1          1 -0.00258
## 2          2 -0.0173
## 3          3  0.0171
## 4          4 -0.0223
## 5          5 -0.0468
## 6          6  0.00233
## 7          7  0.0515
## 8          8 -0.0370
## 9          9 -0.00750
## 10        10 -0.0567
## # ... with 990 more rows
```

```
titanic.diffprop<-specify(titanic,formula=Survived.f~Sex,success="Survived") %>%
  calculate(stat = "diff in props", order=c("female", "male"))
titanic.diffprop                                      # Differenz der Geschlechter
```

```
## # A tibble: 1 x 1
##    stat
##   <dbl>
## 1 0.553
```

```
p1<-visualize(titanic.null, bins = 10) +               # Null
  shade_p_value(obs_stat = titanic.diffprop, direction = "both")
p1 + labs(subtitle="Test Hypothesis H01")
```

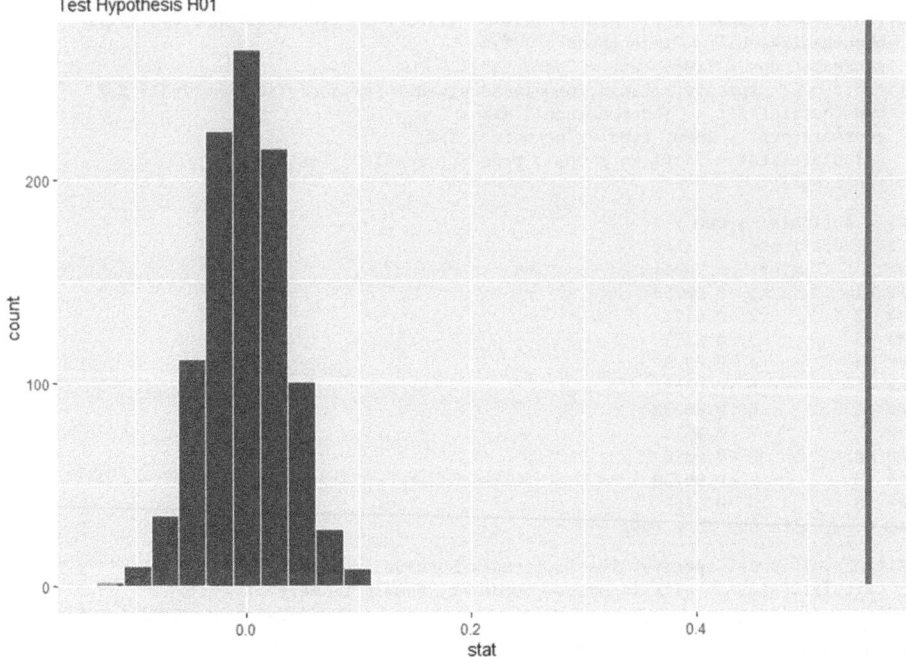

Simulation-Based Null Distribution
Test Hypothesis H01

```
get_p_value(titanic.null, obs_stat = titanic.diffprop, direction = "both")

## Warning: Please be cautious in reporting a p-value of 0. This result is an
## approximation based on the number of `reps` chosen in the `generate()` step. See
## `?get_p_value()` for more information.

## # A tibble: 1 x 1
##   p_value
##     <dbl>
## 1       0

#- Konfidenzintervall 01 anzeigen-------------------------------------------------
bs.titanic.infer<-specify(titanic,formula=Survived.f~Sex,success="Survived") %>%
  generate(reps = 1000, type = "bootstrap") %>%
  calculate(stat = "diff in props", order=c("female", "male"))
bs.titanic.ci95<- get_confidence_interval(bs.titanic.infer,
                                          level=0.95,type="percentile")
bs.titanic.ci95

## # A tibble: 1 x 2
##   lower_ci upper_ci
##      <dbl>    <dbl>
## 1    0.491    0.610

p2<-visualize(bs.titanic.infer) +
    shade_confidence_interval(endpoints=bs.titanic.ci95)
p2 + labs(subtitle="Confidence Interval Hypothesis H01")
```

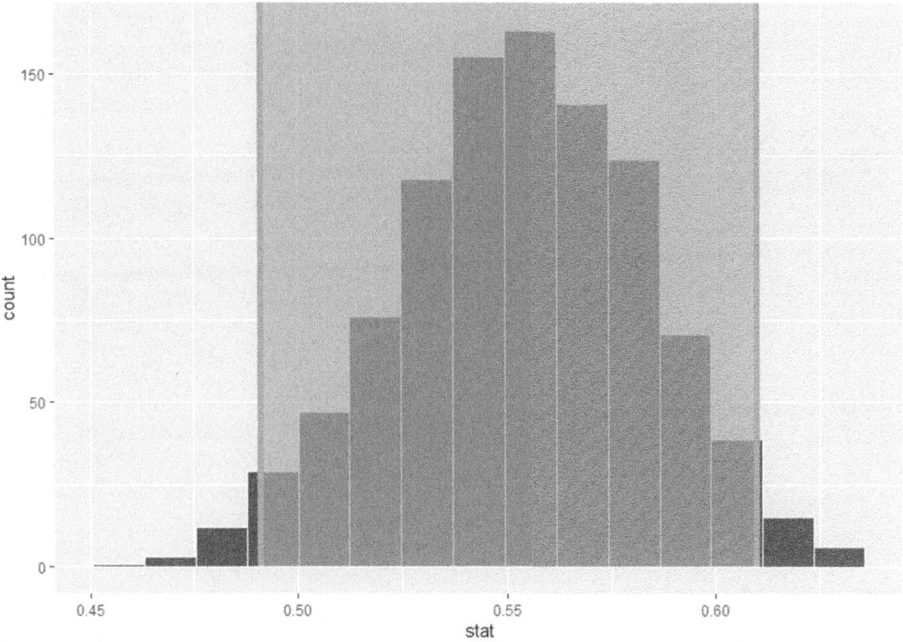

Simulation-Based Bootstrap Distribution

Confidence Interval Hypothesis H01

```
#- Hypothesentest 02----------------------------------------------------------------
titanic.female<-filter(titanic,Sex=="female")
titanic.null<-specify(titanic.female,response=Survived) %>%
  hypothesize(null = "point", mu = 0.38) %>%
  generate(reps = 1000, type = "bootstrap") %>%
  calculate(stat = "mean")
titanic.null

## # A tibble: 1,000 x 2
##    replicate  stat
##        <int> <dbl>
## 1          1 0.377
## 2          2 0.393
## 3          3 0.351
## 4          4 0.361
## 5          5 0.367
## 6          6 0.370
## 7          7 0.383
## 8          8 0.370
## 9          9 0.345
## 10        10 0.421
## # ... with 990 more rows

titanic.diffprop<-specify(titanic.female,response=Survived) %>%
  calculate(stat = "mean")
titanic.diffprop                               # Mittelwert für Frauen

## # A tibble: 1 x 1
##    stat
##   <dbl>
## 1 0.742

p1<-visualize(titanic.null, bins = 10) +       # Null
  shade_p_value(obs_stat = titanic.diffprop, direction = "right")
p1 + labs(subtitle="Test Hypothesis H02")
```

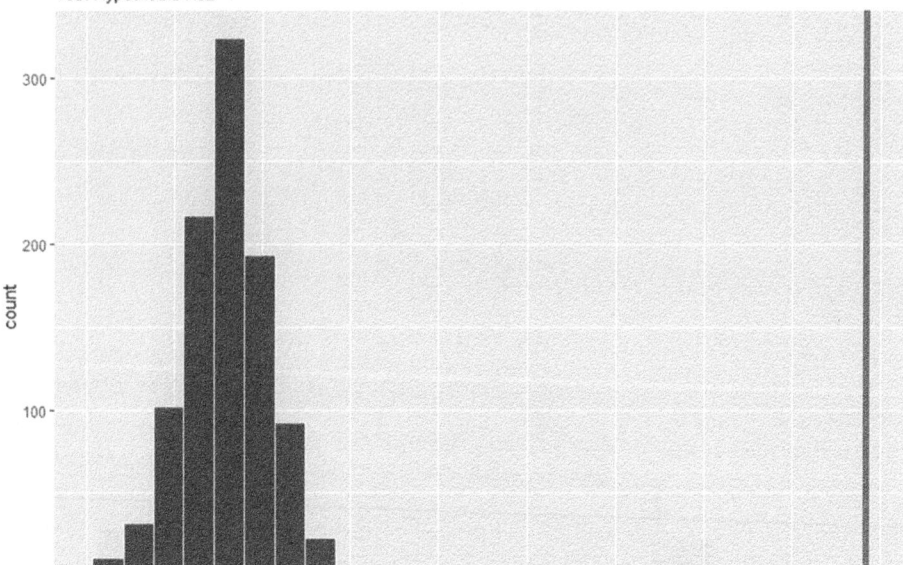

Simulation-Based Null Distribution
Test Hypothesis H02

```
get_p_value(titanic.null, obs_stat = titanic.diffprop, direction = "right")

## Warning: Please be cautious in reporting a p-value of 0. This result is an
## approximation based on the number of `reps` chosen in the `generate()` step. See
## `?get_p_value()` for more information.

## # A tibble: 1 x 1
##    p_value
##      <dbl>
## 1        0

#- Konfidenzintervall 02 anzeigen---------------------------------------------
bs.titanic.infer<-specify(titanic.female,response=Survived) %>%
  generate(reps = 1000, type = "bootstrap") %>%
  calculate(stat = "mean")
bs.titanic.ci95<- get_confidence_interval(bs.titanic.infer,
                              level=0.95,type="percentile")
bs.titanic.ci95

## # A tibble: 1 x 2
##    lower_ci upper_ci
##       <dbl>    <dbl>
## 1     0.691    0.787

p2<-visualize(bs.titanic.infer) +
     shade_confidence_interval(endpoints=bs.titanic.ci95)
p2 + labs(subtitle="Confidence Interval Hypothesis H02")
```

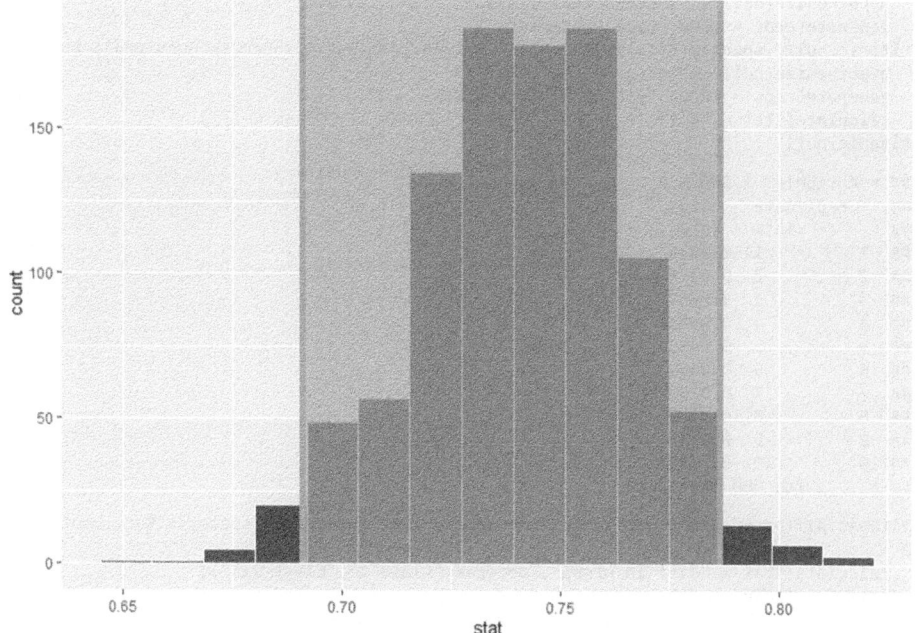

```
#- Hypothesentest 03----------------------------------------------------------------
titanic.infer<-specify(titanic,formula=Survived.f~Pclass.1,success="Survived") %>%
  hypothesize(null = "independence") %>%
  generate(reps = 1000, type = "permute")
titanic.null<-specify(titanic,formula=Survived.f~Pclass.1,success="Survived") %>%
  hypothesize(null = "independence") %>%
  generate(reps = 1000, type = "permute") %>%
  calculate(stat = "diff in props", order=c("Class 1","Class 2+3"))
titanic.null

## # A tibble: 1,000 x 2
##    replicate    stat
##        <int>   <dbl>
## 1          1 -0.0239
## 2          2 -0.0178
## 3          3 -0.0667
## 4          4 -0.0483
## 5          5 -0.0422
## 6          6  0.0189
## 7          7  0.0250
## 8          8 -0.0239
## 9          9  0.0433
## 10        10 -0.0239
## # ... with 990 more rows

titanic.diffprop<-specify(titanic,formula=Survived.f~Pclass.1,success="Survived") %>
%
  calculate(stat = "diff in props", order=c("Class 1","Class 2+3"))
titanic.diffprop                                          # Differenz der Klassen

## # A tibble: 1 x 1
##     stat
##    <dbl>
## 1 0.324

p1<-visualize(titanic.null, bins = 10) +              # Null
  shade_p_value(obs_stat = titanic.diffprop, direction = "right")
p1 + labs(subtitle="Test Hypothesis H03")
```

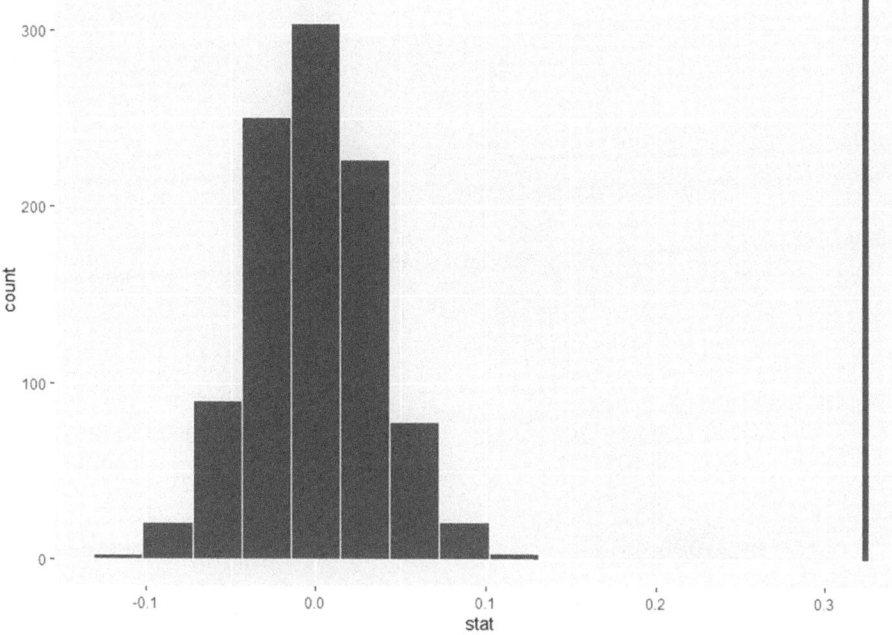

Simulation-Based Null Distribution

Test Hypothesis H03

```
get_p_value(titanic.null, obs_stat = titanic.diffprop, direction = "right")
```

```
## Warning: Please be cautious in reporting a p-value of 0. This result is an
## approximation based on the number of `reps` chosen in the `generate()` step. See
## `?get_p_value()` for more information.
```

```
## # A tibble: 1 x 1
##   p_value
##     <dbl>
## 1       0
```

```
#- Konfidenzintervall 03 anzeigen--------------------------------------------------
bs.titanic.infer<-specify(titanic,formula=Survived.f~Pclass.1,success="Survived") %>
%
  generate(reps = 1000, type = "bootstrap") %>%
  calculate(stat = "diff in props", order=c("Class 1","Class 2+3"))
bs.titanic.ci95<- get_confidence_interval(bs.titanic.infer,
                                          level=0.95,type="percentile")
bs.titanic.ci95
```

```
## # A tibble: 1 x 2
##   lower_ci upper_ci
##      <dbl>    <dbl>
## 1    0.255    0.395
```

```
p2<-visualize(bs.titanic.infer) +
    shade_confidence_interval(endpoints=bs.titanic.ci95)
p2 + labs(subtitle="Confidence Interval Hypothesis H03")
```

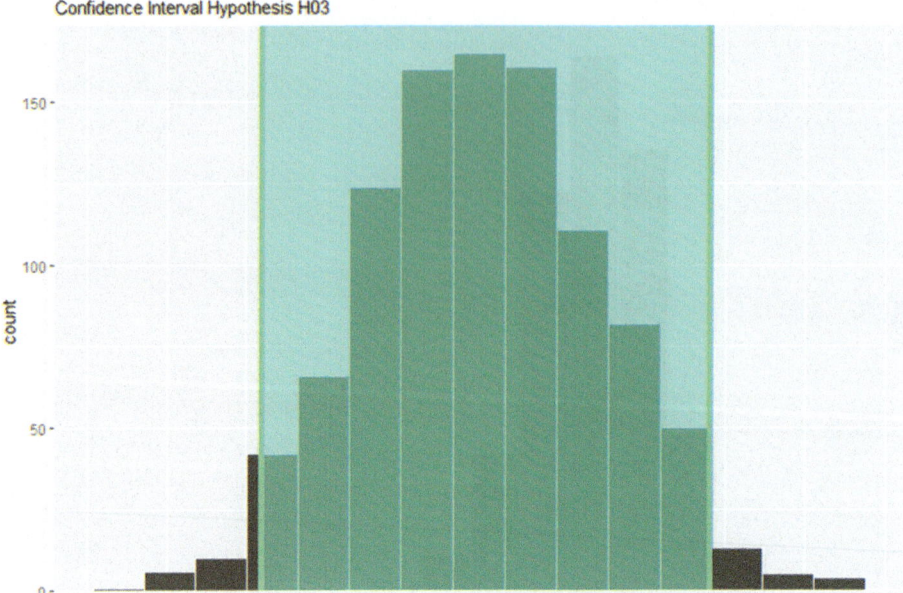

Simulation-Based Bootstrap Distribution
Confidence Interval Hypothesis H03

```
#- Hypothesentest 04------------------------------------------------------------
titanic.infer<-specify(titanic,formula=Survived.f~Pclass.1,success="Survived") %>%
  hypothesize(null = "independence") %>%
  generate(reps = 1000, type = "permute")
titanic.null<-specify(titanic,formula=Survived.f~Pclass.1,success="Survived") %>%
  hypothesize(null = "independence") %>%
  generate(reps = 1000, type = "permute") %>%
  calculate(stat = "diff in props", order=c("Class 1","Class 2+3"))
titanic.null

## # A tibble: 1,000 x 2
##    replicate      stat
##      <int>      <dbl>
## 1          1 -0.0117
## 2          2  0.0311
## 3          3  0.0189
## 4          4 -0.0117
## 5          5 -0.0117
## 6          6 -0.0300
## 7          7  0.0128
## 8          8  0.0433
## 9          9  0.0128
## 10        10 -0.00556
## # ... with 990 more rows

titanic.diffprop<-specify(titanic,formula=Survived.f~Pclass.1,success="Survived") %>
%
  calculate(stat = "diff in props", order=c("Class 1","Class 2+3"))
titanic.diffprop                                      # Differenz der Klassen

## # A tibble: 1 x 1
##     stat
##    <dbl>
## 1 0.324

p1<-visualize(titanic.null, bins = 10) +              # Null
  shade_p_value(obs_stat = titanic.diffprop, direction = "left")
p1 + labs(subtitle="Test Hypothesis H04")
```

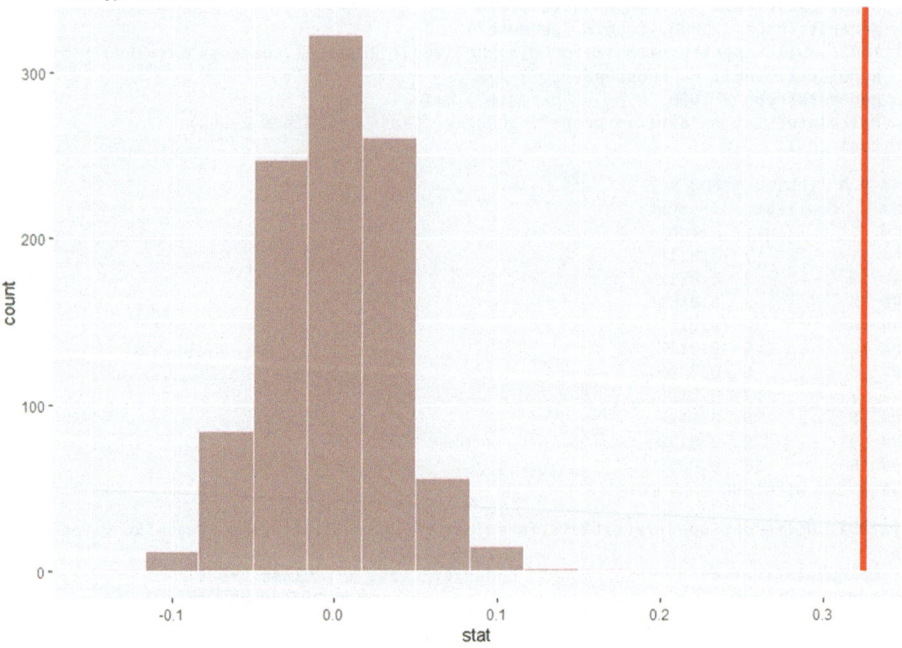

```
get_p_value(titanic.null, obs_stat = titanic.diffprop, direction = "left")

## # A tibble: 1 x 1
##   p_value
##     <dbl>
## 1       1
```

4.3.3.1 Fehlertoleranz

Bei den Hypothesentests wurde bisher mit einem Signifikanzniveau von 5 % gearbeitet. Was bedeutet dies eigentlich?

Die Regel für das Verwerfen der Null-Hypothese ist, dass sie nicht verworfen wird, wenn der p-Wert größer ist als das festgelegte Signifikanzniveau alpha (α). Wenn der p-Wert dagegen kleiner ist als das festgelegte Signifikanzniveau alpha, wird die Null-Hypothese verworfen.

Wie im Falle eines Gerichtsverfahrens, wo ein Schuldiger freigesprochen wird oder ein Unschuldiger für schuldig erklärt wird, kann auch bei Hypothesentests ein falsches Ergebnis entstehen. Man spricht hier von einem Fehler von Typ I bzw. „falsch positiv" und Typ II bzw. „falsch negativ" (siehe Abb. 4.27). Der Grund für diese Fehler ist die Tatsache, dass nicht alle Daten der Population vorliegen und man daher gezwungen ist

	Nicht schuldig	Schuldig
Urteil: Nicht schuldig	Richtig	Typ II Fehler
Urteil: Schuldig	Typ I Fehler	Richtig

	H_0 wahr	H_A wahr
Testergebnis: Nicht verwerfen von H_0	Richtig	Typ II Fehler
Testergebnis: Verwerfen von H_0	Typ I Fehler	Richtig

Abb. 4.27 Fehlertypen

mit Stichproben zu arbeiten, um mit einer gewissen Ungenauigkeit auf die Population zu schließen.

Das Signifikanzniveau bestimmt, mit welcher Wahrscheinlichkeit wir den Fehler des Typen I machen, wenn wir eine Hypothese prüfen. So bewirkt ein Signifikanzniveau alpha (α) von 0,05, dass man in 5 % der Fälle den Fehler des Typen I macht und die Null-Hypothese verwirft, obwohl sie wahr ist. Bei einem Signifikanzniveau alpha (α) von 0,01 wird man nur in 1 % der Fälle den Fehler des Typen I machen und die Null-Hypothese verwerfen, obwohl sie wahr ist. Insofern bedeutet eine niedrigere (kleinerer Wert) Festlegung des Signifikanzniveaus eine verringerte Wahrscheinlichkeit den Fehler vom Typ I zu machen. Ein niedriger Wert des Signifikanzniveaus wird auch als konservativ bezeichnet, da es für die P-Werte schwerer wird, kleiner als das Signifikanzniveau zu sein und somit zu einem Verwerfen der Null-Hypothese zu führen.

4.3.3.2 Test Normalverteilung

Der **Shapiro–Wilk-Test** ist ein statistischer Signifikanztest, der die Hypothese überprüft, dass die zugrunde liegende Grundgesamtheit einer Stichprobe normalverteilt ist. Diese Prüfung ist eine Voraussetzung für einige statistische Verfahren und daher von Bedeutung.

Die Null-Hypothese nimmt an, dass eine Normalverteilung der Grundgesamtheit vorliegt. Demgegenüber unterstellt die Alternativhypothese, dass keine Normalverteilung gegeben ist. Wenn der Wert der Teststatistik W größer ist als der kritische Wert $W_{kritisch}$, wird die Null-Hypothese nicht abgelehnt und es wird angenommen, dass eine Normalverteilung vorliegt. Alternativ zu der Teststatistik W kann die Prüfung auch mithilfe des p-Werts des Tests durchgeführt werden, was im Nachfolgenden (siehe folgender Code) angewandt wird. Die Null-Hypothese wird in der Regel nicht abgelehnt, wenn der p-Wert größer ist als das festgelegte Signifikanzniveau alpha, welches üblicherweise mit 5 % definiert ist. Der p-Wert gibt die Wahrscheinlichkeit an, dass die Stichprobe tatsächlich aus einer normalverteilten Grundgesamtheit stammt (Null-Hypothese ist wahr). Je kleiner der p-Wert ist, desto kleiner ist die Wahrscheinlichkeit, dass eine derartige Stichprobenziehung bei einer normalverteilten Grundgesamtheit vorkäme. Ein p-Wert von 0 sagt aus, dass es 0 % wahrscheinlich ist, und ein p-Wert von 1, dass es 100 % wahr-scheinlich ist, eine solche Stichprobe zu ziehen, wenn sie aus einer Normalverteilung stammte. In der Regel wird die Null-Hypothese abgelehnt, wenn der p-Wert kleiner ist als das vorgegebene Verwerfungsniveau, das üblicherweise bei 5 % liegt. Liegt der p-Wert z. B. bei $p = 0{,}4584$ über dem typischen Verwerfungsniveaus (hier: Alpha $= 0{,}05$) wie im Beispiel für die normalverteilten Zufallszahlen im folgenden Code, so wird die Null-Hypothese beibehalten, dass eine Normalverteilung vorliegt. Dagegen wird die Hypothese der Normalverteilung für die Größe der Studierenden bei einem p-Wert von 3,203e-05 verworfen.

Neben anderen bekannten Tests auf Normalverteilung, wie beispielsweise dem Kolmogorow-Smirnow-Test oder dem Chi-Quadrat-Test, zeichnet sich der Shapiro–Wilk-Test durch seine vergleichsweise hohe Teststärke aus, insbesondere bei der Über-prüfung von kleineren Stichproben mit n < 50. Der Shapiro–Wilk-Test lässt sich jedoch nur auf metrische Variablen anwenden und die Stichprobengröße muss zwischen minimal 3 und maximal 5000 liegen. In R lässt sich der Shapiro–Wilk-Text mit der Funktion shapiro.test() ausführen.

Der Test auf Normalverteilung ergibt bei mit der Funktion rnorm() erzeugten normalverteilten Zufallszahlen mit Mittelwert 5 und Standardabweichung 1 eine Bestätigung der Normalverteilung mit einem p-Wert von 0,4584. Auch das im folgenden Code angezeigte Histogramm lässt dies bereits vermuten. In dem Dataframe mtcars aus dem Paket MASS lässt sich eine Normalverteilung auch für die Variablen mpg und wt bestätigen, jedoch nicht für die Variable disp. Da eine Normalverteilung Voraussetzung für eine Pearson-Korrelationsberechnung darstellt, kann diese angewendet werden, um die Abhängigkeit des Verbrauchs (mpg) von dem Gewicht (wt) zu berechnen. Der Scatter-Plot lässt eine negative Korrelation bereits vermuten, da mit zunehmendem Gewicht die Miles per Gallon abnehmen. Der Korrelationswert bestätigt dies mit dem Wert von $-0{,}8676594$.

Test Normalverteilung

```
#- Test auf Normalverteilung für normalverteilte Zufallszahlen--------------------
set.seed(1058)                                    # Reproduzierbare Zufallszahlen
data<-data.frame(n=1:100,x=rnorm(100,mean=5,sd=1)) # Normalverteilte Daten
ggplot(data)+                                     # Histogramm
  aes(x=x)+
  labs(title="Histogramm",subtitle="Zufallszahlen",x="Wert", y="Häufigkeit")+
  geom_histogram(binwidth=0.5)
```

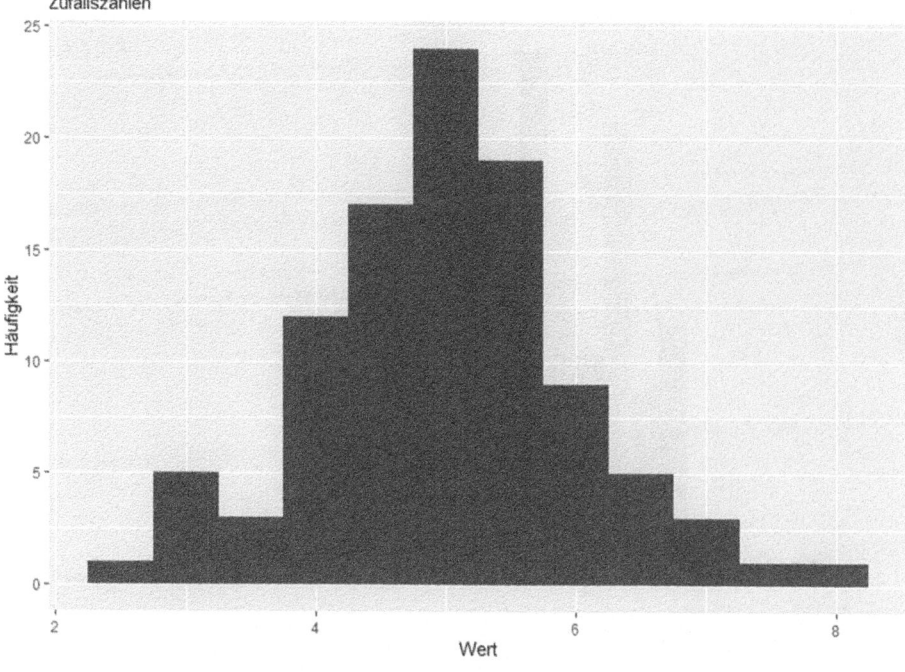

Histogramm
Zufallszahlen

```
shapiro.test(data$x)                              # Normalverteilt, p>0,05

##
##   Shapiro-Wilk normality test
##
## data:  data$x
## W = 0.9873, p-value = 0.4584

#- Test auf Normalverteilung für Größe der Studierenden------------------------
ggplot(studierende)+                              # Histogramm
  aes(x=Größe)+
  labs(title="Histogramm",subtitle="Studierende",x="Größe in cm",y="Häufigkeit")+
  geom_histogram(binwidth=2)
```

Histogramm
Studierende

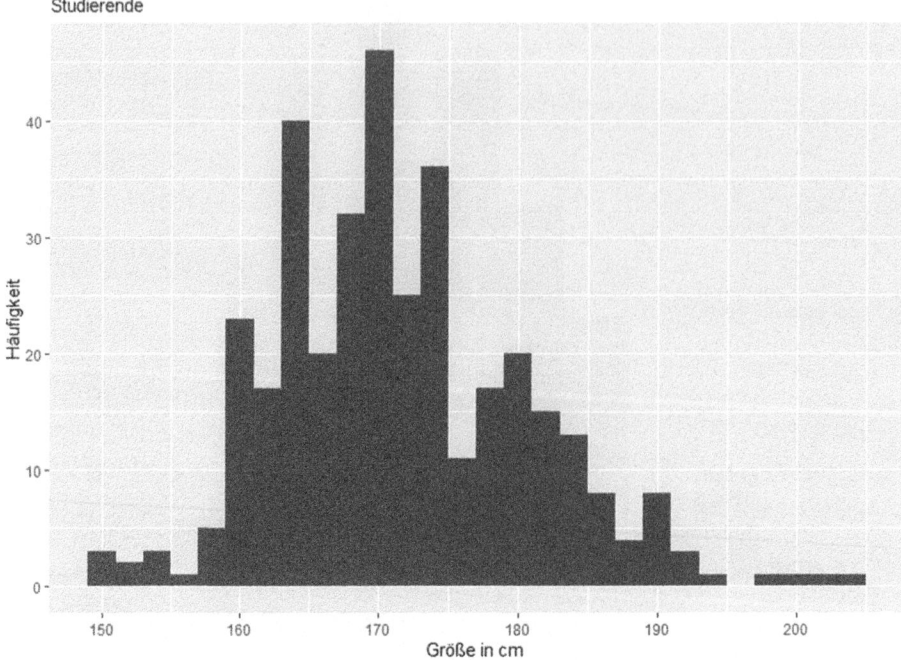

```
shapiro.test(studierende$Größe)          # Nicht normalverteilt, p<0,05

##
##  Shapiro-Wilk normality test
##
## data:  studierende$Größe
## W = 0.97823, p-value = 3.203e-05

--#- Test auf Normalverteilung für mpg, wt, disp der Autos----------------------
require(MASS)                            # Paket erforderlich

## [1] 1

data(mtcars)                             # Daten importieren aus MASS
shapiro.test(mtcars$mpg)                 # Normalverteilt, da p > 0,05

##
##  Shapiro-Wilk normality test
##
## data:  mtcars$mpg
## W = 0.94756, p-value = 0.1229

shapiro.test(mtcars$wt)                  # Normalverteilt, da p > 0,05

##
##  Shapiro-Wilk normality test
##
## data:  mtcars$wt
## W = 0.94326, p-value = 0.09265

shapiro.test(mtcars$disp)                # Nicht normalverteilt, da p < 0,
05

##
##  Shapiro-Wilk normality test
##
## data:  mtcars$disp
## W = 0.92001, p-value = 0.02081

ggplot(mtcars,                           # Dataframe
  mapping = aes(x=wt,y=mpg))  +          # x+y-Achsen
  labs(title="Scatter-Plot",
     subtitle="Abhängigkeit Verbrauch von Gewicht",
     x="Gewicht", y="Miles per Gallon")+
  geom_point(size=1.5)                   # Scatter-Plot
```

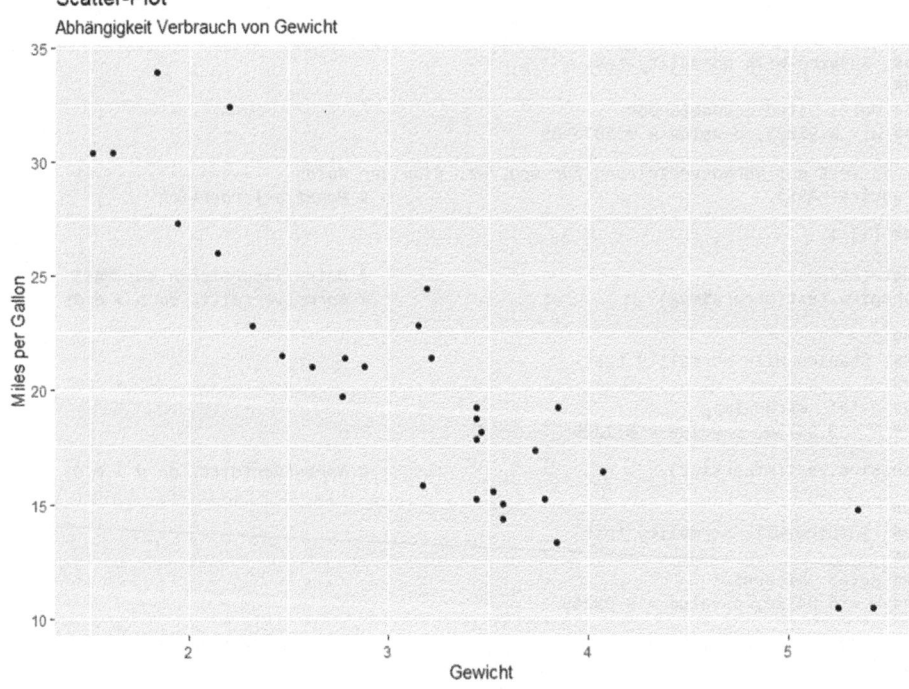

Scatter-Plot
Abhängigkeit Verbrauch von Gewicht

```
cor(mtcars$wt,mtcars$mpg)                        # Pearson Korrelation
## [1] -0.8676594
```

4.3.4 Regression

In Abschn. 4.1.4 wurde thematisiert, wie man die Abhängigkeit von metrischen
Variablen mit einem Korrelationskoeffizienten messen kann. Die **lineare
Regression** geht nun einen Schritt weiter und beschreibt eine lineare Funktion
$y = f(x) = b_0 + b_1 * x$ mit einer unabhängigen Variablen X als sogenanntem Prädiktor
oder Regressor und die abhängige Variable Y als Response oder Regressand. Die
nichtlineare Regression ist auch in der Lage Kurven abzubilden und beschreibt eine
Funktion $y = f(x) = b_0 + b_1 * x + b_n * x^n$ mit einer unabhängigen Variablen X. Wenn
man mehr als nur einen Einflussfaktor hat, verwendet man die **multiple Regression** mit
einer beliebigen Anzahl unabhängiger Variablen, z. B. X_1, X_2 und X_3 in einer Funktion
$y = f(x_1, x_2, x_3) = b_0 + b_1 * x_1 + b_2 * x_2 + b_3 * x_3$.

In der Regressionsrechnung geht es darum eine Funktion zu bestimmen, die bestmöglich die Daten beschreibt. Auf Basis dieser Funktion ist es dann möglich für beliebige Werte der unabhängigen Variablen Vorhersagen für die abhängige Variable zu machen.

Um die Parameter für die lineare Regression zu bestimmen, kann man in R die Funktion `lm()` aus dem Paket stats nutzen. Die Funktion ermittelt die Regressionsgerade so, dass die quadrierte Abweichung der durch die Funktion beschriebenen Punkte mit den real vorliegenden Werten minimal ist, die Funktion die Daten also bestmöglich beschreibt. Die Funktion `coef()` aus dem gleichen Paket zeigt die berechneten Koeffizienten b_0 für die Schnittstelle mit der Y-Achse (Intercept) und b_1 die Steigung der Geraden an bzw. den Koeffizienten für die unabhängige Variable, z. B. `coef(lm(mpg ~ wt, data = mtcars))`. Im Paket moderndive existiert die Funktion `get_regression_table()`, welche neben dem Intercept und dem Koeffizienten auch noch den Standardfehler, den p-Wert und das Konfidenzintervall in den Variablen lower_ci und upper_ci angibt. Der Standardfehler hängt von der Stichprobengröße ab, wie bereits in Abschn. 4.3.1 beschrieben, und sinkt mit zunehmender Größe der Stichprobe. Besonders der p-Wert kann verwendet werden, um Hypothesentests durchzuführen.

Um die Regressionsgerade anzuzeigen, können die Funktionen `geom_abline()` oder `geom_smooth()` verwendet werden, z. B. `geom_abline(intercept = 37.3, slope = -5.34)` oder `geom_smooth(method = "lm", se = FALSE)`.

Die Genauigkeit der Regressionsfunktion lässt sich anzeigen. Die Funktion `get_regression_points()` aus dem Paket moderndive erlaubt die Abweichungen der durch die Funktion geschätzten Werte von den realen Werten anzuzeigen.

Der Nutzen der Regression liegt besonders in der Vorhersagefähigkeit. Die Vorhersagefunktion kann dann mit der Funktion `predict.lm()` verwendet werden. Das lineare Regressionsmodell muss als erster Parameter übergeben werden, z. B. `modell.lm<-lm(mpg ~ wt, data = mtcars)` und ein Dataframe mit den Werten, für welche eine Vorhersage erfolgen soll, wird als zweiter Parameter verwendet, z. B. `wt.werte <- data.frame(wt=c(1,2,3,4,5,3.245))`. Anschließend kann die Funktion mit diesen Parametern aufgerufen werden, z. B. `predict.lm(modell.lm,wt.werte)`. Das Ergebnis ist dann die Vorhersage der Miles per Gallon für die Werte des Dataframes wt.werte, z. B. die Vorhersage, dass ein Auto mit dem Gewicht von 3245 Pfund etwa 19,94 Miles per Gallon erreichen wird.

Die multiple Regression funktioniert ganz ähnlich, wenn eine numerische und eine kategoriale Variable als unabhängige Variable verwendet werden. In diesem Fall wird eine Regressionsfunktion ermittelt, die im multidimensionalen Raum (je unabhängiger Variable eine Dimension) die Abweichung der durch die Funktion beschriebenen Punkte mit den real vorliegenden Werten minimiert. In R kann erneut die Funktion `lm()` verwendet werden, um die Koeffizienten zu ermitteln.

Wenn in dem Beispiel mit den Autos jetzt neben dem Gewicht (wt) auch die PS (hp) als unabhängige Variable betrachtet werden sollen, um den Verbrauch (mpg) vorherzusagen, dann kann die multiple Regression angewendet werden, um zwei Funktionen in Abhängigkeit der Ausprägung der Variablen hpclass (Ausprägungen: wenig PS, viel PS) zu erzeugen. Wie aus der Abbildung im folgenden Code ersichtlich ist, haben Autos mit wenig PS einen geringeren Verbrauch (mehr mpg) als die Autos mit viel PS. Die berechneten Koeffizienten für die multiple Regressionsfunktion sind 25 für $b_{0 \text{ für viel PS}}$, die Schnittstelle mit der Y-Achse (Intercept) für die Autos mit viel PS und $-2,44$ für $b_{1 \text{ für viel PS}}$ den Faktor für die unabhängige Variable wt. Für die Autos mit wenig PS wird das Ergebnis der Funktion `get_regression_table()` „hpclasswenig PS" von 15,9 als Offset für das Intercept verwendet, sodass sich $b_{0 \text{ für wenig PS}}$ ergibt als die Summe von dem Intercept $25 + 15,9$. Ebenso gilt, dass $b_{1 \text{ für viel PS}}$ sich als Summe von $-2,44 + (-3,95)$ ergibt, wobei $-3,95$ wieder der Unterschied der beiden Autoklassen darstellt. Die negative Steigung für Autos mit weniger PS ist also größer.

Die multiple Regression lässt sich auch anwenden, wenn nur numerische Variablen verwendet werden. Um eine erste Idee von den Abhängigkeiten zu erhalten, lässt sich die Korrelation berechnen. Zwischen Gewicht (wt) und Verbrauch (mpg) ergibt sich $-0,87$ und zwischen PS (hp) und Verbrauch (mpg) $-0,78$ als Pearson-Korrelationswert, was aufzeigt, dass beide unabhängigen Variablen einen großen Einfluss auf den Verbrauch haben (siehe folgender Code). In der Korrelationsmatrix ist zusätzlich erkennbar, dass die beiden Variablen wt und hp auch miteinander korreliert sind mit einem Faktor von 0,66, was als hohe Kollinearität zwischen den beiden unabhängigen Variablen bezeichnet wird. In R kann erneut die Funktion `lm()` verwendet werden, um die Koeffizienten zu ermitteln. Die Koeffizienten sind diesmal 37,2 für b_0 $-3,88$ für b_1 für die Variable Gewicht und $-0,032$ für b_2 für die Variable PS. Erneut kann die Funktion `predict()` für eine Vorhersage verwendet werden. Für ein Auto mit 2000 Pfund Gewicht und 300 PS lässt sich ein Verbrauchswert von 19,93 Miles per Gallon vorhersagen.

Vorhersagen basierend auf Regressionsfunktionen lassen sich in vielen Kontexten anwenden, um zum Beispiel vorherzusagen, wie sich eine Preiserhöhung auf den Umsatz auswirkt oder die Dosis einer Medikation auf den Heilungserfolg. Regression ist daher eine der grundlegenden Funktionen der induktiven Statistik.

Regression

```
#- Lineare Regression------------------------------------------------------
p1<-ggplot(mtcars,                              # Dataframe
        mapping = aes(x=wt,y=mpg))  +           # x+y-Achsen
      labs(title="Scatter-Plot",
              subtitle="Abhängigkeit Verbrauch von Gewicht",
              x="Gewicht in 1000lbs (1000lbs=453kg)", y="Miles per Gallon")+
      geom_point(size=1.5)                      # Scatter-Plot
p1
```

Scatter-Plot

Abhängigkeit Verbrauch von Gewicht

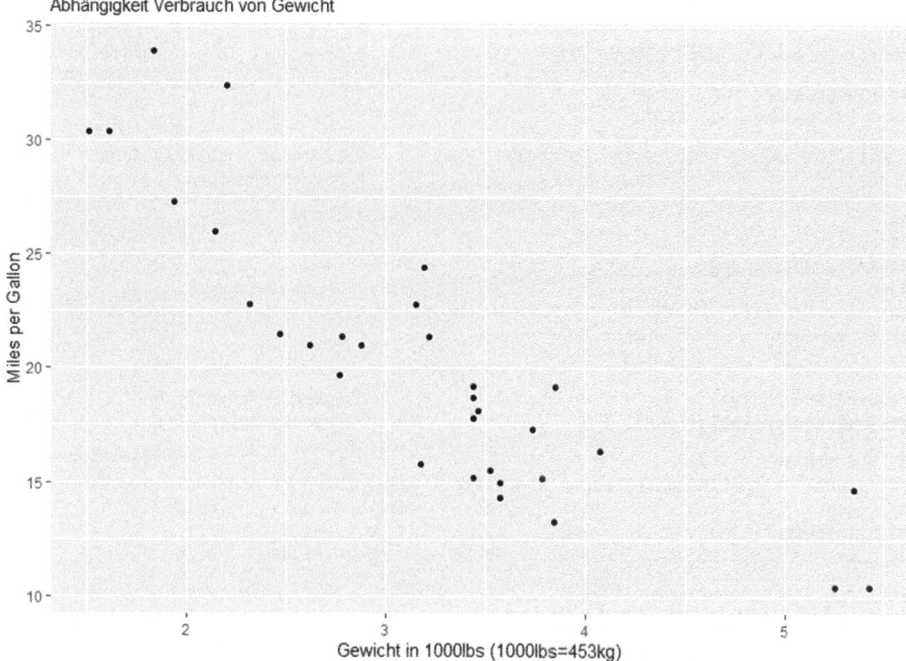

```
cor(mtcars$wt,mtcars$mpg)                      # Pearson Korrelation

## [1] -0.8676594

coef(lm(mpg ~ wt, data = mtcars))              # Berechnet Intercept+Steigung

## (Intercept)          wt
##   37.285126   -5.344472

modell.lm<-lm(mpg ~ wt, data = mtcars)         # Lineares Modell speichern
modell.lm                                      # Modell anzeigen

##
## Call:
## lm(formula = mpg ~ wt, data = mtcars)
##
## Coefficients:
## (Intercept)          wt
##      37.285       -5.344

require(moderndive)                            # Paket erforderlich
get_regression_table(modell.lm)                # Regressionstabelle

## # A tibble: 2 x 7
##   term      estimate std_error statistic p_value lower_ci upper_ci
##   <chr>        <dbl>     <dbl>     <dbl>   <dbl>    <dbl>    <dbl>
## 1 intercept    37.3      1.88      19.9       0     33.4     41.1
## 2 wt           -5.34     0.559     -9.56      0     -6.49    -4.20

get_regression_points(modell.lm)

## # A tibble: 32 x 5
##       ID   mpg    wt mpg_hat residual
##    <int> <dbl> <dbl>   <dbl>    <dbl>
## 1      1    21  2.62    23.3    -2.28
## 2      2    21  2.88    21.9    -0.92
## 3      3  22.8  2.32    24.9    -2.09
## 4      4  21.4  3.22    20.1     1.30
## 5      5  18.7  3.44    18.9     -0.2
## 6      6  18.1  3.46    18.8   -0.693
## 7      7  14.3  3.57    18.2    -3.90
## 8      8  24.4  3.19    20.2     4.16
## 9      9  22.8  3.15    20.4     2.35
## 10    10  19.2  3.44    18.9      0.3
## # ... with 22 more rows

p1 + geom_abline(intercept = 37.3, slope = -5.34)  # Anzeige Regressionsfunktion
```

Scatter-Plot

Abhängigkeit Verbrauch von Gewicht

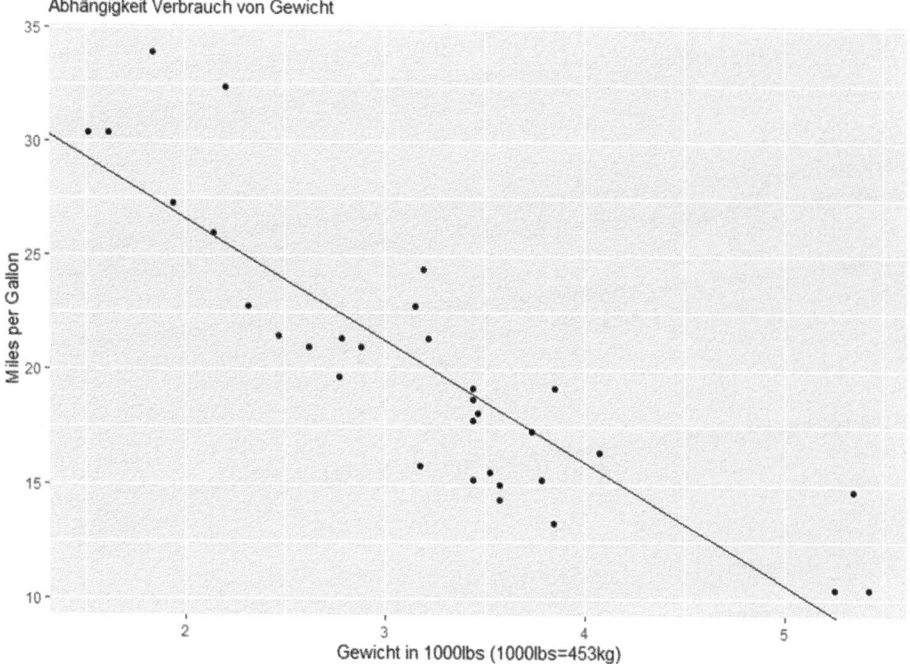

```
p1 + geom_smooth(method = "lm", se = FALSE)        # Anzeige Regressionsfunktion
## `geom_smooth()` using formula 'y ~ x'
```

Scatter-Plot

Abhängigkeit Verbrauch von Gewicht

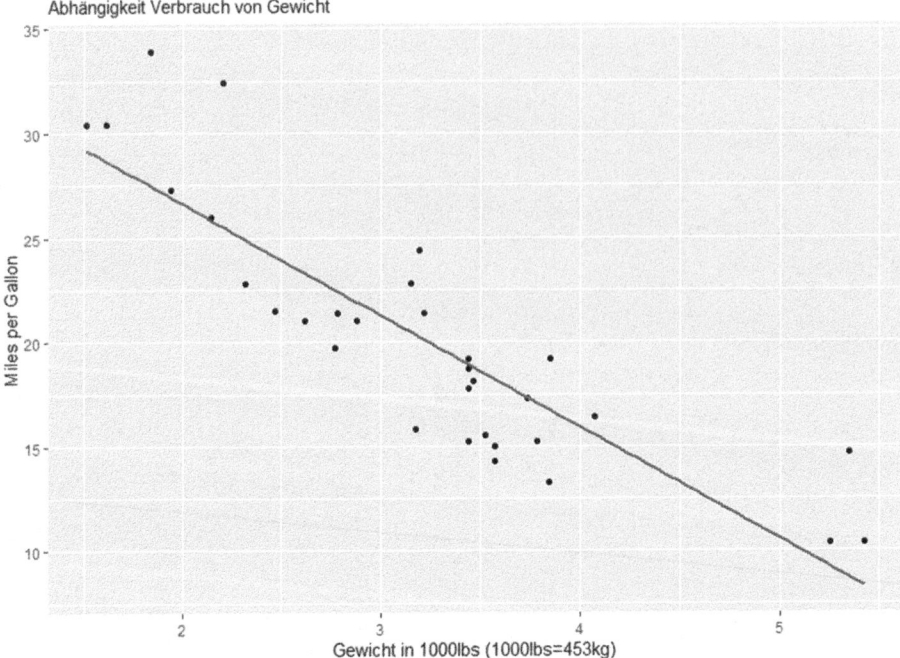

Gewicht in 1000lbs (1000lbs=453kg)

```
wt.werte <- data.frame(wt=c(1,2,3,4,5,3.245))     # Werte für Vorhersage
predict.lm(modell.lm,wt.werte)                    # Ergebnisse der Vorhersage

##        1        2        3        4        5        6
## 31.94065 26.59618 21.25171 15.90724 10.56277 19.94232

require(moderndive)
get_regression_table(modell.lm)

## # A tibble: 2 x 7
##   term      estimate std_error statistic p_value lower_ci upper_ci
##   <chr>        <dbl>     <dbl>     <dbl>   <dbl>    <dbl>    <dbl>
## 1 intercept    37.3      1.88      19.9       0     33.4     41.1
## 2 wt           -5.34     0.559     -9.56       0    -6.49    -4.20

#- Multiple Regression eine Kategoriale und eine Numerische unabhängige Variable--
mtcars$hpclass <-                                 # Viel und wenig PS
  case_when(mtcars$hp < 150 ~ "wenig PS",
    between(mtcars$hp,150,500) ~ "viel PS")
p1<-ggplot(mtcars,                                # Dataframe
      mapping = aes(x=wt,y=mpg,color=hpclass))  + # Variablen
      labs(title="Scatter-Plot",
           subtitle="Abhängigkeit Verbrauch von Gewicht und PS",
           x="Gewicht in 1000lbs (1000lbs=453kg)", y="Miles per Gallon",
           color="PS")+
   geom_point() +                                 # Scatter-Plot
   geom_smooth(method = "lm", se = FALSE)         # Regression
p1

## `geom_smooth()` using formula 'y ~ x'
```

.

Scatter-Plot

Abhängigkeit Verbrauch von Gewicht und PS

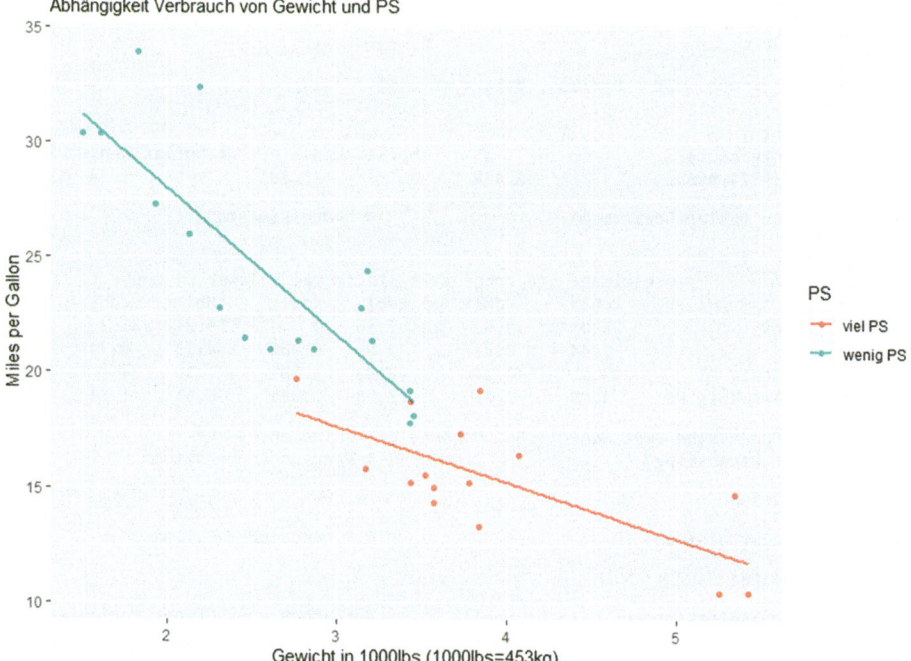

```
modell.mr1<-lm(mpg ~ wt * hpclass, data = mtcars) # Multiples Modell speichern
modell.mr1                                        # Modell anzeigen

##
## Call:
## lm(formula = mpg ~ wt * hpclass, data = mtcars)
##
## Coefficients:
##        (Intercept)                  wt     hpclasswenig PS   wt:hpclasswenig PS
##             24.956              -2.438              15.881               -3.953

get_regression_table(modell.mr1)                   # Regressionstabelle

## # A tibble: 4 x 7
##   term                estimate std_error statistic p_value lower_ci upper_ci
##   <chr>                  <dbl>     <dbl>     <dbl>   <dbl>    <dbl>    <dbl>
## 1 intercept              25.0       3.3      7.56       0     18.2     31.7
## 2 wt                    -2.44     0.827     -2.95   0.006    -4.13   -0.745
## 3 hpclasswenig PS        15.9      4.14      3.83   0.001     7.39     24.4
## 4 wt:hpclasswenig PS    -3.95      1.25     -3.16   0.004    -6.51    -1.39

#- Multiple Regression zwei Numerische unabhängige Variablen----------------------
cor(mtcars$wt,mtcars$mpg)                          # Pearson Korrelation

## [1] -0.8676594

cor(mtcars$hp,mtcars$mpg)                          # Pearson Korrelation

## [1] -0.7761684

mtcars<-dplyr::select(mtcars,c(wt,hp,mpg))         # Löschen unwichtiger Variablen
require(corrr)                                      # Paket erforderlich

## Loading required package: corrr

fashion(shave(rearrange(correlate(mtcars))))       # Korrelationstabelle

##
## Correlation method: 'pearson'
## Missing treated using: 'pairwise.complete.obs'

##   term   wt   hp mpg
## 1   wt
## 2   hp  .66
## 3  mpg -.87 -.78

p1<-ggplot(mtcars,                                 # Dataframe
    mapping = aes(x=wt,y=mpg)) +                   # Variablen
    labs(title="Scatter-Plot",
        subtitle="Abhängigkeit Verbrauch von Gewicht",
        x="Gewicht in 1000lbs (1000lbs=453kg)", y="Miles per Gallon")+
  geom_point() +                                   # Scatter-Plot
  geom_smooth(method = "lm", se = FALSE)           # Regression
p2<-ggplot(mtcars,                                 # Dataframe
    mapping = aes(x=hp,y=mpg)) +                   # Variablen
    labs(title="Scatter-Plot",
        subtitle="Abhängigkeit Verbrauch von PS",
        x="Horsepower", y="Miles per Gallon")+
  geom_point() +                                   # Scatter-Plot
  geom_smooth(method = "lm", se = FALSE)           # Regression
gridExtra::grid.arrange(p1,p2,ncol=2)

## `geom_smooth()` using formula 'y ~ x'
## `geom_smooth()` using formula 'y ~ x'
```

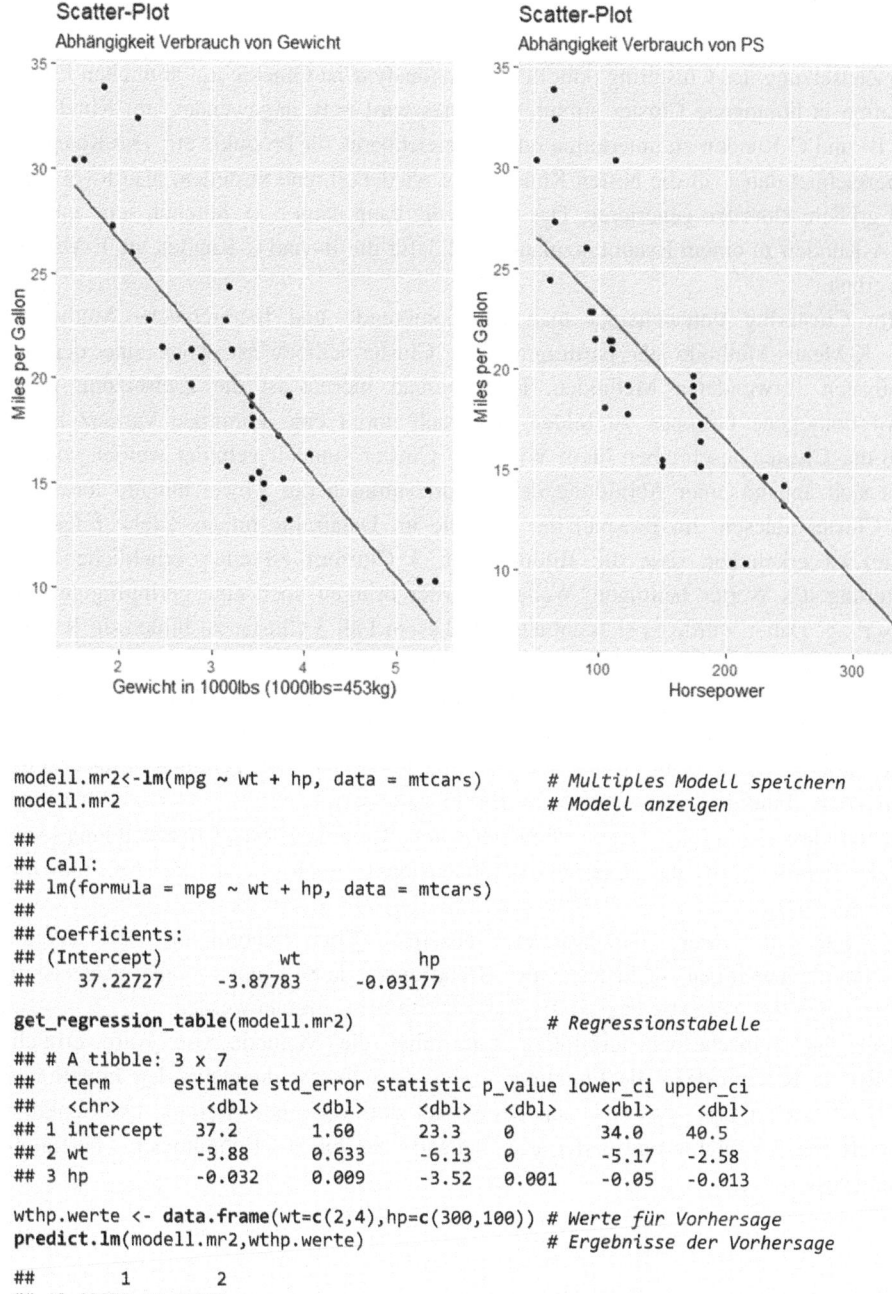

```
modell.mr2<-lm(mpg ~ wt + hp, data = mtcars)    # Multiples Modell speichern
modell.mr2                                        # Modell anzeigen

##
## Call:
## lm(formula = mpg ~ wt + hp, data = mtcars)
##
## Coefficients:
## (Intercept)            wt              hp
##    37.22727       -3.87783       -0.03177

get_regression_table(modell.mr2)                  # Regressionstabelle

## # A tibble: 3 x 7
##    term      estimate std_error statistic p_value lower_ci upper_ci
##    <chr>       <dbl>     <dbl>     <dbl>    <dbl>    <dbl>    <dbl>
## 1 intercept   37.2      1.60     23.3       0      34.0     40.5
## 2 wt          -3.88     0.633    -6.13      0      -5.17    -2.58
## 3 hp          -0.032    0.009    -3.52     0.001   -0.05    -0.013

wthp.werte <- data.frame(wt=c(2,4),hp=c(300,100)) # Werte für Vorhersage
predict.lm(modell.mr2,wthp.werte)                 # Ergebnisse der Vorhersage

##         1        2
## 19.93972 18.53865
```

4.3.5   Clustering

Die Zielsetzung des Clustering oder der Clusteranalyse ist Objekte mit ähnlichen Eigenschaften in homogene Cluster aufzuteilen. Dies wird z. B. angewendet, um Kunden in A-, B- und C-Kunden zu unterteilen oder vergleichbares für Produkte etc. Die Kategorie A bezeichnet dabei oft die besten Kunden, die wiederkehrend bestellen, also loyal sind, und größere Umsätze generieren. Das Clustering kann dann z. B. nützlich sein, um nur die A-Kunden zu einem Event einzuladen und dafür die B- und C-Kunden via E-Mail zu bewerben.

Im Clustering unterscheidet man partitionierende und hierarchische Methoden. Die K-Means-Methode als partitionierende Clustermethode ist wohl eine der am häufigsten verwendeten Methoden. Entscheidend hierbei ist die Zielsetzung möglichst homogene Gruppen zu bilden, was sich durch eine minimale Varianz innerhalb der Cluster beschreiben lässt. Wie viele Cluster sinnvoll gebildet werden sollten, lässt sich anhand einer Abbildung der Quadratsummen der Abweichungen innerhalb der Cluster ablesen. Im Beispiel der Modelle im Dataframe mtcars (siehe folgender Code) ist erkennbar, dass die Bildung von 3 Clustern zu einer erheblichen Verringerung des Wertes beitragen. Weitere Cluster bringen noch eine geringfügige Verbesserung. Daher würde es sich anbieten in diesem Fall 3 Cluster zu bilden. In R kann die Funktion `kmeans()` zur Erstellung der Cluster verwendet werden. Um die Cluster grafisch auszugeben, eignet sich die Funktion `clusplot()` aus dem Paket cluster. Für jedes der gebildeten Cluster existiert auch ein Zentrum, welches sich z. B. für das zuvor mit der Anweisung `fit2 <- kmeans(mycars, 2)` gebildete Cluster mithilfe der Funktion `aggregate(mycars,by=list(fit2$cluster),FUN=mean)` angeben lässt. Da in diesem Beispiel drei Variablen zur Clusterbildung verwendet wurden, ist das Cluster dreidimensional, auch wenn die Anzeige mit `clusplot(mycars,fit2$cluster,color=T,shade=T,labels=2,lines=0)` dies nur in zwei Dimensionen anzeigt. Eine Zuordnung der Autos zu dem jeweiligen Cluster im Dataframe kann über die Anweisung `mycars <- data.frame(mycars, fit2$cluster)` erreicht werden.

Eine hierarchische Clusterbildung kann über die Methode von Ward erreicht werden. In R kann dazu die Funktion `hclust()` in Verbindung mit den Funktionen `rect.hclust()` und `cutree()` aus dem Paket stats verwendet werden. Die Funktion etabliert eine Hierarchie und bildet anschließend eine durch den Parameter `k` bestimmbaren Cluster.

Clustering

```
#- Clustering mit Kmeans----------------------------------------------------
mycars<-dplyr::select(mtcars,c(wt,hp,mpg))          # Löschen unwichtiger Variablen
abw.cluster <- (nrow(mycars)-1)*sum(apply(mycars,2,var)) # Optimale Anzahl Cluster
for (i in 2:10) abw.cluster[i] <-
   sum(kmeans(mycars,centers=i)$withinss)          # withinss=Sum of Squares in Cluster
plot(1:10, abw.cluster, type="b", xlab="Anzahl Cluster",
      ylab="Quadratsumme der Abweichungen innerhalb der Cluster")
```

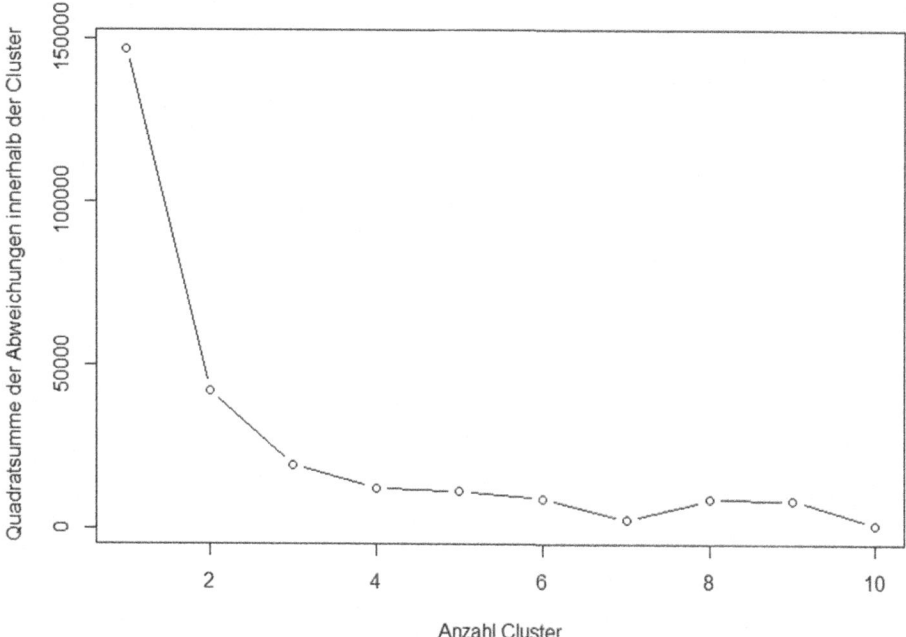

```
fit2 <- kmeans(mycars, 2)                      # K-Means Cluster Analyse: 2 Cluster
fit3 <- kmeans(mycars, 3)                      # K-Means Cluster Analyse: 3 Cluster
fit5 <- kmeans(mycars, 5)                      # K-Means Cluster Analyse: 5 Cluster
library(cluster)                                              # Paket erforderlich
clusplot(mycars,fit2$cluster,color=T,shade=T,labels=2,lines=0)# Anzeige
```

CLUSPLOT(mycars)

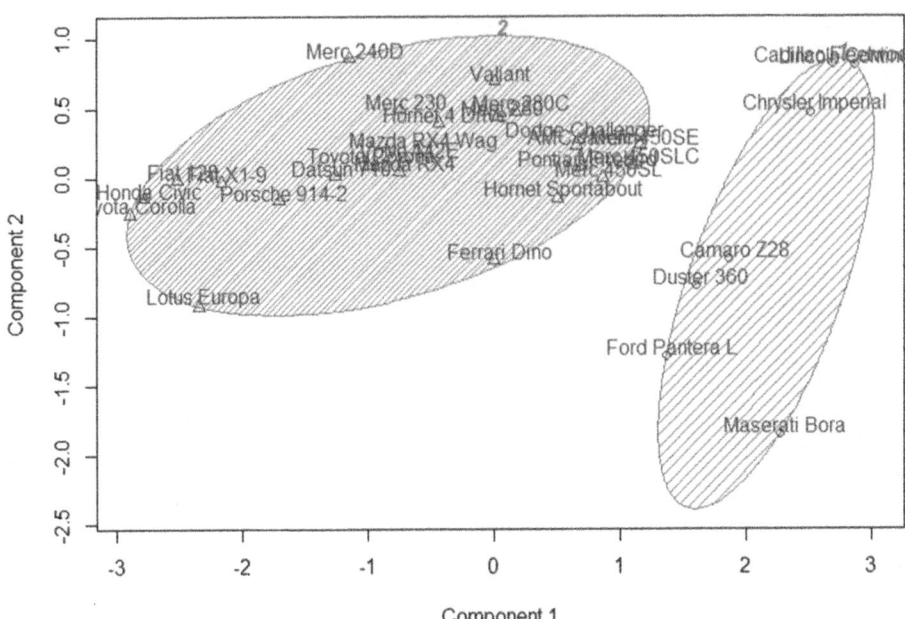

Component 1
These two components explain 96.34 % of the point variability.

```
aggregate(mycars,by=list(fit2$cluster),FUN=mean)   # Cluster Zentrum im n-dim. Raum

##    Group.1       wt       hp       mpg
## 1        1 4.309857 248.4286 13.41429
## 2        2 2.911320 118.2000 21.96000

mycars <- data.frame(mycars, fit2$cluster)          # Cluster Zuordnung in Dataframe
clusplot(mycars,fit3$cluster,color=T,shade=T,labels=2,lines=0)
```

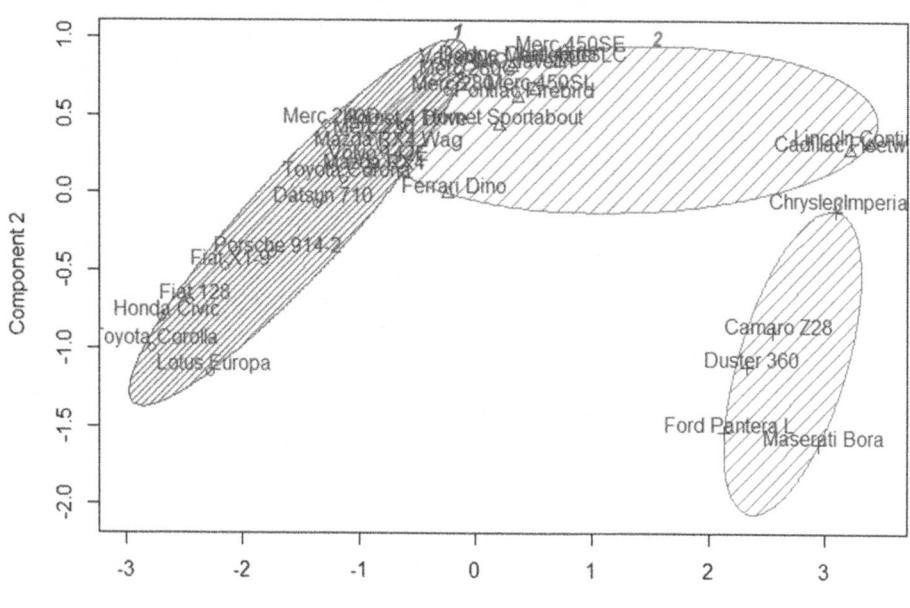

CLUSPLOT(mycars)

Component 1

These two components explain 92.27 % of the point variability.

```
aggregate(mycars,by=list(fit3$cluster),FUN=mean)  # Cluster Zentrum im n-dim. Raum

##    Group.1    wt        hp       mpg fit2.cluster
## 1       1 2.599588 93.52941 24.22353         2.0
## 2       2 3.926400 178.50000 15.80000        1.8
## 3       3 3.899000 263.80000 14.62000        1.0

mycars <- data.frame(mycars, fit3$cluster)         # Cluster Zuordnung in Dataframe
clusplot(mycars,fit5$cluster,color=T,shade=T,labels=2,lines=0)
```

CLUSPLOT(mycars)

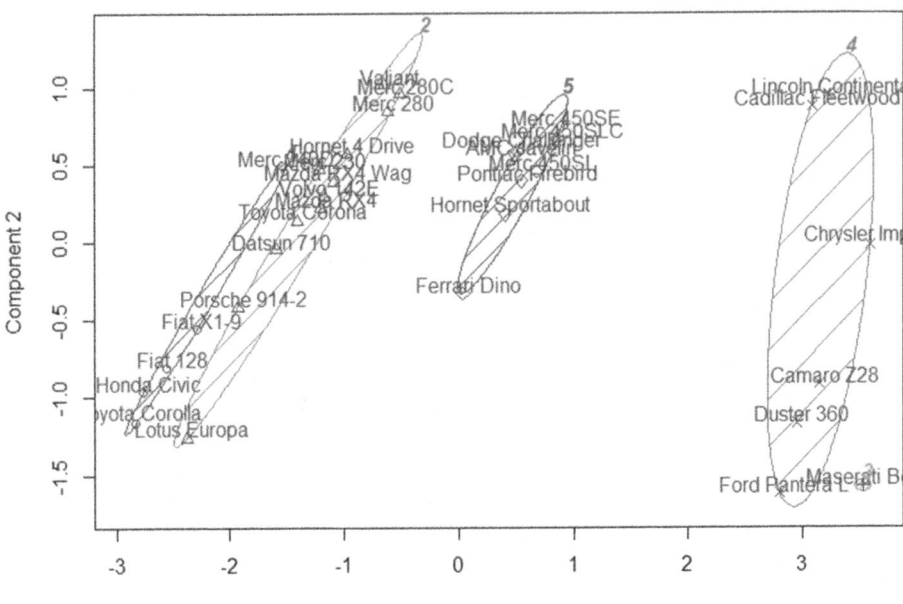

Component 1

These two components explain 91.15 % of the point variability.

```
aggregate(mycars,by=list(fit5$cluster),FUN=mean)   # Cluster Zentrum im n-dim. Raum

##     Group.1       wt       hp   mpg fit2.cluster fit3.cluster
## 1         1 2.155000  62.2000 29.68            2     1.000000
## 2         2 2.784833 106.5833 21.95            2     1.000000
## 3         3 3.570000 335.0000 15.00            1     3.000000
## 4         4 4.433167 234.0000 13.15            1     2.666667
## 5         5 3.573750 170.6250 17.15            2     2.000000

mycars <- data.frame(mycars, fit5$cluster)         # Cluster Zuordnung in Dataframe
head(mycars)

##                      wt  hp  mpg fit2.cluster fit3.cluster fit5.cluster
## Mazda RX4          2.620 110 21.0            2            1            2
## Mazda RX4 Wag      2.875 110 21.0            2            1            2
## Datsun 710         2.320  93 22.8            2            1            2
## Hornet 4 Drive     3.215 110 21.4            2            1            2
## Hornet Sportabout  3.440 175 18.7            2            2            5
## Valiant            3.460 105 18.1            2            1            2

#- Clustering mit Ward Hierarchie---------------------------------------------------
distanz <- dist(mycars, method = "euclidean")      # Distanzmatrix
fit.ward <- hclust(distanz, method="ward.D")
plot(fit.ward)                                      # Dendogramm anzeigen
cluster <- cutree(fit.ward, k=3)                    # Dendogramm in 3 Cluster teilen
cluster                                             # Clusterzuordnung
```

```
##               Mazda RX4       Mazda RX4 Wag          Datsun 710      Hornet 4 Drive
##                       1                   1                   1                   1
##         Hornet Sportabout             Valiant          Duster 360           Merc 240D
##                       2                   1                   3                   1
##                 Merc 230            Merc 280            Merc 280C           Merc 450SE
##                       1                   1                   1                   2
##                Merc 450SL         Merc 450SLC  Cadillac Fleetwood Lincoln Continental
##                       2                   2                   3                   3
##         Chrysler Imperial            Fiat 128         Honda Civic      Toyota Corolla
##                       3                   1                   1                   1
##             Toyota Corona    Dodge Challenger          AMC Javelin          Camaro Z28
##                       1                   2                   2                   3
##          Pontiac Firebird            Fiat X1-9        Porsche 914- 2        Lotus Europa
##                       2                   1                   1                   1
##            Ford Pantera L         Ferrari Dino        Maserati Bora          Volvo 142E
##                       3                   2                   3                   1
```

rect.hclust(fit.ward, k=3, border="blue")   *# Dendogramm mit Clustern zeigen*

Cluster Dendrogram

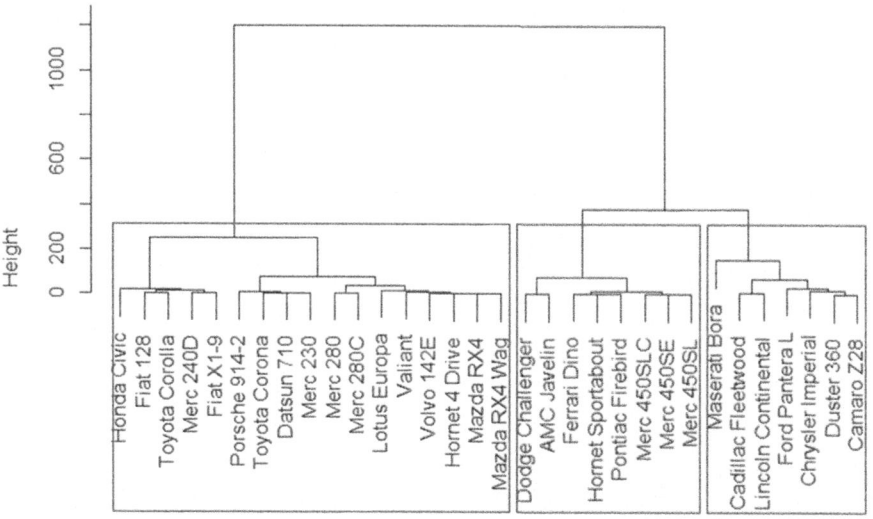

distanz
hclust (*, "ward.D")

Literatur

Cleff, T. (2019). *Angewandte Induktive Statistik und Statistische Testverfahren: Eine computergestützte Einführung mit Excel, SPSS und Stata.* Wiesbaden: Springer Gabler.

Hertweck, D., & Kinitzki, M. (2015). Datenorientierung statt Bauchentscheidung: Führungs- und Organisationskultur in der datenorientierten Unternehmung. In J. Dorschel, *Praxishandbuch Big Data: Wirtschaft, Recht, Technik* (S. 19–20). Wiesbaden: Springer Gabler.

Lauth, B., & Sareiter, J. (2005). *Wissenschaftliche Erkenntnis: Eine ideengeschichtliche Einführung in die Wissenschaftstheorie* (2. Ausg.). Paderborn: Mentis.

Ausblick Machine Learning & Künstliche Intelligenz

5

Der Begriff der Künstlichen Intelligenz (KI) kann sehr missverständlich sein. Künstliche Intelligenz basiert letztlich auf Algorithmen, die von Menschen programmiert wurden und unterscheidet sich nur in einem wesentlichen Aspekt von herkömmlichen Computerprogrammen, nämlich dass die Programme mithilfe der Algorithmen selbst lernen können, was als Machine Learning bezeichnet wird.

Dem Programm wird vorgegeben, wie es lernen soll. Anschließend werden ihm Daten zur Verfügung gestellt, anhand derer es lernen kann, z. B. indem es versucht ein Muster zu erkennen oder die Korrelation von Attributen und Verhaltensalternativen zu ermitteln. So lernt der Computer mit jedem weiteren Datensatz dazu. Autonomes Fahren erlernt ein Computer zum Beispiel dadurch, dass ein Auto zunächst von einem Menschen gesteuert wird und das Programm die relevanten Daten aufzeichnet und analysiert und wenn „ausreichend" gelernt wurde, dann kann dieses Erfahrungswissen angewendet werden, um das Fahrverhalten des Fahrers nachzuahmen. Durch die Qualität und Anzahl der Sensoren kann es sogar möglich sein, dass der Computer einem menschlichen Fahrer in gewissen Situationen überlegen ist, z. B. beim Rückwärts-Einparken mit mehreren Kameras und Entfernungssensoren. Künstliche Intelligenz kann gewisse Aufgaben daher besser und andere schlechter als ein Mensch lösen.

Zunächst den Begriff der Intelligenz besser zu verstehen, hilft bei der Beantwortung der Frage, an welchen Stellen die sogenannte Künstliche Intelligenz denn Vorteile verspricht und an welchen Stellen man von ihr keinen Beitrag erwarten sollte. Howard Gardner (2008) von der Harvard University unterscheidet Intelligenz wie folgt in:

- Sprachlich-linguistische Intelligenz
- Logisch-mathematische Intelligenz
- Musikalisch-rhythmische Intelligenz
- Bildlich-räumliche Intelligenz

© Der/die Autor(en), exklusiv lizenziert durch Springer Fachmedien Wiesbaden GmbH, ein Teil von Springer Nature 2021
B. Heesen, *Data Science und Statistik mit R*, https://doi.org/10.1007/978-3-658-34825-0_5

- Körperlich-kinästhetische Intelligenz
- Naturalistische Intelligenz
- Interpersonale Intelligenz oder auch Soziale Intelligenz
- Intrapersonelle Intelligenz

Künstliche Intelligenz hat erkennbarerweise nicht viel mit menschlicher Intelligenz zu tun. So argumentieren auch Mueller und Massaron (2018), dass Computer rational agieren, basierend auf den erlernten Mustern, Faktoren und beobachtbarem Verhalten. Menschliche Intelligenz beinhaltet darüber hinaus jedoch auch Instinkte und Intuition. Außerdem werden Entscheidungen von Menschen häufig nicht rational getroffen und ignorieren oft sogar verfügbare Daten, anders als die Entscheidungslogik, die i. d. R. in Computern hinterlegt ist. Das zeigt bereits auf, dass Künstliche Intelligenz ganz anders funktioniert als die Intelligenz des Menschen.

KI verbessert heute schon unser Leben in vielen Anwendungsbereichen wie der Kreditkartenmissbrauchserkennung oder bei Telefonauskünften, die mithilfe von Telefonanlagen immer sich wiederholt auftretende Anfragen automatisiert beantworten kann, oder auch die Erkennung von Schadsoftware durch Virenerkennungsanwendungen. Eine weitere nützliche Anwendung gibt es im Bereich von aktiven Prothesen, die sich automatisch an die Bedürfnisse der Patienten anpassen (Shaer, 2014). Auch das Überwachen der Medikation von Patienten, sodass diese ihre Medikamente zur richtigen Zeit und in der korrekten Dosierung erhalten, hat sich bewährt und sowohl die Kosten reduziert als auch die medizinische Versorgung von Patienten optimiert und damit lebensbedrohende Situationen zu vermeiden geholfen (Müller & Massaron, 2018).

In Großbritannien wurde z. B. ein KI-System mit Daten von knapp 300.000 Patienten mit Herzerkrankungen und Herzinfarkten trainiert (Rittershaus, 2020). Es sollte herausfinden, ob die Herzerkrankungen im Vorfeld hätten erkannt werden können. Das Ergebnis war, dass es die Erkrankung teilweise signifikant besser vorhersagen konnte, als dies durch Menschen möglich war. Es nutzte dabei auch Indikatoren, die auf den Checklisten der Ärzte nicht zu finden waren und erkannte eigenständig neue, wertvolle Zusammenhänge. Ob in der Medizin oder bei der Identifikation von Motivatoren für die Kaufentscheidung oder der Berechnung der Preissensitivität eines Kunden, die Anwendung von KI ist endlos.

Natürlich nutzen auch die Assistenten wie Alexa, Siri und Cortana bei der Sprachverarbeitung Künstliche Intelligenz.

KI basiert letztlich auf Statistik, insbesondere den Methoden der induktiven Statistik, von denen es eine Vielzahl gibt, und auf Data Science zur Programmierung dieser Algorithmen zum Machine Learning. Natürlich konnte ich nur ausgewählte Verfahren und Algorithmen der induktiven Statistik in diesem Buch behandeln. Neue, immer bessere Methoden entstehen gefühlt schneller als man sie lesen, verstehen und anwenden kann. Daher gilt es auch für jeden individuell zu unterscheiden, was besonders nützlich ist.

Wie leistungsfähig KI jedoch ist, das zeigt sich immer wieder aufs Neue, wenn über Innovationen berichtet wird, wie in dem folgenden Beispiel: „Als AlphaGo 2016 die besten Go-Spieler (Go ist ein hochkomplexes strategisches Brettspiel) der Welt deklassierte, ging ein Ruck durch die KI-Community. Denn Go ist erheblich komplexer als Schach und aufgrund der Vielzahl möglicher Züge nicht durch brachiale Rechenleistung zu meistern. In den Analysen der Wettkampfpartien zwischen AlphaGo und seinen menschlichen Gegenspielern machte es diverse Manöver, die von beobachtenden Experten als völlig überraschend bezeichnet wurden. Es waren Manöver, die ein Mensch so niemals spielen würde. Doch AlphaGo hat offensichtlich während seiner Millionen von Trainings-Partien, die er gegen sich selbst spielte, neue Manöver entdeckt, die funktionieren" (Rittershaus, 2020).

Anwendungsfälle von KI in der Industrie (Bitkom, 2019) werden jeden Tag neu gesucht und gefunden. Dazu zählen u. a. die Erkennung von Schlaglöchern basierend auf Fahrzeugdaten, die Vorhersage von Karies und dessen proaktive Behandlung mit Medikamenten anstatt zu bohren, die Vorhersage des Kaufverhaltens und der Kundensegmentierung, um Marketingmaßnahmen effektiver zu gestalten und just-in-time Preisvorschläge zu machen, welche den Umsatz deutlich erhöhen.

Weiterführende Beispiele der Anwendung von Machine Learning finden sich u. a. in dem Buch von De Bouwer (De Brouwer, 2021, S. 405). Hier wird auf Entscheidungsbäume, Random Forest, Künstliche Neuronale Netzwerke als auch überwachtes und auch unüberwachtes Lernen eingegangen.

Die Möglichkeiten erscheinen endlos und kreative, innovative Geister werden in dem Kontext von Data Science, Statistik, Machine Learning und Künstlicher Intelligenz sicher noch viele spannende Lösungen erfinden. Die Zeit des konventionellen „Business as usual" neigt sich dem Ende zu. Die Revolution der Veränderungen hat bereits begonnen. Lassen Sie uns die darin liegenden Möglichkeiten entdecken!

Literatur

Bitkom. (2019). *Konkrete Anwendungsfälle von KI & Big-Data in der Industrie.* Abgerufen am 27. Dezember 2020 von https://www.bitkom.org/sites/default/files/2020-02/200203_lf_ki-in-der-industrie_0.pdf

De Brouwer, P. J. (2021). *The Big R-Book: From Data Science to learning machines and Big Data.* Hoboken, NJ: Wiley.

Gardner, H. (2008). *Intelligenzen: Die Vielfalt des menschlichen Geistes.* Stuttgart: Klett-Cotta.

Müller, J. P., & Massaron, L. (2018). *Artificial Intelligence For Dummies.* Hoboken: John Wiley & Sons.

Rittershaus, A. (5. Mai 2020). *Was Sie zum Thema KI wissen müssen.* Abgerufen am 26. Dezember 2020 von https://www.computerwoche.de/a/was-sie-zum-thema-ki-wissen-muessen,3544140

Shaer, M. (2014). *Is This the Future of Robotic Legs?* Abgerufen am 26. Dezember 2020 von https://www.smithsonianmag.com/innovation/future-robotic-legs-180953040/

Anhang

z	0	0,01	0,02	0,03	0,04	0,05	0,06	0,07	0,08	0,09
0,0	0,50000	0,50399	0,50798	0,51197	0,51595	0,51994	0,52392	0,52790	0,53188	0,53586
0,1	0,53983	0,54380	0,54776	0,55172	0,55567	0,55962	0,56356	0,56749	0,57142	0,57535
0,2	0,57926	0,58317	0,58706	0,59095	0,59483	0,59871	0,60257	0,60642	0,61026	0,61409
0,3	0,61791	0,62172	0,62552	0,62930	0,63307	0,63683	0,64058	0,64431	0,64803	0,65173
0,4	0,65542	0,65910	0,66276	0,66640	0,67003	0,67364	0,67724	0,68082	0,68439	0,68793
0,5	0,69146	0,69497	0,69847	0,70194	0,70540	0,70884	0,71226	0,71566	0,71904	0,72240
0,6	0,72575	0,72907	0,73237	0,73565	0,73891	0,74215	0,74537	0,74857	0,75175	0,75490
0,7	0,75804	0,76115	0,76424	0,76730	0,77035	0,77337	0,77637	0,77935	0,78230	0,78524
0,8	0,78814	0,79103	0,79389	0,79673	0,79955	0,80234	0,80511	0,80785	0,81057	0,81327
0,9	0,81594	0,81859	0,82121	0,82381	0,82639	0,82894	0,83147	0,83398	0,83646	0,83891
1,0	0,84134	0,84375	0,84614	0,84849	0,85083	0,85314	0,85543	0,85769	0,85993	0,86214
1,1	0,86433	0,86650	0,86864	0,87076	0,87286	0,87493	0,87698	0,87900	0,88100	0,88298
1,2	0,88493	0,88686	0,88877	0,89065	0,89251	0,89435	0,89617	0,89796	0,89973	0,90147
1,3	0,90320	0,90490	0,90658	0,90824	0,90988	0,91149	0,91309	0,91466	0,91621	0,91774
1,4	0,91924	0,92073	0,92220	0,92364	0,92507	0,92647	0,92785	0,92922	0,93056	0,93189
1,5	0,93319	0,93448	0,93574	0,93699	0,93822	0,93943	0,94062	0,94179	0,94295	0,94408
1,6	0,94520	0,94630	0,94738	0,94845	0,94950	0,95053	0,95154	0,95254	0,95352	0,95449
1,7	0,95543	0,95637	0,95728	0,95818	0,95907	0,95994	0,96080	0,96164	0,96246	0,96327
1,8	0,96407	0,96485	0,96562	0,96638	0,96712	0,96784	0,96856	0,96926	0,96995	0,97062
1,9	0,97128	0,97193	0,97257	0,97320	0,97381	0,97441	0,97500	0,97558	0,97615	0,97670
2,0	0,97725	0,97778	0,97831	0,97882	0,97932	0,97982	0,98030	0,98077	0,98124	0,98169
2,1	0,98214	0,98257	0,98300	0,98341	0,98382	0,98422	0,98461	0,98500	0,98537	0,98574
2,2	0,98610	0,98645	0,98679	0,98713	0,98745	0,98778	0,98809	0,98840	0,98870	0,98899
2,3	0,98928	0,98956	0,98983	0,99010	0,99036	0,99061	0,99086	0,99111	0,99134	0,99158
2,4	0,99180	0,99202	0,99224	0,99245	0,99266	0,99286	0,99305	0,99324	0,99343	0,99361
2,5	0,99379	0,99396	0,99413	0,99430	0,99446	0,99461	0,99477	0,99492	0,99506	0,99520
2,6	0,99534	0,99547	0,99560	0,99573	0,99585	0,99598	0,99609	0,99621	0,99632	0,99643
2,7	0,99653	0,99664	0,99674	0,99683	0,99693	0,99702	0,99711	0,99720	0,99728	0,99736
2,8	0,99744	0,99752	0,99760	0,99767	0,99774	0,99781	0,99788	0,99795	0,99801	0,99807
2,9	0,99813	0,99819	0,99825	0,99831	0,99836	0,99841	0,99846	0,99851	0,99856	0,99861
3,0	0,99865	0,99869	0,99874	0,99878	0,99882	0,99886	0,99889	0,99893	0,99896	0,99900
3,1	0,99903	0,99906	0,99910	0,99913	0,99916	0,99918	0,99921	0,99924	0,99926	0,99929
3,2	0,99931	0,99934	0,99936	0,99938	0,99940	0,99942	0,99944	0,99946	0,99948	0,99950
3,3	0,99952	0,99953	0,99955	0,99957	0,99958	0,99960	0,99961	0,99962	0,99964	0,99965
3,4	0,99966	0,99968	0,99969	0,99970	0,99971	0,99972	0,99973	0,99974	0,99975	0,99976
3,5	0,99977	0,99978	0,99978	0,99979	0,99980	0,99981	0,99981	0,99982	0,99983	0,99983
3,6	0,99984	0,99985	0,99985	0,99986	0,99986	0,99987	0,99987	0,99988	0,99988	0,99989
3,7	0,99989	0,99990	0,99990	0,99990	0,99991	0,99991	0,99992	0,99992	0,99992	0,99992
3,8	0,99993	0,99993	0,99993	0,99994	0,99994	0,99994	0,99994	0,99995	0,99995	0,99995
3,9	0,99995	0,99995	0,99996	0,99996	0,99996	0,99996	0,99996	0,99996	0,99997	0,99997
4,0	0,99997	0,99997	0,99997	0,99997	0,99997	0,99997	0,99998	0,99998	0,99998	0,99998

Standardnormalverteilungstabelle (Anmerkung: Negative Werte werden aus Gründen der Symmetrie nicht angegeben)

The manufacturer's authorised representative in the EU is Springer
Nature Customer Service Centre GmbH, Europaplatz 3, 69115 Heidelberg,
Germany. If you have any concerns regarding our products, please
contact ProductSafety@springernature.com

Printed and bound by CPI Group (UK) Ltd, Croydon, CR0 4YY
28/04/2026
02098500-0004